Den-A-IX-3-228

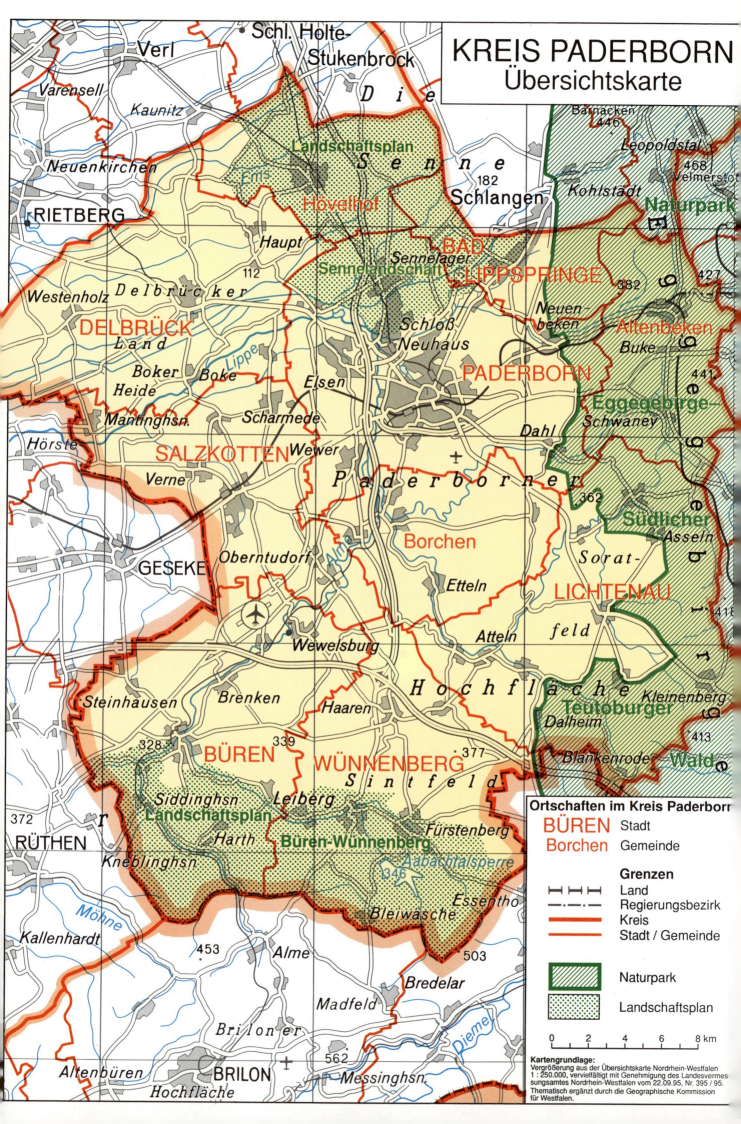

Heinz Heineberg, Gerhard Henkel, Manfred Hofmann, Klaus Temlitz
(Herausgeber)

Städte und Gemeinden in Westfalen:

Der Kreis Paderborn

Münster 1997

Landschaftsverband Westfalen-Lippe
GEOGRAPHISCHE KOMMISSION FÜR WESTFALEN
Robert-Koch-Straße 26, 48149 Münster

Reihe

"Städte und Gemeinden in Westfalen"

Herausgegeben von der Geographischen Kommission für Westfalen
durch Heinz Heineberg und Klaus Temlitz
Redaktion: Rudolf Grothues

Band 4: Der Kreis Paderborn

Die Geographische Kommission für Westfalen dankt den Städten und Gemeinden des Kreises Paderborn sowie der Kreisverwaltung Paderborn für ihre Mitarbeit und die bereitgestellten Materialien.

Die Reihe "Städte und Gemeinden in Westfalen" wird seit 1996 in Kooperation mit der Westfälischen Wilhelms-Universität Münster, Institut für Geographie, Lehrstuhl Prof. Dr. Heinz Heineberg, veröffentlicht.

Das Luftbild auf dem Umschlag stellt die Innenstadt von Paderborn dar (Foto: Stadtarchiv Paderborn, Stuttgarter Luftbild Elsäßer GmbH). Die Bilder auf der Umschlagrückseite zeigen Schloß Neuhaus in Paderborn (Foto: Stadtarchiv Paderborn, Stuttgarter Luftbild Elsäßer GmbH), Kloster Dalheim in Lichtenau (Foto: Das schöne Luftbild Ltd. Detmold), einen Kartenausschnitt von Delbrück, das Prinzenpalais in Bad Lippspringe (Foto: Stadt Bad Lippspringe), die Wewelsburg in Büren (Foto: Touristikzentrale Paderborner Land) und einen Kartenausschnitt von Salzkotten.

Die Deutsche Bibliothek - CIP Einheitsaufnahme
Städte und Gemeinden in Westfalen: Der Kreis Paderborn / hg. von Heinz Heineberg, Gerhard Henkel, Manfred Hofmann, Klaus Temlitz.-
Münster: Ardey-Verlag 1997
ISBN 3-87023-084-3
NE: GT

© Landschaftsverband Westfalen-Lippe - Geographische Kommission für Westfalen
Das Werk ist urheberrechtlich geschützt. Die dadurch begründeten Rechte, insbesondere die der Übersetzung, des Nachdrucks, der Entnahme von Abbildungen, der Funksendung, der Wiedergabe auf fotomechanischem oder ähnlichem Wege und der Speicherung in Datenverarbeitungsanlagen bleiben, auch bei nur auszugsweiser Verwertung, vorbehalten. Die Vergütungsansprüche des § 54, Abs. 2, UrhG, werden durch die Verwertungsgesellschaft Wort wahrgenommen.
Satz: Geographische Kommission für Westfalen
Druck: Busse Druck, Herford
Buchbinderei: Buchbinderei Bielefeld Press KG, Bielefeld
ISBN 3-87023-084-3

Grußwort

Der heimische Raum, der seit alters von Menschen besiedelt ist, nahm besonders nach der Eroberung durch den Frankenkönig Karl den Großen einen blühenden Aufschwung. Repräsentative Bauwerke bezeugen dies. Auf Grund seiner günstigen geographischen Lage war der Raum Paderborn von jeher Schnittstelle bedeutender Handelswege von Nord nach Süd und Ost nach West. Auch heute besitzt der Kreis Paderborn hervorragende Verkehrsanbindungen durch Autobahnen, Eisenbahnlinien und einen Verkehrsflughafen.

Der heutige Kreis Paderborn entstand 1975 durch die kommunale Gebietsreform und umfaßt 10 Städte bzw. Gemeinden. Diese Verwaltungsreform war auch Ausdruck eines grundsätzlichen Strukturwandels, der seit etwa 40 Jahren unsere typische westfälische Landschaft erfaßt. Land- und Forstwirtschaft sind längst nicht mehr dominant in Siedlung und Wirtschaft. Der Raum Paderborn stellt sich erfolgreich den Anforderungen der modernen Industrie-, Dienstleistungs- und Bildungsgesellschaft. Zugleich gewinnt der Wohn- und Freizeitwert dieser reizvollen und geschichtsträchtigen Landschaft zwischen Tiefland und Mittelgebirge immer mehr an Gewicht, wie die kontinuierlich wachsenden Bevölkerungs- und Touristenzahlen beweisen.

Der Kreis Paderborn freut sich darüber, daß die "Geographische Kommission für Westfalen" den 4. Band ihrer neuen Veröffentlichungsreihe "Städte und Gemeinden in Westfalen" unserem Raum widmet. Die Darstellung ist vorwiegend landeskundlich ausgerichtet. Die Abhandlungen reichen von Grundzügen der Siedlungsentwicklung bis hin zu jüngsten Strukturwandlungen und Entwicklungsperspektiven.

Wir freuen uns, daß mit dieser Veröffentlichung nunmehr ein weiteres anspruchsvolles Werk über den Kreis Paderborn vorliegt, danken der Geographischen Kommission für Westfalen und allen, die mitgewirkt haben, für die Herausgabe dieses Werkes und wünschen dem Buch Anerkennung bei den beteiligten Städten und Gemeinden und weite Verbreitung in der Öffentlichkeit.

Paderborn, im März 1997

Reinold Stücke
Landrat

Dr. Rudolf Wansleben
Oberkreisdirektor

Vorwort

Mit ihrem 1994 erschienenen Band über die Städte und Gemeinden im Kreis Steinfurt hat die Geographische Kommission für Westfalen eine neue Publikationsreihe begründet, die sich eines regen Zuspruchs erfreut, sind doch der erste Band "Kreis Steinfurt" bereits völlig und sein Nachdruck sowie der zweite Band "Kreis Siegen-Wittgenstein" fast vollständig vergriffen. Der dritte Band der Reihe, "Der Kreis Höxter", wurde im Nobember 1996 veröffentlicht; auch er erfreut sich einer regen Nachfrage. Die vorliegende Veröffentlichung mit Text-, Bild- und Kartenbeiträgen über die Städte und Gemeinden im Kreis Paderborn wendet sich wiederum an eine breite Öffentlichkeit: Bürger wie Politiker, Einheimische und Fremde, Laien und Wissenschaftler. Konzipiert als ein modernes landeskundliches Informationswerk möge der Band von allen vielfältig und mit Gewinn genutzt werden können.

Im Jahr 1965 waren in der Reihe "Berichte zur Deutschen Landeskunde" erstmals geographisch-landeskundliche Beschreibungen der Städte in Westfalen erschienen. Mit 175 Kurzbeschreibungen konnte - trotz umfangsbedingter Beschränkungen und fehlender kartographischer Abbildungen - eine große Bedarfslücke geschlossen werden. Durch die Verwaltungsgebietsreform der Jahre 1966-1975 unterlagen die kommunalen Gebietsstrukturen einem großen Wandel, der in Westfalen lediglich 139 Städte bei vergrößertem Gebietszuschnitt bestehen ließ, während 35 Städte durch Zusammenschlüsse ihre Selbständigkeit verloren und 18 Großgemeinden zusätzlich Stadtrecht erhielten.

Diese und weitere Veränderungen ließen es der Geographischen Kommission für Westfalen des Landschaftsverbandes Westfalen-Lippe geboten erscheinen, die inzwischen 30 Jahre alten Stadtkurzbeschreibungen durch neue zu ersetzen, die den aktuellen administrativen, städtebaulichen und funktionalen Gegebenheiten Rechnung tragen. Dabei werden nun auch die nichtstädtischen Gemeinden einbezogen, die sich aufgrund ihrer neuen Gebietsgröße, ihres Erscheinungsbildes sowie ihrer Austattung heute nicht mehr so weit von städtischen Gemeinden unterscheiden, als daß ihre Nichtberücksichtigung noch zu rechtfertigen wäre.

Zu jeder Stadt- bzw. Gemeindebeschreibung kommen nunmehr jeweils auch Graphiken, Fotos und zwei thematische Karten hinzu, durch die die Textbeiträge eine wesentliche Bereicherung erfahren. Die erste thematische Karte auf topographischer Grundlage im Maßstab 1:75.000 gibt das Gesamtareal der Kommune wieder und informiert u.a. über Siedlungsschwerpunkte und Hauptverkehrslinien, die Verteilung von Wohn- und Industriegebieten sowie die Lage von Erholungszonen und ausgewählten Einrichtungen überörtlicher Bedeutung außerhalb der Kernbereiche. Die Kernbereiche finden eine gesonderte Darstellung in der zweiten thematisierten Karte, die aufgrund ihres großen Maßstabes (in der Regel 1:5.000) für Besucher zugleich als Ortskernplan hilfreich ist. Aus ihr sind neben Eintragungen zur vorhandenen und geplanten Flächennutzung auch Hinweise zu öffentlichen Gebäuden, Denkmälern, Museen und anderen Sehenswürdigkeiten zu entnehmen.

Der zu erwartende Umfang des Gesamtwerkes legte eine Teilung in selbständige Einzelbände nahe, wobei eine Aufteilung nach Kreisen sinnvoll erschien. Mit der schrittweisen Fertigstellung der als Folge von Stadt- und (Land-)Kreisbänden erscheinenden Reihe "Städte und Gemeinden in Westfalen" verbindet sich der Wunsch der Geographischen Kommission, neben ihrem "Geographisch-landeskundlichen Atlas von Westfalen" (Karten und Begleittexte in Lieferungen seit 1985) durch eine weitere flächendeckende geographisch-landeskundliche Dokumentation dem Interesse der Bürger zu entsprechen und ein aktuelles informatives Standardwerk über Westfalen-Lippe und seine Teilgebiete zu schaffen.

Im vorliegenden vierten Band der Reihe sind die 10 zum Kreis Paderborn gehörenden Städte und Gemeinden dargestellt. In den Beiträgen werden ihre spezifische Geschichte, ihre unterschiedliche wirtschaftliche und kulturelle Entwicklung und ihre Entwicklungsmöglichkeiten berücksichtigt. Es beteiligten sich vier Autoren, um für diese Kommunen die Textbeiträge und die Entwürfe der Karten zu erstellen. Ergänzt werden die Gemeindebeschreibungen durch einen umfangreichen einleitenden Beitrag, der über den Kreis in seiner Gesamtheit informiert. Um ein gewisses Maß an Vergleichbarkeit der einzelnen Darstellungen zu gewährleisten, war den Autoren für ihre Gemeindebeschreibung(en) ein Gliederungsschema vorgegeben (s. S. 2900). Zunächst werden die naturräumlichen Rahmenbedingungen und die Einbindung in das überörtliche Verkehrsnetz sowie die (vor allem) wirtschaftliche und bauliche Entwicklung der Gemeinde bis zur Gegenwart vorgestellt *(Lage und Entwicklung)*. Darauf folgt eine Beschreibung der heutigen Gegebenheiten mit den Schwerpunkten siedlungsräumliches Gefüge, wirtschaftliche Situation, Problembereiche, Ausstattung und Wohnwert der Gemeinde *(Gefüge und Ausstattung)*. Abgerundet wird die Beschreibung durch eine Darstellung der Ausgangslage, Ziele und Maßnahmen im Rahmen der gemeindlichen Zukunftssicherung *(Perspektiven und Planung)*.

Unterschiedliche Autoren bedingen verschiedenartige persönliche Sichtweisen. Trotz des vorgegebenen Schemas haben die Herausgeber diese Individualität bewußt belassen; damit verbleiben die Aussagen in den Texten und Karten in der Verantwortung der jeweiligen Autoren. Die für alle Karten einheitlichen Eintragungen sind der herausklappbaren Generallegende auf der letzten Seite zu entnehmen. Darüber hinausgehende Eintragungen der Autoren wurden in den Karten unmittelbar vermerkt oder in Zusatzlegenden aufgeführt. Die Texte und Karten haben den Gemeinden vor dem Druck zur Einsicht vorgelegen. Von einigen erforderlichen Korrekturen bzw. Ergänzungen abgesehen, blieb auch dabei die Individualität der Autorenbeiträge gewahrt.

Jede Stadt- bzw. Gemeindebeschreibung ist von der Geographischen Kommission mit zusätzlichen statistischen Informationen versehen worden. Die in den Randspalten angeordneten Daten stammen sowohl direkt von den Gemeinden als auch vom Landesamt für Datenverarbeitung und Statistik (LDS) des Landes Nordrhein-Westfalen. Es sei erwähnt, daß aktuelle Daten, wie z.B. Zahlen über Ortsteileinwohner oder Erwerbstätige 1994, ausschließlich auf Fortschreibungen und Schätzungen basieren. Ein Vergleich mit den Daten der Volkszählung 1987 kann in Einzelfällen das Risiko von Rechen- oder Schätzungsfehlern beinhalten. Noch wichtiger als die absoluten Werte sollten daher für eine Analyse oder Beurteilung die generellen Entwicklungstendenzen sein.

Die Zahlen zur Pendlerstatistik stammen vom Landesarbeitsamt Nordrhein-Westfalen. Erfaßt werden dabei nur die sozialversicherungspflichtig beschäftigten Arbeitnehmer. Die Eintragungen zur Flächennutzung in Karte II sind dem jeweils gültigen Flächennutzungsplan der Gemeinde entnommen. Weitere Hinweise dazu finden sich auf S. 28.

Die Herausgeber danken allen Autoren für ihre engagierte Mitwirkung an diesem Band und der Redaktion, bei der auch Texterfassung, -verarbeitung und Layout lagen, sowie den Kartographen der Kommissionsgeschäftsstelle für die Umsetzung der zahlreichen Autorenentwürfe zu Reinzeichnungen.

Prof. Dr. Heinz Heineberg, Prof. Dr. Gerhard Henkel,
Prof. Dr. Manfred Hofmann, Dr. Klaus Temlitz

Inhalt

	Seite
Grußwort	V
Vorwort	VI
Inhalt	VIII
Der Kreis Paderborn - eine historisch-landeskundliche Einführung *von Gerhard Henkel*	1
Statistische Übersicht	25
Die amtlichen Wappen des Kreises Paderborn	26
Erläuterungen	28
Abkürzungen / Gliederungsschema der Gemeindebeschreibungen	29
Altenbeken *von Manfred Hofmann*	31
Bad Lippspringe, Stadt *von Manfed Hofmann*	39
Borchen *von Manfred Hofmann*	53
Büren, Stadt *von Gerhard Henkel*	61
Delbrück, Stadt *von Friedhelm Pelzer*	75
Hövelhof *von Ernst Th. Seraphim*	85
Lichtenau, Stadt *von Gerhard Henkel*	93
Paderborn, Stadt *von Manfred Hofmann*	107
Salzkotten, Stadt *von Manfred Hofmann*	125
Wünnenberg, Stadt *von Gerhard Henkel*	139
Generallegende für alle Karten (zum Ausklappen)	153

Der Kreis Paderborn - eine historisch-landeskundliche Einführung *von Gerhard Henkel*

Der heutige Kreis Paderborn besteht seit dem 1.1.1975. Er wurde im Rahmen der Gebietsreform gebildet und im wesentlichen aus den zwei Altkreisen Büren und Paderborn zusammengefügt. Der Kreis gehört administrativ zum Regierungsbezirk Detmold, hinsichtlich seiner regionalen Lage zu Südostwestfalen.

Die folgende Einführung gibt einen historisch-landeskundlichen Überblick über den Kreisraum. Die notwendige inhaltliche Begrenzung ist Anlaß dafür, daß manche Themenbereiche nur verkürzt dargestellt werden oder sogar ausgelassen werden müssen. Eine detaillierte und vertiefte Landeskunde des Kreises wird noch zu erstellen sein.

Inhaltlich gliedert sich diese Einführung in drei Blöcke. Im ersten Teil werden der Naturraum dargestellt und eine landschaftliche Gliederung des Kreisraumes vorgenommen. Das zweite Kapitel beschreibt die Siedlungs- und Bevölkerungsentwicklung von der Steinzeit bis zur Gegenwart. Der dritte Abschnitt zeichnet die wirtschaftliche Entwicklung des Kreises nach, wobei mannigfache Wandlungsprozesse im primären, sekundären und tertiären Wirtschaftssektor zu beobachten sind.

I. Der Naturraum

Der Naturraum des Kreises Paderborn hat eine sehr vielfältige Gestalt. Er liegt im Schnittpunkt von drei westfälischen Großlandschaften: der Westfälischen Bucht, dem Weserbergland und dem Sauerland. Naturräumlich hat der Kreis damit Anteil sowohl am Norddeutschen Tiefland als auch am Deutschen Mittelgebirge, deren Kontraste nicht zuletzt den landschaftlichen Reiz dieser Region ausmachen.

Bei einer weiteren naturräumlichen Untergliederung lassen sich für das Kreisgebiet sechs Einzellandschaften deutlich voneinander abgrenzen (Abb. 1). Zur Westfälischen Bucht gehören - etwa von Norden nach Süden - die Senne, das Delbrücker Land, der Hellweg sowie die Paderborner Hochfläche. Das Weserbergland bildet mit dem Eggegebirge den östlichen Rahmen sowohl der Westfälischen Bucht als auch des Kreises. Der Süden des Kreisgebietes gehört mit dem Alme-Afte-Bergland bereits zum Sauerland.

Geologisch und morphologisch liegt der Kreisraum im südöstlichen Winkel der Westfälischen Bucht, eingerahmt von Weserbergland und Sauerland. In der südlichen Randlandschaft des Kreises, dem Alme-Afte-Bergland, steigen die Höhenzahlen bis knapp unter 500 m ü. NN an (im Bereich des Totenkopf bei Fürstenberg). Der östliche Gebirgsrahmen der Egge steigt auf Höhen bis zu 441 m ü. NN an (Hausheide bei Buke). Von den randlichen Gebirgszügen Alme-Afte-Bergland und Egge neigt sich das Gelände leicht, aber kontinuierlich dem Inneren der Westfälischen Bucht, d.h. nach Nordwesten, und erreicht am nordwestlichen Kreisrand bei Westenholz die niedrigsten Höhenwerte bei etwa 77 m ü. NN. Damit besitzt der Kreisraum eine maximale Höhendifferenz von 420 Metern (Abb. 1).

Der geologisch älteste Raum des Kreises Paderborn ist das *Alme-Afte-Bergland* als ein Teil des nördlichen Sauerlandes (Tab. 1, Abb. 2). Hier hat der Kreis Anteil am Deutschen Mittelgebirge, und zwar dem Rheinischen Schiefergebirge, das im Erdaltertum vor etwa 400 Mio. Jahren durch weitreichende Hebungsvorgänge entstanden ist.

Das im Alme-Afte-Bergland anstehende Gestein besteht aus Tonschiefern und sandsteinartigen Grauwacken sowie untergeordnet aus dem devonischen Massenkalk bei Bleiwäsche. Im Gegensatz zu den flachlagernden Deckschichten der Westfälischen Bucht sind die Gesteinsschichten des Sauerlandes schräggestellt, senkrecht, gefaltet und teilweise überkippt.

Im Raum Bleiwäsche finden sich wirtschaftlich nutzbare Lagerstätten. Stand früher der Abbau von Bleierzen im Vordergrund des Interesses, so wird heute im größten Steinbruchgebiet des Kreises der devonische Massenkalk abgebaut, der vornehmlich im Straßenbau Verwendung findet.

Der nördliche Rand des Alme-Afte-Berglandes stellt eine markante Landschaftsgrenze dar. Im Gegensatz zum alten Grundgebirge Sauerland bzw. Alme-Afte-Bergland gehört der übrige und damit größte Teil des Kreisgebietes geologisch zum Deckgebirge der Westfälischen Bucht. Die Entstehung der Westfälischen Bucht mit ihren Ablagerungen aus Kalken, Sandsteinen und Tonen am Nordrand des Rheinischen Schiefergebirges beginnt in der Kreidezeit vor etwa 130 Mio. Jahren und fällt damit in das Erdmittelalter. Die ursprünglich horizontal abgelagerten Sedimente des Meeres der Keidezeit wurden im Tertiär durch Gebirgsbewegungen an den südlichen und östlichen Rändern leicht angehoben. Dadurch bildete sich die nach innen

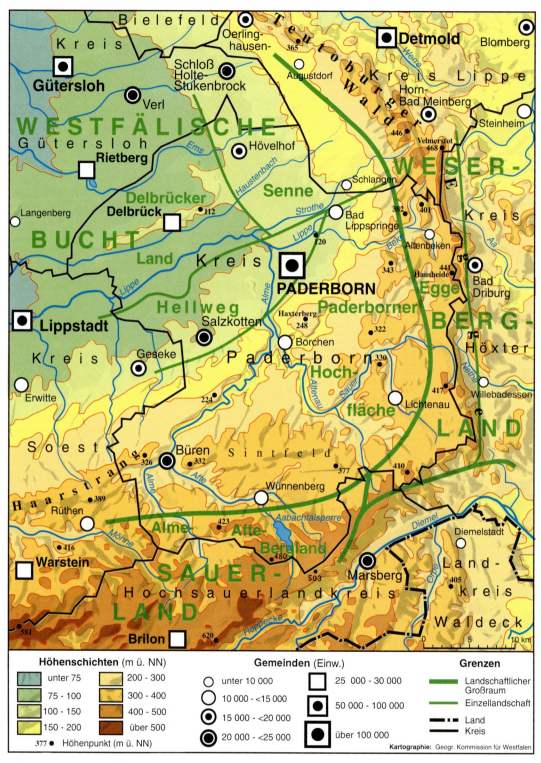

Abb. 1: Höhenschichten und Naturräume (im Kreisgebiet)

geneigte Münsterländer Kreidemulde, die geographisch als Westfälische Bucht bezeichnet wird. Im Bereich der Paderborner Hochfläche und der Egge streichen die kreidezeitlichen Ablagerungen an der Oberfläche aus, während sie in den Landschaftsräumen Hellweg, Delbrücker Land und Senne von eiszeitlichen und nacheiszeitlichen Sedimenten überdeckt sind.

Im Zentrum des Kreises erstreckt sich - als ein Teil der Westfälischen Bucht - die *Paderborner Hochfläche,* eingerahmt vom Alme-Afte-Bergland im Süden, vom Eggegebirge im Osten, von Hellweg und Senne im Nordwesten. In ihrer flächenhaften Ausrichtung ist sie, bedingt durch die Hebungen von Sauerland und Weserbergland im Tertiär, nach Nordwesten geneigt und bildet so eine

Tab. 1: Geologische Zeittabelle für den Kreis Paderborn

Zeitalter	Beginn vor Millionen Jahren	Formation		Vorgänge im Kreisgebiet Paderborn
Erd-frühzeit				
Erd-alterum	600	Kambrium		
	440	Silur		
	400	Devon		Meeresüberflutung und Ablagerung der Schichten des Rheinischen Schiefergebirges und damit auch des Sauerlandes
	350	Karbon		Faltung und Hebung des Rhein. Schiefergebirges und somit auch des Sauerlandes ○ Entstehung des "Grundgebirges" Sauerland und damit des Alme-Afte-Berglandes
	270	Perm		
Erd-mittelalter	220	Trias		
	180	Jura		
	135	Kreide		Meeresüberflutung und Ablagerung der Schichten der Westfälischen Bucht und damit fast des gesamten Kreisgebietes (Ausnahme: Alme-Afte-Bergland); Rückzug des Meeres ○ Entstehung der "Deckgebirge" Paderborner Hochfläche und Egge
Erd-neuzeit	70	Tertiär		Hebung des Rhein. Schiefergebirges und damit auch des Sauerlandes; durch diese Hebungen Schiefstellung der Deckgebirge Paderborner Hochfläche und Egge
	1	Quartär	Pleistozän (Eiszeitalter)	Gletschervorstoß und Überformung durch das skandinavische Inlandeis bis in den südlichen Kreisraum; Ablagerung von Moränen bzw. Sandmaterial im nördlichen Kreisraum, zugleich Lößanwehung im Hellweg und auf der Paderborner Hochfläche ○ Entstehung der Sandlandschaften Senne und Delbrücker Land sowie der Lößlandschaft Hellweg
	0,01		Holozän (Nacheiszeit)	Wind- und Wassererosion Entstehung der jüngeren Flußterrassen, Dünenbildung im Delbrücker Land und in der Senne, Verkarstung der Paderborner Hochfläche

(Quelle: Geologisches Landesamt NRW. Eigene Ergänzungen)

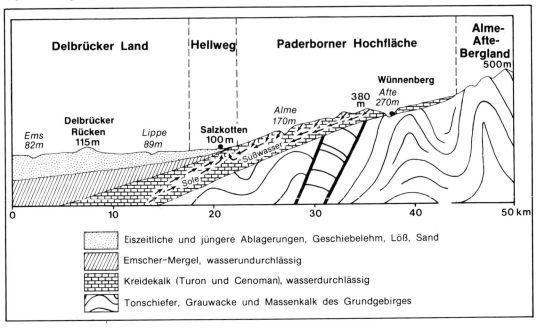

Abb. 2: Geologischer Querschnitt durch den Kreis Paderborn (vom Sauerland zum Delbrücker Land) (Quelle: Bauer und Henkel 1984, S. 11)

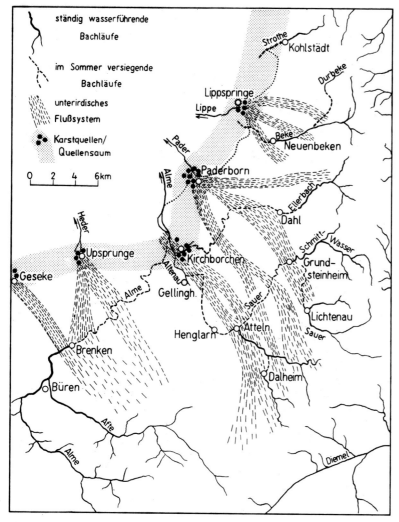

Abb. 3: Gewässerverhältnisse der Paderborner Hochfläche und des Hellweges
(nach Stille 1903, Anhang, und Maasjost 1973, S. 56)

schiefgestellte Hochebene. Deren absolute Höhen erreichen im Süden 400 m ü. NN und betragen am Hellwegrand etwa 120 m ü. NN.

Die gesamte Hochfläche ist aufgebaut aus Ablagerungsgesteinen der Kreidezeit, die hier vor allem aus Kalksteinen und Mergeln sowie in geringem Ausmaße aus Sandsteinen bestehen. Auf den Gesteinen finden sich vielfach - als fossile Zeugen des Kreidemeeres - Abdrücke von Muscheln, Seeigeln und oft tellergroßen Ammoniten. Der hellgraue Kalkbruchstein wurde bis in die Nachkriegszeit in zahlreichen Steinbrüchen der Hochfläche abgebaut und als regionaler Baustein sowie zur Kalkgewinnung verwendet. Noch heute wird das Bild der alten Dorf- und Stadtkerne von Fürstenberg bis Paderborn von der traditionellen Kalksteinbauweise geprägt.

Durch das Vorherrschen von Kalkgesteinen ist eine Vielfalt von Karsterscheinungen entstanden; die Paderborner Hochfläche gilt als die größte Karstlandschaft Westfalens. Die aus dem Eggegebirge und Sauerland einmündenden Wasserläufe sowie die Niederschläge versickern sobald sie auf das wasserlösliche und klüftige Kalkgestein treffen. Die Klüfte, die den Kalk senkrecht durchsetzen, sind in allen Steinbrüchen und sonstigen Aufschlüssen der Hochfläche zu erkennen. Über den unterirdischen Wasserläufen und Hohlräumen sind Einsturztrichter - auch Erdfälle oder Dolinen genannt - entstanden, die auf der Hochfläche zu Hunderten gezählt werden können.

Das in Klüften, Bachschwinden oder "Schwalglöchern" abgehende Wasser fließt in unterirdischen Wasserläufen (bekannt ist die Flußhöhle von Grundsteinheim) nach Nordwesten dem Inneren der Westfälischen Bucht zu. Nach unterirdischem Lauf von 2-4 Tagen taucht dieses Wasser in den Quellen von Bad Lippspringe, Paderborn, Kirchborchen, Salzkotten, Upsprunge oder Geseke wieder auf; dies konnte durch Färbversuche in den letzten hundert Jahren mehrfach nachgewiesen werden (Abb. 3).

Das Nord-Süd-verlaufende *Eggegebirge,* das hier bis zu 441 m ü. NN ansteigt, ist die östliche Randlandschaft des Kreises Paderborn. Geologisch handelt es sich um die östliche Randstufe der Münsterländer Kreidemulde. Die hier ausstreichenden Schichten der Unteren Kreide bestehen im Gegensatz zu den Kalken der Paderborner Hochfläche überwiegend aus Sandsteinen. Da die Sandsteine in der Regel von weicheren Tonen und Mergeln unterlagert werden, bilden die harten Sandsteinbänke nach Osten hin Klippen und Steilhänge, so daß der landschaftsprägende Stufencharakter des Gebirges hier deutlich zum Ausdruck kommt. Die Westabdachung der Egge, die überwiegend mit der Schichtenlagerung der Gesteine übereinstimmt, ist dagegen wesentlich flacher ausgebildet.

Ist das Eggegebirge geologisch noch ein Teil der Münsterländer Kreidemulde im Norddeutschen Tiefland, so handelt es sich nach Höhenlage, Oberflächengestalt, Klima, Böden und Vegetation bereits um eine Mittelgebirgslandschaft, die mit Recht der naturräumlichen Großlandschaft des Weserberglandes zugeordnet wird.

Der *Hellweg* gilt in mehrfacher Weise als zentrale Landschaft Westfalens. Zwischen Mittelgebirge und Tiefland gelegen, ist dieser klassische Übergangsraum seit alters her eine bevorzugte Verkehrs- und Siedlungsachse. Er besitzt durch seine Klima- und Bodengunst hervorragende Bedingungen für die Landwirtschaft. Im Kreisgebiet Paderborn bildet der Hellweg einen relativ schmalen Saum von maximal 10 km Breite - im Raum Salzkotten/Paderborn - zwischen den Hochflächen und Bergländern im Südosten und den Niederungsgebieten im Nordwesten. Morphologisch handelt es sich um eine leicht nach Nordwesten geneigte Ebene (120-100 m ü. NN), die kaum tiefere Taleinschnitte aufweist.

Seinen oberen Gesteins- und Bodenaufbau verdankt der Hellwegraum eiszeitlichen Ablagerungen (vor 1 Mio. - 10.000 Jahren), die hier in Form von Geschiebemergeln und angewehtem Löß vorliegen. So ist der Raum durch einen sehr fruchtbaren Boden charakterisiert; er ist die Bördenlandschaft des Kreises. Die Bodenwertzahlen liegen durchschnittlich über 50 und erreichen sogar Werte über 70 und 80.

Den Nordwesten des Kreises nimmt das *Delbrücker Land* ein, das von der Lippeniederung im Süden bis zur Ems- und Furlbachniederung im Norden reicht. Als Teil des Ostmünsterlandes ist dieser Raum wie das übrige Norddeutsche Tiefland durch eiszeitliche Ablagerungen geprägt.

Die oberen Gesteins- und Bodenschichten bestehen weitgehend aus Sandablagerungen (Abb. 2). Die Sande sind zum größten Teil von Lippe, Ems und ihren Nebenflüssen aus der nordöstlich benachbarten Senne herbeitransportiert worden. Bei einem geringeren Teil der Lockermassen handelt es sich um Ablagerungen des Nordlandeises selbst. Außerdem wurden zum Ausgang der Eiszeit und in den vegetationsarmen Zeiten der Nacheiszeit Flugsande in die Niederungen geweht. Ebenfalls nach der Eiszeit entstanden die lokal begrenzten Moore und die feuchten Talauen der Flüsse und kleinen Bäche. Bis weit in die Nacheiszeit hinein erfolgte die Bildung von Dünen, die der Wind in wechselnden Formen aufwehte.

Die Landschaft ist insgesamt durch den oft abrupten und ständigen Gegensatz von feucht und trocken charakterisiert: auf der einen Seite die feucht-nassen Niederungen, Auen und Moore und daneben die nur wenige Meter höher gelegenen trockenen Platten und Rücken - ein Wechsel, der sich auch in der Vegetation eindrucksvoll widerspiegelt.

Die reichen Vorräte an Kiesen und Sanden im Delbrücker Land, die auf ausgedehnten Flächen für die regionale Bauwirtschaft abgebaut werden, haben zu erheblichen Veränderungen von Naturhaushalt und Landschaft geführt. Durch die zurückbleibenden Gruben hat sich eine weitverzweigte Seenlandschaft gebildet, die heute für Freizeit und Erholung genutzt wird.

Die *Senne* ist die große Sandlandschaft im südöstlichen Winkel der Westfälischen Bucht. Die leicht wellige Sandebene neigt sich allmählich vom Rande des Teutoburger Waldes von 200 m ü. NN nach Südwesten bis auf 100 m ü. NN und geht dort fast unmerklich in die Niederungen von Ems und Lippe über.

Ihre Entstehung verdankt die Senne als Teil des Ostmünsterlandes dem Vorstoß des nordeuropäischen Inlandeises während der Saaleeiszeit. Die unverhältnismäßig mächtige Sandschüttung, die stellenweise mehr als 80 m beträgt, wird durch eine längere Stillstandphase des Eises am Gebirgsrand erklärt. Durch die Schmelzwässer wurden die Sandmassen in das Vorland transportiert. Man spricht hier von Sanderflächen, die im Nordeuropäischen Tiefland vielfach vor dem stehenden Eiskörper aufgeschwemmt wurden. Die Böden der Senne sind mit denen des Delbrücker Landes grundsätzlich vergleichbar.

Neben der "trockenen" Senne (überwiegend im Osten) mit Kiefernwäldern, Heideflächen und Dünen existiert die "feuchte" Senne (überwiegend im Westen) mit grünen Wiesentälern, Teichen, Brüchen und Mooren. Dieser kontrastreiche Wechsel hat die Senne zu einem bevorzugten Naherholungsgebiet der benachbarten Groß- und Mittelstädte werden lassen.

Der Sandkörper der Senne hat aber auch unmittelbare wirtschaftliche Bedeutung erlangt. Der in großem Umfang abgebaute "Sennesand" ist in Ostwestfalen als Markenzeichen der Bauwirtschaft bestens bekannt. Außerdem werden die beträchtlichen (Grund-)Wasservorräte der Senne von den umliegenden Wirtschaftsräumen, insbesondere von der Stadt Bielefeld, intensiv genutzt.

Hinsichtlich seines Klimas gehört der Kreis Paderborn überwiegend zum ozeanisch beeinflußten Klimabereich Nordwestdeutschlands mit geringen Temperaturgegensätzen, westlichen Winden und hohen Niederschlägen. Daneben sind jedoch kontinentale Klimaeinflüsse zu beobachten, die durch die Leewirkung des Sauerlandes und die Staulage der Egge hervorgerufen werden (Abb. 4).

Zusammenfassende Kurzporträts der sechs Naturlandschaften des Kreises:

Die in ihrer Struktur ähnlichen Landschaften *Alme-Afte-Bergland* und *Egge* sind relief- und gewässerreiche Gebirgszüge, die nahezu ausschließlich mit Wald bestanden sind und intensiv forstwirtschaftlich genutzt werden.

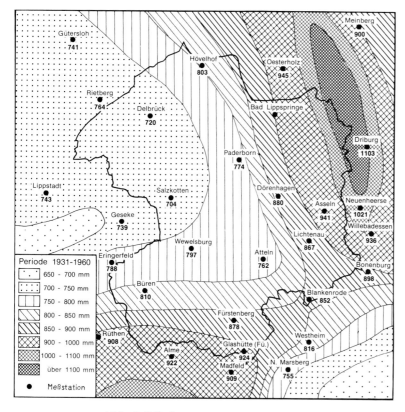

Abb. 4: Mittlerer Jahresniederschlag
(Quelle: Meßdaten des Wetteramtes Essen)

Die *Paderborner Hochfläche* ist eine überwiegend ackerbaulich genutzte Agrarlandschaft mit größeren Waldinseln. Die Hochfläche ist zugleich eine große Karstlandschaft mit Bachschwinden, trockenen Flußbetten, Erdfällen und unterirdischer Wasserzirkulation, was die charakteristische Wasserarmut dieses Raumes bewirkt.

Der *Hellweg* ist in mehrfacher Hinsicht die Vorzugslandschaft des Kreises. Bei fast idealen Boden- und Klimabedingungen wird in der weitgehend baumlosen Börde ein intensiver Ackerbau mit anspruchsvollen Feldkulturen wie Weizen und Zuckerrüben betrieben. Außerdem verläuft im Hellweg die bedeutendste Quellenreihe Westfalens, die neben den guten Ackerbau- und Verkehrsmöglichkeiten die frühe und dichte Besiedlung dieses Raumes auslöste.

Das *Delbrücker Land* zeigt als typische, agrargeprägte Parklandschaft seine natur- und kulturräumliche Zugehörigkeit zum Münsterland. Natürlicher und künstlich geschaffener (durch Baggerseen) Gewässerreichtum kennzeichnet zusätzlich das Landschaftsbild.

Die *Senne* ist die Sandlandschaft des Kreises. Durch die wechselnde Höhe des Grundwasserstandes bieten sich große naturgeographische Kontraste zwischen sehr trockenen und sehr feuchten Standorten, die die Senne zum ökologisch vielfältigsten Kreisraum machen.

II. Die Siedlungs- und Bevölkerungsentwicklung

Die verschiedenen Naturräume des Kreises haben durch Rodungen, Verkehrswege, Siedlungen und wirtschaftliches Handeln eine unterschiedliche Nutzung bzw. Gestaltung durch den Menschen erfahren. Das Ergebnis dieser menschlichen Tätigkeiten ist eine überaus kontrastreiche Kulturlandschaft. Deren Entwicklung bis zur Gegenwart war kein einheitlicher oder linearer Vorgang, sondern ein wechselvolles Neben- und Nacheinander von Phasen der Landnahme, der Kolonisation, des Siedlungs- und Wirtschaftswachstums, aber auch der Stagnation und Depression. Im folgenden werden die wesentlichen Perioden der Siedlungsgeschichte des Kreisraumes bis zur Gegenwart in knapper Form dargestellt (vgl. Tab.2).

Die Steinzeit

Für die älteste Epoche der Menschheitsgeschichte, die Altsteinzeit, fehlen bisher sichere Funde, die auf die Anwesenheit von Menschen im heutigen Kreisraum Paderborn hinweisen. Es ist in diesem Zusammenhang wichtig zu wissen, daß während der Altsteinzeit mehrere Gletschervorstöße aus dem skandinavischen Norden nach Mitteleuropa gelangten und dabei große Teile des norddeutschen Tieflandes unter den mitgeführten Lehm-, Kies- und Sandschichten begraben haben. In der vorletzten Eiszeit, der Saale-Eiszeit, wurden die nordischen Geschiebe in unserem Raum bis zur Linie Weine-Fürstenberg-Lichtenau-Altenbeken abgelagert. Die älteren Fundschichten liegen daher meist tief unter der Erdoberfläche und bieten nur selten Einblick. Markante Zeugen der Eistransporte aus Skandinavien sind die sog. "Findlinge", abgerundete Granitblöcke, die vor vielen Bauernhäusern aufgestellt wurden.

Die Mittelsteinzeit umfaßt die ersten Jahrtausende der Nacheiszeit, in der nun große Wälder das Land bedecken. Die Menschen dieser Zeit lebten in unserem Raum noch ausschließlich vom Sammeln und Jagen, wobei die benutzten Feuersteingeräte schon sehr viel ausgereifter waren. Durch eine Reihe von Funden sind im Bereich des Kreises Paderborn mehrere Lagerplätze mittelsteinzeitlicher Jäger bekannt: bei Siddinghausen, in Blankenrode, Nordborchen, Salzkotten, Paderborn, Elsen, Marienloh, Lippspringe, Neuhaus und Hövelhof.

Die vom Orient ausgehenden Kulturerscheinungen der Jungsteinzeit - mit Getreidebau und Viehzucht, Errichtung fester Häuser und umwehrter Sied-

Tab. 2: Zeittabelle zur Siedlungsgeschichte im Kreisraum Paderborn

Zeit	Epoche	Ereignisse
500000 – 8000	Altsteinzeit	Keine Siedlungsspuren, Mammutfunde im Delbrücker Land, Gletschervorstöße aus Skandinavien
8000 – 4000	Mittelsteinzeit	Einzelne Lagerplätze von Jägern und Sammlern bekannt
4000 – 1700	Jungsteinzeit	Mehrere Steinkammergräber, z.B. in Etteln, Atteln, Borchen
1700 – 700	Bronzezeit	Rund 540 Hügelgräber bekannt
700 – Chr. Geb.	Eisenzeit	Siedlungen und Abfallgruben
Chr. Geb. – 300	Röm. Kaiserzeit	Römerkriege, Römerlager Anreppen, germanische Siedlungen
300 – 650	Völkerwanderung	Weitgehende Siedlungsleere durch Abwanderungen in linksrheinische Gebiete
650 – 780	Mittelalter	Landnahme der Sachsen (außer Senne)
780 – 1100	Mittelalter	Eingliederung ins Frankenreich (Kriege), karolingischer Landesausbau, Begründung der Kaiserpfalz und des Bischofssitzes Paderborn, Bau von Kirchen und Klöstern
1100 – 1350	Mittelalter	Hochmittelalterliche Stadtgründungen
1350 – 1450	Mittelalter	Spätmittelalterliche Wüstungsvorgänge, z.B. Stadtwüstung Blankenrode
1450 – 1550	Mittelalter	Frühneuzeitliche Neuordnung und Wiederbesiedlung: Dorf- und Gutshofbildung (außer Delbrücker Land und Senne)
1550 – 1800	17. u. 18. Jh.	30jähriger Krieg und 7jähriger Krieg: mehrfache Verwüstungen und Brandschatzungen im gesamten Kreisraum Frühindustrielle Wirtschaftspolitik der Paderborner Fürstbischöfe, z.B. Bergbau und Tuchfabrikation Bedeutende Bautätigkeit, z.B. fürstbischöfliche Schlösser in Dalheim und Wewelsburg Universität Paderborn Besiedlung der Senne
1800 – 1950	19 Jh.	Auflösung des Fürstbistums Paderborn (1803) Säkularisation der Klöster Entstehung der Kreise Büren und Paderborn Zahlreiche preußische Reformen, z.B. Agrar-, Gewerbe- und Schulreform Starke Bevölkerungsabwanderungen zum Ruhgebiet und Rheinland Eisenbahn- und Chausseebauten Nur zögernde Industrialisierung des Paderborner Landes
1950 –	Gegenwart	Verstärkte Industrialisierung und Neubautätigkeit Verbesserung der Verkehrsanbindung durch Autobahnanschlüsse und Flughafen in Ahden Wiederbegründung der Universität Paderborn 1972 Gebietsreform 1975

(Quelle für die Frühgeschichte: Führer zu vor- und frühgeschichtlichen Denkmälern, 20, 1971, S. 279; eigene Ergänzungen)

lungen, Töpferei, Weberei und Steinschliff - sind in Mitteleuropa zuerst im 4. Jahrtausend v. Chr. nachweisbar. Die zunächst einsetzende sog. Bandkeramische Kultur ist auch in den benachbarten Landschaften mit fruchtbaren Lößböden, in der Soester und Warburger Börde, verbreitet. Der Kreisraum Paderborn wird dagegen erst im dritten vorchristlichen Jahrtausend von Ackerbauern besiedelt.

Bedeutendste Zeugen dieser jungsteinzeitlichen Besiedlung sind die sog. Steinkisten oder Steinkammergräber, die sich vor allem im Bereich der Paderborner Hochfläche in einer sonst in Westfalen nicht wieder beobachteten Dichte gefunden haben. Einige dieser Gräber sind noch in eindrucksvollen Resten erhalten. Die aus mächtigen Steinplatten gefügten Steinkisten sind als große Grüfte anzusehen, in denen eine Siedlungsgemeinschaft mehrere Generationen hindurch ihre Toten bestattete. Sie sind ganz oder zum größten Teil in den Boden eingesenkt. Die meisten Gesteinsplatten (in der Regel aus dem anstehenden Kreide-Kalk) sind etwa 2 m lang, 1-1,5 m breit und 0,5 m dick. Ein Deckstein der Kammer von Atteln II (Maße: 3,0 x 2,8 x 0,5 m) muß rund 10 Tonnen gewogen haben. Die Grabkammern waren bei rechteckigem Grundriß in der Regel 2-3 m breit, 1,6-1,7 m hoch und 14-22 m lang. Die Zahl der bestatteten Toten dürfte bei maximal 200-250 liegen.

Über die Siedlungen selbst sowie die Lebensumstände der Steinkistenbevölkerung ist bisher wenig bekannt. Es gibt Hinweise auf den damaligen Anbau von Getreide (z.B. Handmühle der Steinkiste Henglarn II); doch vorrangig sicherten noch Jagd und Viehzucht die Lebensgrundlage.

Die Bronzezeit

Waren die Steinkisten die charakteristischen Zeugen der jungsteinzeitlichen Besiedlung, so sind es für die Bronzezeit die sog. Hügelgräber. Durch die große Anzahl sowie den guten Erhaltungszustand der Hügelgräber nimmt der Raum Paderborn auch bezüglich der Bronzezeit unter allen westfälischen Landschaften eine Sonderstellung ein.

Die Masse der bisher bekannten bronzezeitlichen Gräber findet sich auf der Paderborner Hochfläche. Jedoch gibt die heutige Verbreitung nicht ganz die ursprüngliche Dichte und Ausdehnung wieder, da die Erdhügel in Ackerbaugebieten seit Jahrhunderten abgetragen wurden. So fehlen sie z.B. im Hellwegraum um Salzkotten und auf dem Sintfeld, also in Landstrichen, in denen seit dem frühen Mittelalter recht intensiver Ackerbau betrieben wird. Man kann deshalb die Hügelgräberkarte weitgehend mit der der Waldverbreitung zur Deckung bringen. Nur wenige der mehr als 500 bekannten Hügel im Raum Paderborn liegen auf freiem Feld. Ein relativ ungestörtes Bild geben sicherlich die großen Hügelgräbergruppen in den Waldungen der Paderborner Hochfläche, wo mehrfach Dutzende von Hügeln zusammenliegen. Die heutigen Erdhügel haben in der Regel einen Durchmesser von 15-20 m und eine Höhe von maximal 1-2 m.

Eisenzeit und Römische Kaiserzeit

Die archäologischen Quellen bestehen von der Jungsteinzeit bis zur älteren Eisenzeit überwiegend aus Grabfunden (Steinkisten und Hügelgräber). Diese Verhältnisse ändern sich für den Zeitraum der letzten Jahrhunderte vor Chr. Geb.: Die Gräber nehmen in der vorrömischen Eisenzeit an Zahl allmählich ab und verlieren an Aussagekraft. An deren Stelle treten keine ebenso markanten archäologischen Zeugen, so daß die Siedlungsforschung für die Jahrhunderte vor der und um die Zeitenwende herum auf besondere Schwierigkeiten stößt. Dennoch sind bisher eine größere Anzahl von eisenzeitlichen und kaiserzeitlichen Siedlungen lokalisiert worden. Diese frühgeschichtlichen Niederlassungen befinden sich vor allem am Oberlauf der Lippe und im Bereich der Paderquellen, aber auch auf der Paderborner Hochfläche. In der Regel sind Tal- bzw. Quellenlagen festzustellen.

Zumindest für kurze Zeit erfuhr der heutige Kreisraum Siedlungsmaßnahmen, die mit den politisch-militärischen Bestrebungen des Römischen Weltreiches im rechtsrheinischen Germanien zusammenhängen. Das erst 1967 entdeckte Römerlager in Anreppen belegt dies sehr eindrucksvoll. Darüber hinaus existiert eine ganze Reihe von Streufunden, die eine - wenn auch nur kurzfristige - Präsenz römischer Truppen in dieser Region bezeugen.

Das Mittelalter

a) Die sächsische Landnahme (7.-8. Jh.)

Mit Beginn des 7. Jh.s erfolgt vom norddeutschen Küstenraum her eine flächenhafte Landnahme Westfalens durch sächsische Stämme. Man spricht von einer "Saxonisierung" Westfalens (wie auch Nordhessens), die in einer Fülle von Ortsnamen auf -hausen, speziell -inghausen, und -dorf ihren Niederschlag fand. Auf ihrem Vorstoß nach Süden erreichen die Sachsen zu Beginn des 7. Jh.s das innere Westfalen nördlich der Lippe. Gegen 700 überschreiten sie - nun auch mit dem Namen der Sachsen urkundlich überliefert - die Lippe und erweitern dann ihren Siedlungs- und Herrschaftsbereich im 8. Jh. auf das südliche Westfalen und Nordhessen. In diesen Jahrzehnten beginnt auch die neue Besiedlung im Raum der Pader- und Lippequellen, der gesamten Paderborner Hochfläche und von Teilen des Delbrücker Landes.

Die Landnahme der Sachsen war für den heutigen Kreisraum - wie für fast ganz Westfalen - der grundlegende Besiedlungsvorgang innerhalb der letzten 2.000 Jahre. Über 50% aller mittelalterlichen Orte entstanden bereits in dieser Besiedlungsphase des 7. und 8. Jh.s. An einigen Stellen, so um Paderborn und Wünnenberg und im Lippegebiet, treten 6-8 -hausen-Orte in dichter Gruppierung auf. Möglicherweise handelt es sich hier um sächsische Kolonisations- oder Administrationszentren.

Der Kreisraum Paderborn gehörte in der Sachsenzeit zum Herrschaftsgebiet der Engern (Sachsenstamm), das von den Herrschaftsräumen der Westfalen und Ostfalen umgeben war. Das Land der Sachsen war politisch in Gaue untergliedert, deren Mittelpunkt jeweils eine Volksburg bzw.

Schutzburg war. Im Kreisgebiet gab es den Padergau mit seinem Untergau Soratfeld (um Lichtenau) und den Almegau mit seinen Untergauen Sintfeld (nördlich von Fürstenberg) und Madfeld.

b) Der karolingische Ausbau (9.-10. Jh.)

Am Ende des 8. Jh.s erfolgt die gewaltsame Eingliederung der heidnischen Sachsenstämme in das christliche Frankenreich. Karl der Große beginnt den auf der Reichsversammlung in Worms 772 beschlossenen Krieg im selben Jahr mit einem Einfall in das Gebiet der Engern. Er zieht durch das Hessenland über die alte, heute noch als Via regia oder Frankfurter Weg überlieferte Völkerstraße nach Norden. Er erobert die sächsische Eresburg in Obermarsberg und zerstört das sächsische Heiligtum der Irminsul (Standort umstritten). Schon 777 kommt es zur ersten fränkischen Reichsversammlung an den Quellen der Pader. Nach langwierigen Kämpfen findet die militärische Besiegelung der Eingliederung des Sachsenlandes in das Frankenreich im Jahre 794 auf dem Sintfeld statt. Der militärische Triumpf Karls über die Sachsen wird 799 auf der großen Reichsversammlung in Paderborn in Anwesenheit des Papstes Leo III. demonstriert. Die Eroberung Sachsens und dessen Eingliederung in den fränkischen Reichsverband begründeten den Anspruch Karls auf den Kaisertitel, der ihm ein Jahr darauf in Rom verliehen wurde.

Der karolingische Vorstoß über die Diemel traf im Paderborner Land, wie oben dargestellt, auf ein ziemlich engmaschiges Netz sächsischer Orte. Siedlungsneugründungen erfolgten daher nur noch in begrenztem Maße, wie die relativ geringe Anzahl der (fränkischen) -heim-Orte (zentriert vor allem im Raum Lichtenau) beweist. Insgesamt sind etwa 20% aller mittelalterlichen Siedlungen des Kreises als fränkische Gründungen anzusprechen. Der Landnahme und Besiedlung durch die Sachsen folgt somit der karolingische Landesausbau.

Eine herausragende Funktion, die weit über den heutigen Kreisraum hinausreichte, besaß in dieser Phase der am Schnittpunkt des Hellweges und des Frankfurter Weges gelegene Standort Paderborn. Von 777 bis 804 sind acht Aufenthalte Karls des Großen an den Quellen der Pader bzw. der Lippe nachgewiesen. Über dem örtlichen Quellbereich der Pader entstanden die Gebäude einer Residenz des neuen Herrschers, die Königspfalz Paderborn (Ausgrabungen 1964-1970), die seitdem als Geburtsstätte des mittelalterlichen Deutschen Reiches gilt. Neben der Pfalz hatte die Begründung des Paderborner Bistums, die mit dem ersten Bischof Hathumar im Jahre 806 erfolgte, eine weitere Pionierfunktion für den fränkischen Landesausbau.

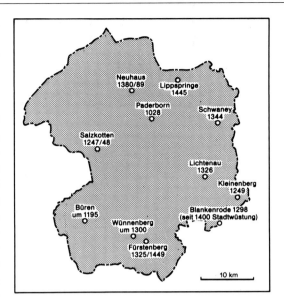

Abb. 5: Die mittelalterlichen Städte und Residenzorte im Kreis Paderborn (jeweils urkundliche Erstnennung) (Quelle: C. Haase 1976)

Um die recht schwierige Bekehrung und Eingliederung der Sachsen ins Frankenreich (die "Schwertmission" Karls wurde bereits von Zeitgenossen z.T. heftig kritisiert) zu erleichtern, erhielt Paderborn im Jahre 836 aus Le Mans in Frankreich die Gebeine des Hl. Liborius, der daraufhin zum Hauptpatron des Bistums wurde.

Hauptziel der fränkischen Politik war die innere Kolonisation der bestehenden Siedlungen. Angesichts des vorhandenen sächsischen Siedlungsnetzes bestand die karolingische Integrationspolitik vor allem im Bau von Kirchen und in der Organisation der Pfarreien. Davon zeugen eine ungewöhnlich hoch erscheinende Kirchendichte in der Region und die mehrfach nachweisbare Tatsache, daß in älteren sächsischen Orten während der karolingischen Ausbauphase Kirchen errichtet wurden. Der Bau von Kirchen verfolgte neben den religiösen durchaus politisch-militärische Absichten. Es ist dabei wichtig zu wissen, daß die Kirchen als einzige Gebäude der mittelalterlichen Siedlungen massive Steinbauten darstellten, die in der Regel auf einer Anhöhe oder einem Hang in gewisser Distanz oder Randlage zu den Orten errichtet wurden. Den Kirchen kam somit ein besonderer Wehr- und Schutzcharakter für Notzeiten zu. Nach Beendigung des fränkischen Siedlungsausbaus waren im 11. Jh. etwa 80-90% aller mittelalterlichen Siedlungen des Kreisraumes begründet.

c) Das Hochmittelalter - Zeit der Stadtgründungen (1180-1350)

Das Hochmittelalter, das im wesentlichen das 12., 13. und frühe 14. Jh. umfaßt, hat in Westfalen wie im Kreisraum Paderborn nur eine unbedeutende Anzahl neuer Agrarsiedlungen hervorgebracht. Der Siedlungsausbau dieser Zeit konzentriert sich - wie in weiten Teilen Europas - auf die Gründung von Städten (Abb. 5). Bis zum Jahre 1180 waren in den Grenzen des heutigen Westfalen insgesamt sechs Städte entstanden: Dortmund, Soest, Paderborn, Münster, Minden, Höxter. Während der dann folgenden 170 Jahre bis 1350 wurden in Westfalen etwa 110 weitere Städte neu begründet (vgl. C. Haase 1976).

Im Kreisraum Paderborn entstanden in dieser hochmittelalterlichen Zeitspanne allein sieben neue Städte: Büren (Gründung bzw. Erstnennung um 1195), Salzkotten (1247/48), Kleinenberg (1249), Blankenrode (1298), Wünnenberg (um 1300), Lichtenau (1326), Schwaney (1344). Dazu kommen noch mehrere Burggründungen, u.a. Neuhaus, Verne, Fürstenberg und Ringelstein, die jedoch keine stadtbildenden Funktionen besaßen. Auffallend ist, daß im gesamten nordwestlichen Kreisgebiet keine mittelalterlichen Stadtgründungen erfolgten.

Paderborn gehört als einzige frühmittelalterliche Stadt unseres Raumes zu den westfälischen "Mutterstädten". Es handelt sich hier um Orte, die bereits durch ihre frühmittelalterliche Entwicklung die rechtlichen, topographischen und wirtschaftlichen Bedingungen erfüllen, die dann im 13. Jh. zum Idealtyp der Stadt ausreifen. Aus der karolingischen Pfalz wurde in Paderborn die hochmittelalterliche Civitas, eine lebenskräftige Bürger- und Bischofsstadt, die um 1180 im Bereich der heutigen Wälle mit einer Stadtmauer umgeben wurde. Paderborn wurde zum Zentrum eines kirchlich-weltlichen Territorialstaates, des Fürstbistums Paderborn, das im wesentlichen den heutigen Kreisräumen Paderborn und Höxter entsprach und bis 1803 bestand. Gegenüber den hochmittelalterlichen Stadtgründungen der Umgebung hat das frühmittelalterliche Paderborn - dies gilt auch für die übrigen Pionierstädte Westfalens - seinen geschichtlichen Vorsprung bis in die Gegenwart behauptet.

Die hochmittelalterlichen Stadtgründungen des Kreisraumes, die allesamt vom Paderborner Bischof bzw. dem regionalen Hochadel (z.B. der Edelherren von Büren) ausgingen, nahmen eine sehr unterschiedliche Entwicklung. Nur zwei der sieben hochmittelalterlichen Gründungen, Büren und Salzkotten, konnten ihre (klein-)städtischen Funktionen in die Neuzeit übertragen. Die übrigen mußten wieder ins Glied der Landgemeinden zurücktreten (so wird Schwaney bereits 1409 wieder als "Dorf" bezeichnet); gleichwohl gelten sie bis heute als "Titularstädte". In der Wissenschaft spricht man auch von Zwerg- und Minderstädten, die gerade in dem durch viele Kleinstaaten geprägten Mitteleuropa in großer Zahl anzutreffen sind. Die Stadtgründung Blankenrode erwies sich sogar als absolute Fehlgründung; nach gut hundert Jahren des Bestehens fiel sie auf Dauer den spätmittelalterlichen Wüstungsvorgängen zum Opfer.

Aus dem zeitlichen Rahmen der hochmittelalterlichen Stadtgründungsepoche fällt Lippspringe, dessen Stadterhebung durch das Paderborner Domkapitel im Jahre 1445 erfolgt. Eine Sonderstellung nimmt Neuhaus ein, das seit dem 13. Jh. zwar eine bischöfliche Burg bzw. Residenz und damit auch verschiedene Privilegien besitzt, aber keine eigentlichen Stadtrechte erwirbt. Delbrück besitzt zwar seit dem späten Mittelalter gewisse Selbstbestimmungsrechte, wird jedoch erst im 19. Jh. zur Stadt.

Wenn auch die meisten Städte des Kreisraumes sich nicht zu überregionalen Zentren erheben konnten, so waren doch mit ihrem Entstehen gravierende Veränderungen der lokalen Siedlungslandschaft, die bis dahin aus einer großen Anzahl relativ ungesicherter ländlicher Kleinsiedlungen bestand, verbunden. Die neuen Stadtsiedlungen waren einmal schon durch ihre Lage exponiert und darüber hinaus mit massiven und weithin sichtbaren Befestigungsanlagen ausgestattet. Die innere Struktur der Städte, deren erhebliche Anziehungskraft in der Losung "Stadtluft macht frei" ihren Ausdruck fand, unterschied sich etwa durch Rechtstellung und größere Berufsdifferenzierung wesentlich von der der bäuerlichen Kleinsiedlungen.

d) Die spätmittelalterlichen Wüstungsvorgänge bis zur frühneuzeitlichen Wiederbesiedlung (1380-1550)

Die hochmittelalterliche Ausbauphase, die im wesentlichen durch Stadtgründungen charakterisiert ist, dauert in Westfalen bis etwa 1350 an. Sie wird abgelöst von einer europaweiten Depressionsphase, der in Mitteleuropa mindestens ein Drittel aller bestehenden Siedlungen zum Opfer fällt. Die spätmittelalterlichen Wüstungsvorgänge haben auch die Siedlungslandschaft des Kreisraumes Paderborn existentiell bedroht und schließlich grundlegend verändert.

Das späte Mittelalter war eine Zeit der rechtlichen, politischen und wirtschaftlichen Unsicherheit der ländlichen Bevölkerung. Es war zudem die Zeit der Raubritter, die hordenweise die ungeschützten Kleinsiedlungen und Landklöster überfielen, mordeten, plünderten und brandschatzten. Tückische Seuchen kamen hinzu. Die Bevölkerung wurde dezimiert; der Rest suchte das Heil in der (Land-)Flucht.

Für unseren Kreis sind ab 1380 die ersten durchschlagenden Wüstungsvorgänge überliefert. Es beginnt die Zeit der Fehden (u.a. Bengeler Fehde), die zwischen verschiedenen Grundherrschaften des Landes und dem Paderborner Bischof ausgetragen wurden. Aus zeitgenössischen Urkunden und Berichten wissen wir Genaues über die damaligen Zustände. Es wird berichtet über wüste Gehöfte, leerstehende Siedlungen, zerstörte und verlassene Kirchen und Klöster. Auf den ehemaligen Äckern wachsen Gebüsch, Strauchwerk und schließlich Waldbäume; gleiches gilt von den aufgelassenen Ortsstellen. Die Wüstungsvorgänge treffen nicht nur die ungeschützten Agrarsiedlungen, sondern auch die Städte. Blankenrode fällt vollständig wüst; andere Städte, wie z.B. Büren, Rüthen, Soest, verlieren vorübergehend die Hälfte ihrer Einwohner.

Der Zustand der Menschenleere und Verödung hat etwa 30-100 Jahre angedauert. Die wichtigsten Initiatoren der Wiederbesiedlung waren lokale Adelsfamilien und Klöster. Da die Besitzrechte in den verwilderten Wüstungsgemarkungen meist nur noch sehr schwierig zu rekonstruieren waren, gab es in dieser Zeit langwierige Rechtsstreitigkeiten. Die Gunst der Stunde bestand vielfach in der Möglichkeit, durch Rekultivierung der ehemaligen Ländereien zu Grundbesitz zu gelangen.

In der Regel wurden mehrere Wüstungsgemarkungen zu einem flächenhaften Grundbesitz vereinigt. Zu dieser Zeit entstanden die Großgüter der Klöster sowie des Lokaladels, aus denen sich wiederum die Großdörfer mit ihren riesigen Gemarkungen entwickelten. An die Stelle des engmaschigen mittelalterlichen Siedlungsnetzes trat nun die Dorflandschaft der Neuzeit (Ausnahme Senne und Delbrücker Land).

Die frühneuzeitliche Wiederbesiedlung erreichte in der ersten Hälfte des 16. Jh.s ihren Abschluß, womit insgesamt auch die Wüstungsvorgänge beendet waren. Das Fazit mag überraschen: Von rund 185 nachgewiesenen mittelalterlichen Siedlungen des heutigen Kreisraumes fielen etwa 60% auf Dauer wüst. Im südlichen Paderborner Land, dem Sintfeld, beträgt der Wüstungsquotient (Anteil der wüstgefallenen Orte an den vorher bestehenden Orten) sogar 73% und erreicht damit einen der höchsten Werte in Deutschland.

Bemerkenswert ist, daß im Bereich des Delbrücker Landes und der Senne, die heute durch Streusiedlung und kleinere Weiler charakterisiert sind, bisher nur sehr geringe Wüstungserscheinungen nachzuweisen sind. Es stellt sich die Frage, ob hier fehlende Wüstungsvorgänge des Spätmittelalters dafür verantwortlich sind, daß die alten Kleinsiedlungsstrukturen überlebten und ein Dorfbildungsprozeß ausblieb.

Das 17. und 18. Jahrhundert

Die Grundzüge der heutigen Siedlungslandschaft, die sich wesentlich von der mittelalterlichen unterscheidet, wurden an der Wende des Mittelalters zur Neuzeit gelegt. Seit etwa 1550 änderte sich für die folgenden vier Jahrhunderte am Siedlungsnetz des Kreisraumes kaum noch etwas. Neue Stadtgründungen erfolgten nicht mehr, auch in der ländlichen Siedlungslandschaft gab es nur geringfügige Ergänzungen.

Ein epochales Ereignis war der Dreißigjährige Krieg (1618-48), der auch in alle Teile des Paderborner Landes unbeschreibliche Not brachte. Vor allem die kaum geschützten ländlichen Siedlungen wurden von den hin- und herziehenden Heeren und Verbänden der verschiedensten Kriegsparteien immer wieder durch Plünderungen und Brandschatzungen heimgesucht. Aber auch die Städte waren vor wiederholten Übergriffen nicht sicher. So wurde allein Paderborn 16mal belagert und erobert und durch Einquartierungen und Plünderungen ruiniert; am Ende des Krieges soll die Stadt noch 500 Einwohner gezählt haben (1571 waren es noch etwa 5.400 E.). Die Stabilisierung der Siedlungen nach Kriegsende erfolgte nur recht zögernd. Dennoch gab es keinen Ort, der von seinen Bewohnern auf Dauer aufgegeben wurde. Dies gilt auch für den 7jährigen Krieg (1756-63), der den Kreisraum als Durchzugsgebiet der Truppen wiederum in Mitleidenschaft zog.

Für die Stadt und den Raum Paderborn siedlungsprägend war das Wirken zweier bedeutender Bischöfe. Dietrich von Fürstenberg (Bischof in Paderborn von 1585-1618) errichtete 1614 in Paderborn die erste westfälische Universität mit einer philosophischen und theologischen Fakultät, außerdem entstand das bekannte Rathaus (1615, siehe Foto S. 110). In der Umgebung erbaute Bischof Dietrich die Schloßburg in Wewelsburg (1604-07) sowie Teile der Schloßanlage in Neuhaus. Der Paderborner Bischof Ferdinand von Fürstenberg (1661-83) bescherte der Stadt mehrere bedeutende Barockbauten, u.a. die Jesuitenkirche (1681-86) und das Franziskanerkloster (1664-69). Berühmt geworden ist Bischof Ferdinand durch sein geschichtliches Hauptwerk, die Monumenta Paderbornensia, die 24 Denkmale des Paderborner Landes in Kupferstichen und lateinischen Texten festgehalten und der Nachwelt überliefert hat. Außerdem ließ Ferdinand durch seine Maler Rudolphi und Fabritius von 1664-66 alle bedeutenden Ortschaften seines Fürstentums in großformatigen Gemälden abbilden, die in den meisten Fällen die älteste bildliche Darstellung der Orte sind. Ein Jahrhundert später entstand in Büren (1754-71) die Jesuitenkirche, die als schönste Barockkirche Norddeutschlands bezeichnet wird.

Die lange Zeit als siedlungsfeindlich geltende Senne (Desertum Sinedi) erfuhr nun - zumindest an den Rändern - eine zögernde Besiedlung. Die noch weitgehend erhaltene Naturlandschaft, die einen reichen Bestand an Hoch- und Niederwild besaß, war zunächst ein geschätztes Jagdrevier des fürstbischöflichen Hofes. 1661 ließ der Landesherr auf dem Hövelhof das noch bestehende Jagdschloß errichten (siehe Foto S. 86). Im Jahre 1690 wurde durch fürstbischöfliche Siedlungspolitik von Paderborn aus der Ort Hövelhof begründet.

Zwischen den weitabständigen Haufendörfern des Hellweges und der Paderborner Hochfläche wurden in der 2. Hälfte des 18. Jh.s einzelne Gutshöfe bzw. Vorwerke errichtet, wodurch eine gewisse Verdichtung des Siedlungsnetzes erreicht wurde. Zu erwähnen sind noch die zahlreichen Stadt- und Dorfbrände dieser Zeit, denen nicht selten fast alle (strohgedeckten) Häuser bis auf die kirchlichen Steinbauten zum Opfer fielen, die aber keine grundlegenden Änderungen des Siedlungsbestandes erbrachten.

Das 19. und 20. Jahrhundert

Das frühe 19. Jh. ist politisch und gesellschaftlich - mehr als das Spätmittelalter - eine Zeit der Wende. Mit dem Reichsdeputationshauptschluß von 1803 wird das fast 1.000 Jahre andauernde System der geistlichen Staaten beseitigt und durch rein weltliche Administrationen ersetzt. Auch das Fürstbistum Paderborn wird im Zuge dieser Säkularisation aufgelöst und mit ihm noch im Jahre 1803 die gut fundierten Männerklöster Hardehausen, Abdinghof, Böddeken, Dalheim und Marienmünster. Später folgen das Domkapitel, das Busdorfstift, das Gaukirchkloster und das Kapuzinerkloster.

Nach einem Jahrzehnt wirrer politischer Entwicklungen, u.a. gab es von 1808-13 das französische Königreich Westphalen, entstand im Jahre 1815 schließlich die preußische Provinz Westfalen. Das hierzu gehörende Gebiet des ehemaligen Fürstbistums Paderborn wurde in die fünf Kreise Paderborn, Büren, Höxter, Brakel (wurde 1832 mit Höxter vereinigt) und Warburg aufgeteilt, die im wesentlichen bis zur Gebietsreform von 1975 Bestand hatten. Im Rahmen der allgemeinen kirchlichen Neuordnung erfolgte 1821 die Festsetzung des Bistums Paderborn, zu dem nun in einem westlichen Anteil die preußischen Regierungsbezirke Minden und Arnsberg, dazu Lippe und Waldeck, in einem östlichen Anteil die Gebiete um Magdeburg, Erfurt und das Eichsfeld gehörten.

Das frühe 19. Jh. brachte neben der Säkularisation geistlicher Staaten, Institutionen und Güter eine Reihe weiterer nachhaltiger Reformen. Die rechtliche und wirtschaftliche Privilegierung der Städte gegenüber den ländlichen Siedlungen wurde aufgehoben. Ebenso wurden nach und nach alle bäuerlichen Unfreiheiten gegenüber den Grundherren abgelöst und beseitigt. Der Staat dehnte zugleich seine Verantwortung auf vielfältige Bereiche des wirtschaftlichen und sozialen Lebens aus, was vor allem auch dem ländlichen Raum zugute kam: z.B. durch Verbesserungen des allgemeinen Schulwesens, durch Errichtung von Chausseebau-

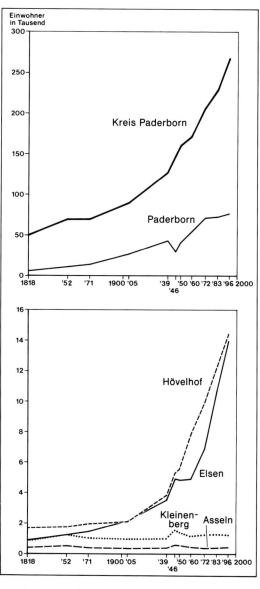

Abb. 6: Die Bevölkerungsentwicklung des Kreises und ausgewählter Orte von 1818 - 1996

ten oder durch Bodenmeliorationen zur Produktionsverbesserung der Landwirtschaft.

Das 19. Jh. ist für Mitteleuropa zugleich die Zeit der (beginnenden) Industrialisierung und Verstädterung. Im Unterschied zum Rhein-Ruhrgebiet, das sich seit etwa 1840 zum industriellen Ballungsraum Deutschlands entwickelt, verläuft die Entwicklungskurve des Kreisraumes Paderborn zunächst eher langsam, um dann im 20. Jh. eine höhere Steigerungsrate zu bekommen.

Die Bevölkerungsentwicklung des Kreises zeigt von 1818 bis zur Gegenwart - bei grundsätzlich steigender Tendenz - ein wechselvolles Bild und erhebliche regionale Unterschiede (Abb. 6, Tab. 3). Sie beginnt in den ersten Jahrzehnten von 1818 bis 1852 mit einem deutlichen Aufwärtstrend (von 49.780 auf 69.453 Einwohner), an dem alle Gemeinden des Kreises beteiligt sind. Die Städte wachsen jetzt allmählich über die mittelalterlichen Stadtmauern und -gräben hinaus, die nun aufgegeben bzw. beseitigt werden. Auch in den Dörfern kommt es zu erheblichen Siedlungserweiterungen und -verdichtungen.

Ab 1852 folgt eine jahrzehntelange Phase der Stagnation, wobei die Kreiswerte wesentliche regionale Abweichungen verdecken. Während Paderborn, Lippspringe und Hövelhof weiterhin wachsen, gehen die Bevölkerungszahlen in den übrigen Kreisorten zurück. Die größten Verluste verzeichnen die südlichen Gemeinden Lichtenau und Wünnenberg, wo die Bevölkerungszahlen von 1852 erst nach dem Zweiten Weltkrieg wieder erreicht werden. Hinter diesen schlichten Daten verbergen sich starke Bevölkerungsbewegungen. Die ländlichen Orte des Kreises haben in den sieben Jahrzehnten von 1844 bis 1914 etwa 50.000 Menschen durch Abwanderung verloren. Die weitaus meisten davon gingen in die Industriegebiete an Rhein und Ruhr, ein kleinerer Teil - man nimmt eine Anzahl von etwa 3.000 an - wanderte nach Übersee aus.

Einen wesentlichen Entwicklungsimpuls erfuhr das Kreisgebiet - besonders im Hellwegraum - ab der 2. Hälfte des 19. Jh.s durch den Eisenbahnanschluß. 1850-53 wurde die Strecke Lippstadt-Paderborn-Altenbeken-Warburg in Betrieb genommen. 1865 bzw. 1872 folgten von Altenbeken aus die Abzweige nach Höxter-Kreiensen und Hameln-Hannover. 1898 wurde die Linie Paderborn-Büren-Brilon eröffnet, und 1902 folgte die Strecke Paderborn-Bielefeld.

1890 wurde in der Senne nördlich Paderborn der überregional bekannte Truppenübungsplatz Sennelager angelegt, der bis heute in Funktion ist. Schon seit 1815 bzw. 1820 sind Paderborn und Neuhaus Garnisonsstandorte, die ebenfalls bis in die Gegenwart Bestand haben und das Bild dieser Städte mitprägen.

Seit 1905 hat die Bevölkerungskurve des Kreises wieder eine zunehmend steigende Tendenz. Stärkste Veränderungen erfährt die Bevölkerungsstatistik in allen Orten durch den Zweiten Weltkrieg bzw. seine unmittelbaren Folgen. In Paderborn, das 1945 zu 85% zerbombt war, sank die Einwohnerzahl von 1939 bis 1946 von 42.490 auf 29.033. Unmittelbar nach dem Kriege wuchs die Bevölkerung der Kreisorte durch die Aufnahme von Vertriebenen, Flüchtlingen und Evakuierten bis 1946 um durchschnittlich 50% an. Allerdings verließ ein großer Teil der insgesamt etwa 30.000 Ostvertriebenen des Kreisraumes bald wieder diese Region, um sich in den Ballungsräumen an Rhein und Ruhr niederzulassen. Auch für die Einheimischen waren die 50er Jahre eine erneute Abwanderungsphase, so daß die Zahl der Bevölkerung in den meisten Orten von 1946 bis 1961 wieder zurückging. Danach ist der Abwanderungstrend allerdings allmählich zum Stillstand gekommen und inzwischen in eine leichte, aber kontinuierliche Aufwärtsentwicklung der Einwohnerzahlen übergegangen.

Zu den Kennzeichen dieses Kreises gehören die starken regionalen Bevölkerungsverschiebungen innerhalb der letzten 160 Jahre. Die Orte mit dem größten Wachstum, z.B. Paderborn, Bad Lippspringe, Schloß Neuhaus, Elsen, Hövelhof, die ihre Bevölkerungszahl z.T. mehr als verzehnfacht haben, liegen allesamt im nördlichen Kreisraum. Die Siedlungen mit stagnierenden oder gar rückläufigen Bevölkerungszahlen finden sich dagegen ohne Ausnahme im Osten oder Süden des Kreisgebietes. Man kann zusammenfassend feststellen, daß im Kreisraum innerhalb der letzten 160 Jahre eine Verschiebung bzw. Umkehrung des Bevölkerungs- und Wirtschaftspotentials vom Südosten zum Nordwesten stattgefunden hat.

Im ganzen gehört der Kreis Paderborn noch zu den dünnbesiedelten Gebieten innerhalb des Bundeslandes Nordrhein-Westfalen: Auf einer Fläche von 1.245 qkm lebten 1996 insgesamt rd. 278.000 Menschen, was einer Bevölkerungsdichte von 223 Einwohnern je qkm entspricht. Zum Vergleich: Nordrhein-Westfalen ca. 525 E./qkm, Bundesrepublik Deutschland ca. 228 E./qkm.

Durch das nördliche Kreisgebiet verläuft - am Nordrande des Hellweges - ein markanter und überregional bedeutsamer siedlungsgeographischer

Tab. 3: Einwohnerzahlen der Gemeinden und Gemeindeteile (Altgemeinden) des Kreises Paderborn von 1818 - 1996

Gemeinde/Gemeindeteil	Fläche qkm	1818	1852	1871	1939	1946	1961	1972	1983	1996	E./qkm 1996
Altenbeken	76	**1.985**	**3.215**	**2.762**	**4.376**	**5.723**	**5.599**	**6.293**	**6.708**	**8.703**	**114,51**
Altenbeken	28	705	1.307	1.193	2.587	3.306	3.394	3.497	3.483	4.246	151,64
Buke	17	434	661	532	647	871	844	1.016	1.101	1.790	105,29
Schwaney	31	846	1.247	1.037	1.142	1.546	1.361	1.780	2.019	2.667	86,03
Borchen	77	**2.792**	**3.459**	**3.397**	**4.815**	**7.254**	**6.875**	**8.488**	**10.205**	**12.696**	**164,88**
Alfen [1]	8	352	466	425	695	1.062	1.001		1.449	1.798	224,75
Dörenhagen	16	519	671	658	758	1.066	848	979	1.083	1.357	84,81
Etteln	23	860	1.072	1.096	1.066	1.565	1.276	1.393	1.657	1.926	83,74
Kirchborchen [1]	21	569	657	682	1.332	2.076	2.382	6.116	3.822	3.954	188,29
Nordborchen [1]	9	492	594	536	964	1.485	1.368		2.529	3.658	406,44
Büren, Stadt	171	**6.139**	**8.107**	**7.620**	**10.936**	**16.168**	**15.761**	**17.460**	**17.743**	**22.171**	**129,65**
Ahden	10	454	528	502	552	840	704	839	994	995	99,50
Barkhausen	6	126	161	137	158	253	154	155	180	173	28,83
Brenken	28	865	973	896	1.144	1.668	1.608	1.963	2.056	2.274	81,21
Büren	27	1.318	2.195	2.133	4.012	5.908	5.891	6.241	6.787	8.600	318,52
Eickhoff	4	115	116	111	139	215	136	129	117	107	26,75
Harth	18	352	439	428	602	762	884	991	894	979	54,39
Hegensdorf [2]	15	462	604	561	540	831	681	847	917	1.016	67,73
Siddinghausen	10	395	517	408	532	910	765	912	966	1.106	110,60
Steinhausen	14	629	817	857	1.291	1.929	1.957	2.225	2.879	3.497	249,79
Weiberg	5	346	462	375	507	683	545	624	635	687	137,40
Weine	7	297	377	304	372	563	469	527	549	568	81,14
Wewelsburg	27	780	918	908	1.087	1.606	1.967	2.007	2.115	2.169	80,33
Delbrück, Stadt	157	**8.108**	**10.217**	**9.776**	**13.303**	**18.961**	**16.687**	**20.366**	**22.064**	**27.707**	**176,48**
Anreppen	10	479	570	620	628	954	791	890	1.109	1.237	123,70
Bentfeld	8	424	581	526	585	876	659	850	942	1.137	142,13
Boke	16	794	956	889	1.084	1.507	1.506	1.773	1.974	2.249	140,56
Delbrück [3]	21	1.903	2.588	2.346	3.171	4.757	4.799	6.194	7.336	10.479	499,00
Hagen	18	681	871	856	1.267	1.894	1.496	1.753	2.014	2.246	124,78
Ostenland [4]	21	1.303	1.499	1.566	2.676	3.695	2.764	3.297	2.472	2.759	131,38
Westenholz	32	1.448	1.639	1.480	1.798	2.575	2.327	2.721	2.858	3.601	112,53
Westerloh [5]	31	1.076	1.513	1.493	2.094	2.703	2.345	2.888	3.125	3.999	129,00
Hövelhof [4]	71	**1.684**	**1.761**	**1.962**	**3.847**	**5.283**	**7.886**	**9.949**	**12.317**	**15.167**	**213,62**
Lichtenau, Stadt	192	**6.157**	**8.369**	**7.125**	**6.846**	**10.382**	**8.035**	**8.467**	**9.005**	**10.537**	**54,88**
Asseln	11	401	527	401	402	568	423	368	401	458	41,64
Atteln	16	734	878	749	843	1.187	919	967	1.176	1.418	88,63
Blankenrode [6]	10						125	108	158	178	17,80
Dalheim [6]	13	132	416	390	328	548	138	121	188	119	9,15
Ebbinghausen	4	182	223	195	131	194	124	152	235	192	48,00
Grundsteinheim	10	301	391	356	296	426	373	391	426	428	42,80
Hakenberg	8	183	281	236	216	306	235	237	221	221	27,63
Henglarn	11	409	444	437	479	739	553	605	848	995	90,45
Herbram [7]	17	459	682	544	535	832	873	875	980	875	51,47
Holtheim	16	468	760	592	622	882	734	808	865	871	54,44
Husen	14	665	775	707	642	1.060	760	857	893	1.035	73,93
Iggenhausen	5	193	186	174	148	203	151	163	182	200	40,00
Kleinenberg	24	855	1.223	1.029	1.003	1.537	1.148	1.227	1.274	1.277	53,21
Lichtenau	33	1.175	1.583	1.315	1.201	1.900	1.479	1.588	1.768	2.131	64,58
Bad Lippspringe, Stadt	51	**1.149**	**1.823**	**1.990**	**5.604**	**7.734**	**8.762**	**10.567**	**12.094**	**14.566**	**285,61**
Paderborn, Stadt	180	**11.225**	**18.260**	**21.734**	**59.974**	**50.637**	**78.080**	**99.151**	**109.646**	**132.930**	**738,50**
Benhausen	10	360	669	616	737	1.054	905	1.262	1.769	2.134	213,40
Dahl	17	540	825	740	687	1.038	885	1.084	1.660	2.273	133,71
Elsen	20	903	1.253	1.467	3.538	4.896	4.895	6.903	10.748	14.514	725,70
Marienloh [8]	7	270	385	408	515	890	936		2.819	3.023	431,86
Neuenbeken	17	434	746	776	969	1.359	1.428	1.604	1.950	2.110	124,12
Paderborn [8]	44	5.846	10.768	13.726	42.490	29.033	53.984	70.706	72.169	77.006	1.750,14
Sande	23	841	1.065	1.087	1.451	2.246	2.032	2.415	3.269	4.160	180,87
Schloß Neuhaus	26	1.342	1.720	2.024	7.948	7.887	10.538	15.177	18.353	21.582	830,08
Wewer [8]	16	689	829	890	1.639	2.234	2.477		5.067	6.128	383,00
Salzkotten, Stadt	109	**5.540**	**7.588**	**7.318**	**11.219**	**16.555**	**15.453**	**16.637**	**18.747**	**22.349**	**205,04**
Mantinghausen	6	258	337	274	366	495	416	591	865	959	159,83
Niederntudorf	15	619	795	735	1.143	1.685	1.575	1.703	2.005	2.372	158,13
Oberntudorf	6	339	440	418	584	854	803	904	1.036	1.244	207,33
Salzkotten	24	1.296	2.011	2.017	3.984	5.902	5.774	5.878	7.261	8.387	349,46
Scharmede	9	353	499	489	996	1.519	1.595	1.832	1.522	2.043	227,00
Schwelle	7	358	585	502	536	783	567	560	612	658	94,00
Thüle	14	598	788	765	998	1.483	1.325	1.385	1.522	1.608	114,86
Upsprunge	8	411	541	454	583	852	752	944	1.269	1.917	239,63
Verlar	4	315	434	436	540	803	564	562	718	701	175,25
Verne	16	993	1.158	1.228	1.489	2.179	2.082	2.278	2.419	2.460	153,75
Wünnenberg, Stadt	161	**5.001**	**6.654**	**5.875**	**6.112**	**9.005**	**7.691**	**8.867**	**9.769**	**11.871**	**73,73**
Bleiwäsche	9	530	689	606	586	885	783	809	921	955	106,11
Elisenhof [6]	5						92	110	154	125	25,00
Fürstenberg	57	1.407	1.711	1.605	1.325	2.116	1.839	1.972	2.398	2.822	49,51
Haaren	33	951	1.314	1.224	1.339	1.944	1.477	1.791	1.987	2.297	69,61
Helmern	13	538	795	611	794	1.042	744	821	829	922	70,92
Leiberg	16	627	793	674	852	1.234	1.040	1.183	1.380	1.445	90,31
Wünnenberg	28	948	1.352	1.155	1.216	1.784	1.716	2.181	2.619	3.305	118,04
Kreis Paderborn gesamt	**1.245**	**49.780**	**69.453**	**69.559**	**127.032**	**147.702**	**170.829**	**206.245**	**228.298**	**278.697**	**223,85**

[1] Alfen, Kirchborchen und Nordborchen wurden 1969 zur Gemeinde Borchen zusammengeschlossen

[2] Einschließlich Keddinghausen, das 1939 eingemeindet wurde

[3] Einschließlich Dorfbauerschaft, das 1964 eingemeindet wurde

[4] Der Ortsteil Espeln wurde am 01.01.1975 von Ostenland nach Hövelhof eingemeindet

[5] Der Altgemeindebezirk Westerloh wurde 1985 in die drei Gemeindebezirke Lippling, Schöning und Steinhorst aufgeteilt

[6] Blankenrode und Elisenhof wurden erst 1952 selbständige Gemeinden und gehörten vorher zu Dalheim

[7] Seit der Gebietsreform 1975 sind Herbram und Herbram-Wald als eigenständige Stadtbezirke ausgewiesen

[8] Marienloh und Wewer wurden 1969 nach Paderborn eingemeindet

Quellen: Landesamt für Datenverarbeitung und Statistik (LDS), Düsseldorf. Die Daten für 1983 und 1996 stammen von den jeweiligen Gemeinden. Sie stimmen wegen andersartiger Berechnung nicht mit der amtlichen Statistik überein.

Grenzsaum (Abb. 7). Nördlich beginnt hier das nordwestdeutsche Streusiedlungsgebiet und südlich der mittel- und westdeutsche Raum der geschlossenen Dorfsiedlungen. Das Streusiedlungsgebiet ist durch Einzelhöfe der Altbauern und Kötter gekennzeichnet. Daneben sind die sog. Drubbelsiedlungen anzutreffen; es handelt sich dabei um lockere Gruppierungen von etwa vier bis acht Altgehöften. Die Höfe sind in der Regel weiträumig und vielgebäudig angelegt und meist von hohen Eichen und hofnahen Wäldchen umgeben. Zentrale Orte innerhalb dieser Streusiedlungslandschaft waren die Kirchspiele, z.B. Boke und Delbrück, die bis in die Gegenwart ebenfalls ohne "dörfliche" Verdichtung blieben.

Für den übrigen und größten Teil des Kreisgebietes, im Hellwegraum, auf der Paderborner Hochfläche sowie in den randlichen Bergzügen der Egge und des Alme-Afte-Berglandes, sind die sehr dicht und verwinkelt bebauten Haufendörfer charakteristisch. Zu diesen Dörfern, zwischen denen mehrfach siedlungsleere Räume von 8-10 km liegen, gehören in der Regel große Gemarkungen. Einzelne Gebiete, wie etwa das Sintfeld, zeichnen sich durch ausgesprochene Großdörfer mit Bevölkerungszahlen um 2.000 Einwohner und entsprechend weitflächigen Gemarkungen (bis zu 57 qkm) aus.

Erst in jüngerer Zeit verliert der Kontrast zwischen den beiden Siedlungslandschaften des Kreisraumes an Bedeutung. In den Dorfsiedlungen kam es zu zahlreichen Aussiedlungen und nachfolgenden Ortsauflockerungen. Im Streusiedlungsgebiet gab es durch die intensive Nachkriegsbebauung zahlreiche Siedlungsverdichtungen. Ein Kennzeichen nahezu aller Kreisorte sind inzwischen die neuen Wohnsiedlungen, die sich in den zurückliegenden Jahrzehnten an den alten Ortsrändern, bisweilen auch bereits in gewisser Distanz davon ausgebreitet haben. Sogar in den meisten Dörfern ist die Zahl der Wohnhäuser in den Neubaugebieten bereits größer als der Altbestand an Wohngebäuden.

Ursprünglicher und charakteristischer Haustyp im gesamten Kreisraum ist das langgestreckte niederdeutsche Hallenhaus als Fachwerkbau (Abb. 8). Menschen und Vieh lebten hier früher unter demselben Dach. Zusätzlich war noch der größte Teil der Ernteerträge in dem sog. Einhaus untergebracht. Heute ist die Gebäudetrennung der landwirtschaftlichen Betriebe in Wohnhaus, Stall, Speicher und Geräteschuppen weitgehend vollzogen (Abb. 9). Die meisten der noch erhaltenen Fachwerkhäuser wurden umgebaut und erweitert, und zwar häufig schon zu nichtlandwirtschaftlicher Nutzung.

Abb. 7: Die (überlieferten) ländlichen Siedlungstypen im Kreis Paderborn

In der ursprünglichen Form und Nutzung sind nur noch wenige Häuser anzutreffen.

Seit der Mitte des 19. Jh.s war an die Stelle der traditionellen Fachwerkbauweise zunehmend der Massivsteinbau getreten. Durch die Nutzung lokaler Baumaterialien führte dies zu ausgeprägten regionalen Unterschieden in der Physiognomie der Siedlungslandschaft. So sind auf einer Route Delbrück-Paderborn-Kleinenberg oder Altenbeken drei verschiedenartige Baumaterialien-Landschaften wahrnehmbar: zunächst die rötlichen Tonziegelbauten des Tieflandes, dann die gräulich-weißen Kalksteinsiedlungen der Paderborner Hochfläche und schließlich die bräunlich-roten Sandsteinorte der Egge.

Das Bild der Städte und Dörfer des Kreisraumes hat sich nach dem Zweiten Weltkrieg erheblich verändert. Eine nahezu ungebrochene Bautätigkeit seit den 50er Jahren hat die alten Ortsgrenzen überschritten und zu zahlreichen Neubausiedlungen in der Feldmark geführt. In den Ortskernen kam es, ausgelöst durch den Funktionswandel, zu verschiedenartigen Eingriffen in die überlieferte Bausubstanz. Den allgemeinen Vorstellungen des Städtebaus von etwa 1960-1975 folgend wurde zunächst überwiegend die sog. Flächensanierung (Abriß und

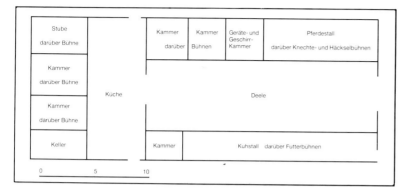

Abb. 8: Grundrißmodell der älteren Bauernhäuser des Kreises Paderborn (Niederdeutsches Hallenhaus)
(Nach Schepers 1973)

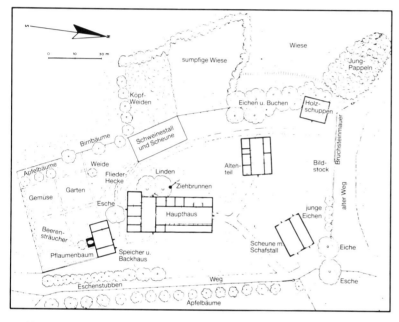

Abb. 9: Lageplan eines typischen Bauerngehöftes im Delbrücker Land. Hof Barbrock in Anreppen/Heddinghausen
(Quelle: Schepers 1973, S. 423, nach Urkataster von 1830)

chen aus den beiden Altkreisen Büren und Paderborn zusammengesetzt wurde. Zum anderen - und für alle Orte nachhaltiger wirksam - wurden anstelle der ursprünglich 70 selbständigen Gemeinden des Kreisraumes durch Zusammenlegung bzw. Eingemeindung 10 neue Großgemeinden gebildet (Abb. 10). Beispielsweise besteht die Gemeinde Lichtenau heute aus 14 Altgemeinden! Das kommunale Konzentrationsgesetz, das aus heutiger Sicht gerade den ländlichen Gemeinden häufig mehr Nachteile als Vorteile erbrachte, wurde von anderen Zentralisierungen begleitet. Schulen, Kindergärten, Polizeistationen und weitere Infrastruktureinrichtungen wurden aus den meisten Dörfern abgezogen. Die zentralistisch orientierten Bemühungen der Deutschen Bahn AG und der Nachfolgegesellschaften der Bundespost lassen einen fortgesetzten Infrastruktur-Auszug aus der Fläche des ländlichen Raumes befürchten.

III. Die wirtschaftliche und infrastrukturelle Entwicklung

In der Vergangenheit

Das Erwerbsleben des Kreises Paderborn wurde seit frühgeschichtlichen Zeiten durch die Land- und Forstwirtschaft bestimmt. Selbst in den Städten der Region, die bis zu Beginn dieses Jahrhunderts als Land- oder Ackerbürgerstädte bezeichnet werden können, spielte dieser primäre Wirtschaftszweig eine bedeutsame Rolle. Insgesamt waren vor dem Zweiten Weltkrieg noch knapp 50% der Erwerbspersonen des Kreises in der Land- und Forstwirtschaft tätig. Außerdem blieben vielfach auch die anderen Berufsgruppen durch eine im Nebenerwerb betriebene Landwirtschaft dem bäuerlichen Wirtschaftsleben verbunden.

Neben dem Bauernstand gab es seit mehreren Jahrhunderten als zweitwichtigste Wirtschaftsgruppe in Städten und Dörfern die Handwerker. Im Jahre 1810 waren im Distrikt Paderborn des Königreichs Westphalen von insgesamt 992 Gewerbetreibenden außerhalb der Landwirtschaft 663 Handwerker, gefolgt von 183 Kaufleuten und 146 Personen mit diversen Berufen (u.a. Beherbergungs- und Medizinalwesen). Die führenden Handwerksberufe waren: Schuster, Schneider, Bäcker, Maurer, Schmied, Schreiner, Metzger, Müller, Brauer, Radmacher, Kornbrenner, Leinweber, Gerber und Pelzmacher. In Paderborn hatte sich seit dem Mittelalter ein hochstehendes Kunstgewerbe entwickelt, das - den Erfordernissen der Bischofsstadt entsprechend - eine vorwiegend sakrale Ausrichtung besaß. Zu erwähnen sind hier Kunstschlosserei, Kupferstecherei, Stein- und Holzbildhauerei, Altarbau, Kirchenmalerei, Paramen-

Neubau) betrieben; ein Beispiel hierfür ist der modern gestaltete Königsplatz in Paderborn. Seit etwa 1975, dem Jahr des Europäischen Denkmalschutzes, wird zunehmend die Objektsanierung (Gebäudeerhaltung, Restauration und zeitgemäßer Innenausbau) durchgeführt, für die es inzwischen sowohl in Paderborn als auch in den Kleinstädten und Dörfern zahlreiche schöne Beispiele zu beobachten gibt, z.B. im Bereich der Dielenpader in Paderborn oder des Kirchplatzes in Delbrück. Überregional beachtete moderne Bauwerke sind das Diözesanmuseum (1975, Gottfried Böhm) und die neue Paderhalle (1981, Hardt-Waltherr Hämer) in Paderborn.

Einen existentiellen Einschnitt für alle Siedlungen des Paderborner Landes erbrachte die kommunale Gebietsreform von 1975. Zum einen entstand der neue Kreis Paderborn, der im wesentli-

Abb. 10: Kommunale Verwaltungsgliederung vor und nach der Gebietsreform 1975

tenherstellung, Gold- und Silberschmiedekunst. Die bekanntesten Exportartikel des Paderborner Landes waren früher - als Ressourcen der Agrarlandschaft - Brot, Bier und Korn, allesamt Produkte, die durch Weiterverarbeitung bzw. "Veredelung" der landwirtschaftlichen Erzeugnisse der Region entstanden.

Vornehmlich in Paderborn, nachfolgend aber auch in den kleineren Landstädten und vereinzelt sogar in den Dörfern, entwickelte sich bereits seit dem Mittelalter der Stand der Kaufleute und Händler. Die Stadt Paderborn war als Mitglied der Hanse über die Grenzen des Fürstbistums hinaus ein bedeutsamer Handelsplatz, auf dem u.a. Pelze, Salz,

Tuche und Weine umgeschlagen wurden. Die Stadt besaß das Zoll- und Marktrecht. Dies war ein großes Privileg, da es ja bis in das 19. Jh. hinein keine Gewerbefreiheit und keinen liberalisierten Handel gab. Der tägliche Markt- und Handelsverkehr war den Kaufleuten, Händlern und Handwerkern der Stadt vorbehalten, die in Gilden bzw. Zünften zusammengeschlossen waren. Auf den regelmäßig stattfindenden Wochen- und Jahrmärkten konnten auch Auswärtige, vor allem die Landbevölkerung der Umgebung, ihre Waren anbieten. Der Liborimarkt, das traditionsreiche Jahresereignis des Paderborner Landes bis heute, geht in seiner Entstehung auf diese alten mit kirchlichen Feiern verknüpften Jahrmärkte zurück.

Neben den bisher angesprochenen Erwerbszweigen gab es in den vergangenen Jahrhunderten eine Reihe zusätzlicher lokaler oder regionaler Wirtschaftsbereiche, von denen hier wenigstens die wichtigsten kurz aufgeführt werden sollen. Es handelt sich um frühindustrielle Unternehmungen, die seit dem Mittelalter auf der Basis lokaler Rohstoffe entstanden, inzwischen aber weitgehend wieder bedeutungslos geworden sind.

1. Unter den früheren Bergbauorten des Kreises ist an erster Stelle Altenbeken zu nennen. Der Abbau von Eisenerz und die auf ihm basierende Eisenverhüttung und -verarbeitung gehen hier bis in das Mittelalter zurück. In den Altenbekener Blütezeiten des 17. und 18. Jh.s waren je zwei Bergwerke, Hochofen- und Hammerwerke in Betrieb. In erster Linie wurden gußeiserne Öfen hergestellt, daneben auch Stabeisen. Über die wechselvolle Geschichte dieses traditionsreichen lokalen Gewerbes, das schließlich im Jahre 1926 eingestellt wurde, informiert heute das Altenbekener Eggemuseum. Weitere Eisenerzvorkommen im benachbarten Raum Schwaney waren weit weniger ergiebig, so daß hier nur kurzfristige Förderungen betrieben wurden.

2. Ebenfalls bereits im ausgehenden Mittelalter wurden im Süden des Kreises, bei Blankenrode und Bleiwäsche, Bleierze abgebaut. Der Bleibergbau wurde jedoch in Bleiwäsche bereits im 18. Jh., in Blankenrode endgültig im 19. Jh. eingestellt. Mehrere Versuche in neuerer Zeit, die Nutzung der Bleivorkommen wieder aufzunehmen, sind fehlgeschlagen. Als Relikte der früheren Aktivitäten sind - dies gilt ebenso für Altenbeken - Flur- und Ortsnamen, aufgelassene Stollen, Fördergruben und Schutthalden überliefert.

3. Ohne solch ausgeprägte Relikte und daher in der Bevölkerung weitgehend unbekannt ist die mittelalterliche Eisengewinnung, die nachweislich an mehreren Stellen des Kreisraumes betrieben wurde. Als Rohmaterial benutzte man im Tagebau gewonnene junge Verwitterungserze (Brauneisen) verschiedener Herkunft, die in sog. Rennöfen verarbeitet wurden. Noch sichtbare Zeugen dieser ehemaligen vorindustriellen Eisenverhüttung sind die Eisenluppen - faustgroße Schlackenreste -, die auf manchen mittelalterlichen Siedlungsplätzen zu finden sind.

4. Um die großen lokalen Holz- und Wasserressourcen auszunutzen, wurde im frühen 17. Jh. im oberen Almetal bei Harth ein Hammerwerk errichtet. Der Betrieb verarbeitete Roheisen fremder Hütten zu Stabeisen und Eisenblech und hatte etwa 200 Jahre Bestand.

5. Im Süden und Osten des Kreises bestanden vom 17. bis zum frühen 20. Jh. zahlreiche Glashütten, u.a. in Altenbeken, Neuenbeken, Dahl, Schwaney, Herbram, Sieserkamp, Marschallshagen, Blankenrode, Fürstenberg, Altenböddeken. Hauptstandortfaktor war das hier reichlich vorhandene Holz, das als Feuerungsmaterial und zur Gewinnung von Pottasche diente. Die daneben benötigten Rohstoffe Salz und Sand waren ebenfalls in der Region vorhanden. Das Paderborner Land war lange Zeit das Hauptgebiet der westdeutschen Glasindustrie, bis mit dem Übergang von der Holz- zur Steinkohlenfeuerung der Standortvorteil dieses Waldlandes verlorenging. Zwei spezialisierte Qualitätsbetriebe haben sich außerhalb des Kreisgebietes, in Bad Driburg und Marsberg, halten können.

6. Ebenfalls die Rohstoffbasis des waldreichen Landes nutzten die ehemaligen Waldköhlereien, in denen die vor dem Steinkohlezeitalter so begehrte Holzkohle produziert wurde. Die alten Meilerplätze, die im Kreisgebiet bis in die zweite Hälfte des 19. Jh.s betrieben wurden, sind im Gelände durch Schwarzfärbung des Bodens und Holzkohlepartikel bisweilen noch gut erkennbar.

7. Schon seit dem 12. Jh. ist für den Hellwegort Salzkotten die Salzgewinnung überliefert. Die inzwischen letzten Wahrzeichen der ehemals umfangreichen Salzgewinnungsanlagen sind das barocke Brunnenhaus und der sog. Kütfelsen, ein 4-5m hoher Quellhügel aus Kalktuff, auf dem Marktplatz. Im Jahre 1908 wurde die Salzgewinnung aus den immer noch sprudelnden Solequellen, die jahrhundertelang den Reichtum von Kommune und Bürgern begründete, eingestellt, und 1919-21 wurden die Gradierwerke abgerissen. Der Rückgang der Salzgewinnung hatte - vor allem durch die aufkommende Konkurrenz des Steinsalzes - seit der 2. Hälfte des 19. Jh.s eingesetzt. Zur Blütezeit der

Produktion waren im 18. Jh. jährlich 42.000 Zentner Salz gewonnen worden.

8. Im Hellwegraum und im Delbrücker Land waren seit dem 19. Jh. auf der Basis des hier anstehenden Löß-, Ton- und Grundmoränenmaterials mehrere Ziegeleien begründet worden. Auch dieser Wirtschaftszweig hat seine Produktion inzwischen weitgehend eingestellt. Von den etwa 20 Betrieben, die es 1948 im Kreisgebiet - vor allem im Raum Salzkotten-Paderborn-Neuhaus-Delbrück - gab, existiert heute noch ein einziger.

9. An manchen Stellen der Paderborner Hochfläche findet man noch heute die Reste von ehemaligen Kalköfen, in denen bis in die 50er Jahre dieses Jahrhunderts der anstehende Kreidekalkstein zur Herstellung von gebranntem Kalk gebrannt wurde. Nicht nur die kleinen Öfen von lokaler Bedeutung, auch die größeren Anlagen, wie z.B. in Büren, sind längst als technische Kulturdenkmäler anzusprechen. In zwei Paderborner Zementwerken hat dieser ehemals bedeutsame regionale Wirtschaftszweig seine Konzentration und moderne Fortsetzung gefunden.

10. In diesem Zusammenhang sind auch die etwa 80-100 ehemaligen Steinbrüche des Kreisraumes zu erwähnen, die inzwischen zum großen Teil wieder verfüllt sind. Am weitesten verbreitet waren die Kalksteinbrüche, die es auf der Paderborner Hochfläche in fast jeder Gemarkung gab. Außerdem wurde im südlichen Kreisgebiet von Weine bis Wünnenberg der grünliche bis braune Cenoman-Sandstein sowie im Osten des Kreises der rotbraune Sandstein der Egge abgebaut und für Bauzwecke aufbereitet. Der Berufsstand der Steinbrecher und Steinhauer ist schon fast in Vergessenheit geraten. Lediglich die Herstellung des Tudorfer Kleinpflasters, das vielen Wegen, Plätzen und Höfen des Paderborner Landes ein regionaltypisches Aussehen gibt, hat seine Tradition bis in die Gegenwart erhalten können.

11. Bereits in der 2. Hälfte des 17. Jh.s hatte Bischof Ferdinand von Fürstenberg in Neuhaus eine Tuchfabrik und eine Färberei begründet. Durch diese Manufakturen behauptete Neuhaus lange Zeit einen guten wirtschaftlichen Ruf, vor allem als Färberstadt. Um 1700 kam in der Senne um Hövelhof und im Delbrücker Land die Flachs- und Hanfspinnerei auf, die überwiegend als Nebenerwerbsquelle der ländlichen Bevölkerung diente. Während der rohe Flachs aus dem Lippischen bezogen wurde, konnte der Hanf in der eigenen Landwirtschaft gewonnen werden. Noch im Jahre 1838 waren im Delbrücker Land 1.488 Familien mit 4.710 Personen nebenberuflich als Hanfspinner tätig; in Hövelhof waren es zur gleichen Zeit 350 Familien, davon 200 im Hauptberuf. Die einheimische Textilwirtschaft kam jedoch noch im 19. Jh. gänzlich zum Erliegen.

12. Ein ehemals bedeutender Gewerbezweig waren die Wassermühlen, die in den früheren Zeiten der knappen Energie einen hohen wirtschaftlichen Stellenwert besaßen. Vor dem Zweiten Weltkrieg gab es im gewässer- und reliefreichen Kreisraum über 100 Wassermühlen, die sehr verschiedenen Zwecken dienten. An der Spitze standen die Getreide- oder Kornmühlen, daneben gab es Flachs- und Hanfmühlen, Ölmühlen, Sägemühlen und Papiermühlen. Nur ein Bruchteil der ehemaligen Mühlenbetriebe ist heute noch in Funktion. Die meisten Mühlenanlagen sind allerdings noch vorhanden, so z.B. in der traditionsreichen Mühlenstraße entlang der Paderquellen in Paderborn. Einige frühere Mühlenstandorte sind nur noch als Orts- und Flurnamen oder in Straßenbezeichnungen überliefert.

Zusammenfassend bleibt festzustellen, daß die Ansätze und Ausmaße frühindustrieller Unternehmungen im Kreise Paderborn durchaus erfolgversprechend waren, daß aber in der Regel keine Weiterentwicklung der bestehenden Gewerbebetriebe erfolgte. Während sich im 19. Jh. in vielen Gebieten Deutschlands die Industrie neu und rasch wachsend entwickelte, erlebte der Kreisraum gerade in dieser Zeit auf dem industriegewerblichen Sektor einen Rückschlag bzw. eine Stagnation. Verantwortlich dafür waren in erster Linie der allgemeine Rohstoffwechsel - vom Holz zur Kohle - sowie die zunehmende Verkehrsungunst des Kreises im Vergleich zu den neuen Industrie- und Ballungsräumen an Rhein und Ruhr.

In der Gegenwart

Nach dem Zweiten Weltkrieg erfährt der bis dahin weitgehend agrar bestimmte Kreisraum grundlegende Veränderungen und nachhaltige Innovationen, die alle Wirtschaftssektoren betreffen. Außerdem kommt es zu Verlagerungen der regionalen Wirtschaftsschwerpunkte und zu räumlichen Konzentrationen der Arbeitsplätze. Schließlich wird das Pendlerwesen zu einem wesentlichen Bestandteil der Wirtschaftslandschaft.

a) Land- und Forstwirtschaft

Nach der Bodennutzung ist der Kreis Paderborn immer noch ein Agrarraum. 83% der Fläche werden von der Land- und Forstwirtschaft genutzt: 55% sind Landwirtschaftsfläche, 28% sind Waldfläche (zum Vergleich: in NRW sind 52% Landwirtschaftsfläche und 25% Waldfläche; Stand: 1996). Nur noch 3,9% der Erwerbstätigen des Kreises sind

(1994) in der Land- und Forstwirtschaft tätig (NRW 1,8%). Der Rückgang der bäuerlichen Erwerbsstruktur gehört zu den wesentlichen Kennzeichen der gegenwärtigen und zurückliegenden Wirtschaftsentwicklung. Die Zahl der landwirtschaftlichen Betriebe hat sich seit hundert Jahren dezimiert und liegt heute (Mai 1995) bei 3.291. Der Schrumpfungsprozeß hat in der Landwirtschaft selbst zu verschiedenartigen Konsequenzen geführt.

Die bisher am häufigsten getroffene Entscheidung ist die zum landwirtschaftlichen Nebenerwerb. 59% aller landwirtschaftlichen Betriebe des Kreises werden heute im Nebenerwerb geführt (NRW 48%; Stand 1991). Viele Landwirte, sogar solche mit Betrieben von 20 und mehr Hektar, üben somit einen Doppelberuf aus. Sie arbeiten in Fabriken, im Wald- und Wegebau oder haben sich über den zweiten oder dritten Bildungsweg weitere Berufsmöglichkeiten geschaffen. Das Beibehalten der Landwirtschaft hat häufig andere als ökonomische Gründe, so z.B. Besitzrecht, Gewohnheit der Selbstversorgung, Liebe zum Betrieb und andere nicht rational meßbare Motive. In manchen Fällen bedeutet die Nebenerwerbslandwirtschaft nur eine Übergangsphase bis zur vollständigen Aufgabe des Betriebes.

Zu den wichtigsten landwirtschaftlichen Strukturmaßnahmen der zurückliegenden Jahrzehnte gehören die Aussiedlungen der Betriebe in die Feldflur, die meist mit einer Arrondierung der Feldstücke (Flurbereinigung) verbunden waren. Gerade in den engen und verwinkelten Haufendörfern des Kreises hatten die Höfe oft keine Ausdehnungsmöglichkeiten mehr und waren schon deshalb zum Verlassen der Orte gezwungen. Hinzu kam, daß die in der Ortslage befindlichen Höfe Entfernungen zu den Feldflächen für Arbeitskräfte, Vieh und Maschinen aufwiesen, die wirtschaftlich kaum noch vertretbar sind. Der Aussiedlungstrend, der seine Konjunktur von etwa 1955-1975 hatte, ist in jüngerer Zeit erheblich zurückgegangen. An die Stelle der früheren Vollaussiedlungen ist seit wenigen Jahren die Teil- bzw. Betriebszweigaussiedlung getreten. Während der Hofkern mit dem Wohngebäude am alten Standort im Dorf verbleibt, werden einzelne Betriebsteile - meistens Ställe - in die Flur ausgelagert. Die Vollaussiedlungen haben in den Dörfern vielfach ungenutzte Gebäude oder - nach Abbrüchen - freie Plätze hinterlassen, die im Vergleich zu den Ortsbildern von etwa 1950 einen großen Kontrast darstellen.

Die letzte Konsequenz des landwirtschaftlichen Schrumpfungsprozesses liegt in der gänzlichen Aufgabe der landwirtschaftlichen Produktion, eine Entwicklung, die offenbar immer noch nicht abgeschlossen ist. Der Regelfall ist, daß die Betriebe mit dem alternden Betriebsinhaber auslaufen. Meist werden die Bauernhöfe von ihren Besitzern als reine Wohnhäuser weitergenutzt. Nicht selten werden die ehemaligen Bauernhäuser restauriert oder ausgebaut, manchmal auch für Mietwohnungen, Geschäfte oder Pensionsbetriebe. So bleibt häufig noch in der Physiognomie der bäuerliche Charakter mancher Gebäude und Ortsteile bestehen, obwohl die Funktion längst eine andere geworden ist.

Ein wesentliches Ergebnis der Schrumpfungsvorgänge war die Intensivierung der landwirtschaftlichen Produktion. So ist es in ökonomischer Hinsicht ein Gewinn, daß sich die durchschnittliche Nutzfläche je Betrieb in den letzten hundert Jahren verdoppelt hat und heute bereits 18 Hektar beträgt. Innerbetrieblich von Bedeutung ist die immer noch wachsende Mechanisierung bzw. Motorisierung der Hof- und Feldarbeit. Eine Steigerung der Produktivität wurde weiterhin erreicht durch den erhöhten Einsatz von Kunstdüngern, durch Unkraut- und Schädlingsbekämpfung, Tierarzneien, Sortenwahl und Züchtung. Seit einigen Jahren zieht die Landwirtschaft auch hierzulande zunehmend Vorteile aus einer Spezialisierung auf bestimmte Sektoren wie Getreidebau, Schweinemast, Hühnerhaltung oder Milchwirtschaft. In der insgesamt expansiven Viehhaltung des Kreisraumes erfolgt gegenwärtig eine Konzentration auf Federvieh (im Delbrücker Land) und Schweine. Derzeit werden etwa zwei Drittel der landwirtschaftlichen Nutzfläche als Ackerland und ein Drittel als Grünland genutzt. Innerhalb der Ackerflächennutzung verdient der starke Anstieg des Getreidebaus besondere Beachtung. Die Entwicklung zum maschinenintensiven Getreidebau, die vor allem zu Lasten des arbeitskraftintensiven Hackfrucht- und Futterpflanzenbaus geht, ist nicht zuletzt eine Folge des ständig sinkenden Personalbestandes in der Landwirtschaft.

Wie die Landwirtschaft hat auch die Forstwirtschaft in den zurückliegenden Jahrzehnten einen gewaltigen Schrumpfungs- und Konzentrationsprozeß erfahren. Die Zahl der im Forst beschäftigten Erwerbspersonen ging erheblich zurück, was sich vor allem in den Orten des östlichen und südlichen Kreisraumes bemerkbar machte, die früher einmal - wie Holtheim oder Herbram - als Waldarbeiterdörfer galten. Viele ehemaligen Forsthäuser und manche kleine Waldarbeitersiedlung, z.B. Altenböddeken oder Glashütte, haben ihre ursprüngliche Funktion verloren und dienen heute als Wohngebäude bzw. Freizeitsitze. Neben dem wirtschaftlichen Nutzen besitzt der Wald eine Vielfalt von "Sozialfunktionen". Der Wald ist Wasserspeicher, Sauerstoffspender, ökologische Nische und Freizeitraum und stellt deshalb für den Kreis Paderborn einen hohen Wert dar, der gegenwärtig durch seine Gefährdung (Waldsterben, besonders in der Egge) zunehmend der Öffentlichkeit bewußt wird.

b) Industrie und Handwerk

Die industrielle Entwicklung des Paderborner Landes erfolgte bis in die Mitte dieses Jahrhunderts nur sehr zögernd. Ausgehend von den neuen Ballungsgebieten an Rhein und Ruhr hatte sich die Industrie zunächst vor allem im nördlichen Westfalen entlang der Verkehrsachse Köln-Dortmund-Bielefeld-Minden angesiedelt und dort zum Aufschwung der Städte Hamm, Gütersloh, Bielefeld, Herford und Minden beigetragen. Der Raum Paderborn befand sich in einer gewissen Abseitslage zu dieser Entwicklung.

Nach dem Zweiten Weltkrieg wurde der bis dahin noch weitgehend agrar geprägte Kreis Paderborn von der Industrialisierung erfaßt. Es gelang nun - nicht zuletzt mit Hilfe von Förderprogrammen des Bundes und Landes -, eine größere Anzahl von Klein- und Mittelbetrieben aufzustocken und neue Industriebetriebe verschiedener Branchen anzusiedeln. Die Ausweisung größerer Industrieflächen erfolgte vorrangig in den Städten, z.B. in Paderborn, Neuhaus, Delbrück, Lippspringe, Salzkotten und Büren. Jedoch konnten auch in mehreren größeren Dörfern wie Hövelhof, Altenbeken, Buke, Atteln, Haaren, Lichtenau, Boke und Niederntudorf erfolgreiche Industrieansiedlungen verzeichnet werden.

Die Entwicklung der Industriewirtschaft läßt sich u.a. an den Veränderungen der Erwerbstätigkeit der Bevölkerung nachvollziehen. Im Jahre 1950 waren erst 30% der Erwerbstätigen des Kreises im produzierenden Gewerbe tätig. Der Anteil erhöhte sich auf 40% im Jahre 1961 und 45% im Jahre 1987, sank aber bis 1994 wieder auf 38%. Innerhalb der Erwerbstätigkeit kam es zu nachhaltigen Umschichtungen, die den Wandel der Arbeitswelt zugunsten der Großbetriebe anzeigen. Im Jahre 1950 waren noch 36% aller Erwerbstätigen selbständig und nur 64% Arbeitnehmer. Die Arbeitnehmerquote erhöhte sich bis 1987 auf 90%. In seiner Branchenstruktur zeigt die Industriewirtschaft des Kreises Paderborn ein vielseitiges Bild sowie ein ausgewogenes Verhältnis zwischen traditionellen und modernen Zweigen. Zu den traditionsreichen Wirtschaftsbereichen der Region gehören die Nahrungs- und Genußmittelherstellung sowie die Zementindustrie. Aber auch der Metall- und Maschinenbau sowie die Möbelindustrie können im Paderborner Land bereits auf viele erfolgreiche Jahrzehnte zurückblicken. Eine noch relativ junge, aber stark expandierende und zukunftsorientierte Entwicklung verzeichnen die Kunststoffverarbeitung und vor allem die Computerindustrie (Paderborn). Neben der Stahlrohrherstellung gehört die Computerproduktion zu den regional und überregional bedeutendsten Industriezweigen des Paderborner Landes.

Die räumliche Verteilung der industriell-gewerblichen Arbeitsplätze im Kreisgebiet zeigt riesige Unterschiede. Überragendes Zentrum ist die Großstadt Paderborn mit ihren Ortsteilen (vor allem Schloß Neuhaus). Von Paderborn aus haben sich Industrieachsen in Richtung Westen und Norden, nach Salzkotten, Delbrück, Hövelhof und Bad Lippspringe, ausgebreitet. Etwa die Hälfte des Kreisraumes im Süden und Osten ist dagegen ausgesprochen dünn mit größeren Industriebetrieben besetzt. Hier dominieren noch die tradierten Wirtschaftsstrukturen der Klein- und Mittelbetriebe.

Die Industrialisierung des Kreisgebietes seit etwa 30 Jahren hat den herkömmlichen Stand des Handwerks zu verschiedenartigen Veränderungen gezwungen. Durch die übergroße Konkurrenz der Fabrikproduktionen ist das ehemals "produzierende" Handwerk inzwischen fast vollständig von der Anfertigung von Fertigwaren wie Möbeln, Schuhen, Kleidern, Eisengeräten u.a. abgekommen. In der Regel übernimmt es heute lediglich noch die Pflege, Wartung und Reparatur der Fabrikerzeugnisse. Viele traditionelle Handwerksbetriebe sind nach dem Zweiten Weltkrieg aufgegeben worden. Wie in der kleinbäuerlichen Landwirtschaft sind die Handwerksbetriebe in der Regel mit dem alternden Meister ausgelaufen. Nicht selten gaben auch jüngere Handwerksmeister ihren Betrieb auf und arbeiten nun als Führungskräfte in größeren Unternehmungen bzw. Fabriken. Doch gelang es durchaus einer ganzen Reihe von herkömmlichen Handwerksbetrieben, sich erfolgreich den Bedürfnissen und Erfordernissen des heutigen Marktes anzupassen. So konnten sich zahlreiche Schreinereien auf Holzfenster, Rolläden und Möbelprodukte spezialisieren und dabei z.T. beträchtliche Ausweitungen erfahren. Beispielsweise gingen mehrere Schmieden zur Kunststoff- und Metallfensterproduktion über, andere spezialisierten sich auf Kunstschmiedearbeiten, wiederum andere wurden in Kfz-Werkstätten mit Tankstellen umgewandelt. Einige Bäckereien entwickelten sich gerade in den letzten 20 Jahren zu Brotfabriken und Großbäckereien.

Auf waldfreien und windbegünstigten Standorten der östlichen und südlichen Paderborner

Hochfläche sind in den letzten Jahren mehrere Windkraftanlagen errichtet worden. Weitere Windparks werden derzeit vor allem im Raum Lichtenau und Wünnenberg gebaut bzw. geplant.

c) Dienstleistungen

Die privaten und öffentlichen Dienstleistungen, zu denen u.a. die Sparten Handel, Verkehr, Kredit- und Versicherungsgewerbe, Wissenschaft, Bildung, Gesundheits- und Rechtswesen sowie Verwaltung gehören, haben im Kreisraum Paderborn während der zurückliegenden Jahrzehnte kontinuierlich zugenommen. Im Jahre 1950 waren 37% der Erwerbspersonen des Kreises im Wirtschaftssektor Dienstleistungen tätig. Dieser Anteil stieg bis 1961 auf 38,2% und bis 1970 auf 43,3% an. Im Jahre 1994 betrug der Anteil der Erwerbstätigen im Dienstleistungsbereich insgesamt 58,4% und lag damit etwas über dem Wert des Regierungsbezirkes Detmold mit 56,9%, aber unter dem des Landes NRW mit 62,3%.

Die regionale Verteilung der Dienstleistungsbetriebe bzw. -arbeitsplätze zeigt die atypische Situation dieses Kreises. Mehr noch als im Bereich der Industriewirtschaft sind die Dienstleistungen auf das Zentrum Paderborn konzentriert. Gerade durch seine überregional bedeutenden Angebote im tertiären Wirtschaftssektor gilt Paderborn - auch nach Festsetzung der Landesplanung (Abb. 11) - innerhalb der zentralörtlichen Hierarchie als Oberzentrum, dessen Einflußbereich nach Osten, Süden und Westen teilweise erheblich über die Kreisgrenzen hinausreicht.

Zu den überörtlich bedeutenden Dienstleistungen in der Paderstadt gehören die Einkaufsfunktionen, die Verwaltungen (z.B. Kreis- und Stadtverwaltung, Diözesanverwaltung, Finanzamt, Arbeitsamt, Gerichte), die Krankenhäuser, die Bildungs- und Kultureinrichtungen, die Gastronomie und die Freizeitangebote. Hervorzuheben als noch junge, aber schon recht attraktive Dienstleistung ist die Universität Paderborn, die 1972 auf einem dem Stadtzentrum nahen Campus begründet wurde und inzwischen etwa 20.000 Studenten zählt. Bisherige Ausbauschwerpunkte der Hochschule, die mit ihren Abteilungen in Höxter, Meschede und Soest auch dem Prinzip der Regionalität dient, sind die Studiengänge Chemie, Elektrotechnik, Maschinenbau, Mathematik, Physik, Wirtschaftswissenschaften und Informatik. Neben der Universität Paderborn bestehen die Theologische Fakultät des Erzbistums sowie eine Katholische Fachhochschule. Zum Bildungsbereich Paderborns gehören auch einige traditionsreiche Verlage, die vor allem Schulbücher, religiöse und regionale Schriften herausgeben.

Ein überregional bedeutendes Dienstleistungspotential besitzt der Kreis Paderborn durch seinen Kur- und Fremdenverkehr. Im Jahre 1995 wurden im Kreisraum insgesamt 870.575 Gästeübernachtungen registriert, wobei allerdings nur die Betriebe mit 9 und mehr Gästebetten erfaßt sind.

Eine Sonderstellung durch Status und Tradition nimmt der Ort Bad Lippspringe ein, dessen Bädergeschichte bis 1832 (Entdeckung der Arminiusquelle) zurückreicht. Etwa 60% aller Gästeübernachtungen des Kreises werden in Bad Lippspringe registriert.

Der übrige Dienstleistungsbereich Fremdenverkehr ist zuerst und flächenhaft im südlichen und östlichen Kreisraum entwickelt worden. Das frühere touristische Markenzeichen "Bürener Land/Eggegebirge" wurde inzwischen in "Paderborner Land" erweitert bzw. umfirmiert. Der Fremdenverkehr begann hier erst etwa 1950, nahm jedoch eine kontinuierliche und teilweise steile Aufwärtsentwicklung. Eine Spitzenstellung unter den zahlreichen ländlichen Fremdenverkehrsorten des Kreises nimmt seit Jahren Wünnenberg ein. Mit 779 Betten im Jahr 1995 besitzt Wünnenberg etwa die gleiche Anzahl wie Paderborn (796) und liegt mit einem Anteil von 7,5% an allen Übernachtungen an dritter Stelle im Kreisgebiet (siehe auch Stat. Übersicht auf S. 25).

Die Fremdenverkehrsentwicklung stärkte insgesamt die Wirtschaftskraft vieler ländlicher Gemeinden. Neben den verschiedenen Fremdenverkehrsbetrieben wie Pensionen, Hotels, Cafes, Fremdenheimen und Ferienhäusern entstanden zahlreiche öffentliche Infrastruktureinrichtungen wie Frei- und Hallenbäder, Kneipptretbecken, Teichanlagen und Wanderwege. Mit solchen und ähnlichen Dienstleistungen erhöhten sich nicht nur der spezielle Freizeitwert der Orte für die Fremden, sondern auch deren Attraktivität und die Zahl der Arbeitsplätze für die Einheimischen.

Zu den Kennzeichen der modernen Wirtschaft gehört das Pendlerwesen. Dies gilt in besonderer Weise für den atypischen Kreis Paderborn mit seiner einseitigen Zentralitätsstruktur im Bereich der Arbeits- und Ausbildungsplätze. Die Pendlerentwicklung, allgemein ausgelöst durch die Trennung von Wohn- und Arbeitsplätzen, die Motorisierung breiter Bevölkerungsschichten und den Ausbau der Landstraßen, zeigt auch im Kreis Paderborn seit Jahrzehnten eine steigende Tendenz. Insgesamt ist etwa jede dritte Erwerbsperson des Kreises Pendler, d.h. außerhalb ihrer Wohngemeinde tätig.

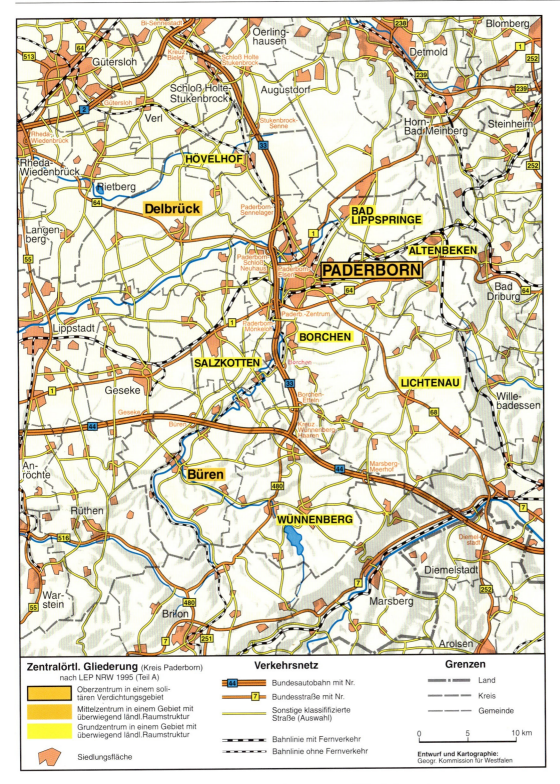

Abb. 11: Zentralörtliche Gliederung und Verkehrsnetz

Von den 10 Gemeinden des Kreises hat allein Paderborn eine positive Pendlerbilanz, in allen übrigen Gemeinden überwiegen die Auspendler die Einpendler erheblich (siehe Stat. Übersicht auf S. 25). Werktags pendeln täglich etwa 23.000 Personen nach Paderborn ein, um dort ihrer Arbeit nachzugehen. Die größten Pendlerströme (über 1.000 Personen) kommen aus den Nachbarorten Salzkotten, Borchen, Bad Lippspringe, Delbrück und Lichtenau. Die Pendlerstatistik belegt eindrucksvoll die zentrale Stellung Paderborns bzw. die Arbeitsplatzdefizite in den übrigen 9 Kreisgemeinden. Die Auspendlerquote, die den Anteil der Berufspendler an den in der Gemeinde wohnenden Erwerbspersonen angibt, beträgt in mehreren Gemeinden (Lichtenau, Borchen, Altenbeken) über 50%!

Der fortwährende Abzug der Arbeits- und Ausbildungsplätze aus der Fläche des Kreises in den Zentralort Paderborn ist nicht nur für die betroffenen Pendler eine leidige Angelegenheit. Auch den Gemeinden sind die Pendlerzahlen aus wirtschaftlichen und steuerpolitischen Gründen ein Dorn im Auge. Es ist daher eine Aufgabe der Wirtschafts- und Infrastrukturplanung des Kreises, die Pendlerzahlen und damit die Gefahren reiner "Schlafgemeinden" im Umkreis der Stadt Paderborn nicht weiter steigen zu lassen.

Eine wesentliche Voraussetzung für die wirtschaftliche Entwicklung eines Raumes ist dessen Verkehrserschließung. Seine Randlage im überregionalen Verkehrsnetz hat der Kreis Paderborn in den letzten zehn Jahren etwas abbauen können. Hierzu hat vor allem die Fertigstellung der Bundesautobahn 44 Ruhrgebiet-Kassel im Jahre 1975 beigetragen, die den südlichen Kreisraum passiert und mit vier Auffahrten erschließt (Abb. 11). Mit der fertiggestellten A 33 Bielefeld-Paderborn-Haaren ist die ergänzende Nord-Süd-Verbindung des Kreises zum Autobahnnetz erreicht. Ungünstiger ist die Lage des Kreises derzeit noch im Netz der Deutschen Bahn AG, obwohl die regionalen Knotenpunkte Paderborn und Altenbeken traditionsreiche Eisenbahnorte sind. Derzeit liegen Paderborn und Altenbeken an der Interregio-Strecke Dortmund-Kassel. Nach einem weiteren Ausbau dieser Strecke (u.a. Tunnelbau durch die Egge) hofft Paderborn allerdings auf eine baldige direkte Einbindung an das attraktive Intercity-Netz der Bahn AG. Groß sind die verkehrspolitischen Bemühungen des Kreises Paderborn, zusammen mit den Nachbarkreisen, um den weiteren Ausbau des regionalen Verkehrsflughafens Paderborn/Lippstadt in Büren-Ahden. Bislang ist mit Förderung des Landes eine Start- und Landebahn von 2000 m Länge gebaut worden, auf der Mittelstreckenflugzeuge bei Tag und Nacht landen können. Durch tägliche Linienverbindungen, u.a. nach Frankfurt, Berlin, London und München, ist der Flughafen mit dem internationalen Flugnetz verknüpft und hat 1996 erstmals die Grenze von 500.000 Fluggästen im Jahr überschritten.

Literatur

Bauer, H. u. **F. G. Hohmann** (1980): Die Stadt Paderborn. 3. Aufl. Paderborn

Bauer, H. u. **G. Henkel** (1984): Der Kreis Paderborn. Paderborn

Bertelsmeier, E. (1942): Bäuerliche Siedlung und Wirtschaft im Delbrücker Land. Arbeiten der Geographischen Kommission im Provinzialinstitut für westfälische Landes- und Volkskunde, H. 7. Münster

Brendel, J. u. **A. Mayr (1991)**: Entwicklung und Raumwirksamkeit des Flughafens Paderborn/Lippstadt. Spieker. Landeskundliche Beiträge und Berichte 35. Münster

Die Bau- und Kunstdenkmäler von Westfalen. Der Kreis Büren. Bearb. J. Körner, Münster 1926

Die Bau- und Kunstdenkmäler von Westfalen. Der Kreis Paderborn. Bearb. A. Ludorff. Münster 1899

Dehio, G. (1969): Handbuch der Deutschen Kunstdenkmäler. Nordrhein-Westfalen II. Westfalen. Bearb. D. Kluge und W. Hausmann. München

Feige, W. (1961): Talentwicklung und Verkarstung im Kreidegebiet der Alme. Spieker. Landeskundliche Beiträge und Berichte 11. Münster

Führer zu vor- und frühgeschichtlichen Denkmälern. Band 20: Paderborner Hochfläche - Paderborn - Büren - Salzkotten. Mainz 1971

von Geldern-Crispendorf, G. (1953): Der Landkreis Paderborn. Die Landkreise in Nordrhein-Westfalen. Reihe B: Westfalen, Bd. 1. Münster - Köln

Haase, C. (1976): Die Entstehung der westfälischen Städte. 3. Aufl. Münster

Handbuch der naturräumlichen Gliederung Deutschlands. 4.-6. Lief. Remagen 1957 und 1959

Heimatbuch d. Kreises Büren. 3 Bde. Büren 1923, 1925 u. 1930

Henkel, G. (1973): Die Wüstungen des Sintfeldes. Eine historisch-geographische Untersuchung zur Genese einer alten westfälischen Kulturlandschaft. Studien und Quellen zur westfälischen Geschichte, Bd. 14. Paderborn

Henkel, G. (1974): Geschichte und Geographie des Kreises Büren. Paderborn

Heggen, A. (1978): Staat und Wirtschaft im Fürstentum Paderborn im 18. Jahrhundert. Studien und Quellen zur westfälischen Geschichte, Band 17. Paderborn

Landkreis Büren (Hg.) (1966): 150 Jahre Landkreis Büren. Paderborn

Kohl, W. (Hg.) (1982ff): Westfälische Geschichte. 4 Bde. Düsseldorf

Landkreis Paderborn (Hg.) (1968). Landkreis Paderborn. Paderborn

Landschaftsrahmenplan Naturpark Eggegebirge und südlicher Teutoburger Wald. Lippstadt 1973

Leesch, W., Schubert, P. u. **W. Segin** (1970): Heimatchronik des Kreises Paderborn. Archiv für deutsche Heimatpflege Köln

Lippert, W. (1980): Das Eggegebirge und sein Vorland. Hg. Eggegebirgsverein. 2. Aufl. Paderborn

Maasjost, L. (1973): Südöstliches Westfalen. Sammlung Geographischer Führer, Bd. 9. Berlin-Stuttgart

Maasjost, L. u. **G. Müller** (1977): Paderborn. Das Bild der Stadt und ihrer Umgebung. Paderborn

Müller-Wille, W. (1966): Bodenplastik und Naturräume Westfalens. Spieker. Landeskundliche Beiträge und Berichte 14. Münster

Müller-Wille, W. (1981): Westfalen. Landschaftliche Ordnung und Bindung eines Landes. 2. Aufl. Münster

Reekers, St. (1977): Die Gebietsentwicklung der Kreise und Gemeinden Westfalens 1817-1967. Münster

Rüthing, H. (1988): Mittelalterliches Klosterleben im Paderborner und Corveyer Land. Hg. Volksbank Paderborn, Heimatkundliche Schriftenreihe, H. 19. Paderborn

Schepers, J. (1973): Haus und Hof deutscher Bauern. Band Westfalen-Lippe. 2. Aufl. Münster

Seraphim, E.T. (Hg.) (1978, 1980, 1981): Beiträge zur Ökologie der Senne. 3 Bde. Berichte des Naturwiss. Vereins für Bielefeld und Umgegend. Bielefeld

Stille, H. (1976): Geologisch-hydrologische Verhältnisse im Ursprungsgebiete der Paderquellen zu Paderborn. Berlin 1903. Unveränd. Nachdr. Geol. Jb. 14 Hannover

Wichert-Pollmann, U. (1963): Das Glashandwerk im östlichen Westfalen. Münster

Kreis Paderborn - Statistische Übersicht

Stadt/Gemeinde	Stand: 31.12.1995			Katasterfläche 1994						
	Einwohner	E./km²	E./km² Gebäude- u. Freiflächen	Fläche km²	Auswahl in %					
					Gebäude- u. Freifläche 1)	Verkehrsfläche	Landwirtschaftsfläche	Waldfläche	Erholungsfläche	Wasserfläche
Altenbeken	8.571	112,5	3.123,6	76,22	3,6	4,4	35,7	**55,3**	0,3	0,3
Bad Lippspringe, St.	14.566	285,7	4.024,2	50,98	7,1	3,5	30,9	29,5	1,5	0,9
Borchen	12.338	160,0	3.555,7	77,11	4,5	5,3	69,3	19,5	0,4	0,5
Büren, Stadt	21.619	126,5	2.810,0	170,97	4,5	5,6	50,9	37,9	0,3	0,4
Delbrück, Stadt	27.700	176,4	2.593,8	157,05	6,8	4,9	**80,7**	4,9	0,2	1,5
Hövelhof	15.167	214,7	2.586,8	70,64	8,3	5,1	44,4	14,7	0,3	0,8
Lichtenau, Stadt	10.461	54,4	2.474,4	**192,17**	2,2	3,5	51,2	41,8	0,2	0,8
Paderborn, Stadt	**133.717**	**745,5**	**4.096,1**	179,37	**18,2**	**8,3**	50,3	14,3	1,6	1,7
Salzkotten, Stadt	22.211	202,9	2.818,3	109,46	7,2	4,9	73,3	12,5	0,6	0,9
Wünnenberg, Stadt	11.670	72,5	2.588,2	161,03	2,8	4,2	48,9	42,5	0,2	1,2
Kreis Paderborn	278.020	223,3	3.333,0	1.244,99	6,7	5,1	55,3	27,6	0,5	1,0

Stadt/Gemeinde	Erwerbstätige 30.06.1994 2)				Berufspendler 30.06.1995 3)		
					(nur sozialvers.-pflichtig Beschäftigte)		
	Gesamt	Land- u. Forstwirtschaft	davon in % Produzierendes Gewerbe	Dienstleistungen	Berufseinpendler	Berufsauspendler	Saldo
Altenbeken	2.102	6,9	32,8	60,3	425	2.057	-1.632
Bad Lippspringe, St.	5.120	1,7	28,8	**69,5**	2.189	2.943	-754
Borchen	2.230	10,9	29,6	59,5	732	3.348	-2.616
Büren, Stadt	6.733	5,7	44,5	49,8	1.830	3.762	-1.932
Delbrück, Stadt	8.999	9,7	**54,5**	35,9	2.601	5.323	-2.722
Hövelhof	5.092	3,3	52,8	43,9	1.663	3.437	-1.774
Lichtenau, Stadt	2.676	**14,9**	42,5	42,6	801	2.244	-1.443
Paderborn, Stadt	**66.220**	0,9	35,7	63,3	**23.657**	**10.583**	**13.074**
Salzkotten, Stadt	10.759	4,5	34,4	61,1	2.619	4.690	-2.071
Wünnenberg, Stadt	3.139	10,4	45,1	44,4	1.521	2.213	-692
Kreis Paderborn	113.070	3,3	38,3	58,4	38.038	40.600	-2.562

Stadt/Gemeinde	Fremdenverkehr 1995 4)						
	Betriebe	Betten	Ankünfte	Übernachtungen	⌀ Aufenthaltsdauer in Tagen	⌀ Bettenauslastung in %	Anteil der Übernachtungen am Kreisergebnis in %
Altenbeken	10	159	1.841	10.547	5,7	19,0	1,2
Bad Lippspringe, St.	**37**	**2.216**	38.830	**521.360**	**13,4**	**70,9**	**59,9**
Borchen	9	246	13.179	50.254	3,8	57,5	5,8
Büren, Stadt	11	405	19.138	50.352	2,6	34,5	5,8
Delbrück, Stadt	5	95	6.025	9.422	1,6	32,0	1,1
Hövelhof	5	121	5.681	11.123	2,0	27,5	1,3
Lichtenau, Stadt	15	580	9.378	34.748	3,7	26,7	4,0
Paderborn, Stadt	22	796	**58.155**	109.228	1,9	38,3	12,5
Salzkotten, Stadt	4	114	5.069	8.118	1,6	19,7	0,9
Wünnenberg, Stadt	20	779	19.412	65.423	3,4	27,9	7,5
Kreis Paderborn	138	5.511	176.708	870.575	4,9	48,8	100,0

Gefettete Werte = Maximalwerte einer Spalte

1) Flächen mit Gebäuden und baulichen Anlagen sowie unbebaute Flächen (Freiflächen), die Zwecken der Gebäude untergeordnet sind (z.B. Vor- und Hausgärten, Spielplätze, Stellplätze u.a.)

2) Ergebnisse der Erwerbstätigenrechnung des Bundes und der Länder
(Als erwerbstätig gelten alle Personen, die in einem Arbeitsverhältnis stehen, selbständig ein Gewerbe oder eine Landwirtschaft betreiben. Mehrere gleichzeitige Tätigkeiten einer Person werden nur einmal gezählt)

3) Sozialversicherungspflichtig beschäftigte Arbeitnehmer:
Alle Arbeitnehmer, die zur i.d.R. monatlichen Zahlung von Beiträgen zur Sozialversicherung verpflichtet sind. Nicht dazu zählen u.a. Personen, die selbständig ein Gewerbe oder eine Landwirtschaft betreiben, einen freien Beruf ausüben oder als mithelfende Familienangehörige tätig sind, desgleichen Beamte

4) Beherbergungsstätten mit 9 und mehr Gästebetten

Quellen: LDS Nordrhein-Westfalen; Landesarbeitsamt Nordrhein-Westfalen (Pendlerstatistik)

Kreis Paderborn

Der Kreis Paderborn hat in sein Wappen Teile der Wappen seiner Vorgänger, der Kreise Büren und Paderborn, übernommen. Das rote Kreuz im Schildhaupt auf silbernem Grund erinnert an die Zugehörigkeit des Kreises zum früheren Hochstift Paderborn. Der blaue Wellenbalken versinnbildlicht den Wasserreichtum des Kreises. Der rote siebenteilige Rautensparren darunter erinnert an die Edelherren von Büren.

Gemeinde Altenbeken

Das Wappen zeigt in Blau einen goldenen (gelben) Viadukt auf vier Pfeilern. Altenbeken im Eggegebirge ist ein wichtiger Eisenbahnknotenpunkt. Der 1853 entstandene Viadukt überquert das Tal der Beke und ist ein landschaftsprägendes Bauwerk.

Stadt Bad Lippspringe

Das Wappen zeigt in rotem Schild drei weiße Kreuze. Die Stadt führt dieses Wappen seit der Verleihung der Stadtrechte im Jahre 1445. Die Deutung ist wissenschaftlich noch nicht gesichert. Vermutlich stehen die weißen Kreuze für drei Gemarkungen, die im Mittelalter die Feldflur der Stadt bildeten. Die das Wappen zierenden drei Knospen sollen auf die in dieser Zeit in Lippspringe ansässigen drei Adelsgeschlechter hinweisen.

Gemeinde Borchen

Das Gemeindewappen zeigt in Gold (Gelb) einen blauen schräglinken Wellenbalken, der oben zweigeteilt ist; darüber ein "b" aus fünf schwarzen und vier silbernen (weißen) Linien im Wechsel, im Schaft oben belegt mit einem Kreuz und einem Turmsymbol. Das "b" steht, wie es in der amtlichen Begründung heißt, für eine neue, moderne Gemeinde. Die fünf Parallelstreifen verweisen auf die fünf Ortsteile, der Turm bezieht sich auf die alte Kirche in Kirchborchen. Das Kreuz erinnert an die Zugehörigkeit zum ehemaligen Hochstift Paderborn. Der schräge Wellenbalken soll auf die beiden Flüsse Alme und Altenau hinweisen, die in Borchen zusammenfließen.

Stadt Büren

Das von der Stadt geführte Wappen zeigt in Rot auf einem grünen Dreiberg eine silberne (weiße) Burg mit drei Zinnentürmen; unter dem breiten Mittelturm in einem offenen Torbogen ein silberner (weißer) Schild mit einem roten Rautensparren. Das Wappen geht auf die mittelalterlichen Stadtsiegel zurück, deren ältestes in einem Abdruck vom Jahre 1299 erhalten ist. Der Schild im Torbogen ist das älteste Wappen der Stadtgründer, der Edelherren von Büren. Nach alter Überlieferung sollen die sieben Rauten des Sparrens auf sieben Bauernhöfe hinweisen, die vor der Gründung der Stadt in diesem Gebiet angesiedelt waren.

Stadt Delbrück

Im silbernen (weißen), im Göpelschnitt dreigeteilten Schild links ein schwarzer blattloser Dornenstrauch mit zehn roten Früchten, rechts ein schwarzer steigender Bracke mit roter Zunge, unten ein schwarzes Kreuz. Der Dornenstrauch verweist auf den Flurnamen "Vor dem Hagedorn", der alten Delbrücker Gerichtsstätte, und erinnert damit auch an das "Delbrücker Landrecht", das im Jahre 1523 von Bischof Erich von Paderborn bestätigt wurde. Die zehn roten Beeren stehen für die heutigen Ortsteile. Der Hund (Bracke) ist das alte Zeichen des früheren, bedeutsamen Lippeortes Boke. Er erscheint bereits 1355 im Siegel des Bernhard von Hörde, des Erbauers der Burg in Boke. Das schwarz-weiße Kreuz unten im Wappen soll hinweisen auf die Kreuzverehrung in der Pfarrkirche zu Delbrück.

GEMEINDE HÖVELHOF

Der Wappenschild ist zweigeteilt. In der unteren Hälfte finden sich auf grünem Grund in Silber (Weiß) ein Jagdhorn und ein Wellenbalken. In der oberen Hälfte steht auf silbernem Grund ein durchgehendes rotes Kreuz. Der grüne Schild soll den Reichtum der Gemeinde an Wiesen und Wäldern andeuten. Der Wellenbalken verweist auf die Ems und die vielen kleinen Wasserläufe. Das Jagdhorn erinnert an die früher hier abgehaltenen Jagden; seit dem 17. Jh. hatten die Paderborner Bischöfe in Hövelhof ein Jagdschloß. Das rote Kreuz im oberen Teil des Wappens bestätigt die Zugehörigkeit zum ehemaligen Hochstift Paderborn.

STADT LICHTENAU

In Blau steht in einem kleeblattförmigen Torbogen eine silberne (weiße) heraldische Lilie, darüber ein breiter silberner (weißer) Turm mit rotem Spitzdach und silbernen (weißen) rotgedeckten Ecktürmchen; beiderseits eine ansteigende silberne Zinnenmauer, überragt von je einem Zinnenturm. Die Farben des Wappens Blau und Silber (Weiß) sind von dem Wappen der ehemaligen Stadt Kleinenberg übernommen, die mit der Gebietsreform zu Lichtenau kam. Das Wappen entspricht im wesentlichen dem Bild des ältesten erhaltenen Siegels der Stadt Lichtenau von 1383.

STADT PADERBORN

Das Wappen zeigt in rotem Schildhaupt ein durchgehendes goldenes (gelbes) Kreuz, darunter in Rot vier goldene (gelbe) Pfähle. Dieses Wappen geht nicht auf die alten Siegel der Stadt Paderborn zurück, sondern auf die Paderborner Familien Bulemast und Stapel. 1328 führt Heinrich Bulemast in seinem Siegel eine rechteckige Fahne, die oben das Kreuz, unten vier Pfähle zeigt. 1370 erscheint dieses Motiv im Wappen des Heinrich von Stapel. Man nimmt an, daß Heinrich Bulemast das Amt eines städtischen Bannerträgers als erbliches Lehen erhalten hat, das er dann auf seinen Neffen Heinrich von Stapel vererbt hat. Es handelt sich demnach um das alte Paderborner Stadtwappen, das von Bulemast und Stapel in ihrer Eigenschaft als städtische Bannerträger geführt wurde. Das Wappen findet sich auch auf einem Wappenschild am Rathaus mit der Jahreszahl 1473. Seit dem 17. Jh. erscheint dieses Wappen auf Paderborner Münzen und seit dem 18. Jh. auf städtischen Siegeln. Farbe, Zahl der Pfähle und Form des Kreuzes wechselten im Laufe der Jahrhunderte.

STADT SALZKOTTEN

Das Wappen zeigt in Rot ein goldenes (gelbes) Dreiblatt. Das Dreiblatt ist in Salzkotten erstmals nachweisbar in einem im Stadtarchiv erhaltenen Siegelstempel von 1634. Herkunft und Bedeutung dieses Symbols sind bisher noch unbekannt. Es wird verschieden gedeutet: als Kleeblatt, als drei in Blattform zusammengestellte Sälzerschaufeln und sogar als Umbildung des Paderborner Kreuzes.

STADT WÜNNENBERG

Im Wappen erscheint in Rot ein goldenes (gelbes) durchgehendes Kreuz, in den vier Winkeln oben je zwei aufrecht nebeneinander gestellte silberne (weiße) Eichenblätter, unten je zwei silberne (weiße) Ähren. Im silbernen Schildfuß steht ein roter Rautensparren. Die Stadt Wünnenberg hat auf das Wappen des früheren Amtes Wünnenberg zurückgegriffen, in dem die Symbole der ehemaligen Landesherrschaft (Kreuz für Paderborn, Rautensparren für Büren) erscheinen. Die Symbole für Landwirtschaft (Ähren) und Wald (Eichenblätter) verweisen auf die Ortsteile, die heute zur Stadt gehören.

Anmerkung: Da die Metallfarben Gold und Silber, die in Wappen häufig vorkommen, bei der Wiedergabe im Druck nicht benutzt werden können, sind in der amtlichen Wappenbeschreibung als Ersatz in Klammern jeweils die Farben Gelb bzw. Weiß angegeben.
(Die Texte entstammen den amtlichen Wappenbeschreibungen der Gemeinden und des Kreises)

Erläuterungen

1. Erwerbstätige

Als erwerbstätig gelten alle Personen, die in einem Arbeitsverhältnis stehen, selbständig ein Gewerbe oder eine Landwirtschaft betreiben, einen freien Beruf ausüben oder als mithelfende Familienangehörige tätig sind, unabhängig von der Bedeutung des Ertrages dieser Tätigkeit für ihren Lebensunterhalt und ohne Rücksicht auf die von ihnen tatsächlich geleistete oder vertragsmäßig zu leistende Arbeitszeit. Zu den Erwerbstätigen zählen auch Soldaten, Zivildienstleistende und Auszubildende. Hausfrauen und Hausmänner sowie ehrenamtlich Tätige gehören dagegen nicht zu den Erwerbstätigen. Erwerbstätige Personen, die gleichzeitig mehrere Tätigkeiten ausüben, werden in der Volkszählung nur einmal gezählt. Dieses Personenkonzept weicht damit von der Darstellung der Beschäftigungsfälle in der Arbeitsstättenzählung ab.

Die Daten der VZ 1987 werden als sogenannte Erwerbstätigenrechnung des Bundes und der Länder fortgeschrieben. In ihr werden u.a. auch Daten der sozialversicherungspflichtig Beschäftigten-Statistik der Bundesanstalt für Arbeit eingerechnet. Insbesondere bei Landwirten und Selbständigen sind aktuelle Fortschreibungen durch fehlendes Datenmaterial äußerst schwierig. Daher bleibt die Erwerbstätigenrechnung lediglich eine Schätzung, die zur Tendenzanalyse aber mehr als ausreichend ist.

2. Beschäftigte

Als Beschäftigte gelten alle voll- und teilzeitbeschäftigten Personen, die am Stichtag der Zählung in einem Arbeitsverhältnis stehen und in einer Lohn- und Gehaltsliste geführt werden, einschließlich tätiger Inhaber und unbezahlt mithelfender Familienangehöriger. Die Länge der Arbeitszeit ist dabei unerheblich. In der Arbeitsstätte mitgezählt werden auch Reisende, Personal auf Bau- und Montagestellen und andere im Außendienst tätige Mitarbeiter einschließlich der gegen Entgelt anderen Unternehmen überlassenen Arbeitskräfte. Ausgenommen sind zum Grundwehrdienst oder dem zivilen Ersatzdienst einberufene Personen und im Ausland beschäftigte Personen.

3. Sozialversicherungspflichtig beschäftigte Arbeitnehmer

Alle Arbeitnehmer, die zur i.d.R. monatlichen Zahlung von Beiträgen zur Sozialversicherung verpflichtet sind. Nicht dazu zählen u.a. Personen, die selbständig ein Gewerbe oder eine Landwirtschaft betreiben, einen freien Beruf ausüben oder als mithelfende Familienangehörige tätig sind, desgleichen Beamte.

Wirtschaftssektoren

Primärer Sektor:
Urproduktion von Rohstoffen: dazu zählen Land- und Forstwirtschaft, Fischerei und der reine Bergbau (ohne Aufbereitung)

Sekundärer Sektor:
Produzierendes Gewerbe (Ver- und Bearbeitung von Rohstoffen): dazu zählen Industrie (einschl. Energiegewinnung u. Aufbereitung von Bergbauprodukten), Bauwesen, Handwerk u. Heimarbeit

Tertiärer Sektor:
Dienstleistungen in den Bereichen Handel, Verkehr, Verwaltung, Bildung u. Wissenschaft, freie Berufe

Dienstleistungen in den vorgenannten Bereichen, die auf einer höheren Ausbildung und Schulung sowie auf größeren Entscheidungskompetenzen beruhen, werden in Veröffentlichungen z.T. auch als **quartärer Sektor** ausgewiesen. Dazu zählen insbesondere Regierungs- und öffentliche Verwaltungsfunktionen, Einrichtungen von Verbänden, der Industrieverwaltung, gehobene, z.T. personenbezogene private Dienstleistungen (wie Ärzte, Rechtsanwälte, techn. Beratung usw.) sowie Dienstleistungen, die bei Transaktionen genutzt werden (Banken, Versicherungen usw.).

Hinweise zur Eintragung der Flächennutzungen in der Karte II

Die Eintragungen zur Flächennutzung in der Karte II sind i. d. R. den jeweiligen aktuellen Flächennutzungsplänen (FNP) der Städte und Gemeinden entnommen. Auf Grund unterschiedlicher Maßstäbe sowie notwendiger Generalisierungen ist eine parzellenscharfe Darstellung nicht immer gewährleistet. Lediglich in Einzelfällen ist bei extremer Abweichung zum FNP auch eine Realkartierung vorgenommen worden.

In den Flächennutzungsplänen sind die für die Bebauung vorgesehenen Flächen eingetragen, wobei nicht nur bestehende bebaute Flächen, sondern auch in Zukunft zu überplanende Flächen Berücksichtigung finden. Grundlage für die Ausweisung der verschiedenen Nutzungsarten sind das Baugesetzbuch (BauGB), die Baunutzungsverordnung (BauNVO) und die Planzeichenverordnung (PlanV 90). In der Nutzungsart Gewerbliche Bauflächen sind sowohl Gewerbe- als auch Industriegebiete zusammengefaßt.

In den Beiträgen häufig verwandte Abkürzungen

E.   = Einwohner

FNP   = Flächennutzungsplan

GEP   = Gebietsentwicklungsplan

GVP   = Generalverkehrsplan

LEP   = Landesentwicklungsplan

LF   = landwirtschaftlich genutzte Flächen

LDS   = Landesamt für Datenverarbeitung u. Statistik Nordrhein-Westfalen, Düsseldorf

LSG   = Landschaftsschutzgebiet

LNF   = Summe der landwirtschaftlich genutzten Flächen (LF), incl. (zeitweise) nicht bewirtschafteter Flächen

NSG   = Naturschutzgebiet

ü. NN = über Normalnull (Meeresspiegel)

ÖPNV   = Öffentlicher Personennahverkehr

VEP   = Verkehrsentwicklungsplan

Zs.   = Zeitschrift

VZ   = Volkszählung

Gliederungsschema der Gemeindebeschreibungen

Die Stadt- bzw. Gemeindebeschreibungen sind jeweils in 3 Kapitel aufgeteilt. Jedes Kapitel besitzt ein Hauptthema und entsprechende Unterpunkte, die dem folgenden Schema zu entnehmen sind:

I. Lage und Entwicklung

* Geographische Lage, naturräumliche Einordnung, Lage im Verkehrsnetz
* Ursprung und Entwicklung (Siedlungs-, Wirtschafts- und Bevölkerungsentwicklung)
* Jüngere Entwicklung der Bevölkerungszahl, Wirtschafts- und Beschäftigungsstruktur

II. Gefüge und Ausstattung

* Funktionale Gliederung der Kernstadt und (größerer) Ortsteile
* Neubau- und Sanierungsgebiete
* Einrichtungen der Verwaltung, Bildung, Kultur, Versorgung und des Verkehrs

III. Perspektiven und Planung

* Entwicklungsperspektiven und -ziele (unter Berücksichtigung von Flächennutzungsplänen, Rahmenplänen u.a.)
* Konkrete (jüngste) Bau- und/oder Planungsmaßnahmen
* Übergemeindliche Vorgaben (aus Landes-, Gebietsentwicklungs-, Landschaftsplänen u.a.)

Altenbeken

von Manfred Hofmann

Altenbeken am Eggegebirge (im Vordergrund der Große Viadukt)

(Foto: Landesbildstelle Westfalen; Stuttgarter Luftbild Elsäßer GmbH)

Einwohner: 8.571

Fläche: 76,22 km²

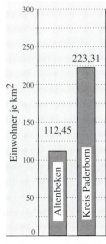

(LDS NRW, Stand: 31.12.95)

I. Lage und Entwicklung

An zwei Naturräumen hat die Gemeinde Altenbeken Anteil, an der Paderborner Hochfläche und am Eggegebirge. Beide sind aus nach W einfallenden mesozoischen Sedimentgesteinen aufgebaut. Die im östlichen Gemeindegebiet anstehenden älteren Sandstein- und Sandmergelsteinschichten werden im westlichen Teilbereich von jüngeren Kalkstein- und Kalkmergelsteinschichten überdeckt, so daß stark unterschiedliche Naturpotentiale vorliegen: Meist flachgründige, mäßig nährstoffreiche, hauptsächlich ackerbaulich genutzte, z.T. auch mit Laubwald bestockte, jedoch infolge rascher Versickerung der Niederschläge relativ trockene Flächen im W und fast vollständig mit Fichten bestandene, nährstoffarme und bodenfeuchte Areale im O.

Getrennt werden beide Bereiche durch eine nahezu durchgehend markant ausgeprägte, N-S-verlaufende Schichtstufe. Alle aus dem Eggegebirge nach W abfließenden Gewässer müssen diese Schichtstufe überwinden. Da dies Schwierigkeiten bereitet, wenden sich die Wasserläufe vor der Schichtstufenstirn nach N oder S, bis sie eine Durchbruchsstelle finden. Vor der Schichtstufenstirn hat sich eine Talung gebildet, die "Westliche Eggelängstalung". In ihr liegen von N nach S die Siedlungen Altenbeken, Buke und Schwaney. Altenbeken und Schwaney befinden sich in Bereichen, in denen die Gewässer die Schichtstufe gebündelt durchbrechen, Buke liegt auf einer Talwasserscheide.

Nachbargemeinden sind Bad Lippspringe, Paderborn und Lichtenau im W und S, Horn-Bad Meinberg, Steinheim und Bad Driburg im N und O. Intensivere Beziehungen bestehen hauptsächlich zu Paderborn und merklich abgeschwächt zu Bad Driburg. Die große Zahl der Nachbargemeinden wird vorwiegend durch das Eggegebirge bedingt, das nicht nur die Wasserscheide zwischen Rhein und Weser bildet, dessen markanter in N-S-Richtung verlaufender Kamm zugleich seit altersher eine natürliche Grenzlinie darstellt. Noch heute verläuft hier die Trennlinie zwischen den Kreisen Paderborn, Lippe und Höxter.

ALTENBEKEN

Grundzentrum in einem Gebiet mit überwiegend ländlicher Raumstruktur

(LEP NRW 1995, Teil A)

Am 1.1.1975 wurden die Ortschaften Buke und Schwaney eingemeindet

Die Entfernung zwischen Altenbeken bzw. Schwaney und Paderborn-Zentrum beträgt etwa 15 km, jene zwischen Altenbeken bzw. Schwaney und Bad Driburg etwa 8 km. Zwischen den Siedlungskernen Altenbeken und Schwaney liegt eine Distanz von 6 km.

Gequert wird die Gemeinde in W-O-Richtung von der B 64 Paderborn-Bad Driburg-Höxter und in N-S-Richtung von der Landstraße Horn-Bad Meinberg-Altenbeken-Willebadessen. Die W-O-gerichtete Eisenbahnlinie Hamm-Paderborn-Altenbeken teilt sich in bzw. wenig östlich von Altenbeken in mehrere Linien, so daß Altenbeken zu einem bedeutenden Eisenbahnknotenpunkt wurde. Bis 1968 verfügte auch Buke über einen Eisenbahnhaltepunkt.

Der heute namengebende Hauptort der Gemeinde (Ersterwähnung 1211) wuchs erst in den letzten hundert Jahren in diese Position. Ursprünglich gehörte er zum 1140 gegründeten Kloster Hardehausen in der südlichen Egge. Er wurde 1448 nach Neuenbeken und 1692 nach Buke eingepfarrt; erst 1894 erhielt er einen eigenen Pfarrer und weitere 11 Jahre später eine Pfarrkirche. Die Ortsnamen "Alten-" bzw. "Neuenbeken" - letzteres etwa 7 km weiter westlich gelegen - dürfen in diesem Falle nicht als Altershinweise gedeutet werden.

Bekannt wurde Altenbeken durch Eisenerzvorkommen in den Gesteinsschichten des Eggegebirges und die darauf basierende Eisengewinnung. Eine erste schriftliche Nachricht über Abbau und Verhüttung der Erze datiert aus dem Jahre 1392, doch war die Eisengewinnung wohl schon seit längerem aktiv. Zeitweilig (1764-1802) waren sogar zwei unabhängig voneinander arbeitende Eisenhütten mit Hammerwerken und Bergwerkseinrichtungen in Betrieb. Kurz nach 1800 erfolgte eine Konzentration in einem Unternehmen mit zwei Schmelzöfen; Ende des 19. Jh.s wurde die Eisenerzförderung eingestellt und 1926 schließlich auch die Verarbeitung von angeliefertem Roheisen. Hergestellt wurden vornehmlich gußeiserne Platten für Öfen, die vielfach ornamentale oder figurale Verzierungen erhielten. Sehenswerte Exemplare dieser Platten und Öfen sind im "Eggemuseum" (an der Ecke Alter Kirchweg/Winterbergstraße in Altenbeken) ausgestellt. Auch die für die Erzverhüttung erforderlichen Reduktionsmittel, Zuschlagsstoffe und Energien stammten aus der näheren Umgebung: Holzkohle aus den Wäldern des Eggegebirges, Kalk aus der Paderborner Hochfläche, Wasser für den Produktionsprozeß und zum Betreiben der Gebläsevorrichtungen und Hammerwerke aus den im Ort vorhandenen Quellen und Bächen.

Neue Impulse erhielt der im letzten Jahrhundert in wirtschaftlichen Schwierigkeiten steckende Ort durch den Eisenbahnbau. Zahlreiche Einwohner fanden beim Bau der Streckenabschnitte und Bahngebäude sowie beim späteren Bahnbetrieb Arbeit. 1851 wurde die Strecke Paderborn-Altenbeken-Warburg mit ihren großen Viadukten und Dammschüttungen in Angriff genommen und 1861 die Durchtunnelung des Eggegebirges. Der Rehbergtunnel, der 1864 nach großen Schwierigkeiten fertiggestellt werden konnte, bildete die Voraussetzung für die Bahnlinie Altenbeken-Holzminden-Kreiensen (eröffnet 1865), später auch für die Strecken Altenbeken-Steinheim-Hannover (eröffnet 1872) und Himmighausen-Detmold (eröffnet 1895); 1864 erfolgte der Bau des Bahnhofgebäudes.

Von Bedeutung war, daß in Altenbeken die Zusatzlokomotiven nach Überwindung der Steigung wieder abgekoppelt, Personen- und Güterwagen in neuen Kombinationen zusammengestellt und die Dampflokomotiven erneut mit Wasser beschickt wurden, da hier dank der günstigen hydrogeologischen Verhältnisse weiches, kalkarmes Wasser in hinreichender Menge vorhanden war. Gleichzeitig wurden an diesem Knotenpunkt das begleitende Personal gewechselt und das rollende Material in einem Betriebshof gewartet. Die Eisenbahn wurde zum wichtigsten Arbeitgeber und ist dies bis zur Gegenwart trotz verschiedener Rationalisierungsmaßnahmen geblieben. Viele der bei der Eisenbahn Beschäftigten wählten Altenbeken als Wohnsitz, so daß die Gemeinde seit 1850 beachtliche Erweiterungen der Siedlungflächen erfahren hat. Mit der Eisenbahn erlangte auch die Post in Altenbeken an Bedeutung, da der Transport der Postsendungen durch die Eisenbahn erfolgte. An den Eisenbahnknotenpunkten mußten die Sendungen z.T. umgepackt und neu zusammengestellt werden. Ende 1962 betrug beispielsweise der Personalbestand

Großer Viadukt (1851-53 erbaut, 482 m lang, 24 Bögen, max. Höhe: 35 m)

der Post am Standort Altenbeken über 80 Bedienstete. Durch Umorganisation gingen insbesondere seit den 70er Jahren fast alle Postarbeitsplätze am Ort verloren. Die Landwirtschaft spielt in der Kerngemeinde eine untergeordnete Rolle. Mehr als zwei Drittel - etwa 68% - der Ortsfläche sind Forst, und selbst unter Einbezug der deutlich stärker landwirtschaftlich geprägten Ortsteile Buke und Schwaney erreicht die Forstfläche der Gesamtgemeinde noch 55,3% des Gemeindegebietes.

Der Gemeindeteil Buke, "To den Buken" (Zu den Buchen), an einer alten Paßstraße über das Eggegebirge gelegen, gehört zu den ältesten Siedlungen des Raumes, obgleich seine schriftliche Ersterwähnung erst 1231 erfolgte. Auf sein hohes Alter deuten u.a. das Dionysius-Patrozinium der Kirche, die frühere Stellung des Buker Pfarrers in der kirchlichen Hierarchie und die Lage des Ortes an der wichtigen W-O-Straße. Mit dem Aufstieg Altenbekens in der 2. Hälfte des 19. Jh.s, das bald auch die Poststation an sich zog, die seit 1663 hier als Pferdepost bestanden hatte, verlor der Ort rasch an Bedeutung.

Schwaney, nach Zusammenschluß ehemals benachbarter Dörfer 1344 vom Paderborner Bischof Balduin von Steinfurt zur Stadt erhoben und wahrscheinlich mit einer Befestigungsanlage versehen, hat seine Stadtrechte nicht lange behaupten können. Bereits 1409 wurde es wieder als Dorf bezeichnet und hat bis zur Gegenwart sein dörfliches Gepräge behalten.

Einwohnermäßig erfuhren die Gemeindeteile Buke und Schwaney in den vergangenen hundert Jahren etwa eine Verdoppelung, der Ortsteil Altenbeken sogar eine Verdreifachung. Die Hauptwachstumsphasen liegen, sieht man von den zweifellos bedeutsamen, aber nicht ortsspezifischen Bevölkerungsschüben am Ende des Zweiten Weltkrieges einmal ab, bei Altenbeken interessanterweise in der Zeit zwischen 1850 und 1930, in der sich der Ort zu einem wichtigen Eisenbahnknotenpunkt entwickelte, bei Buke und Schwaney dagegen in jüngster Zeit. Schwaney hat seit 1961 die stärkste Zunahme zu verzeichnen, zu einem großen Teil bedingt durch den Zuzug von Personen, die in Paderborn einer Beschäftigung nachgehen, diesen ländlichen Ort aber als Wohnort wählen.

Die wirtschaftliche Ausrichtung der drei Gemeindeteile ist sehr unterschiedlich. In Altenbeken dominiert der Wirtschaftsbereich Handel und Verkehr infolge der relativ hohen Beschäftigtenzahl bei der Eisenbahn und den Versorgungseinrichtungen. 1970 gehörten 47,1 % aller Erwerbstätigen am Arbeitsort diesem Bereich an. In Buke standen dagegen das produzierende Gewerbe mit 36,8 % und die Land- und Forstwirtschaft mit 32,6 % an der Spitze, in Schwaney schließlich die Landwirtschaft mit 46,5 % und das produzierende Gewerbe mit 25,5 %. Nach Angaben des Bahnbetriebswerkes Altenbeken waren 1982 dort 475 Personen beschäftigt, darunter 319 Lokführer. Bis 1986 schrumpfte die Beschäftigtenzahl in dieser Dienststelle auf 354 Personen.

Fast jeder vierte Erwerbstätige war 1994 in der Wirtschaftsabteilung Verkehr und Nachrichtenübermittlung tätig (488 von 2.102 Erwerbstätigen). Diese Quote ist insbesondere im Kreisgebiet, aber auch darüber hinaus einzigartig.

II. Gefüge und Ausstattung

In der Altgemeinde Altenbeken lassen sich, genetisch bedingt, mehrere Bereiche unterscheiden, obgleich die Konturen der älteren Bereiche in jüngster Zeit durch Aufgabe landwirtschaftlicher Betriebe, Abriß von Gebäuden, bauliche Umgestaltung größerer Flächen und die Ortskernsanierung bereits stark verblaßt sind und zunehmend schwächer werden:
- ein landwirtschaftlich geprägter Bereich im Unterdorf am westlichen Ortseingang mit unregelmäßig zueinander liegenden landwirtschaftlichen Betrieben in Fachwerkbauweise;
- ein ursprünglich durch die Eisengewinnung bzw. -verarbeitung gekennzeichneter Bereich im Ober-

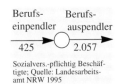

Erwerbstätige 1987: 1.713

5,8%
58,4%
35,8%

Erwerbstätige 1994: 2.102

6,9%
60,3%
32,8%

■ Land- und Forstwirtschaft
■ Produzierendes Gewerbe
■ Dienstleistungen

(Quellen: Volkszählung 1987; Erwerbstätigenrechnung 1994)

Berufs-   Berufs-
einpendler   auspendler
425   2.057

Sozialvers.-pflichtig Beschäftigte; Quelle: Landesarbeitsamt NRW 1995

Tabelle 1   Bevölkerungsentwicklung 1843 - 1996

Gemeinde-teile	01.12. 1843	01.12. 1871	16.06. 1925	17.05. 1939	29.10. 1946	13.09. 1950	06.06. 1961	27.05. 1970	31.12. 1986	27.05 1987	31.03. 1996
Altenbeken	956	1.193	2.510	2.587	3.352	3.610	3.394	3.474	3.913	3.669	4.246
Buke	594	532	653	647	873	886	844	971	1.167	1.136	1.790
Schwaney	1.159	1.037	1.090	1.142	1.574	1.520	1.361	1.645	2.228	2.150	2.667
Gemeinde insgesamt	2.709	2.762	4.253	4.376	5.799	6.016	5.599	6.090	7.308	6.955	8.703

Quellen: Gemeindestatistik des Landes Nordrhein-Westfalen. Bevölkerungsentwicklung 1871-1961. Sonderreihe Volkszählung 1961, H. 3c, S.350f, 420-423. Düsseldorf 1964; für 1987: Sonderreihe zur Volkszählung 1987, Bd. 6.1.4., S. 162. Düsseldorf 1990; für 1970, 1986 und 1996: Angaben der Gemeinden

Einwohner in Ortsteilen:	
Altenbeken	4.246
Schwaney	2.667
Buke	1.790

(Ang. d. Gem., Stand: 31.03.96)

Katasterfläche 1996:	
	76,22 km²
	davon
55,3 %	Waldfläche
35,7 %	Landwirtschaftsfläche
4,4 %	Verkehrsfläche
3,6 %	Gebäude- und Freifläche
0,3 %	Wasserfläche
0,3 %	Erholungsfläche
0,3 %	andere Nutzung
0,2 %	Betriebsfläche

(Quelle: LDS NRW)

dorf mit relativ kleinen Fachwerkhäusern und geringem Grundbesitz;
- zwischen beiden, in der heutigen Ortsmitte, ein Bereich, der vorwiegend nach 1850 bebaut wurde, als Altenbeken durch die Eisenbahn kräftige Wachstumsimpulse erhielt;
- die jüngeren Baugebiete.

In dem dritten Bereich trifft man noch gegenwärtig auf eine Reihe vorwiegend rot verklinkerter Gebäude, die sich neben Farbe und Baumaterial auch durch ihre architektonische Gestaltung und Größe vom üblichen dörflichen Charakter abheben. Es handelt sich um Gebäude, die für und von Bediensteten der Bahn und Post mit Unterstützung des jeweiligen Dienstherrn bis Anfang der 40er Jahre dieses Jh.s dort errichtet wurden. Manche dieser Gebäude wurden inzwischen verputzt.

Auf der Talsohle des dritten Bereiches wurde auch auf einem größeren damals (1905) noch freien Areal die erste eigene Pfarrkirche errichtet; und hier befinden sich gegenwärtig beiderseits der Adenauerstraße, etwa zwischen Bokelweg im W und Dr. Pentrup Straße im O, mit geringen Ausstrahlungen in die Bahnhofstraße und die Untere Sagestraße, die meisten öffentlichen und privaten Dienstleistungseinrichtungen der Gemeinde (Gemeindeverwaltung, Geschäfte, Zweigstellen von Kreditinstituten, Arztpraxen etc.). Durch die in den 70er und frühen 80er Jahren durchgeführte Ortskernsanierung wurde die Zentrumsbildung erheblich gefördert. Zwischen Kirche und Beke entstand ein neuer Ladenbereich mit einem relativ großen Angebot an Parkplätzen.

Während die Bereiche 1-3 vorwiegend die Sohlen und unteren Hänge der Täler einnehmen, greifen die unter 4 zusammengefaßten jüngeren Baugebiete zunehmend auf die oberen Hangpartien und auf die Rücken zwischen den Talzügen aus, etwa auf den Hang südlich der Eisenbahn (westlich des Bahnhofs), auf die westliche Flanke des Rehberges und des Hüttenberges und auf das Gebiet "Auf dem Brand". Innerhalb dieser Neubaugebiete liegen auch zwei größere, die ortsüblichen Dimensionen übersteigende Gebäudekomplexe, das Schul- und Sportzentrum mit Grund- und Hauptschule, Sporteinrichtungen, Hallenbad, Mehrzweckhalle (= Eggelandhalle) und Parkplätze südlich der Ortsmitte zwischen Kuhlborn- und Winterbergstraße sowie nahe der Kreuzung Hüttenstraße-Schützenweg das Altenpflegeheim des Bundes der Freien Schwestern mit zugehörigen Freiflächen.

Die wenigen Gewerbeflächen der Kernsiedlung liegen entweder im landwirtschaftlich geprägten Mischgebiet des Unterdorfes oder peripher, etwa nördlich des Bahnhofs auf dem Areal ehemaliger Abgrabungen (Ziegelei bzw. Kalksteinbruch im Bollaes) oder unterhalb des Sommerberges beim Hof Frankenthal bzw. am südlichen Ortsrand (Bekleidungsfabrik am Ossensteg, Kfz-Werkstatt in der oberen Hüttenstraße). Für die Betriebe nördlich des Bahnhofs (Maschinenbau, Betonsteinfertigung) sind die Zufahrtswege sehr ungünstig.

Auch in Buke und Schwaney zeigen sich funktionalräumliche Differenzierungen. In Buke liegt der alte, noch immer vorwiegend landwirtschaftlich geprägte Bereich westlich der Straße Altenbeken-Schwaney; östlich davon schließen sich junge Wohngebiete an, während südlich des Bahnhofs auf nur schwach geneigtem Gelände, gut verkehrsmäßig angebunden und erschlossen, ein größeres Gewerbe- und Industriegebiet eingerichtet wurde. Durch die neuen Wohnsiedlungen und das neue Gewerbe- und Industriegebiet wurde die ursprüngliche W-O-Orientierung des Ortes entlang der Straße Paderborn-Bad Driburg zugunsten einer stärkeren N-S-Ausrichtung verändert.

In Schwaney liegen die älteren Siedlungselemente in der NW-SO-streichenden Talsohle. Es handelt sich hauptsächlich um landwirtschaftliche Betriebe. Beiderseits dieser Achse entwickelten sich jüngere Wohnbereiche, bevorzugt jedoch am südexponierten Hang. Durch die Umgehungsstraße vom eigentlichen Dorf getrennt entstand in der Nachkriegszeit die Siedlung Schwaneyer Forst (Uhlengrund). Innerhalb des alten Siedlungskerns vollziehen sich gegenwärtig tiefgreifende Veränderungen, da zahlreiche landwirtschaftliche Betriebe aussiedeln oder die Bewirtschaftung völlig einstellen. Ihre Gebäude werden z.T. der Wohn- oder Geschäftsfunktion zugeführt oder von Handwerksbetrieben als Lager-, Ausstellungs- oder Arbeitsraum genutzt, z.T. auch abgetragen und in Parkplätze oder Freiflächen umgewandelt; hofnahe Weideflächen werden zu Bauplätzen. Zwischen Kirche und Cheruskerstraße hat sich ein kleines Versorgungszentrum zur Deckung der Grundbedürfnisse herausgebildet.

Hoher Waldanteil, zentrale Lage im Naturpark "Eggegebirge/südlicher Teutoburger Wald", geringer Industriebesatz und andere Merkmale lassen die Großgemeinde Altenbeken für den Fremdenverkehr geeignet erscheinen. 1975 standen im Gemeindeteil Altenbeken 176 Gästebetten bei 21 Gastgebern zur Verfügung, je etwa zur Hälfte in Hotels/Gaststätten bzw. in Pensionen/Privatzimmern. 1988 waren nach dem Gastgeberverzeichnis 63 Betten in Hotels/Gaststätten, 48 in Ferienwohnungen/-häusern und 29 in Privatquartieren vorhanden. Hinzu kommen 121 Fremdenbetten in den Gemeindeteilen

Buke und Schwaney. Eine Geschäftsstelle des Verkehrsvereins Egge kümmert sich um die Zimmervermittlung. Westlich des Viadukts, auf dem Stapelberg, wurde ein Ferienhausgebiet eingerichtet und östlich der Eisenbahnlinie Altenbeken-Warburg die Freizeitanlage "Driburger Grund" mit Teichen, Grillplatz, Wassertretbecken und Kinderspielplatz. Parkplätze, ausgeschilderte Wanderwege und Schutzhütten sind in großer Zahl vorhanden. Außerdem können Hallenbad, Sauna, Solarium, drei Kegelbahnen in Altenbeken und eine in Schwaney, das Eggemuseum, Cafés und Gaststätten aufgesucht werden. 1994 konnten in Altenbeken in 10 Betrieben mit 9 und mehr Betten insgesamt 159 Betten und 10.547 Übernachtungen registriert werden. Zwar ist die durchschnittliche Aufenthaltsdauer mit 5,7 Tagen der zweithöchste Wert im Kreis (nach Bad Lippspringe), doch liegt Altenbeken mit einer durchschnittlichen Bettenauslastung von 19,0% am Ende der Kreisskala (Kreisdurchschnitt 48,8%). Überregionale Bedeutung haben ein Schießstand im Driburger Grund und eine Schießschule im Duhnetal, die auf 25 ha vielfältige Einrichtungen bietet: Schießgarten, Fasanenturm mit Fernsehaufzeichnung, Anschußwand, Jagd-Parcours, Trap- und Skeetstand; hier werden auch Ausbildungslehrgänge sowie Jagd- und Sportwaffenprüfungen durchgeführt.

III. Perspektiven und Planung

Infolge starker Ausweitung und Umstrukturierung der Siedlungsbereiche durch Abriß, Überbauung und "Sanierung" hat der ursprüngliche Charakter der drei Siedlungskerne stark gelitten. Zur Erhaltung ihrer Identität scheint es dringend angebracht, die verbliebenen Reste zu pflegen, gegebenenfalls Teile zu rekonstruieren. Beispielsweise wurden im Oberdorf Altenbekens fast alle Hinweise auf die ehemalige Eisenverhüttung und -verarbeitung beseitigt, obwohl dieser Wirtschaftszweig viele Jahrhunderte hindurch für den Ort bestimmend gewesen ist.

Die starke Ausrichtung Altenbekens auf die Eisenbahn zwingt dazu, nach alternativen Verdienstmöglichkeiten Ausschau zu halten; denn durch Rationalisierung und Umstrukturierung könnten rasch Arbeitsplätze verlorengehen. Sollte beispielsweise die IC-Strecke Hamm-Paderborn-Kassel unter Umgehung Altenbekens realisiert werden, dürfte dies erhebliche Veränderungen für den Ort zur Folge haben. Verstärkte Bemühungen um den Fremdenverkehr durch Verbesserung des Angebots und der Werbung scheinen in den Gemeindeteilen Altenbeken und Schwaney angebracht, während man in Buke vor allem auf die Erhaltung und Neuansiedlung von Industrie- und Gewerbebetrieben setzen sollte.

Östlich der Winterbergstraße von Altenbeken nach Buke wird die Erschließung von rd. 9 ha Wohnbaufläche vorbereitet. Mit den dann entstehenden ca. 150 Grundstücken reagiert die Gemeinde auf die Nachfrage nach Bauland insbesondere aus den Nachbarstädten Paderborn und Bad Lippspringe.

Literatur

Altenbeken (1969): Gemeinde Altenbeken: Studie zur Entwicklung Altenbekens. Paderborn: Landkreis Paderborn, 1969

Bieling, H. (1957): Bergbau und Hüttenbetrieb in Altenbeken. In: Die Warte. Jg.18, 1957, H.09, S.134; H.10, S.149-150, 1 Abb.

Biermann, Franz (1900): Geschichte des Bergbaus bei Altenbeken. Ein Beitrag zur Geschichte der wirtschaftlichen Verhältnisse im ehemaligen Hochstift Paderborn. In: Zeitschrift für Vaterländische Geschichte und Altertumskunde. Bd.58, 1900, Abt.2, S.145-198

Born, Erhard (1972): Hundert Jahre Hannover-Altenbekener Eisenbahn 1872-1972. Augsburg: Roesler & Zimmer, 1972, 40 S., 39 Abb., 4 Ktn.

Fecke, Helmut (1989): Altenbeken: Das Tor zur Egge. In: Der Kreis Paderborn. Redaktion: Oberkreisdirektor Werner Henke. S.127-128, Abb.; Oldenburg: Verlag Kommunikation und Wirtschaft, 1989 (=Städte, Kreise, Regionen)

Golücke, Friedhelm (1993): Der Zusammenbruch Deutschlands - eine Transportfrage? Der Altenbekener Eisenbahnviadukt im Bombenkrieg 1944/45. Schernfeld: SH-Verlag, 335 S., 104 Abb., 19 Anl. (= Landschaftsverband Westfalen-Lippe, Westf. Baupflegeamt: Konzepte; Bd. 3)

Hochbau- und Stadtentwicklungs-Planungsgruppe (1981): Gemeinde Altenbeken: Entwicklungsplanung. Walsrode: Planungsgruppe, o.J. (1981), Losebl.-sammlung in Ordner

Jockel, Hans-Josef (1982): Die Eisenbahn im Eggegebirge. Knotenbahnhof Altenbeken. Altenbeken: Hans-Josef Jockel, Eigenverlag, 1982, 132 S., Abb.

Küting, Heinz (1963): Schwaney: Zur Geschichte eines tausendjährigen Siedlungsraumes. Schwaney: Gemeinde Schwaney, 1963, XV, 752 S., 52 Bilder u. Zeichn.

Landwirtschaftskammer Westfalen-Lippe (1980): Die Struktur der Land- und Forstwirtschaft und deren Entwicklungsmöglichkeiten in der Gemeinde Altenbeken, Kreis Paderborn. Münster: Landwirtschaftskammer Westfalen-Lippe, 1980, 46 S., graph. Darst., Ktn. (=Forstbehördlicher und landwirtschaftlicher Fachbeitrag; Nr.157)

Leitplan der Gemeinde Altenbeken (1958): Leitplan der Gemeinde Altenbeken. Altenbeken: Gemeindeverwaltung, 1958

Neuheuser, Heinrich (1960): Geschichte der Gemeinde Altenbeken. Paderborn: Bonifatius-Druckerei, 1960, 247 S., Taf. eingeschoben, 1 Liste der Kriegsopfer im Anh.

Schmitz, Adalbert (1989): Altenbeken: 1211-1989. Geschichte der Gemeinde Altenbeken. Teil 1 von Heinrich Neuheuser (Nachdruck von 1960). Teil 2 von Adalbert Schmitz. Paderborn: Bonifatius-Druckerei, o.J. (1989), Teil 1: 247 S., Taf. eingeschoben, 1 Liste der Kriegsopfer im Anh.; Teil 2: 104 S., Abb., Tab., Bildtaf.

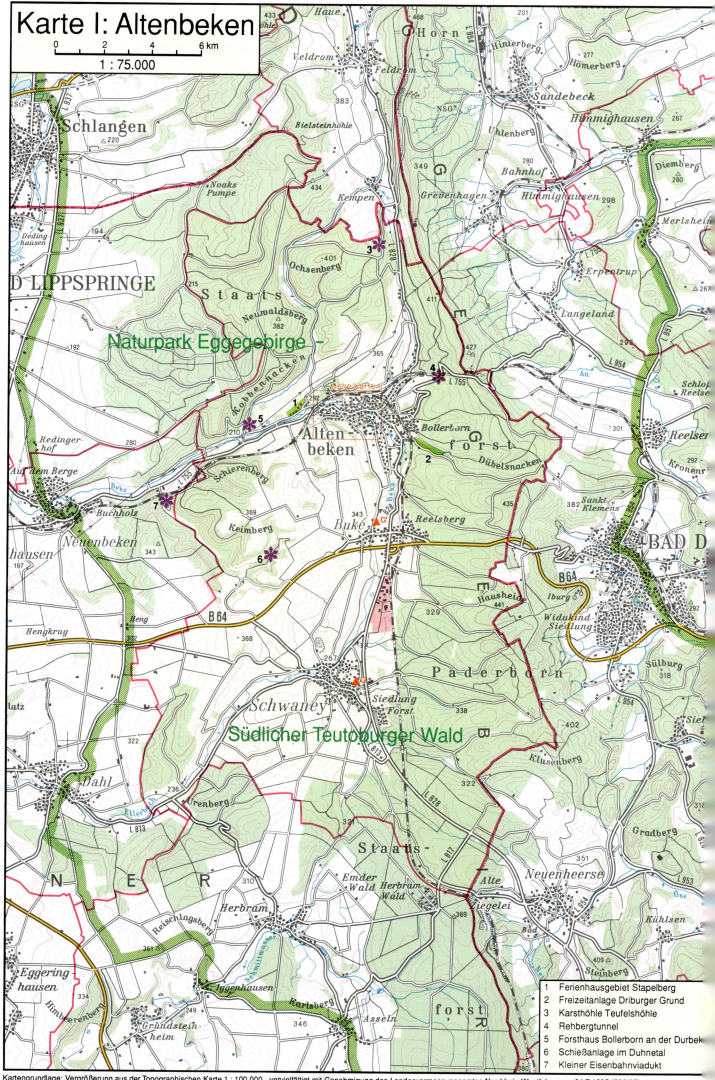

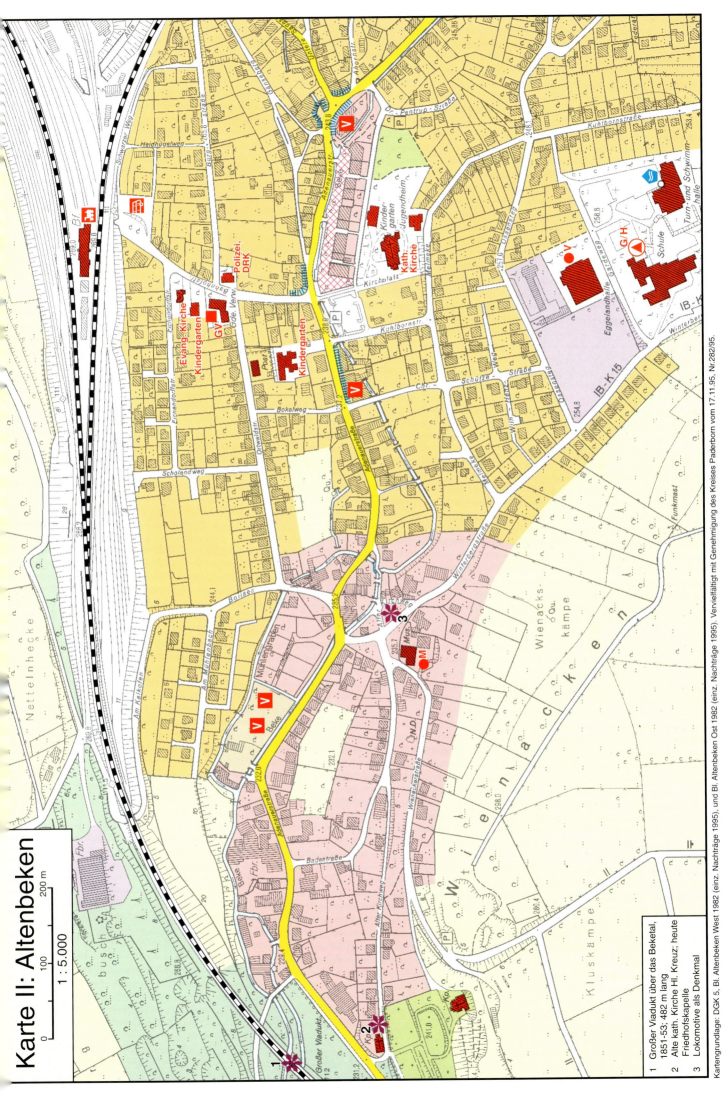

Schmitz, Adalbert (1986): Altenbeken 775 Jahre alt. Skizze der Geschichte des Eggedorfes. In: Die Warte. Nr.49, [=Jg.47, 1986, H.1], S.8-10, 4 Abb.

Schwaney (1970): Festschrift für die 1000-Jahr-Feier der Gemeinde Schwaney. 970-1970. Schwaney: Gemeindeverwaltung, o.J., (ca. 1970), 72 S. mit Abb.

Vogt, Klaus-Dieter (1980): Die landschaftliche Qualität der Gemarkung Altenbeken im Hinblick auf den Fremdenverkehr. Eine Bewertung des Raumpotentials im Vergleich mit dem Sauerland. In: Die Warte. Nr.27, [=Jg.41, 1980, H.3], S.30-33, 3 Abb.

Wichert-Pollmann, Ursula (1981): Die lange und leidvolle Geschichte eines Dorfes. 750 Jahre bestehen die Pfarrei St. Dionysius und das Dorf Buke. In: Die Warte. Nr.30, [=Jg.42, 1981, H.2], S.6-7, 4 Abb.

Würzburger, Ernst (1990): 125 Jahre Eisenbahn Höxter-Altenbeken. In: Kreis Höxter / Jahrbuch. Bd.1990(1989), S.297-306, 3 Abb.

Bad Lippspringe, Stadt

von Manfred Hofmann

I. Lage und Entwicklung

Vom Oberzentrum Paderborn strahlen mehrere Verkehrs- und Siedlungsachsen aus. Bad Lippspringe liegt innerhalb der nach Nordosten gerichteten Achse, die sich an der alten B 1 orientiert. Die bebaute Fläche Bad Lippspringes nimmt den mittleren Teil dieses inzwischen mehr als 15 km langen Siedlungsbandes ein, das bis nach Schlangen-Kohlstädt reicht. Auffällig gegensätzlich zur bandartigen Anordnung der Siedlung dehnt sich die Gesamtfläche der Stadt etwa sichelförmig in West-Ost-Richtung aus (Karte I).

Beiderseits des Siedlungsbandes laufen wichtige Entlastungsstraßen, die neue Trasse der B 1 im Westen und die Kreisstraße L 937 im Osten, die jeweils an der südlichen bzw. nördlichen Stadtgrenze durch Querspangen miteinander verbunden sind (vgl. Karte I). Über die B 1 kann man bereits im Stadtgebiet von Paderborn die Nord-Süd-gerichtete Autobahnspange erreichen, die eine rasche Anbindung an das überregionale Autobahnnetz ermöglicht, d.h. an die A 2 (Dortmund-Hannover) in Bielefeld-Sennestadt bzw. an die A 44 (Dortmund-Kassel) in Wünnenberg-Haaren.

Die nächsten Eisenbahnanschlüsse befinden sich in Paderborn und in Altenbeken. Eine 1906 eröffnete Stichbahn von Paderborn nach Bad Lippspringe wurde inzwischen stillgelegt und demontiert; ebenso wurde die einst zwischen Schloß Neuhaus-Paderborn-Bad Lippspringe-Schlangen-Horn-Detmold verkehrende Straßenbahn 1959 eingestellt. Seither übernehmen Bahnbusse, die in kurzen Intervallen fahren, den öffentlichen Personennahverkehr nach Paderborn und nach Schlangen bzw. Detmold. Die Nordwest-Südost-gerichtete Alte Bielefelder Poststraße, die am Übergang von der "Trockenen" zur "Feuchten Senne" verläuft und im Gemeindegebiet von Bad Lippspringe das Strothe- und Lippetal quert, ist - nach Einrichtung des Truppenübungsgeländes infolge weitgehender Sperrung - für den überregionalen Verkehr unbedeutend geworden. Schnell erreichbar ist der etwa 15 km westlich von Paderborn liegende Regionalflughafen Paderborn-Lippstadt, was für Tagungs- oder Kongressveranstaltungen von Vorteil sein kann.

Bad Lippspringe von Südosten

(Foto: Landesbildstelle Westfalen; Stuttgarter Luftbild Elsäßer GmbH)

Einwohner: 14.566

Fläche: 50,98 km²

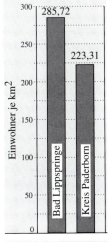

(LDS NRW, Stand: 31.12.95)

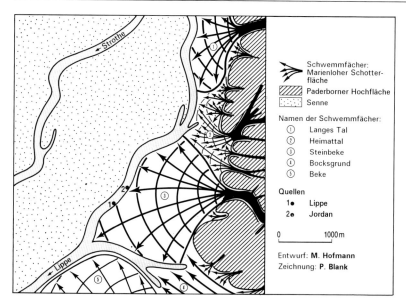

Abb. 1: Landschaftliche Vielfalt Bad Lippspringes

Vorgezeichnet durch die Verkehrswege bestehen besonders enge Verflechtungen zu den Nachbarorten Paderborn und Schlangen. Die Entfernung nach Paderborn-Zentrum beträgt etwa 8 km und jene zwischen den Ortsmittelpunkten von Bad Lippspringe und Schlangen knapp 4 km. Hauptverbindungsader für den Ziel- und Quellverkehr Bad Lippspringes ist die Detmolder Straße (B 1-alt), da die westlich und östlich am Siedlungsband vorbeiführenden Straßen sich infolge ihrer ungünstigen Anbindung in Bad Lippspringe sowie in den Nachbargemeinden Paderborn und Schlangen vornehmlich zur Umgehung dieser Orte eignen.

Bad Lippspringe hat, wie Abb. 1 verdeutlicht, an drei Landschaften Anteil: im Westen an der Senne, im Osten an der Paderborner Hochfläche und im mittleren Abschnitt, etwa zwischen Lippe-Thunebach und der Kreisstraße Benhausen-Schlangen (L 937), an der Marienloher Schotterfläche, die von den aus der Paderborner Hochfläche kommenden Flüssen aufgeschüttet wurde und sich nach Südwesten verbreitet.

Die genannten drei Landschaften unterscheiden sich durch ihr natürliches Potential und ihre anthropogene Inwertsetzung deutlich voneinander (vgl. Abb. 2). Kennzeichnend für die Senne sind der Sand, die Dünen und Flugsanddecken sowie die nährstoffarmen, podsoligen Böden mit ihren Kiefernforsten und Heideflächen oder Eichen-Birken-Waldbeständen, in denen der Mensch die Natur weniger umgestaltet hat. Genutzt wird dieses Gebiet gegenwärtig vornehmlich als Truppenübungsgelände. Die Schotterfläche mit ihren für die landwirtschaftliche Nutzung relativ günstigen sandig-lehmigen Böden und ihrer geringen Reliefenergie dient bevorzugt als Ackerland, während die nach Osten ansteigenden mesozoischen Kalksteinschichten der Paderborner Hochfläche mit ihren meist nur flachgründigen, von vielen Kalksteinscherben durchsetzten lehmig-tonigen Verwitterungsböden und ihrer stärkeren Zertalung ideale Buchenwaldstandorte darstellen und so auch weitgehend genutzt werden. Nur im unteren Abschnitt findet man Acker- und Grünlandflächen.

Im Übergangssaum zwischen Senne und Schotterfläche, in dem stetig fließende Bäche vorhanden sind und das Grundwasser dicht unter der Flur ansteht, treten an mehreren Stellen Süß- und Mineralwasserquellen zutage, etwa die stark schüttenden Süßwasserquellen unterhalb der Burgruine im Ortszentrum, die als Lippequellen angesehen werden und von denen der Ort seinen Namen "Lippspringe" herleitet, oder die Arminius-Heilquelle wenige Schritte weiter westlich. Knapp 500 m talaufwärts trifft man auf die Jordan-Quelle (siehe auch Abb. 3). Sie wird mit der Sachsentaufe zur Zeit Karls des Großen in Verbindung gebracht, obgleich die historischen Befunde dafür nur wenig gesichert erscheinen. Nicht gefaßte Quellen gibt es in der Nähe des Gutes Dedinghausen an der nördlichen Gemeindegrenze und an mehreren Stellen zwischen dem Gehöft Kleehof an der südlichen Gemeindegrenze und der Straße, die den Redinger Hof mit dem Ortszentrum verbindet (Karte I). Auf die Mineralwasserquellen soll im Detail erst später eingegangen werden.

Dank der relativ geschützten Lage durch die Gebirgsumrahmung, im Norden durch den Teutoburger Wald, im Osten durch das Eggegebirge und im Süden durch die Paderborner Hochfläche, und dank der sich leicht erwärmenden Sand- und Schotterflächen und der günstigen Wald-Feld-Verteilung verfügt Bad Lippspringe über ein ausgeglichenes,

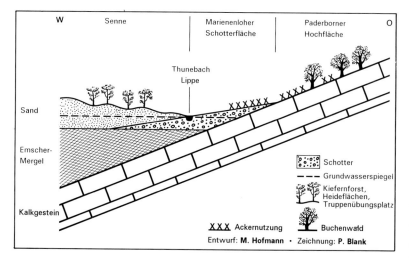

Abb. 2: Querschnitt durch die Landschaften Bad Lippspringes

mildes Lokalklima, das es ermöglichte, den Ort als heilklimatischen Kurort anzuerkennen. Bad Lippspringe besitzt eine Station des Deutschen Wetterdienstes (Karte I, Ziffer 3), die hauptamtlich betrieben wird und deren Daten täglich im Rundfunk gemeldet werden.

"Lippiagyspringia, curte in Saxonia", als Ortsangabe in einer von Karl dem Großen im Jahre 780 ausgegebenen Urkunde, wird von einer Historikergruppe als Ersterwähnung Lippspringes angesehen, von einer anderen jedoch auf Paderborn bezogen, in der Annahme, daß in Wirklichkeit der Ort an den Paderquellen gemeint sei. Wie dem auch sei, 1980 feierte Lippspringe sein 1200jähriges Bestehen.

Etwa um 1300 wurde in Lippspringe unmittelbar östlich der Lippequellen eine Burg errichtet, die spätestens seit 1312 dem Paderborner Domkapitel gehörte. Angelehnt an die Burg entwickelte sich eine kleine bürgerliche Siedlung, die wiederum spätestens seit 1416 durch Mauer und Graben geschützt war und seit 1445 eingeschränktes Stadtrecht (Wigbold) hatte.

Durch Aufgabe der benachbarten Siedlungen Dedinghausen, Wietheim und Helmeringhausen und Umzug der Bewohner in die befestigte Stadt wuchs Lippspringe, während die umgebende Flur weitgehend siedlungsfrei wurde. Dennoch blieb der Ort bis ins frühe 19. Jh. eine kleine Ackerbürgerstadt ohne überregionale Bedeutung. Er verlor 1843 bei Einführung der neuen Landgemeindeordnung in der Provinz Westfalen sogar seine Stadtrechte infolge zu geringer Einwohnerzahl und wurde als Amtsbezirk eingestuft.

Die Burg (Karte II, Ziffer 2) ist heute Ruine: Von der einstigen Stadtbefestigung zeugen nur noch wenige Mauerreste (Karte II, Ziffer 3) sowie Grundstückszuschnitte und Straßenführungen (z.B. Martinstraße, Im Schildern oder Antoniusstraße).

Erst durch Entdeckung und Inwertsetzung der Heilquellen erhielt Lippspringe einen neuen Entwicklungsschub: 1832 erkannte man, daß es sich bei einem dicht neben den Lippequellen existierenden Wasseraustritt um eine Mineralquelle handelt, die sich zur Heilbehandlung eignet. Schon bald nach dieser Entdeckung wurde die Quelle (Karte II, Ziffer 4) - sie erhielt 1841 die Bezeichnung Arminiusquelle - gefaßt und zu Bade- und Trinkkuren verwendet. Trotz mancher Bedenken seitens der Ortsbewohner, die sich zunächst nur zögernd auf die neuen Möglichkeiten umstellten, stieg die Zahl der Gäste rasch an, besonders als man zusätzlich zu den zuerst hervorgehobenen Indikationen "Stoffwechsel- und Nierenerkrankungen" ab 1842 Heilerfolge bei der Behandlung der Lungenschwindsucht propagierte und als die Verkehrsverbindungen durch Anschluß des Nachbarortes Paderborn an das Eisenbahnnetz (1850) sich entscheidend verbesserten. Erst dann entwickelte sich allmählich städtisches Leben in Lippspringe.

Während der zunächst nur auf das Sommerhalbjahr beschränkten Badesaison weilten Gäste aus unterschiedlichen Ländern in Lippspringe, und im Herbst fanden als großes gesellschaftliches Ereignis Parforce-Jagden in der Senne statt. Der Protektor dieser Jagdveranstaltungen, der Herzog Adolf von Nassau und spätere Großherzog von Luxemburg, "residierte" dann im neuen Kurhaus, das im Volksmund deshalb bald "Prinzenpalais" hieß (vgl. Abb. 3 u. Foto unten).

Als aber um 1882 durch Forschungen von Robert Koch bekannt wurde, daß Lungentuberkulose durch Bazillen übertragen wird, blieben - aus Furcht vor Ansteckung - besonders die zahlungskräftigen Gäste aus den bessergestellten Kreisen, die zuvor Lippspringe gern aufgesucht hatten, dem Ort fern, so daß eine beschleunigte Umstellung vom Luxus- zum Kassenbad vollzogen werden mußte. Gefördert wurde diese Entwicklung durch Fortschritte auf dem Gebiet der Sozialgesetzgebung sowie durch Gründung von Vereinen zur Bekämpfung von Lungenkrankheiten. Hinzu kamen vielfältige Bemühungen von Krankenversicherungen, Unternehmen, Verbänden oder Behörden, erkrankte Personen zur Genesung in Sanatorien zu schicken. 1901/02 errichtete der "Heilstättenverein" für den Regierungsbezirk Minden in Lippspringe eine reine Lungenheilstätte, das Auguste-Victoria-Stift. Als katholisches Gegenstück entstand fast gleichzeitig das Marienstift. Für tuberkulosekranke Kinder wurde 1907 das Cecilienstift eingerichtet (vgl. Abb. 3).

Grundzentrum in einem Gebiet mit überwiegend ländlicher Raumstruktur

(LEP NRW 1995, Teil A)

Prinzenpalais

(Foto: Stadt Bad Lippspringe)

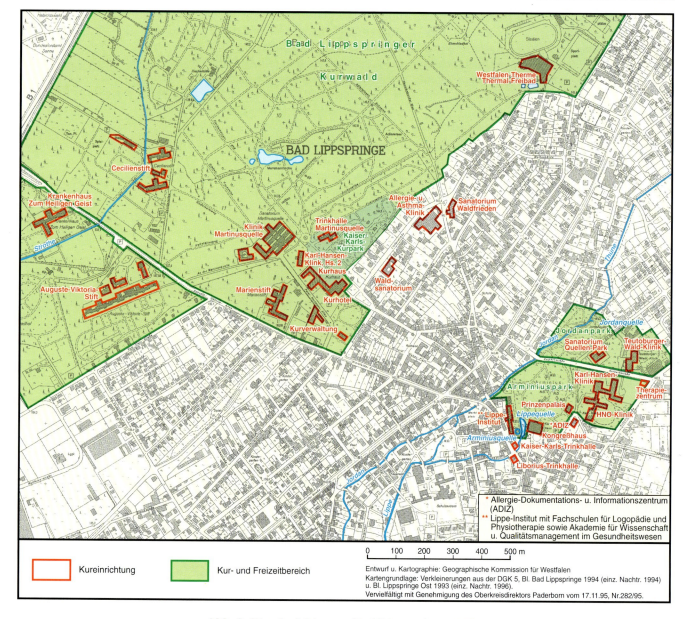

Abb. 3: Kureinrichtungen Bad Lippspringes 1996

Zusätzlich zur Arminiusquelle wurden weitere Brunnen erschlossen, etwa die Kaiser-Karls-Quelle 1869 (Karte II, Ziffer 8), die Liboriusquelle 1902 (Ziffer 6), der Kurbrunnen 1906 oder die Siegfriedquelle 1925/26, und Kureinrichtungen geschaffen, darunter der in der Art der Lennéschen Gärten gestaltete Kurpark an der Arminiusquelle sowie Trink-, Inhalations- und Ruheräume [Peter Josef Lenné, Gartenbaudirektor der preußischen Könige].

Ungünstig für die Entwicklung des Bades waren jedoch die immer wieder auftretenden Spannungen zwischen der privaten Betreibergesellschaft des Arminiusbades, der Stadt und einzelnen Bürgern. Es kam sogar, z.T. unter kommunaler Beteiligung, zur Konkurrenzgründung von Kureinrichtungen, etwa des Kaiser-Karls-Bades, basierend auf der Kaiser-Karls-Quelle, oder des Neuen Kurbades mit dem Kurbrunnen auf dem Areal des heutigen Schulzentrums, die jedoch keinen bleibenden Erfolg hatten. Fortschritte in Richtung auf eine Kommunalisierung der Bade- und Kureinrichtungen lassen sich - durch die politische Situation begünstigt - gegen Ende der 30er Jahre dieses Jahrhunderts beobachten.

Um die Jahrhundertwende zählte Lippspringe mit seinen rund 3.000 Einwohnern jährlich ca. 5.000 Kurgäste und 1925 bei 4.900 Einwohnern ca. 15.000 Kurgäste. Seit 1913 darf sich der Ort "Bad" und seit 1921 auch wieder "Stadt" nennen. Während des Zweiten Weltkrieges blieben die Kurgastzahlen niedrig. Bad Lippspringe wurde Lazarettstadt; 1945 wurden sämtliche Kureinrichtungen (Kurhaus, Kurpark, Sanatorien, Kurheime, Hotels), aber auch zahlreiche Privathäuser, vom britischen Militär beschlagnahmt, so daß der Kurbetrieb zum Erliegen kam. Durch Freigabe eines kleinen Teiles der Kureinrichtungen, etwa des städtischen Kurwaldes und des darin gelegenen Kurmittelhauses des Kaiser-Karls-Bades, konnten 1946 zaghafte Neuansätze beginnen.

Diese Situation bot die Chance für einen Neuanfang. Auf Betreiben des 1951 neu berufenen Kurdirektors Peter Hartmann aus Bad Nauheim begann Bad Lippspringe, sich von den immer noch beschlagnahmten Kureinrichtungen unabhängig zu machen und ein vollkommen neues Image aufzubauen. Im Bereich des städtischen Kurwaldes, nordwestlich des Stadtkerns, wurde 1952/53 ein neues Kurzentrum, der Kaiser-Karls-Park (Abb. 3), mit Blumenrabatten, Fontäne, Kur- und Verwaltungsgebäuden geschaffen. Als Hauptindikationen wurden jetzt die drei "A" propagiert für Asthma, Atemwege, Allergien. 1952 erfolgten die Gründung eines Asthma- und Allergie-Forschungsinstituts - anfangs hauptsächlich für Allergien im Bereich der Atemwege, heute auch für Hautallergien - und bald danach die Einrichtung einer Bioklimatischen Forschungsstelle (1954), eines Balneologischen Instituts und schließlich eines Instituts für Aerosolforschung (1955).

Nach Freigabe der alten Kureinrichtungen und -anlagen (1954) wurden auch diese in die neue Konzeption einbezogen, so daß Bad Lippspringe nun über zwei räumlich separate Kurzentren mit den zugehörigen Einrichtungen - Kurpark, Kurmittelhaus, Therapie- und Ruheräume - verfügt: das Zentrum im Kaiser-Karls-Park im Westen und jenes im Arminius-Park im Osten, beide durch die Detmolder Straße und die städtischen Geschäfts- und Wohnbereiche voneinander getrennt.

Trägerin aller Kureinrichtungen wurde eine GmbH, die zum größeren Teil von der Stadt Bad Lippspringe und zum kleineren Teil vom Kreis Paderborn getragen wird. Auf Veranlassung dieser Gesellschaft wurden u.a. 1962 die Martinus-Quelle erschlossen, eine fast 28 °C warme Thermalquelle mit großer Schüttung, mehrere neue Kliniken gebaut, darunter die Karl-Hansen-Klinik mit Hals-Nasen-Ohren-Abteilung, die Klinik Martinus-Quelle, die Kurwald-Klinik (heute Allergie- und Asthma-Klinik) und die Teutoburger-Wald-Klinik, sowie Sanatorien eingerichtet, etwa das Waldsanatorium oder das Sanatorium Quellenpark (vgl. Abb. 3). Bereits vorhandene Kureinrichtungen und -anlagen wurden übernommen und modernisiert. 1975 erfolgten die staatliche Anerkennung als "Heilbad" im Sinne des Kurortegesetzes des Landes Nordrhein-Westfalen und 1980 schließlich die staatliche Anerkennung als "Heilklimatischer Kurort". Jüngst kam das Allergie-Dokumentations- und Informations-Zentrum (ADIZ) hinzu. Auch der Kanon der Heilanzeigen wurde erweitert. Neuaufgenommen wurden insbesondere Herz-Kreislauf-Erkrankungen, Orthopädie, Rekonvaleszenz und Schmerztherapie.

Als Reaktion auf die veränderten Anforderungen im Gesundheitswesen erfolgte 1996 eine grundlegende unternehmerische Neuorganisation der Kureinrichtungen und Forschungsinstitute des Heilbades durch Gründung des "Medizinischen Zentrums für Gesundheit" (MZG-Westfalen). Durch diese Maßnahme sollen die am Ort vorhandenen Potentiale gebündelt und nach außen einheitlich vertreten werden.

Bereits 1950 wurden ca. 500.000, im Rekordjahr 1965 fast 840.000 und 1974 nahezu 800.000 Übernachtungen registriert. Seit Ende der 70er Jahre läßt sich, trotz stärkerer Schwankungen, eine Verringerung der Anzahl der Übernachtungen nicht übersehen, obgleich die Gästezahlen merklich zunahmen: 1983 wurden 536.900, 1987 566.082, 1992 596.644 und 1995 521.360 Übernachtungen bei 24.989, 39.054, 40.738 bzw. 38.830 Ankünften gezählt (Angaben der Kurverwaltung und des Landesamtes für Datenverarbeitung und Statistik Nordrhein-Westfalen, Düsseldorf). Damit verringerte sich - vergleichbare Tendenzen zeichnen sich auch in anderen Kurorten ab - die durchschnittliche Aufenthaltsdauer der Gäste in den letzten Jahrzehnten erheblich: von 35,0 Tagen 1965 auf 14,5 Tage im Jahre 1987 bzw. auf 13,4 Tage 1995, und die Anzahl der Betriebe reduzierte sich, wenn man nur die meldepflichtigen (= Betriebe mit 9 oder mehr Betten) berücksichtigt, von 47 im Jahre 1987 auf 37 im Jahre 1995. In diesem Zeitraum ging die Zahl der Betten von 2.448 auf 2.216 zurück. Die durchschnittliche Bettenauslastung konnte allerdings von 65,8% auf 70,9% gesteigert werden (siehe auch Statistische Übersicht S. 25).

II. Gefüge und Ausstattung

Die Bevölkerungszahl Bad Lippspringes hat sich seit Gründung des Bades fast verneunfacht; insbesondere seit der Jahrhundertwende ist ein in der Tendenz steter, relativ steiler Anstieg zu verzeichnen (vgl. Tab. 1), der nur durch die großen wirtschaftlichen und politischen Krisen dieses Jahrhunderts kurzzeitig unterbrochen wurde. Seit Mitte der 80er Jahre läßt sich eine weitere Steigerung des Bevölkerungszuwachses verfolgen.

Entsprechend rege waren die Bautätigkeit und die Ausweitung der Siedlungsfläche, zumal bevorzugt ein- und zweigeschossige Gebäude auf re-

Katasterfläche 1996: 50,98 km^2
davon
30,9%	Landwirtschaftsfläche
29,5%	Waldfläche
26,6%	andere Nutzung
7,1 %	Gebäude- und Freifläche
3,5 %	Verkehrsfläche
1,5 %	Erholungsfläche
0,9 %	Wasserfläche
0,1 %	Betriebsfläche

(Quelle: LDS NRW)

Tab. 1: Bevölkerungsentwicklung von Bad Lippspringe 1831 - 1995

01.12. 1831	01.12. 1871	01.12. 1905	16.06. 1925	17.05. 1939	13.09. 1950	06.06. 1961	27.05. 1970	25.05. 1987	31.12. 1992	31.12. 1995
1.622	2.004	3.100	4.894	5.587	8.234	8.741	9.726	11.891	13.876	14.566

Quellen: Für 1831-1925: Gemeindestatistik des Landes Nordrhein-Westfalen. Bevölkerungsentwicklung. So.-reihe Volkszählung 1961, H.3c u. H.3d; für 1939-1987: So.-reihe zur Volkszählung 1987 in NRW, Bd.1.1, S.128 f; für 1992 u. 1995: Landesdatenbank NRW

Tab. 2: Bevölkerungsstruktur von Bad Lippspringe (Volkszählung 1987)

Verwaltungsbezirk	Einwohner	Altersstruktur in % aller Einwohner			Nicht mehr Erwerbstätige* in % aller Einwohner	Einpersonenhaushalte in % aller Haushalte
		unter 25 Jahre	25-50 Jahre	über 50 Jahre		
Altenbeken	6.955	34,3	34,6	31,1	20,5	19,8
Bad Lippspringe	**11.891**	**29,0**	**31,9**	**39,0**	**27,7**	**34,6**
Borchen	10.272	37,5	35,4	27,1	15,6	20,7
Büren	17.473	36,3	33,8	29,9	18,7	20,6
Delbrück	22.645	39,5	36,4	24,1	13,3	13,8
Hövelhof	12.599	38,4	36,6	25,0	14,5	17,2
Lichtenau	9.147	35,6	34,3	30,2	18,8	15,1
Paderborn	110.715	33,8	36,7	29,5	21,4	36,4
Salzkotten	19.572	36,8	35,6	27,6	16,6	19,4
Wünnenberg	9.448	37,7	32,7	29,6	18,6	17,8
Kreis Paderborn	230.717	35,2	35,7	29,1	19,5	28,9
Reg.-Bez. Detmold	1.793.359	31,3	34,4	34,3	23,1	29,5
Land NRW	16.711.845	30,3	36,0	33,7	22,3	32,9

Quelle: Landesamt für Datenverarbeitung und Statistik (Hg.) (1989): Sonderreihe zur Volkszählung 1987, Bd. 1.1. Düsseldorf
* von Rente, Pension, eig. Vermögen, Vermietung, Verpachtung, Altenteil oder sonst. Unterstützungen lebende Personen

lativ großen Grundstücken entstanden sind. Begünstigt wurde die Bautätigkeit einmal durch die Situation, daß viele Bauwillige Bad Lippspringe als Wohnort wählten, obwohl sie ihren Arbeitsplatz außerhalb, vornehmlich in Paderborn, haben. Zum anderen wird das Heilbad gern von nicht mehr Erwerbstätigen als Alterswohnsitz gewählt. Für den letztgenannten Personenkreis wurden vornehmlich Eigentumswohnungen errichtet.

Der verstärkte Zuzug insbesondere älterer Personen nach Bad Lippspringe findet bereits deutlichen Niederschlag in der Bevölkerungsstatistik. So zeichnet sich Bad Lippspringe beispielsweise unter allen Gemeinden des Kreises Paderborn durch einen besonders hohen Anteil der über 50jährigen aus, während die Altersgruppen der Kinder und Jugendlichen nur unterdurchschnittlich vertreten sind: In den Nachbargemeinden Hövelhof und Delbrück gehören vergleichsweise jeweils mehr als 38% der Wohnbevölkerung zur Altersgruppe der bis 25-jährigen, in Bad Lippspringe erreicht diese Gruppe dagegen nur 29% (vgl. Tab. 2).

Bei der Altersgruppe der über 50jährigen verhält es sich umgekehrt: Während beispielsweise in Delbrück oder Hövelhof höchstens 25% der Wohnbevölkerung dieser Altersgruppe angehören, sind es in Bad Lippspringe 39% (vgl. Tab. 2). Selbst der Landesdurchschnitt, bei dem die höheren Altersgruppen bereits wesentlich stärker vertreten sind, wird von Bad Lippspringe noch übertroffen. Zur skizzierten Altersgliederung passen die überdurchschnittlich hohen Anteile der nicht mehr Erwerbstätigen und der hohe Prozentsatz an Einpersonen-Haushalten im Kurort.

Beschäftigungsmöglichkeiten bestehen in Bad Lippspringe, wie Tab. 3 ausweist, hauptsächlich im Dienstleistungsbereich, etwa in Kureinrichtungen, Hotels, Pensionen, Gaststätten, Cafés, Friseursalons, Geschäften, Bankfilialen, Versicherungs- und Reiseunternehmen oder in Verwaltungs- und Bildungseinrichtungen. Mehr als zwei Drittel der Erwerbstätigen finden im tertiären Wirtschaftssektor Arbeit.

Andererseits verfügt Bad Lippspringe auch über eine größere Anzahl von Betrieben im sekundären Wirtschaftssektor. In diesem Wirtschaftsbereich dominieren Betriebe der Holz- und Kunststoffbranche (Spanplatten-, Schaumstoff-, Möbel-, Pol-

Tab. 3: Beschäftigte in den Wirtschaftsbereichen 1970 - 1994

Wirtschaftsabteilungen	Beschäftigte						Diff. 1970-87	Diff. 1987-94
	27.05.1970		25.05.1987		30.06.1994			
	Anzahl	%	Anzahl	%	Anzahl	%	Anzahl	Anzahl
Land- und Forstwirtschaft (= I. Wirtschaftssektor)	32	0,8	24	0,6	87*	1,7	- 8	+ 63
Produz. Gewerbe, Bauwirtschaft (= II. Wirtschaftssektor)	1.890	46,7	1.298	31,5	1.473	28,8	- 592	+ 175
Handel, Verkehr, Kredit-, Versicherungsgewerbe	615	15,2	667	16,2	951	18,6	+ 52	+ 284
Dienstleistungen von Unternehmen u. freien Berufen	830	20,5	1.188	28,8	1.430	27,9	+ 358	+ 242
Organisationen ohne Erwerbszweck, Gebietskörperschaften / Sozialvers.	680	16,8	943	22,9	1.178	23,0	+ 263	+ 235
Dienstleistungen zusammen (= III. Wirtschaftssektor)	2.125	52,5	2.798	67,9	3.559	69,5	+ 673	+ 761
Insgesamt	4.047	100,0	4.120	100,0	5.120	100,0	+ 73	+ 1.000

Quelle: LDS: Ergebnisse der Arbeitsstättenzählungen 1970 u. 1987; LDS 1991: Die Gemeinden Nordrhein-Westfalens, Ausgabe 1991; Landesdatenbank NRW 1995

* Der auffallend hohe Wert der Beschäftigten in der Land- und Forstwirtschaft 1994 ist zurückzuführen auf die Umstellung der Amtlichen Statistik von der Darstellung der reinen Beschäftigungsfälle in der Arbeitsstättenzählung auf die Erwerbstätigenrechnung; hier finden insbesondere mithelfende Familienangehörige Berücksichtigung.

(Quellen: Volkszählung 1987; Erwerbstätigenrechnung 1994)

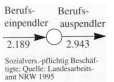

Sozialvers.-pflichtig Beschäftigte; Quelle: Landesarbeitsamt NRW 1995

stermöbelfertigung, Innenausbau) sowie der Textil- und Metallindustrie. Der größte Textilbetrieb stellt Lichtbild-Leinwände her. Ihm ist eine chemische Fabrik angeschlossen, die die Beschichtung der Leinwände übernimmt.

Etwa in der Mitte der Stadt, markiert durch die Kreuzung Bielefelder Straße/Detmolder Straße, liegt der Hauptgeschäftsbereich. Er reicht nach Nordwesten bis zur Linie Friedrichstraße-Ecke Arminiusstraße-Rathaus-Grüne Straße und etwa bis zum Marktplatz nach Südosten (vgl. Karte II). Innerhalb dieses Gebietes sind die Arminius- und Marktstraße als Fußgängerzonen sowie die Eingangsbereiche zu beiden Kurzentren als Fußwege ausgebaut. In den meisten anderen Straßen werden in jüngster Zeit Fußgänger und Radfahrer durch bauliche Maßnahmen und Verkehrsregelungen stark begünstigt.

Interessanterweise hat sich der heutige Geschäftsbereich außerhalb und abseits der einst ummauerten Altstadt entfaltet. Die grundlegende räumliche Umorientierung der Stadt vollzog sich seit Anfang des 19. Jh.s, als die Stadtmauer ihre Bedeutung verloren hatte und die Detmolder Straße allmählich zur dominierenden Verkehrsachse wurde. Im Laufe dieses Prozesses entwickelte sich die ehemalige Altstadt immer mehr zu einem Wohnbereich, und zwar zu einem Wohngebiet verminderten Qualitätsanspruches, da ihre Bausubstanz einen erhöhten Sanierungsbedarf erfordert. Neue Gebäude wurden seit dieser Zeit bevorzugt an der Detmolder Straße oder in deren Nachbarschaft errichtet.

Nach außen hin geht der Geschäftsbereich in Mischgebiete über; besonders ausgedehnt sind diese wiederum entlang der Detmolder Straße. Dort wechseln auf einer Strecke von ca. 2 km reine Wohngebäude, Gaststätten, Beherbergungs- und Handwerksbetriebe, Läden und Öffentliche Einrichtungen einander ab. Abgeschlossen wird dieses bandförmige Mischgebiet sowohl im Nordosten wie im Südwesten durch größere Supermärkte mit zugehörigen Parkplätzen.

Beiderseits dieses Mischgebietes liegen Wohnbereiche, die im Westen bis zum Kurzentrum Kaiser-Karls-Park und zum Kurwald, im Südwesten bis zu einem großen zusammenhängenden Gewerbegebiet, im Osten bis in die von landwirtschaftlichen und gärtnerischen Betrieben eingenommene Feldflur und im Norden und Süden bis an die Gemeindegrenze reichen.

Eingebettet in diese Wohngebiete findet man größere Nichtwohnkomplexe: Östlich der Detmolder Straße liegen von Norden nach Süden die Dedinger Seen, das Kurzentrum Arminiuspark, der ehemals ummauerte Altstadtkern, das Schulzentrum sowie die Altenheime St. Martin und St. Josef. Westlich der Detmolder Straße liegen die Schützenhalle, das Sportzentrum und einige kleinere Gewerbebetriebe. Letztere sollen im Zuge einer funktionalen Entflechtung allmählich aufgegeben werden. Ersatzflächen stehen im ausgewiesenen Gewerbegebiet im Südwesten der Stadt zur Verfügung.

Innerhalb des Sportzentrums, das sich in den Kurwald hinein ausdehnt, liegen das Thermal-Freibad und die 1987 eröffnete, privat geführte Bade- und Freizeitanlage "Westfalen-Therme", die nach eigenen Angaben im Schnitt täglich 1.200 bis 1.400 Besucher verzeichnet und Erweiterungspläne hegt (Karte I, Ziffer 2).

Westlich des Kurwaldes und Gewerbegebietes, etwa an der B 1-neu, beginnt das Truppenübungsgelände, das auf absehbare Zeit städtische Ausdehnungsvorhaben verhindert, so daß künftige Siedlungserweiterungen nur östlich von Lippe und Thunebach möglich sind. Dabei will man sich zunächst vornehmlich auf den Bereich zwischen den genannten Fließgewässern und der Heimat- bzw. Josefstraße beschränken und die östlich davon gelegenen Flächen der landwirtschaftlichen sowie gärtnerischen Nutzung vorbehalten. Darüber hinaus lassen sich innerhalb der vorhandenen Siedlungsfläche durch Schließung von Baulücken, Verlagerung von Gewerbebetrieben und durch stärkere Verdichtung unschwer noch zahlreiche Wohneinheiten errichten.

Als Grün- und Erholungsflächen fungieren neben den Wald- bzw. Heidearealen der Senne, die infolge ihrer Zugehörigkeit zum Truppenübungsplatz jedoch nur eingeschränkt zugänglich sind, und den Wäldern sowie den landwirtschaftlich genutzten Flächen im Bereich der Schotterebene und der Paderborner Hochfläche vor allem der Städtische Kurwald, der Arminiuspark und die Lippe-Thune-Aue. Letztere wurde durch die Bebauung bereits sehr stark eingeengt.

III. Perspektiven und Planungen

Das Truppenübungsgelände entzieht beinahe ein Drittel der Gemeindefläche dem kommunalen Einfluß. Es behindert die Stadt in ihrer Siedlungsentwicklung, und es belastet sie darüber hinaus erheblich durch den Schieß- und Fahrzeuglärm bei Tag und Nacht und zusätzlich durch die Geräusche der tagsüber am westlichen Bebauungsrand beinahe stetig aufsteigenden oder landenden Flugzeuge der Fallschirmspringer. Zudem engt es die Bewegungsmöglichkeiten der Bevölkerung und der Gäste ein, da ein Betreten des Übungsgeländes verboten ist. Im Interesse des Kurbades sollte wenigstens eine Verringerung der Lärmbelästigungen erreicht werden, etwa durch Verlagerung der militärischen Aktivitäten und des Flugbetriebes in zentralere Bereiche des Übungsgeländes und durch Einstellung der Flugaktivitäten der Fallschirmspringer.

Wie mehrfach erwähnt, ist die Detmolder Straße innerhalb des etwa 4 km langen Siedlungsbandes von Bad Lippspringe bislang die Hauptverkehrsachse. Der starke Verkehr auf dieser Straße erschwert ein Überwechseln von der einen zur anderen Straßenseite und damit die enge Verknüpfung beider Stadthälften und Kurzentren; zudem sind Verkehrslärm und die Fahrzeugabgase dem Kurort abträglich. Zwar bringen die westlich und östlich an Bad Lippspringe vorbeiführenden Umgehungsstraßen (vgl. Karte 1) gewisse Entlastungen. Sie können jedoch vornehmlich nur den Durchgangsverkehr von der Mittelachse fernhalten sowie eingeschränkt den Ziel- oder Quellverkehr.

Die durchgeführten Fahrbahnverengungen im Bereich der Detmolder Straße sorgen zwar für eine Verlangsamung des Verkehrs und leichtere Straßenüberquerungen, haben aber das Verkehrsaufkommen nicht weiter reduziert. Hauptursache dafür sind die gewachsenen engen Verflechtungen zwischen den Gemeinden an dieser Achse: Paderborn, das nahe gelegene Oberzentrum, ist für Bad Lippspringe Arbeits-, Ausbildungs- und übergeordneter Versorgungsort; Bad Lippspringe seinerseits ist für das Oberzentrum bevorzugter Wohn-, Freizeit- und Erholungsort und für die Bevölkerung von Schlangen auch Einkaufsort. Die Beherbungskapazität Bad Lippspringes, sein reichhaltiges gastronomisches Angebot, seine Räumlichkeiten für größere Tagungsveranstaltungen, die Westfalen-Therme und die Kureinrichtungen (Kurparke, Kurwald, medizinische Angebote) werden bisher gern von den Einwohnern des Oberzentrum und jenen der weiteren Umgebung in Anspruch genommen. Der Interessenkonflikt zwischen guter Erreichbarkeit der Kur- und Freizeiteinrichtungen bei gleichzeitiger Verkehrsberuhigung und geringer Umweltbelastung dieser Einrichtungen wird auch die zukünftige Planung der örtlichen Politik und Verwaltung bestimmen.

Eine Lösung könnte die wiederholt geforderte städtische Entlastungstraße am östlichen Siedlungsrand bringen, wenn sie mit geeigneten Spangen zu den Wohn- und Dienstleistungsbereichen realisiert wird. Sie könnte in der Nähe der Gemeindegrenze bei Marienloh von der B 1-alt abzweigen, über den Pfingststuhlweg und in weitem Bogen den landwirtschaftlichen Siedlungsbereich am Lindenweg, Richtweg und Hoppenberg queren, um dann in die Heimatstraße einzumünden, von wo aus Verbindungen zur Westfalen-Therme und zur Umgehungsstraße Benhausen-Schlangen abzweigen könnten. Eine Lösung, die den Verkehr vom Pfingststuhlweg über die Josefstraße und Antoniusstraße zur Heimatstraße leiten möchte, erscheint infolge der dort bereits vorhandenen lärmempfindlichen Einrichtungen - Altenheim St. Josef, Karl-Hansen-Klinik, Teutoburger Wald Klinik sowie zahlreicher Wohnhäuser und Pensionen - als ungeeignet.

Nach Fertigstellung dieser Osttangente und der erforderlichen West-Ost-gerichteten Spangen ließe sich der notwendige Ziel- und Quellverkehr über diese neue Verbindung abwickeln. Die Detmolder Straße brauchte dann lediglich den innerörtlichen Verkehr aus nördlicher oder südlicher Richtung zum Zentrum führen und könnte dort eventuell sogar unterbrochen werden. Durch Überbrückungen und/oder Überbauung der Detmolder Straße im Zentrum ließe sich die von ihr ausgehende Trennwirkung ohne nennenswerte Behinderung weiter vermindern. Im Nebeneffekt könnte eine Überbauung oder eine in anderer Weise geeignete tiefgreifende Umgestaltung der Detmolder Straße im Stadtzentrum - eine architektonisch und städtebaulich gelungene Lösung mit akzeptablen Parkdecks, abwechlungsreichen Laden-, Restaurant- und Ausstellungsräumen, zum Verweilen einladenden Fußgängerbereichen und interessanter Bepflanzung vorausgesetzt - entscheidend zur dringend erforderlichen Attraktivitätssteigerung und Akzentuierung des Ortskernes beitragen und Anstoß zur positiven Veränderung der gegenwärtig vielfach ungeordneten und veränderungsbedürftigen Bebauung geben.

Durch die West-Ost-gerichteten notwendigen Verbindungsspangen zwischen der vorgesehenen städtischen Entlastungsstraße im Osten und den bestehenden städtischen Baukomplexen und einige zusätzliche Planungsvorgaben ließe sich die ungünstige "gewachsene" Bandstruktur, die Bad Lippspringe bislang auszeichnet, allmählich beseitigen.

Zu den zusätzlichen Planungsvorgaben sollten eine gezielte Siedlungserweiterung im Osten sowie die Schaffung kurortgerechter Fuß- und Radwege zwischen dem zentralen Grünzug in der Nähe der Flußläufe und dem Lippspringer Wald, einem vorzüglichen Erholungsbereich im Gebiet der Paderborner Hochfläche, und dem Kurwald bzw. der sehr abwechslungsreichen Sennelandschaft im Westen gehören.

Hohe Priorität verdient die Sicherung und Entwicklung eines zentralen Grünzuges im Bereich der Lippe-Jordan-Thunebachaue. Er könnte für den heilklimatischen Kurort elementare Bedeutung erlangen. Um einen derartigen Grünzug - nach der bereits weit fortgeschrittenen Bebauung - wenigstens teilweise realisieren zu können, wird es erforderlich, die noch unverbauten Flächen im Auebereich und auf den angrenzenden Arealen, insbesondere jene östlich der genannten Bäche, rasch und wirksam für ein derartiges Vorhaben zu sichern.

In diesen zentralen breiten Grünzug, der von der nördlichen zur südlichen Gemeindegrenze reichen und kurortgerecht gestaltet werden könnte, lassen sich die Dedinger Seen, der Jordan- und der Arminiuspark mit den angrenzenden Kliniken und Sanatorien, die Altstadt, das Schulzentrum und das Martinstift eingliedern und alle West-Ost-gerichteten fußläufigen Verbindungen zwischen Kurwald im Westen und Lippspringer Wald im Osten einbinden.

Zum Lippspringer Wald, einem großen, weitgehend naturnahen Buchenwaldgebiet, das im Osten der Gemeinde beginnt und sich in Richtung Altenbeken-Kempen-Veldrom erstreckt, könnten mehrere, von den asphaltierten Straßen abgesetzte und in geeigneter Weise abgepflanzte Wander- und Radwege geschaffen werden. Die einzige im Flächennutzungsplan vorgesehene Anbindung entlang der Steinbeke reicht quantitativ wie qualitativ nicht aus. Bei drei derartigen Wegen könnte einer im Süden, einer in der Mitte und einer im Norden des Gemeindegebietes eingerichtet werden.

Die Umstrukturierungen im Kurgastaufkommen und die harte Konkurrenz der benachbarten Heilbäder Bad Waldliesborn, Bad Westernkotten, Bad Driburg, Bad Meinberg und Bad Salzuflen, um nur die größten im Nahbereich zu nennen, erfordern mutige Schritte. Einer intensiven Überlegung bedarf das Verhältnis zum Oberzentrum Paderborn. Der Druck seitens der Großstadt auf den Immobilien- und Wohnungsmarkt der Nachbargemeinde ist sehr stark. Gerade deshalb wird sich Bad Lippspringe entscheiden müssen zwischen Schlafstadt und Wohnvorort für das Oberzentrum oder für eine stärkere Eigenentwicklung als Kurort.

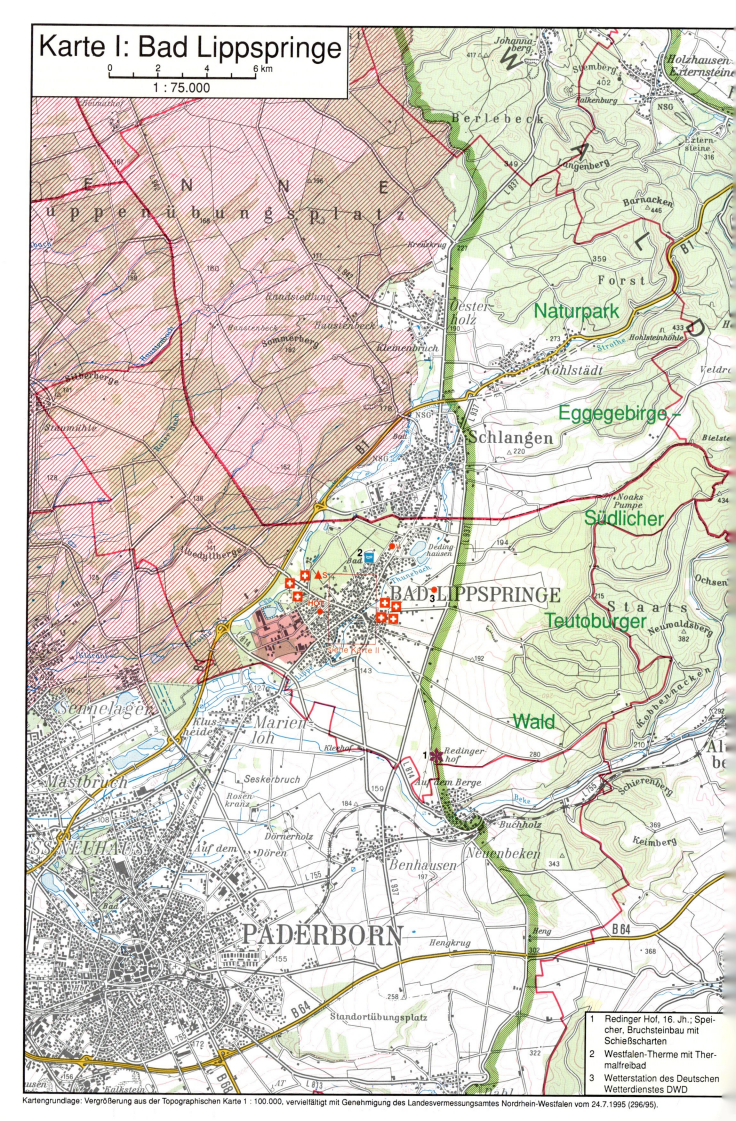

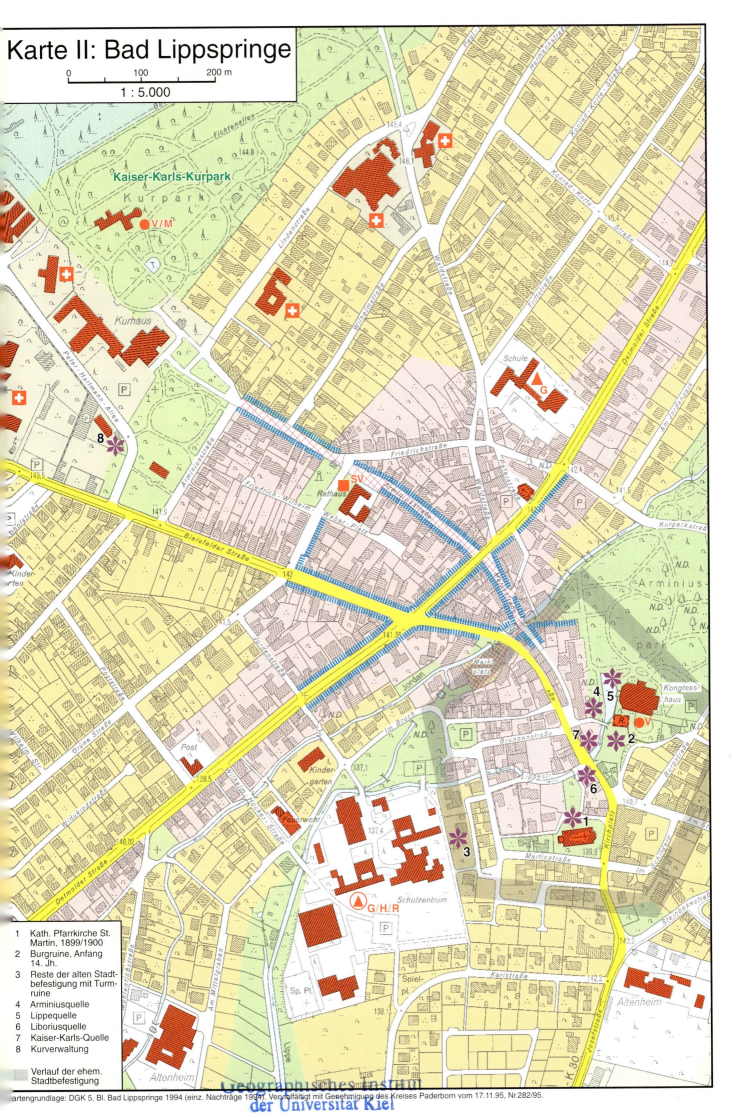

Literatur

Bad Lippspringe (1922): Bad Lippspringe am Teutoburger Wald. Hg.: Städtisches Verkehrsamt Bad Lippspringe. Goslar: Lattmann, 1922, 64 S., Abb.

Bad Lippspringe (1932): Festschrift zum 100jährigen Bestehen des Arminiusbades Bad Lippspringe 1832-1932. Paderborn: Schöningh, 1932, 63 S., Abb.

Bad Lippspringe (1954): Bad Lippspringe. In: Westfälisches Städtebuch. S.222-223; Stuttgart: Kohlhammer, 1954; (=Deutsches Städtebuch; Bd.3,2)

Bad Lippspringe (1974): Bad Lippspringe: Verkehrsuntersuchung. Teil I: Verkehrsanalyse, fließender Individualverkehr, Ruhender Verkehr 1973. Aufgest. im Auftrag d. Stadt Bad Lippspringe v. Dipl.-Ing. Gerhard Hinterleitner. Mitarb.: Walther Frede. Stuttgart: Büro Hinterleitner, 1974, 32 S., 26 Pläne, 2 Tab. im Anhang

Bad Lippspringe (1975): Bad Lippspringe: Verkehrsuntersuchung. Teil II: Verkehrsprognose, fließender Individualverkehr. Aufgestellt im Auftrag der Stadt Bad Lippspringe v. Dipl.-Ing. Gerhard Hinterleitner. Mitarb.: Walther Frede. Stuttgart: Büro Hinterleitner, 1975, 32 S., 30 Pläne im Anh.

Bad Lippspringe (1977): Flächennutzungsplan Stadt Lippspringe. Erläuterungsbericht. Bearbeitet im Zusammenwirken mit der Stadtverwaltung in den Jahren 1975/1976 durch Planerbüro Ibrügger, Minden. Bad Lippspringe: Stadtverwaltung, 1977, 157 S., Abb., Tab., Karten, 1 Farbbild, 1 farb. Flächennutzungsplan in Anl.

Bad Lippspringe (1985): Bad Lippspringe, das Heilbad im Grünen. In: Heilbad und Kurort. Jg.37, 1985, Nr.12, S.390-391, 6 Abb.

Bad Lippspringe (1989): Verkehrsentwicklungsplan Stadt Bad Lippspringe. Erstellt im Auftrag der Stadt Bad Lippspringe von Ingenieursgemeinschaft Stolz (IGS). Kaarst: IGS, 1989, 47 gez. Bl., 6 Abb., 5 Tab. im Text, 45 Anlagen im Anh.

Birwé, Horst (1980): Zuerst war die Quelle sehr kurios. Die Wandlung eines modernen Heilbades. In: Die Warte. Nr.25, [=Jg.41, 1980, H.1], S.9-10, 3 Abb.

Blaesing, Ferdinand (1960 a): Drei Grundwasser-Stockwerke in Bad Lippspringe. Die geologisch-hydrologischen Verhältnisse im Lippequellgebiet. In: Eggegebirgsbote. Nr.138, 1960,März, S.3-4, Abb.1; Nr.139, 1960,Juni, S.3-4, Abb.2-3

Blaesing, Ferdinand (1960 b): Am Quellgrund des Lippeflusses. Die Lippequelle - "stärkste Quelle Deutschlands". In: Heimatblätter. Jg.41, 1960, Nr.13, S.97-99, 1 Abb.

Blaesing, Ferdinand (1960 c): Die Quellen von Bad Lippspringe. Auch der "Jordan" ist eine Quelle der Lippe. In: Die Warte. Jg.21, 1960, H.06, S.82-83, 1 Abb.

Brockmann, Reinhard (1980): Urkunde aus Modena. 1200 Jahre Lippspringe. In: Westfalenspiegel. Jg.29, 1980, Nr.10, S.28-29, 3 Abb.

Fricke, Karl (1963): Vorläufige Mitteilung über die Neubohrungen Bad Godesberg und Bad Lippspringe. In: Heilbad und Kurort. Jg.15, 1963, Nr.3, S.54

Fricke, Karl (1970): Die Thermalbohrung Bad Lippspringe 1962 (Martinus-Quelle). Blatt 4218 Paderborn, r 86940, h 39250; + 141 m NN. In: Beiträge 1969-1970. Bd.95-130, 4 Abb., 4 Tab.; 1 Taf. in Beil.; Krefeld: Geologisches Landesamt Nordrhein-Westfalen, 1970; (=Fortschritte in der Geologie von Rheinland und Westfalen; Bd.17)

Fürstenberg, Paul (1910): Geschichte der Burg und Stadt Lippspringe. Paderborn: Junfermann, 1910, 207 S.

Geldern-Crispendorf, Günter von (1965): Bad Lippspringe. In: Berichte zur deutschen Landeskunde. Bd.34, 1965, H.1, S.27-28; (=Die Städte in Westfalen in geographisch-landeskundlichen Kurzbeschreibungen; Teil 1)

Göbel, Walter (1992 a): Der Truppenübungsplatz Senne. Entstehung und Erweiterungen. In: Truppenübungsplatz Senne. Zeitzeuge einer hundertjährigen Militärgeschichte. Chronik, Bilder, Dokumente. S.16-107, zahlr. Abb., Ktn., Tab.; Paderborn: Bonifatius, 1992

Göbel, Walter (1992 b): Der Flugplatz Bad Lippspringe. In: Truppenübungsplatz Senne. Zeitzeuge einer hundertjährigen Militärgeschichte. Chronik, Bilder, Dokumente. S.511-542, zahlr. Abb.; Paderborn: Bonifatius, 1992

Greving, Andreas (1981): 1. Geologische Kartierung der Kreide-/Quartär-Grenze im Raum Bad Lippspringe u. Neuenbeken. 2. Vergleichende Analyse pleistozäner Grobsedimente. 3. Die Höhenlage quartärer Schotter als Hilfsmittel zur relativen Alterseinstufung. Münster: Uni Münster, Geolog. Inst., 1981, 104 S., 40 Abb., 6 Tab., 4 Taf.; (=Diplomarbeit)

Günther, Klaus (1985): Eine Probegrabung auf dem mittelsteinzeitlichen Fundplatz Hoher Kamp bei Bad Lippspringe, Kreis Paderborn. In: Ausgrabungen und Funde in Westfalen-Lippe. Jg.02, 1984(1985), S.1-9, 5 Abb.

Hagemann, Wilhelm (1988): Die Timpenburg und das Geschlecht von Lippspringe. In: Die Warte. Nr.60, [=Jg.49, 1988, H.4], S.27-30, 2 Abb.

Hämmerling, Karin (1983): Mit Zuversicht in die Zukunft geblickt. Heilbad Lippspringe vertraut seinen vielen Vorzügen. In: Die Warte. Nr.39, [=Jg.44, 1983, H.3], S.28-29, 4 Abb.

Hengst, Karl (1992): Lippspringe-Kollegiatstift St. Martin. In: Westfälisches Klosterbuch. Lexikon der vor 1815 errichteten Stifte und Klöster von ihrer Gründung bis zur Aufhebung. Teil 1: Ahlen-Mülheim. S.530; Münster: Aschendorff, 1992; (=Quellen und Forschungen zur Kirchen- und Religionsgeschichte; Bd.2)

Hofmann, Manfred (1989): Bad Lippspringe - Überlegungen zur Stadtentwicklung. In: Wo die Lippe springt: Informationsreihe des Heimatvereins Bad Lippspringe. Jg.1, 1989, Nr.2, S.12-20, 2 Abb., 3 Fotos

Hofmann, Manfred (1991): Heilklimatischer Kurort Bad Lippspringe. Überlegungen zur Stadtentwicklung. In: Südost-Westfalen. Potentiale und Planungsprobleme einer Wachstumsregion. Jahrestagung der Geographischen Kommission für Westfalen in Paderborn. S.253-258, 2 Abb.; Münster: Geographische Kommission für Westfalen, 1991; (=Spieker: Landeskundliche Beiträge und Berichte; H.35)

Hofmann, Manfred (1994): Bad Lippspringe - Entwicklung, Struktur, Perspektiven. In: **Düsterloh, Diethelm (Hg.)**: Bad Lippspringe - Heilbad und heilklimatischer Kurort. S. 9-30. 5 Abb., Paderborn 1994; (= Paderborner Geographische Schriften, Bd. 7)

Hörling, J.C. (1858): Über die Wirkungen des Bades Lippspringe und des Inselbades. Zugleich als zweite Auflage des frühern von demselben Verfasser erschienenen Werkes: "Die Lippspringer Heilquelle". Paderborn: Schöningh, 1858, 108 S.

Hüser, Karl (1980 a): Drei weiße Kreuze auf rotem Grund. Lippiagyspringa, Lippensprunk, Bad Lippspringe. 780-1980. Vortrag zur Festsitzung des Rates der Stadt Bad Lippspringe am 8. August 1980. Bad Lippspringe: Stadtverwaltung, 1980, 20 S.

Hüser, Karl (1980 b): Stadt Lippspringe 780-1980. Rückblick auf eine 1200jährige Geschichte. In: Warte. Nr.25, [=Jg.41, 1980, H.1], S.3-5, 5 Abb.

Hüser, Karl (1982): Von der Entdeckung der Arminiusquelle zum Heilbad und Heilklimatischen Kurort. 150 Jahre Bad Lippspringe vor dem Hintergrund deutscher Geschichte. Festvortrag zum 150. Geburtstag des Heilbades Lippspringe, 22. Juni 1982. Bad Lippspringe: Kurverwaltung Bad Lippspringe, 1982, 20 S.

Kindl, Harald (1967): Die Reichsversammlung zu Lippspringe 804 in der Quellenkritik. Mit einem Exkurs: Die "Quelle der Lippe" im "Verlorenen Werk von 805". In: Westfälische Zeitschrift. Bd.117, 1967, S.85-134, Exkurs: S.135-154

Kindl, Harald (1968): Dedinghausen bei Bad Lippspringe keine alte Gerichtsstätte. Zur Deutung des Ortsnamens. In: Die Warte. Jg.29, 1968, H.04, S.56

Kindl, Harald (1980): Lippiagyspringi, Lippensprunk, Lippspringe. In: Warte. Nr.28, [=Jg.41, 1980, H.4], S.15-17, 3 Abb.

Kindl, Harald (1982): 1200 Jahre Bad Lippspringe? In: Westfälische Zeitschrift. Bd.131/132, 1981/82(1982), S.217-242

Koch, Josef (1974): Die Grafschaft Enenhus. Der mittelalterliche Landgerichtsbezirk Paderborn unter besonderer Berücksichtigung des Gogerichtes und Amtes Beken. Neuenbeken: Koch, Selbstverlag, 1974, VIII, 289 S., 45 Abb.; (=Schriftenreihe der Arbeits-Gemeinschaft für Heimatforschung und Heimatkunde Neuenbeken; H.1)

Kohlbrei, Heinrich (1980): Vom Rathaus gehen viele Impulse aus. Zur Entwicklung der Stadt. In: Warte. Nr.25, [=Jg.41, 1980, H,1], S.6-8, 4 Abb., 6 Tab.

Kohlbrei, Heinrich (1989): Bad Lippspringe: Kurstadt mit hohem Freizeitwert. In: Der Kreis Paderborn. Redaktion: Oberkreisdirektor Werner Henke. S.129-131, Abb.; Oldenburg: Verlag Kommunikation und Wirtschaft, 1989; (=Städte, Kreise, Regionen)

Landschaftsplan Sennenlandschaft (1988): Kreis Paderborn: Landschaftsplan Sennenlandschaft. Textliche Darstellungen u. Festsetzungen mit Erläuterungen. Erarb. v. Landschaftsverband Westfalen-Lippe, Westfäl. Amt f. Landespflege, Außenstelle Detmold, Sachbearb. H.D. Wiesemann im Auftrage des Kreises Paderborn. Überarb. durch Kreis Paderborn, Planungsamt. Paderborn: Kreis Paderborn, Planungsamt, 1988, IX, 123 S., 2 Ktn. in Anl.

Lange, Walter Ralf (1959): Zwei Körpergräber der frühen Völkerwanderungszeit aus Bad Lippspringe, Kr. Paderborn. In: Germania. Jg.37, 1959, S.298-302, 2 Abb.

Limberg, Ferdinand (1928): Bad Lippspringe. In: Unsere Senne. S.206-208, 1 Abb.; Staumühle: Arbeitsgemeinschaft Kinderdorf Staumühle, Selbstverlag, 1928

Lincke, Günther (1975): Das Klima als Kurmittel. Zum Bioklima von Bad Lippspringe. In: Die Warte. Nr.05, [=Jg.36, 1975, H.1], S.8-9

Lincke, Günther (1976): Das kleine Buch von Bad Lippspringe. Das Portrait einer Badestadt, aufgezeichnet unter Mitwirkung von Otto Libuda. 3. Aufl.; Bad Lippspringe: Kurverwaltung Bad Lippspringe, 1976, 60 S., zahlr. Abb. im Text, 1 Stadtplan im Anh.

Lincke, Günther (1979): Stadt und Bad Lippspringe. Eine Plauderei zur Zwölfhundert-Jahr-Feier. Hg.v.: Spar- und Darlehenskasse Bad Lippspringe. Bad Lippspringe: Spar- und Darlehenskasse, 1979, 72, zahlr. Abb.

Michel, Gert (1993): Wo Lippspringes Quellen sprudeln. Schon vor 160 Jahren gab es einen "Umwelt-Skandal". Die heilenden Wasser der Badestadt. In: Die Warte. Nr.77, [=Jg.54, 1993, H.1], S.14-16, 3 Abb.

Michels, Paul (1931): Paderborn, Bad Lippspringe. 4. Auflage. Berlin-Halensee: Dari-Verlag, 1931, 96 S., 114 Abb.; zahlr. Firmenanzeigen mit Abb. im Anh.; (=Deutschlands Städtebau)

Mielke, U. (1967): Die Wirkung eines Kalzium-Sulfat-Hydrogenkarbonat-Thermalwassers (Martinus-Quelle) auf die Magenfunktion. In: Zeitschrift für Angewandte Bäder- und Klimaheilkunde. Jg.14, 1967, Nr.5, S.421-429

Nave, Georg (1974): Die Produktion heißt Gesundheit. Driburg, Lippspringe und Hermannsborn, drei Bäder im Paderborner Land. In: Die Warte. Nr.02, [=Jg.35, 1974, H.2], S.19-23, 5 Abb.

Pavlicic, Michael (1988): Die Liborius-Quelle in Bad Lippspringe. In: Die Warte. Nr.59, [=Jg.49, 1988, H.3], S.14-15, 3 Abb.

Pavlicic, Michael (Bearb.) (1995): Lippspringe - Beiträge zur Geschichte, hrsg. v. der Stadt u. dem Heimatverein Bad Lippspringe. Paderborn: Bonifatius, 1995, 615 S., zahlr. Abb.; 4 Kt.-Beil.; [18 Einzelbeiträge]

Schilling v. Canstatt, Willberg (1992): Lippspringe-Templer. In: Westfälisches Klosterbuch. Lexikon der vor 1815 errichteten Stifte und Klöster von ihrer Gründung bis zur Aufhebung. Teil 1: Ahlen-Mülheim. S.530-531; Münster: Aschendorff, 1992; (= Quellen und Forschungen zur Kirchen- und Religionsgeschichte; Bd.2)

Schoppe, Karl (1966): Hieß Paderborn einmal Lippspringe? In: Die Warte. Jg.27, 1966, H.6, S.90-91; H.7, S.105-107, H.8, S.121-123, 1 Abb.; H.9, S.138-140

Seraphim, Ernst Theodor (1985): Zur erdgeschichtlichen Situation des mittelsteinzeitlichen und spätkaiserzeitlichen Fundplatzes am Hohen Kamp bei Bad Lippspringe, Kreis Paderborn. In: Ausgrabungen und Funde in Westfalen-Lippe. Jg.2, 1984(1985), S.11-16, 2 Abb., 1 Tab.

Voigt, Walther (1956): 5 Jahre Aufbauarbeit in Bad Lippspringe. In: Heilbad und Kurort. Jg.8, 1956, Nr.8, S.153, 2 Abb.

Wieschok, Günter; Gottesbüren, Fritz (1979): Lippspringe im 19. Jahrhundert. Bilder und Berichte unserer Stadt. Horn-Bad Meinberg: Hütte Verlag, 1979, 128 S., zahlr. Abb.

Borchen

von Manfred Hofmann

Borchen von Südosten
(Foto: Landesbildstelle Westfalen; Schwabenflug)

I. Lage und Entwicklung

Die Gemeinde Borchen liegt im NW der Paderborner Hochfläche, einer allmählich nach S und SO ansteigenden, vorwiegend landwirtschaftlich genutzten Fläche aus mesozoischem Kalkgestein, die von kastenartig geformten Talzügen z.T. tief zerschnitten wird. Innerhalb des Gemeindegebietes erreicht die geneigte Fläche Höhen zwischen 160-320 m ü. NN, während die Sohlen der Talzüge 40-80 m tiefer liegen, so daß insbesondere in der Nähe der meist stark mäandrierenden Täler größere Reliefenergien auftreten, die der Landschaft zwar Abwechslung verschaffen, der Verkehrserschließung sowie der land- und forstwirtschaftlichen Nutzung jedoch Schwierigkeiten bereiten.

Die Siedlungen liegen mit ihren Kernen in diesen Talzügen; nur jüngere Siedlungsausweitungen greifen vereinzelt über die schutz- und wasserbietenden Tallagen hinaus. Der Gemeindeteil Kirchborchen befindet sich im Konfluenzbereich von Alme, Altenau und Ellerbach, die ein Flußkreuz bilden.

Nachbargemeinden sind Paderborn, Salzkotten, Wünnenberg und Lichtenau. Intensive Beziehungen bestehen hauptsächlich zum Oberzentrum Paderborn, das für Arbeit und Versorgung der Borchener Bevölkerung von entscheidender Bedeutung ist und mit seinem südwestlichen Industriegebiet inzwischen bis an die Gemeindegrenze heranreicht.

Zwei bedeutende Verkehrslinien, im O die B 68 (Paderborn-Warburg-Kassel) und im W die B 480 (Paderborn-Haaren-Brilon) schneiden die Gemeinde. Die westliche Linie wurde seit 1989 durch die Autobahnspange Bielefeld-Sennestadt-Paderborn-Haaren (A 33) ersetzt mit den Anschlußstellen Paderborn-Mönkeloh an der nördlichen Gemeindegrenze, Borchen knapp südlich des Gemeindeteiles Kirchborchen und Borchen-Etteln an der südlichen Gemeindegrenze. Sie entlastet die Siedlungsbereiche Gallihöhe im Gemeindeteil Kirchborchen sowie große Areale Nordborchens erheblich vom Durchgangsverkehr und eröffnet vor allem im Zentrum Nordborchens neue Gestaltungsmöglichkeiten, da die durch das hohe Ver-

Einwohner: 12.338

Fläche: 77,11 km²

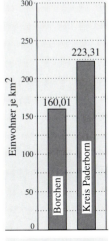

(LDS NRW, Stand: 31.12.95)

Grundzentrum in einem Gebiet mit überwiegend ländlicher Raumstruktur

(LEP NRW 1995, Teil A)

Am 1.7.1969 auf eigene Initiative Zusammenschluß der Landgemeinden Alfen, Kirchborchen und Nordborchen zur Gemeinde Borchen; am 1.1.1975 Eingliederung von Dörenhagen (Altkreis Paderborn) und Etteln (Altkreis Büren)

kehrsaufkommen bislang bewirkten Sperrwirkungen und sonstigen Belastungen nun entfallen. Überregionale W-O-Straßen verlaufen wenige Kilometer nördlich (B 1, B 64) oder südlich (A 44) des Gemeindegebietes.

Seit 1899 haben Kirchborchen, Nordborchen und Alfen über die durch das Almetal führende Nebenstrecke Paderborn-Brilon Anschluß an das Eisenbahnnetz. Allerdings wurde der regelmäßige Betrieb auf dieser Strecke inzwischen eingestellt. Gelegentlich erfolgen Gütertransporte zwischen Paderborn und Büren, und hin und wieder bewegt sich ein Personensonderzug über die Gleise.

Alfen, Kirchborchen und Nordborchen werden sowohl untereinander als auch mit dem Oberzentrum Paderborn relativ häufig durch öffentliche Verkehrsmittel verknüpft. Täglich 24mal, in den Hauptverkehrszeiten halbstündlich, verkehren Busse der Städtischen Verkehrsbetriebe Paderborn (PE-SAG) und 17mal Bahnbusse. Ungünstiger sind die Verbindungen zu den Gemeindeteilen Etteln und Dörenhagen. Sie werden täglich (werktags) lediglich 9mal (Verbindungspaare) durch Bahnbusse mit Paderborn verbunden.

Entstanden ist die Großgemeinde Borchen im Zuge der kommunalen Neuordnung. Mit Wirkung vom 1.1.1975 wurden die bis dahin selbständigen Gemeinden Borchen und Dörenhagen aus dem ehemaligen Amt Kirchborchen (Altkreis Paderborn) und die frühere Gemeinde Etteln aus dem vormaligen Amt Atteln (Altkreis Büren) zu einer neuen Verwaltungseinheit zusammengeführt. Die bei diesem Zusammenschluß größte und namengebende Altgemeinde Borchen umfaßte zu diesem Zeitpunkt bereits die ehemaligen Kleingemeinden Nordborchen, Kirchborchen und Alfen, die sich schon zum 1.7.1969 auf eigene Initiative zusammengeschlossen hatten.

Alle Altgemeinden der neugebildeten Verwaltungseinheit können auf eine eigenständige Entwicklung zurückblicken und verfügen auch heute noch, allein schon infolge ihrer räumlichen Trennung und dörflich geschlossenen Siedlungsstruktur, über eine relativ große Eigenständigkeit. Den alten dörflichen Kernen werden kleine isolierte Siedlungsplätze im Außenbereich zugeordnet: der Altgemeinde Alfen Friedrichshütte, der Altgemeinde Etteln Gellinghausen, Kluskapelle und Sehrt, der Altgemeinde Kirchborchen Dahlberg und Schloß Hamborn, der Altgemeinde Nordborchen Buchenhof und der Altgemeinde Dörenhagen die Siedlungsplätze Dörenhagen, Eggeringhausen und Busch.

Urkundlich zum erstenmal erwähnt werden Nordborchen, Alfen und Etteln im frühen 11. Jh.; über Kirchborchen existieren schriftliche Belege aus dem Jahre 1268, und von Dörenhagen wird berichtet, daß Bischof Bernhard III. von Paderborn (1204-1223) ein Waldstück roden, eine Kirche (St. Meinolphus) erbauen und das Neuland gegen Abgabeverpflichtungen von Bauern übernehmen ließ. Diese Ansiedlung wurde "Hagen", später "Dörenhagen" genannt. Anklänge an die ehemalige Hufenstruktur lassen sich noch erkennen: gereihte Siedlung mit Gehöften beiderseits der N-S verlaufenden Straße. Die Urkunden aus dem frühen 11. Jh. kennen außerdem einen Ort "Südborchen". Er lag wahrscheinlich in der Nähe der Gallus-Kapelle auf dem von Alme und Altenau gebildeten Sporn und scheint später in Kirchborchen aufgegangen zu sein, das infolge seiner Wehrkirche besseren Schutz bot.

In Nordborchen bestanden zwei Adelssitze, die 1430 den Herren von Oeynhausen als Lehen gegeben wurden: das "Unterhaus", unmittelbar an der Altenau gelegen, heute Ruine, und das "Oberhaus", der jetzige Mallinckrodthof. Letzterer wurde 1871 von der Familie von Mallinckrodt übernommen. Verglichen mit Alfen, Kirch- oder Nordborchen ist in Etteln aufgrund von Zerstörungen im 30jährigen Krieg (1646) und größeren Bränden 1733 und 1735 nur wenig alte Bausubstanz erhalten. Die Pfarrkirche wurde 1748/49 errichtet und 1953/54 erweitert. Nach der Hochwasserkatastrophe von 1965 schließlich, bei der sieben Menschen ums Leben kamen, wurden die Altenau reguliert und die ehemalige Haufendorfstruktur stark verändert, um einer erneuten Hochwassergefährdung zu begegnen. Allen Orten gemeinsam ist die enge Verflechtung mit dem Oberzentrum Paderborn.

Hinsichtlich der Bevölkerungsentwicklung haben insbesondere die am stärksten von Paderborn beeinflußten Gemeindeteile Nord- und Kirchborchen hohe Zunahmen zu verzeichnen. Diese Zu-

Mallinckrodthof im Ortsteil Nordborchen
(Foto: Gemeinde Borchen, Franz-Josef Berlage)

nahmen sind - sieht man von den Bevölkerungsschüben gegen Ende und kurz nach dem Zweiten Weltkrieg ab, die durch Zuwanderung von Evakuierten bzw. Heimatvertriebenen aus den Ostgebieten hervorgerufen wurden - hauptsächlich durch Wanderungsgewinne bedingt, also durch Zuzug von Personen, die ihren Wunsch nach einem Eigenheim in der Nähe des Oberzentrums zu erfüllen versuchen. Zwischen 1950-1985 hat sich die Zahl der Wohngebäude innerhalb der Großgemeinde von 807 auf 2.184 und bis Ende 1995 auf 2.919 erhöht, d.h. mehr als verdreifacht.

Der starke Einwohnerzuwachs in der Gemeinde Borchen machte eine zusätzliche Versorgung der Ortsteile mit Kindergartenplätzen notwendig. Inzwischen gibt es im Gemeindegebiet 515 Kindergartenplätze, die sich bedarfsgerecht auf die fünf Ortsteile verteilen. Auch im Bereich des Bildungs- und Schulwesens bietet die Gemeinde ein breitgefächertes Angebot. Den Grundstock bilden dabei die Grundschulen und die Altenau-Hauptschule. Nachdem im Jahr 1996 in Etteln mit dem Bau einer neuen Grundschule begonnen wurde, besteht künftig wieder die Möglichkeit, daß alle Grundschüler in ihrem Heimatort eingeschult werden können. Mit dem Neubau der Grundschule Etteln wird in diesem Ortsteil nach über 20 Jahren die Zeit ohne eigene Schule beendet. Daneben haben die Rudolf-Steiner-Schule auf Schloß Hamborn und die Fachschule für Ernährungs- und Hauswirtschaft und Familienpflege auf dem Mallinckrodthof in Nordborchen eine überregionale Bedeutung. Ergänzt wird das Bildungswesen durch das vielfältige Angebot der Volkshochschule.

Diese Befunde bestätigen zusammen mit der immer noch regen Bautätigkeit die Wohnvorortfunktion Borchens für das Oberzentrum. Am stärksten von dieser Entwicklung betroffen sind erwartungsgemäß die direkt an das Paderborner Stadtgebiet angrenzenden und verkehrsmäßig gut angeschlossenen Siedlungsbereiche. Mit zunehmender Entfernung von Paderborn schwächen sich die Wachstumstendenzen ab, so daß die Gemeindeteile Alfen, Etteln und Dörenhagen wesentlich geringere Bevölkerungszunahmen zu verzeichnen haben. Zudem sehen die landesplanerischen Zielsetzungen eine Konzentration der Bevölkerung in den Siedlungsschwerpunkten Kirchborchen und Nordborchen vor.

II. Gefüge und Ausstattung

Mit Ausnahme von Dörenhagen, das sich durch eine ehemalige hufenartige Siedlungsstruktur auszeichnet, verfügen alle Gemeindeteile über alte Haufendorfkerne mit relativ dichter und unregelmäßig zueinander orientierter Bausubstanz. Nach außen hin schließen sich heute in allen Gemeindeteilen mehr oder weniger ausgedehnte junge Neubaugebiete an. Von der Struktur und vom Baumaterial her werden die alten Dorfkernen durch die Bauernhöfe geprägt. Ihre relativ großen, oft verwinkelten und höhenmäßig gestaffelten Gebäudekomplexe mit unregelmäßigen Hofflächen, großen Toreinfahrten, eingestreuten Gärtchen und gemauerten Einfriedungen heben sich neben der Struktur auch durch das Baumaterial deutlich ab. Sie wurden überwiegend aus hellgrauen, teilweise auch gelblich- oder rötlichgrauen Bruchsteinquadern gebaut, die früher in den Kalksteinbrüchen der Umgebung in großem Umfang gebrochen wurden. Fachwerkkonstruktionen treten zurück.

Nach funktionalräumlichen Gesichtspunkten handelt es sich bei den Dorfkernen um Mischgebiete, da landwirtschaftliche Betriebe, Handwerksstätten, dörfliche Versorgungseinrichtungen und Wohngebäude nebeneinander liegen. Durch Häufung mehrerer Versorgungseinrichtungen entstehen in allen Ortsteilen Ansätze zur Herausbil-

Tab. 1: Bevölkerungsentwicklung

Ortsteil	01.12. 1871	01.12. 1905	16.06. 1925	17.05. 1939	13.09. 1950	06.06. 1961	31.12. 1974	30.06. 1988	31.03. 1996
Alfen	425	519	637	695	1.062	1.001		1.530	1.798
Kirchborchen	682	755	940	1.332	2.203	2.382	6.268	3.755	3.954
Nordborchen	536	636	844	964	1.447	1.368		2.807	3.658
Dörenhagen	658	726	694	758	1.024	848	992	1.093	1.357
Etteln	1.096	988	1.043	1.066	1.444	1.276	1.451	1.710	1.926
Großgemeinde Borchen	3.397	3.624	4.158	4.815	7.180	6.875	8.751	10.895	12.696

Quellen: Für 1871-1961 Gemeindestatistik des Landes Nordrhein-Westfalen. Bevölkerungsentwicklung 1871-1961. Sonderreihe Volkszählung 1961, H. 3c, S.350f, 420-423. Düsseldorf 1964; für 1974ff nach Angaben der Gemeinde Borchen, Einwohnermeldeamt

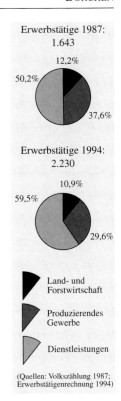

Erwerbstätige 1987: 1.643

Erwerbstätige 1994: 2.230

Land- und Forstwirtschaft

Produzierendes Gewerbe

Dienstleistungen

(Quellen: Volkszählung 1987; Erwerbstätigenrechnung 1994)

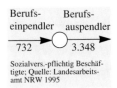

Berufseinpendler 732 — Berufsauspendler 3.348

Sozialvers.-pflichtig Beschäftigte; Quelle: Landesarbeitsamt NRW 1995

Einwohner in Ortsteilen:	
Kirchborchen	3.954
Nordborchen	3.658
Etteln	1.929
Alfen	1.798
Dörenhagen	1.357

(Ang. d. Gem., Stand: 31.03.96)

Katasterfläche 1996: 77,11 km²	
davon	
69,3 %	Landwirtschaftsfläche
19,5 %	Waldfläche
5,3 %	Verkehrsfläche
4,5 %	Gebäude- und Freifläche
0,5 %	Wasserfläche
0,4 %	Erholungsfläche
0,4 %	andere Nutzung
0,2 %	Betriebsfläche

(Quelle: LDS NRW)

Tab.2: Veränderungen in der Landwirtschaft 1950 - 1994

Jahr	1950	1960	1971	1986	1994
Anzahl der landw. Betriebe	579	517	387	271	225
landw. genutzte Fläche (ha)	5.859	5.934	5.824	5.431	5.375
mittlere Betriebsgröße (ha)	10,1	11,5	15,0	20,0	23,9
Betriebe mit 30 oder mehr ha landw. Nutzfläche	?	49	53	65	61
Beschäftigte in Land-/Forstw.	1.576	1.017	510	425	244

Quelle: Landesamt für Datenverarbeitung und Statistik (LDS), Düsseldorf

dung kleiner Subzentren: in Nordborchen im Bereich Paderborner Straße/Remmert sowie östlich der Kirche, in Kirchborchen in der Umgebung der Kirche, ca. 500 m entfernt vom neu gebauten Rathaus und von einigen weiteren benachbart angeordneten öffentlichen Einrichtungen (Festhalle, Kindergarten, Hauptschule, Sportplatz, Tennisanlage), in Etteln in der Kirchstraße zwischen Kirche und Hissenberg, in Alfen im Umfeld der Kirche sowie in der Altgemeide Dörenhagen zwischen den Ortsteilen Dörenhagen und Eggeringhausen. Über ein gemeinsames Versorgungszentrum verfügen die ehemals selbständigen Gemeinden bislang noch nicht.

10,9% der 2.230 Erwerbstätigen waren 1994 noch im primären Sektor beschäftigt, 29,6% im produzierenden Gewerbe und 59,5% im Dienstleistungsbereich. Die in der Gemeinde angebotenen Arbeitsstätten werden vornehmlich von der Land- und Forstwirtschaft und vom Handwerk sowie vom Einzelhandel bereitgestellt. Sie dienen überwiegend zur Versorgung der örtlichen Bevölkerung und der Kundschaft aus dem Verflechtungsgebiet Paderborn. Ferner existieren eine Ziegelei im Gemeindeteil Alfen (Friedrichshütte) und eine Versuchstierzucht in Kirchborchen sowie einige Beherbergungsbetriebe bzw. Fremdenpensionen. Bei den Beherbergungsbetrieben handelt es sich einerseits um Hotels und andererseits um Gasthöfe mit Fremdenzimmern. Sie profitieren hauptsächlich von der Nähe zum Oberzentrum Paderborn, was sich auch in der kurzen Aufenthaltsdauer der Gäste widerspiegelt. Außerdem bestehen insbesondere in Etteln Ansätze zu einem Sommererholungsfremdenverkehr mit längerer Aufenthaltsdauer der Gäste. Diese Fremdenverkehrsaktivitäten partizipieren an den seit Jahren laufenden Bemühungen zur Fremdenverkehrsförderung im Paderborner Land. Den Gästen stehen Fremdenzimmer in kleinen Pensionen und bei Privatvermietern, darunter auch Unterkünfte auf einigen Bauernhöfen, zur Verfügung.

Die in Borchen ansässigen neun Betriebe mit neun und mehr Betten konnten 1995 insgesamt 246 Gästebetten anbieten. Sie verzeichneten 50.254 Übernachtungen und haben mit einer durchschnittlichen Bettenauslastung von 57,5% den zweitbesten Wert im Kreisgebiet (nach Bad Lippspringe mit 70,9%; Kreisdurchschnitt 48,8%)

Den 3.348 sozialversicherungspflichtig beschäftigten Auspendlern stehen nur 732 Einpendler gegenüber (1995), was zu einem Pendlersaldo von -2.616 führt. Diese Situation verdeutlicht, daß Borchen bislang vornehmlich eine Wohngemeinde ist und der überwiegende Teil der Erwerbstätigen Arbeitsstätten außerhalb des Gemeindegebietes aufsucht. Bis auf wenige Ausnahmen geben die Arbeitspendler Paderborn als Zielort an. In jüngster Zeit lassen sich Ansätze zu einer stärkeren Gewerbeansiedlung erkennen. Sie werden durch die günstige Verkehrssituation (mehrere Autobahnanschlüsse) und die unmittelbare Nachbarschaft zum Oberzentrum Paderborn gefördert. Die Einrichtung eines Gewerbegebiete in der Nähe des ehemaligen Bahnhofs Borchen und in jüngster Zeit die begonnene Erschließung eines weitereren Gewerbegebiete südlich von Alfen, unmittelbar an der Autobahnanschlußstelle Borchen, müssen als Versuche angesehen werden, die Beschäftigungsbasis und die Einnahmequellen der Gemeinde zu verbessern.

III. Perspektiven und Planung

Für den Integrationsprozeß der zusammengeschlossenen Dörfer und die Identifikation der Bewohner mit der neu geschaffenen Großgemeinde dürfte die Entwicklung eines eigenständigen Zentrums große Bedeutung erlangen. Ob sich jedoch schon bald ein attraktives Zentrum für die Gesamtgemeinde herausbilden wird und wo dieses liegen sollte, ist z.Z. nur schwer zu beantworten. Gute Voraussetzungen dafür bietet - nach Verlagerung des ehemals stark störenden Durchgangsverkehrs auf die Autobahn - in Nordborchen der Bereich in der Nähe der Kirche. Für Nordborchen spricht, daß im genannten Bereich bereits vielfältige Versorgungseinrichtungen bestehen: Praxen der ärztlichen Versorgung, Filialen von Geldinstituten, Polizeiposten, Feuerwehr, Schützenhaus,

Gaststätten, mehrere Geschäfte, Friseur, Fahrschule und Tankstelle, die gute Ansatzpunkte für die Entwicklung eines derartigen Zentrums darstellen. Positiv ist ferner, daß dieser Bereich - anders als das Gebiet im Umfeld der Kirche in Kirchborchen - noch über hinreichend Freiflächen zur Erweiterung der Dienstleistungseinrichtungen verfügt, ohne daß es notwendig würde, vorhandene bäuerliche Betriebe - sie befinden sich hauptsächlich westlich dieses Bereiches in der sog. "Bauernecke" - in ihrer Existenz zu gefährden. Von Vorteil sind auch die gute Erreichbarkeit dieses Standortes durch die radial verlaufenden Straßen und die nur geringe Entfernung zu zwei größeren Supermarktfilialen an der Paderborner Straße in der Nähe Remmert, die bereits gegenwärtig eine hohe Sogkraft entfalten. Hinzu kommt die Tatsache, daß der Mallinckrodthof mit seiner wertvollen Bausubstanz, seinen Grünflächen und dem katholischen Gemeindehaus, einen historisch verankerten Identifikationspunkt bildet.

Demgegenüber müßten bei Entwicklung eines entprechenden Zentrums in Kirchborchen - in der Nähe der Kirche oder im Umfeld des Rathauses - tiefere Eingriffe in die überkommenen Strukturen vorgenommen und größere Hindernisse überwunden werden. Auch die etwas kürzere Entfernung zwischen Kirchborchen und Etteln bzw. Dörenhagen sollte kein Grund sein, Nordborchen als Standort für ein künftiges Gemeindezentrum abzulehnen. Denn beide Gemeindeteile werden sich in naher Zukunft weder nach Kirchborchen noch nach Nordborchen besonders ausrichten.

Unbeschadet aller Bestrebungen zur Zentrumsbildung wird man in den Ortsteilen Etteln und Dörenhagen, schon aus Gründen der beträchtlichen Entfernung zum jetzigen Siedlungsschwerpunkt, der schwächeren Verkehrsanbindung oder der Fremdenverkehrsförderung, auch künftig in hinreichendem Maße öffentliche und private Versorgungseinrichtungen aufrechterhalten bzw. ausbauen müssen. Mit dem Neubau der Grundschule in Etteln wird diesem Grundgedanken Rechnung getragen. Basierend auf dieser Einsicht sollten die planerischen Vorgaben zur Einschränkung der Bautätigkeit in Etteln und insbesondere in Dörenhagen einer kritischen Überprüfung unterzogen werden. Denn Bevölkerungszuzug und Siedlungsausweitung bilden durch Erhöhung der Nachfrage und der Benutzungsintensität erst die Voraussetzung für ein besseres Versorgungsangebot und eine kostengünstigere Bereitstellung der unabdingbaren infrastrukturellen Einrichtungen.

In allen Ortsteilen bleibt viel zu tun in Hinblick auf Gestaltung und Durchgrünung des Siedlungsbildes. So sollten beispielsweise die Dorfkerne, wo es sich anbietet, durch Bäume, möglichst natürlich gestaltete Wasserläufe, kleine Teiche, kommunikative Plätze, durch Restaurierung und Pflege der wertvollen Bausubstanz und der Kulturdenkmale in ihrer Attraktivität gesteigert werden, und die in allen Ortsteilen noch anzutreffenden dorfbildprägenden Bauernhofensembles sollten besonderen Schutz genießen.

Um die bäuerlichen Dorfstrukturen lebendig zu erhalten, gilt es dafür zu sorgen, daß die Höfe funktionsfähig bleiben. Um dies zu erreichen, erscheint es wichtig, zwecks Minimierung gegenseitiger Behinderungen angemessene Abstände zwischen den landwirtschaftlichen Betrieben und den neuen Wohnsiedlungen einzuhalten und sicher zu stellen, daß die Landwirte ohne größere Behinderung die Feldflur erreichen können.

Die neuen Wohngebiete sollten durch gestalterische Maßnahmen auf die jeweiligen Siedlungkerne orientiert, untereinander sinnvoll verknüpft und nach außen optimal in die umgebende Kulturlandschaft eingebunden werden. Als vordringlich erweist sich die Erarbeitung und Realisierung mittel- und langfristiger Entwicklungskonzeptionen. Es reicht keinesfalls aus, immer neue Siedlungsareale an die bereits bestehenden anzufügen und Bauwilligen lediglich möglichst große Grundstücke anzubieten.

Außerhalb der Siedlungsbereiche gilt es, die land- und forstwirtschaftlichen Nutzungsansprüche mit den Freizeit- und Erholungsbedürfnissen der ortsansässigen Bevölkerung und der Besucher - sie stammen vorwiegend aus dem benachbarten Oberzentrum - in Einklang zu bringen. Die sehr zahlreich ausgewiesenen Rad- und Wanderwege bieten hierfür gute Ansätze. Geeignete Informationen über die in großer Zahl vorhandenen vor- und frühgeschichtlichen Denkmäler - etwa über die neolithischen Steinkammergräber in Kirchborchen und Etteln oder die vielen bronzezeitlichen Hügelgräber im Wald zwischen Dörenhagen und Etteln oder über die Wallburg bei Gellinghausen, ferner über die aus dem Mittelalter oder der frühen Neuzeit stammenden Bau- und Kulturdenkmäler, wie "Unterhaus" und "Oberhaus" in Nordborchen, Schloß Hamborn, Kapelle zur Hilligen Seele und die alten Kirchen, Wassermühlen, Steinbogenbrücken, die überkommenen Haufendorfkerne mit ihren charakteristischen Strukturen sowie über die zahlreichen interessanten Naturdenkmäler und landschaftlichen Phänomene, wie die Storchenkolkquelle in Kirchborchen, die Quellen zwischen Gellinghausen und Kluskapelle, der Teufelssteinfelsen, die Kalktrockenrasen oder die orchideenreichen Buchenwälder - soll-

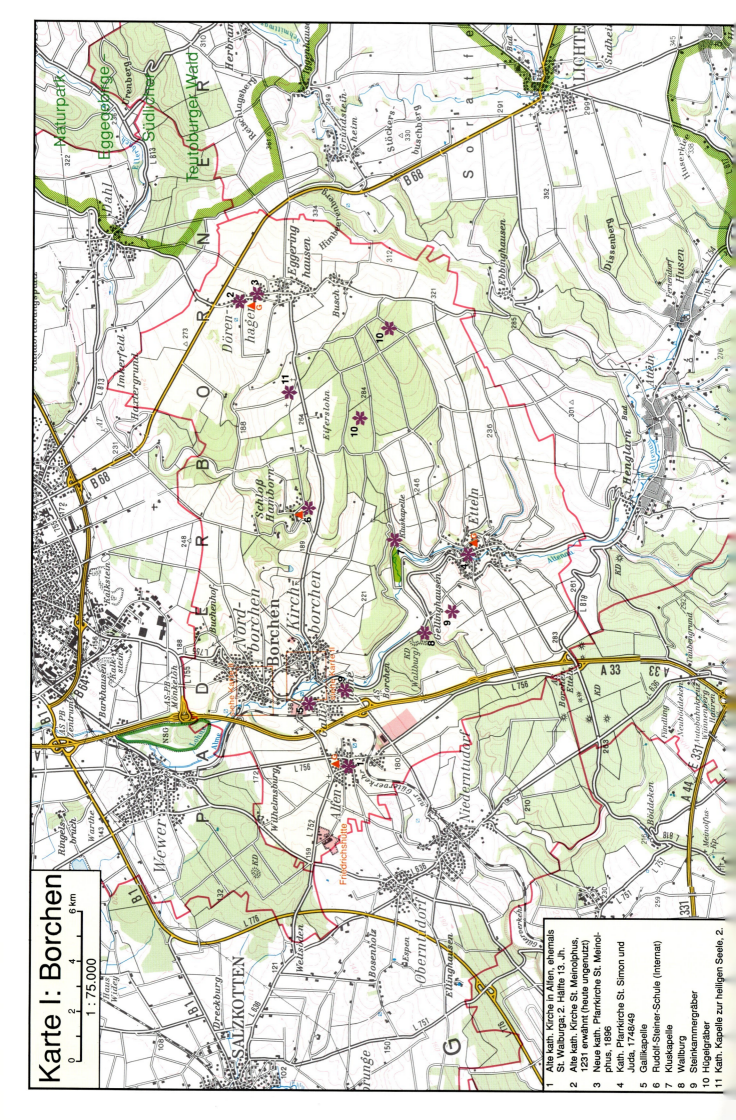

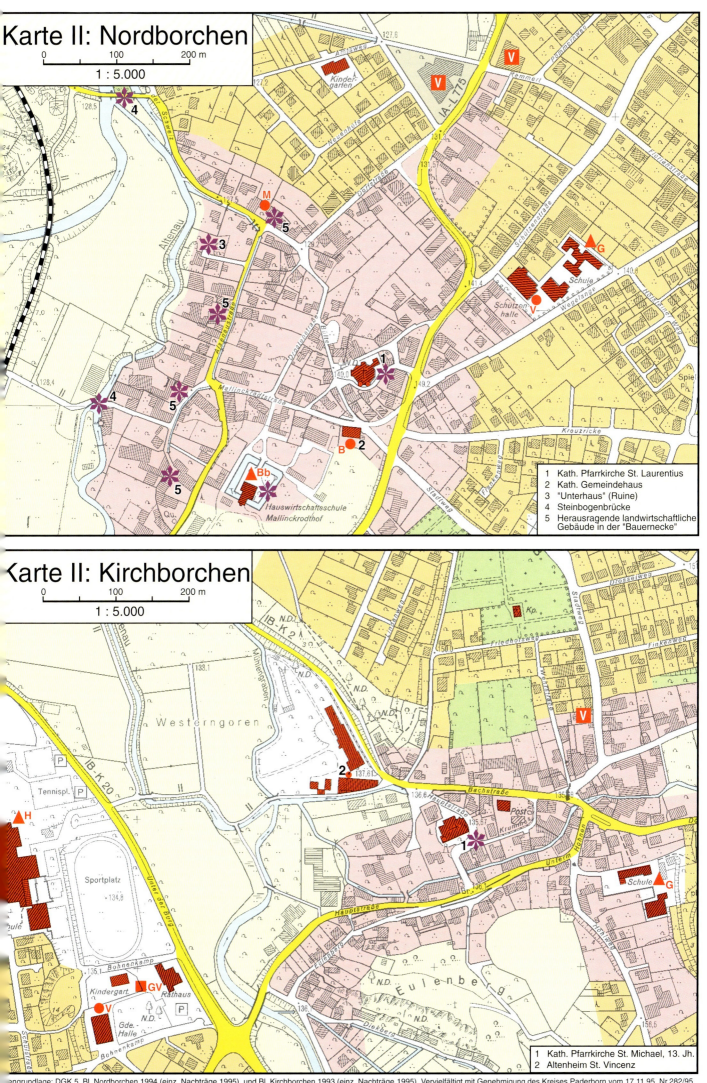

ten helfen, das wertvolle Potential besser zu erschließen. Informative und ansprechende Lehrpfade könnten eingerichtet, aber auch Führungen in hinreichendem Umfang angeboten werden, um die vorhandenen Schätze zu erschließen.

Sicherlich ließen sich durch derartige Bemühungen, wenn sie mit anderweitigen Dienstleistungsangeboten im Freizeit- und Erholungssektor verknüpft werden (Reiterhöfe, Gastronomie, sonstige Naherholungsangebote an der Peripherie einer Großstadt), neue Beschäftigungsmöglichkeiten eröffnen.

Um die Erlebnisqualität der Landschaft zu steigern, sollten die Feldfluren auf der Hochfläche durch Einzelbäume, Hecken und Gebüschgruppen aufgelockert, die Fluß-/Bachläufe renaturiert statt ausgebaut, die noch relativ zahlreich vorhandenen Bäume und Kopfweiden in der Alme-/Altenauaue gepflegt und ergänzt, die steilen Talhänge extensiver Weidenutzung zugeführt oder stellenweise mit Laubholz bestockt werden in dem Bestreben, die land- bzw. forstwirtschaftlichen und landschaftsökologischen Zielsetzungen noch besser aufeinander abzustimmen.

Literatur

Alfen (1968 ff.): Denkmalpflege. In: Westfalen: Hefte für Geschichte, Kunst und Volkskunde, 46, 1968, S.185; 53, 1975, S.286

Dörenhagen (1968 ff.): Denkmalpflege. In: Westfalen: Hefte für Geschichte, Kunst und Volkskunde, 46, 1968, S.256; 56, 1978, S.406; 62, 1984, S.448-450

Entwicklungsplanung Gemeinde Borchen (1975): Entwicklungsplanung Gemeinde Borchen. Paderborn/Bielefeld: Architekturbüro Funk & Menze; 139 S., Abb., Tab. im Text, 19 Ktn., 1 Denkmalliste im Anh.

Etteln (1975 ff.): Denkmalpflege. In: Westfalen: Hefte für Geschichte, Kunst und Volkskunde, 53, 1975, S.432; 56, 1978, S.424; 67, 1989, S.426

Günther, Klaus (1978): Zu den neolithischen Steinkistengräbern Kirchborchen I und Etteln, Kr. Paderborn. In: Germania, 56,1, 1978, S.230-233, 4 Abb., 1 Taf.

Günther, Klaus; Czarnetzki, Alfred (1976): Zu den neolithischen Steinkistengräbern von Kirchborchen, Gem. Borchen, Kr. Paderborn. In: Germania, 54,1, 1976, S.184-191, 4 Abb., 1 Taf.

Hachmann, Eckart (1980): Relief, Besiedlung und Funktionswandel der Gemeinde Nordborchen. In: Die Warte, Nr.25, [= Jg.41, 1980, H.1], S.23-25, 4 Abb.

Hachmann, Eckart (1981): Wasser in den "Trockenen Dörfern". In: Die Warte, Nr.29, [= Jg.42, 1981, H.1], S.16-19, 3 Abb., 1 Kt.

Hachmann, Eckart (1995): 6000 Jahre Menschheitsgeschichte. Zur Eröffnung des achäologisch-geschichtlichen Wanderweges der Gemeinde. In: Die Warte, Nr.88, [= Jg.56, 1995, H.4], S.8-10, 7 Abb.

Henkel, Gerhard (1974): Geschichte und Geographie des Kreises Büren. Mit einer Gesamtkarte der siedlungsgeschichtlichen Denkmäler. Paderborn: Schöningh, 260 S., zahlr. Abb.

Kirchborchen (1968 ff.): Denkmalpflege. In: Westfalen: Hefte für Geschichte, Kunst und Volkskunde, 46, 1968, S.334; 53, 1975, S.536

Kluge, Dorothea; Hansmann, Wilfried (1969): Kunstdenkmale. In: Westfalen. Berlin, München: Deutscher Kunstverlag (= Dehio, G.: Handbuch der deutschen Kunstdenkmäler; 2); Alfen, S.5; Dörenhagen, S.125; Etteln, S.159; Kirchborchen, S.264

Körner, Johannes (1926): Bau- und Kunstdenkmäler des Kreises Büren; Münster: Stenderhoff (= Beiträge zur Raumforschung und Raumordnung; 38); Etteln, S.114-121, 14 Abb.

Kosak, Karlheinz; Trautmann, Marion; Haßler, Heinrich W.; u.a. (1986): Untersuchungen zur Dorferneuerungsbedürftigkeit in den Dorfkernen Kirchborchen, Nordborchen, Alfen, Etteln, Dörenhagen und Busch. Gemeinde Borchen; Düsseldorf: Deutsche Bauernsiedlung, Deutsche Gesellschaft für Landentwicklung; 145 S., Abb., Fotos, Kt.

Landwirtschaftskammer Westfalen-Lippe (1976): Die Land- und forstwirtschaftliche Struktur und ihre Entwicklungstendenzen in der Gemeinde Borchen, Kreis Paderborn. Münster: Landwirtschaftskammer Westfalen-Lippe; 35 S., Ktn. (= Forstbehördlicher und landwirtschaftlicher Fachbeitrag, Nr.79)

Lange, Walter R. (1963): Nordrhein-Westfalen. Stuttgart: Kröner (= Handbuch der historischen Stätten Deutschlands, Bd.3), Etteln, S.192; Kirchborchen, S.341

Ludorff, Albert (1899): Die Bau- und Kunstdenkmäler des Kreises Paderborn. Münster: Provinzial-Verband; Paderborn: Schöningh in Komm. (= Bau- und Kunstdenkmäler von Westfalen, 9); Dörenhagen, S.19-23, Abb., Taf.5; Kirchborchen, S.33-42, Abb., Taf.7-9

Lüke, Konrad (1990): Nordborchener Grundherren, Hausstätten und deren Besitzer. Festschrift zum 975jährigen Bestehen des Ortes. Ein Beitrag zur Dorf- und Familiengeschichte des Ortes Nordborchen. Borchen: Schützenbruderschaft St. Sebastian Nordborchen; 206 S., zahlr. Abb.

Michels, Paul (1939): Die alte Kirche in Dörenhagen. In: Die Warte, 07, 1939, H.05, S.080-084, 2 Abb.

Nordborchen (1968 ff.): Denkmalpflege. In: Westfalen: Hefte für Geschichte, Kunst und Volkskunde, 46, 1968, S.400; 56, 1978, S.565

Paderborner Hochfläche, Paderborn, Büren, Salzkotten (1975) 2. Auflage. Mainz: Philipp von Zabern (= Führer zu vor- und frühgeschichtlichen Denkmälern, Bd.20); insbes. S.205 ff.

Riepe, Bernhard (1989): Borchen - Ländliche Wohnqualität in Stadtnähe. In: Der Kreis Paderborn. Oldenburg: Verlag Kommunikation und Wirtschaft (= Städte, Kreise, Regionen), S.132-133

Risse, Mathias (1987): 500 Jahre Vodes Mühle. Auf dem Hof Krevet-Alpmann in Kirchborchen. In: Die Warte, 54, [=Jg.48, 1987, H.2], S.29-30, 1 Abb.

Schäfers, Johannes (1937): Zur Geschichte von Nordborchen. Eine Heimat- und Festschrift aus Anlaß des Silberjubiläums der Landfrauenschule Mallinckrodthof zu Nordborchen; Paderborn: Bonifatius; 238 S., Abb., Tab.

Segin, Wilhelm (1962): Zwei Phasen in der Entwicklung der Schutzanlagen für die Landbewohner. In: Festschrift des Gymnasium Theodorianum in Paderborn 1962. Paderborn: Westfalen-Druckerei; S.49-52, 1 Abb.

Tack, Wilhelm (1963): Wehrkirchen im Erzbistum Paderborn. In: Alte und neue Kunst im Erzbistum Paderborn, Jg.13, 1963, S.5-26, 34 Abb.

Büren, Stadt

von Gerhard Henkel

Büren in südlicher Richtung (im Vordergrund das Mauritiusgymnasium)
(Foto: Stadt Büren)

I. Lage und Entwicklung

Geologisch und morphologisch hat das Stadtgebiet Anteil an zwei Großlandschaften, den nördlichen Ausläufern des Sauerlandes (etwa 20%) und dem südöstlichen Saum der Westfälischen Bucht (etwa 80%). Der geologisch älteste Teil des Gemeindegebietes ist das Alme-Afte-Bergland, das nach Entstehung, Gestein und Morphologie dem Nördlichen Sauerland, einem Teil des Rheinischen Schiefergebirges, zuzuordnen ist. Die Höhen steigen hier - an der südlichen Gemarkungsgrenze im Ringelsteiner Wald - bis auf 435 m ü. NN an, der Raum ist stark zertalt und weist eine hohe Reliefenergie auf. Durch das Alme-Afte-Bergland hat die Großgemeinde einen kleinen Anteil am Deutschen Mittelgebirge, dessen Entstehung im Erdaltertum vor etwa 400 Mio. Jahren durch weitreichende Hebungsvorgänge begonnen hat. Das hier anstehende Gestein besteht aus Tonschiefern und sandsteinartigen Grauwacken des Karbon, die Gesteinsschichten sind oft schräggestellt, bisweilen senkrechtstehend, gefaltet und teilweise überkippt, was in vielen Aufschlüssen, Straßenböschungen und Steinbrüchen beobachtet werden kann.

Im Gegensatz zum Alme-Afte-Bergland bzw. Sauerland, das als Grundgebirge bezeichnet wird, gehört der größte Teil des Stadtgebietes zum Deckgebirge der Westfälischen Bucht, die hier regional als Paderborner Hochfläche ausgeprägt ist. Die typischen Landschaftsmerkmale sind die ausgedehnten Hochflächen und - in starkem Kontrast dazu - die breit eingeschnittenen kastenförmigen Täler der Alme und Afte. Die Hochflächen erreichen im Süden ihre größten Höhen mit ca. 370 m ü. NN bei Weiberg und fallen nach Norden kontinuierlich ab bis auf Werte um 170 m ü. NN. Der tiefste Punkt liegt mit ca. 160 m ü. NN im Almetal bei Wewelsburg an der nördlichen Gemarkungsgrenze. Die Entstehung der Paderborner Hochfläche bzw. der Westfälischen Bucht am Nordrand des Rheinischen Schiefergebirges beginnt in der Kreidezeit (Erdmittelalter) vor etwa 130 Mio. Jahren. Die ursprünglich horizontal abgelagerten Sedimente des Meeres der Kreidezeit wurden im Tertiär durch Gebirgsbewegungen an den südli-

Einwohner: 21.619

Fläche: 170,97 km²

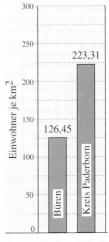

(LDS NRW, Stand: 31.12.95)

Mittelzentrum in einem Gebiet mit überwiegend ländlicher Raumstruktur

(LEP NRW 1995, Teil A)

Am 1.1.1975 gebildet aus der Stadt Büren sowie den Landgemeinden Ahden, Barkhausen, Brenken, Eickhoff, Harth, Hegensdorf, Siddinghausen, Steinhausen, Weiberg, Weine und Wewelsburg, die bis dahin zum Amt Büren-Land gehörten. Das Amt Büren-Land und die amtsfreie Stadt Büren waren Bestandteil des alten Kreises Büren, der mit der Gebietsreform dem Kreise Paderborn zugeordnet wurde

chen und östlichen Rändern leicht mitgehoben. Dadurch bildete sich die nach innen geneigte Münsterländer Kreidemulde, die geographisch als Westfälische Bucht bezeichnet wird. Deren Neigung von den Außenrändern zum Inneren kennzeichnet auch die Abdachung der Paderborner Hochfläche von Süden nach Norden bzw. Nordwesten. Die kreidezeitlichen Ablagerungen stehen im gesamten Bereich der Paderborner Hochfläche oberflächlich an. Es handelt sich vor allem um Kalksteine und Mergel, in geringerem Ausmaß um Sandsteine (u.a. bei Weine). Auf den Gesteinen finden sich vielfach - als fossile Zeugen des Kreidemeeres - Abdrücke von Muscheln, Seeigeln und oft tellergroßen Ammoniten. Der hellgraue Kalkbruchstein wurde bis in die Zeit nach dem Zweiten Weltkrieg in zahlreichen Steinbrüchen abgebaut und als regionaler Baustein sowie zur Kalkgewinnung verwendet. Noch heute wird das Bild der alten Dorf- und Stadtkerne von Weiberg über Büren bis Wewelsburg von der Kalksteinbauweise geprägt. Der in der Umgebung von Weine anstehende rötlichbraune Kreidezeit-Sandstein wurde früher ebenfalls in mehreren Brüchen abgebaut und u.a. für die Jesuitenkirche und das Jesuitenkolleg in Büren verwendet.

Durch das Vorherrschen von Kalkgesteinen ist auf der Paderborner Hochfläche eine Vielzahl von Karsterscheinungen entstanden. Die aus dem Sauerland einmündenden Bäche Alme und Afte sowie die Niederschläge versickern, sobald sie auf das wasserlösliche und klüftige Kalkgestein treffen. Flußabwärts von Büren befinden sich im Almebett zahlreiche Bachschwinden, so daß die Alme hier nach niederschlagsarmen Perioden vielfach trockenfällt. Die Klüfte, die den Kalk senkrecht durchsetzen, sind in Steinbrüchen und sonstigen Aufschlüssen der Hochfläche zu erkennen. Über den unterirdischen Wasserläufen und Hohlräumen sind Einsturztrichter - auch Erdfälle oder Dolinen genannt - entstanden, die Durchmesser von 8 bis 40 m und Tiefen bis zu 10 m haben können. Die Böden der Paderborner Hochfläche sind wie das anstehende Grundgestein recht einheitlich. Es handelt sich im wesentlichen um flach- bis mittelgründige Braunerden aus Kalkverwitterungslehm (Bodenwertzahlen: 35 - 50). In Mulden und flachen Senken finden sich auch Beimengungen oder Überdeckungen von Lößlehmen, womit der Nutzungswert für die Landwirtschaft deutlich ansteigt (Bodenwertzahlen: 45 - 70). Mit Wald bestanden sind rund 38% der Stadtfläche, große zusammenhängende Waldungen finden sich besonders im südlichen und östlichen Stadtgebiet.

Der Raum Büren war lange Zeit durch eine randliche Verkehrslage geprägt. Weder eine Bundesstraße noch eine Haupteisenbahnstrecke passierte das Stadtgebiet, eine wenig befahrene Bundesbahnnebenstrecke wurde in den 70er Jahren stillgelegt. In jüngerer Zeit ist die Verkehrsanbindung der Stadt jedoch erheblich verbessert worden. Die Autobahn Ruhrgebiet-Kassel (A 44) durchquert die nördliche Stadtfläche auf einer Länge von 13 km und bietet mit den zwei Anschlußstellen Steinhausen und Büren günstige Verbindungen nach Westen und Osten. Außerdem stellt die vom benachbarten Autobahnkreuz Wünnenberg-Haaren ausgehende Autobahnstrecke bis Bielefeld-Sennestadt (A 33) nach Norden hin die Verbindung zur Autobahn Oberhausen-Hannover her. Anschluß an das Luftverkehrsnetz erhielt der Raum durch den Regionalflughafen Paderborn-Lippstadt in Ahden, der gegenwärtig regelmäßige Verbindungen u.a. nach Amsterdam, München, Stuttgart und Berlin unterhält und 1996 die Zahl von rd. 500.000 Passagieren erreichte. Der öffentliche Personennahverkehr erfolgt durch Busverbindungen nach Paderborn, Brilon, Salzkotten und Geseke.

Das Stadtgebiet Büren gehört zu den ältestbesiedelten Räumen Westfalens. Bedeutende Zeugen der Jungsteinzeit, d.h. etwa aus dem 3. Jahrtausend v. Chr., sind die sog. Steinkisten oder Steinkammergräber, die in relativer Dichte auf der Paderborner Hochfläche (ein Exemplar in Wewelsburg) anzutreffen sind. Aus der Bronzezeit, ca. 1700-700 v. Chr., sind zahlreiche Grabhügel in den Altgemarkungen von Weine, Harth, Steinhausen und Wewelsburg bekannt. Auch im Mittelalter war der Raum Büren bereits sehr dicht besiedelt: ca. 40 Siedlungen sind bis zum Hochmittelalter nachgewiesen.

Im hohen Mittelalter kam es zur Stadtgründung von Büren (um 1195) und den Burgbauten in Wewelsburg, Brenken und Ringelstein/Harth. Mittelalterliche und frühneuzeitliche Klosteranlagen befanden sich in Böddeken und Holthausen. Das späte Mittelalter war für den Raum Büren - wie für ganz Mitteleuropa - eine Phase starker Siedlungsdepression. Die meisten Siedlungen wurden von ihren Bewohnern verlassen und fielen wüst; mehr als die Hälfte der mittelalterlichen Siedlungen wurde zur Dauerwüstung, darunter auch die Kirchorte Kerkberg, Diderikeshusen, Heperne und Alt-Büren. Mit der Wiederbesiedlung im 15. Jh. kam es zu einer nachhaltigen Siedlungskonzentration. Die wenigen frühneuzeitlichen Dörfer verzeichneten schnell einen enormen Bevölkerungsanstieg. Es entstanden in kurzer Zeit die für diese Landschaft bis heute charakteristischen mittleren bis großen Haufendörfer neben den Großgütern des Adels und der Klöster. Tragende ökonomische Basis war für den ganzen Raum bis zum 20. Jh. die Land- und

Forstwirtschaft. Frühindustrielle Gewerbebetriebe bestanden in Altenböddeken (Glashütte) und Harth (Hammerwerk).

Die Bevölkerungsentwicklung des 19. und 20. Jh.s verläuft in den einzelnen Orten sehr unterschiedlich. Während z.B. Büren und Steinhausen ihre Einwohnerzahlen von 1818 bis 1996 etwa versechsfachen konnten, zeigen Barkhausen, Eickhoff, Weine und Weiberg eine eher stagnierende Entwicklung. Die Gesamteinwohnerzahl der Großgemeinde Büren hat sich von 1818 bis 1995 von 6.139 auf 21.619 mehr als verdreifacht. In allen größeren Orten sind nach dem Zweiten Weltkrieg um die alten Dorfkerne herum zum Teil weitflächige Neubausiedlungen entstanden. Die Zahl der nach 1945 gebauten Häuser übersteigt inzwischen deutlich diejenige der zuvor errichteten Gebäude.

Die heutige Stadtgemeinde Büren besteht seit dem 1.1.1975. Sie wurde im Rahmen der kommunalen Gebietsreform gebildet aus der Stadt Büren sowie den Landgemeinden Ahden, Barkhausen, Brenken, Eickhoff, Harth, Hegensdorf, Siddinghausen, Steinhausen, Weiberg, Weine und Wewelsburg, die bis zum 31.12.1974 zum Amt Büren-Land gehörten. Das Amt Büren-Land und die amtsfreie Stadt Büren waren Bestandteil des alten Kreises Büren, der mit der Gebietsreform dem Kreis Paderborn zugeordnet wurde (siehe Abb. 10, S. 17).

Ahden 1.003 E. (1996), 10 qkm, 179 m ü. NN

Die Ortslage von Ahden im Almetal ist geprägt durch den mehrfachen Wechsel von flachen Gleithängen und Prallhängen mit Steilwänden und Klippen. Die Häuser des sehr auseinandergezogenen Dorfes stehen sowohl direkt am Fluß als auch an flacheren und steileren Hangpartien auf beiden Talseiten. Die urkundliche Überlieferung Ahdens (Adane) beginnt bereits im 9. Jh.. Nach der mündlichen Überlieferung soll schon im frühen Mittelalter im Tal eine Burg bestanden haben, die dem Ortsadel der Herren von Ahden gehörte. Außerdem soll es noch eine höher gelegene Burg der Herren von Bosenholz (am Pasenholz) gegeben haben. Das Landschaftsbild um Ahden hat in den letzten 20 Jahren durch überregional bedeutende Verkehrsbauten sehr starke Veränderungen erfahren. Auf der Hochfläche nordwestlich des Ortes erstreckt sich die großräumige Anlage des Regionalflughafens Paderborn/Lippstadt, dessen Flugbetrieb im Jahre 1971 aufgenommen wurde und seitdem eine kontinuierliche Aufwärtsentwicklung nahm (1996 rd. 500.000 Passagiere). Die neue Autobahn Ruhrgebiet-Kassel (A 44) passiert die südliche Gemarkung und überquert das Almetal mit einer imposanten 763 m langen Talbrücke (maximale Höhe über dem Talbett: 50 m). Der Autobahn- und Flughafenzubringer aus Richtung Paderborn verläuft durch die nördliche Gemarkung. Beide Strukturmaßnahmen, vor allem aber der starke Ausbau des Flughafens, haben einen zunehmenden Einfluß auf die (wachsenden) Siedlungs- und Wirtschaftsaktivitäten in Ahden genommen.

Barkhausen 173 E. (1996), 6 qkm, 331 m ü. NN

Das Kleindorf Barkhausen liegt wie der Nachbarort Weiberg auf der Paderborner Hochfläche, aber in einer typischen Muldenlage. Am westlichen Rande des Ortes entspringen mehrere Quellen, deren Wasser sich zur Barkser Bieke vereinigen und der nahen Alme zufließen. Barkhausen gehört zu den älteren Siedlungen des oberen Almegebietes. Die erste urkundliche Nennung stammt aus dem Jahre 1025 (villa Barghusun in pago almunga = Siedlung Barkhausen im Almegau). In der heutigen Gemarkung Barkhausen bestanden während des Mittelalters zwei weitere Kleinsiedlungen, die im 14./15. Jh. den spätmittelalterlichen Wüstungsvorgängen zum Opfer fielen und seitdem Ortswüstungen darstellen. Es handelt sich um die Orte mit gleichem Grundwort: Grotenswinefeld und Lütkenswinefeld. Barkhausen gehört zu den wenigen Dörfern im Kreise Paderborn, die ihre dominante bäuerliche Siedlungs- und Wirtschaftsstruktur ziemlich unverändert bis in die Gegenwart bewahrt haben. Neben den Hofanlagen gibt es kaum Wohnungs- und Gewerbeneubauten. Ein Spiegel dieser Siedlungs- und Wirtschaftsentwicklung ist die seit etwa 150 Jahren stagnierende Bevölkerungskurve.

Brenken 2.270 E. (1996), 27 qkm, 201 m ü. NN

Das Großdorf Brenken liegt am Mittellauf der Alme etwa 4 km nordöstlich von Büren. Der Ort besitzt eine ausgesprochene Tallage am rechten Ufer der Alme, dessen Talhang hier nur relativ schwach ansteigt (Gleithang) und somit eine günstige Siedlungsplattform in unmittelbarer Wassernähe schafft. Brenken zählt zu den ältesten Siedlungen des Almetales. Die erste Nennung der villa Brenkiun erfolgt zwar erst im 11. Jh., der Name des Kirchenpatrons St. Kilian deutet jedoch darauf hin, daß die Kirche bereits in karolingischer Zeit begründet wurde. Der bis heute erhaltene mittelalterliche Kirchenbau stammt aus dem 12./13. Jh.. Es handelt sich um eine dreischiffige romanische Pfeilerbasilika mit einem fünfgeschossigen Westturm. Wesentlichen Anteil an der Geschichte des Dorfes hat seit dem Spätmittelalter der Ortsadel der Herren von Brenken. Die heute große Gemarkungsfläche ist auf die spätmittelalterlich-frühneuzeitlichen Besitzerwerbungen dieses Adelshauses zurückzuführen. Alter Stammsitz der Familie von Brenken war die Niederburg auf der Bre-

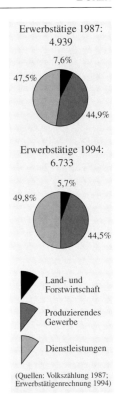

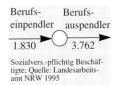

Einwohner in Stadtteilen:	
Büren	8.730
Steinhausen	3.584
Brenken	2.270
Wewelsburg	2.150
Siddinghausen	1.077
Hegensdorf	1.043
Ahden	1.003
Harth	1.002
Weiberg	678
Weine	568
Barkhausen	173
Eickhoff	107

(Ang. d. Gem., Stand: 31.12.96)

Katasterfläche 1996:	
	170,97 km²
	davon
37,9 %	Waldfläche
50,9 %	Landwirtschaftsfläche
5,6 %	Verkehrsfläche
4,5 %	Gebäude- und Freifläche
0,4 %	Wasserfläche
0,3 %	Erholungsfläche
0,2 %	andere Nutzung
0,1 %	Betriebsfläche

(Quelle: LDS NRW)

de am nordöstlichen Ortsrand. Von diesem Gebäude, das um 1500 erbaut und seit 1622 zerstört wurde, sind nur noch geringe Reste erhalten. Heutiger Wohnsitz und Gutsbetrieb der Herren von Brenken ist das Schloß Erpernburg; es liegt etwa 700 m nördlich der Ruine der Niederburg jenseits der Alme, etwa 50 m über dem Talbett. Der zweigeschossige Schloßbau mit Seitenflügeln und Freitreppenanlage wurde 1734 vollendet. Die Erpernburger Bibliothek enthält eine Reihe wertvoller Akten und Urkunden des ehemaligen Klosters Böddeken, die reichhaltige Auskünfte über die mittelalterlichen und frühneuzeitlichen Siedlungs- und Wirtschaftsverhältnisse dieses Raumes geben. In der Gemarkung haben im Mittelalter die Orte (jetzt Wüstungen) Schattenhusen und Rameshusen gelegen; die Siedlungsplätze befinden sich an der neuen Autobahntrasse nördlich und westlich des Brenkerkrug. An der südlichen Gemarkungsgrenze liegt - etwa 2,2 km nordöstlich Büren und 2 km südwestlich Brenken - die Wallburg Hahnenberg, oberhalb des Almetales unmittelbar an dessen Steilhang angelehnt. Es handelt sich um einen mehrteiligen, etwa rechteckigen Ringwall von insgesamt 350 m Länge und 125 bis 150 m Breite. Auf der Außenseite wird der Wall von einem 7,6 m breiten und 3,2 m tiefen Graben begleitet. Es wird angenommen, daß es sich bei dieser Wallanlage um eine karolingisch-ottonische Burg handelt, die im späten Mittelalter noch einmal ausgebaut und als "Fluchtburg" genutzt wurde.

Die Entwicklung Brenkens nach dem Zweiten Weltkrieg ist durch eine intensive Bautätigkeit gekennzeichnet. Zum einen bietet der schwach geneigte Talhang ein gutes Siedlungsgelände im direkten Anschluß an den alten Ortskern. Zum anderen besitzt der Ort - trotz der Aufgabe der Bahnstrecke Paderborn-Büren und damit des Bahnhofs - eine günstige Verkehrslage zu den Wirtschafts- und Kulturzentren Paderborn und Büren, die starke Pendlerströme aus Brenken erhalten.

Büren 8.730 E. (1996), 26 qkm, 230 m ü. NN

Die Kleinstadt Büren liegt am Zusammenfluß der beiden aus dem nordöstlichen Sauerland kommenden Bäche Alme und Afte. Der Kern und Ursprung dieser zweitältesten Stadtgründung im Kreise Paderborn erstreckt sich auf einem Bergsporn im Flußwinkel von Alme und Afte hoch über den Talbetten. Etwa seit 150 Jahren hat sich Büren über den alten Stadtmauerbereich hinaus entwickelt und die Talsohlen der beiden Flüsse sowie die gegenüberliegenden Hänge in Anspruch genommen. Die urkundliche Überlieferung beginnt im frühen 11. Jh.. Es handelt sich dabei zunächst um eine unbefestigte Kleinsiedlung gegenüber der späteren Stadt Büren am linken Ufer der Alme. Nach zuverlässigen Angaben sollen hier noch im 19. Jh. die Fundamente einer Kirche (Gangolfskirche) zu sehen gewesen sein. Die Stadt Büren verdankt ihre Entstehung dem Rittergeschlecht gleichen Namens, das zu den angesehensten und mächtigsten Adelsfamilien des Paderborner Landes gehörte. Im 12. Jh. errichteten die Edelherren von Büren auf dem markanten Bergsporn zwischen Alme und Afte - der Kleinsiedlung Büren gegenüber - eine Burg (castrum). Zur eigentlichen Stadtgründung kam es dann im Jahre 1195, als die Brüder Bertold und Detmar von Büren die um ihre Burg gelegene Ansiedlung mit Mauern und Gräben umgaben und ihr das Lippstädter Stadtrecht verliehen. Zugleich mit den Stadtbefestigungen erbauten die Stadtgründer eine neue Pfarrkirche, die überkommene Nikolauskirche, eine kreuzförmige Gewölbebasilika aus dem frühen 13. Jh., in der seit 1804 die prächtige Barockorgel des aufgelösten Klosters Böddeken - eine der bedeutendsten westfälischen Orgeln - ihren Platz gefunden hat. Die mittelalterliche Stadt hatte einen rechteckigen Umriß mit einem gitterförmigen Straßennetz. Heute sind an der Ostseite der Altstadt noch Mauern, zwei Türme und Reste des Wehrganges erhalten (Abb.1).

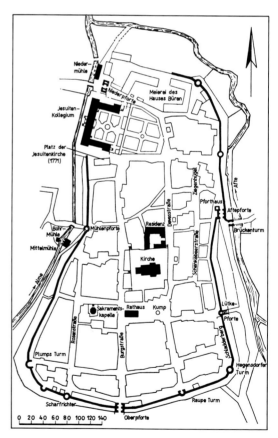

Abb. 1: Plan der Stadt Büren aus der Zeit um 1730
(nach Bau- u. Kunstdenkmäler von Westfalen: Kreis Büren)

Die mittelalterliche Stadt hatte mit der Gründung sofort eine starke Bevölkerungsentwicklung zu verzeichnen, vor allem durch Zuzug aus der unmittelbaren Umgebung. Es ist anzunehmen, daß die Bevölkerung der nahegelegenen Kleinsiedlungen Büren, Holthausen, Hoven, Ernesgenvelde und Isinghusen in die Stadtmauern umzog, so daß im Umkreis der Stadt bereits im Hochmittelalter Ortswüstungen entstanden (s. Parallelen zu Salzkotten, Lichtenau und Wünnenberg). Im Jahre 1243 gründeten die Edelherren von Büren in der Kleinsiedlung Holthausen ein Zisterzienserinnenkloster, dessen wechselvolle Geschichte mit der Säkularisation 1810 endete; heute besteht in den prachtvollen historischen Klosterbauten ein privater Gutsbetrieb. Die Haupterwerbsquelle der städtischen Bevölkerung bildeten zunächst Ackerbau und Viehzucht. Unter den städtischen Gewerben spielte das Braugewerbe eine besondere Rolle, daneben gab es bereits im Mittelalter Handelsbeziehungen bis nach Riga. Die Edelherren von Büren waren etwa ein halbes Jahrtausend maßgebend an der Geschichte der Stadt Büren beteiligt. Mit dem Tode des letzten Edelherren Moritz von Büren trat im Jahre 1661 (so dessen Vermächtnis) der Jesuitenorden das Erbe der ausgedehnten Güter des alten Adelsgeschlechtes an. Damit begann eine neue Epoche in der Geschichte der Stadt. Die Jesuiten begründeten hier eine Niederlassung und bezogen zunächst als Residenz das adlige Damenstift der Familie von Büren, ein stattliches Gebäude an der Königstraße, das mit seinen Nebenhäusern noch erhalten ist (altes Kreishaus, heute Stadtverwaltung). Im 18. Jh. errichteten die Jesuiten zwei Bauten, die das Stadtbild bis heute prägen: Zunächst wurde nach Abbruch der alten Bürenschen Burg von 1717 bis 1728 das neue Kollegiengebäude erbaut, unmittelbar südlich davon entstand zwischen 1754 und 1771 durch Initiative des Kurfürsten Clemens August von Bayern die Kollegkirche, die als die schönste Barock- bzw. Rokokokirche Norddeutschlands gilt. Im Grundriß bildet die Jesuitenkirche eine kurze dreischiffige Basilika, der in der Mitte ein Kuppelraum aufgesetzt ist. Glanzpunkt des strahlend und festlich wirkenden Innenraumes sind die Deckenmalereien und Fresken, die der Kirche einen süddeutschen und für Westfalen recht ungewöhnlichen Charakter verleihen. Die Jesuiten konnten sich nicht lange ihrer Bürener Gründung erfreuen. Mit der Aufhebung des Ordens im Jahre 1773 gingen ihre Rechte an den Paderborner Fürstbischof und schließlich mit der Säkularisation im Jahre 1803 an den preußischen Staat über. In den barocken Mauern des alten Jesuitenkollegs residiert heute das private Mauritius-Gymnasium, das den Namen des letzten Edelherren Moritz (lat. Mauritius) von Büren weiterträgt.

Eine neue Phase in der Entwicklung beginnt mit der Errichtung des gleichnamigen Kreises im Jahre 1816. Durch die Ernennung zur Kreisstadt erhält der unbedeutend gewordene Ort die Funktion eines Verwaltungszentrums. Die folgende Aufwärtsentwicklung verstärkt sich noch mit dem Bahnanschluß (an der Strecke Paderborn - Brilon/Wald - Frankfurt) im Jahre 1898. Die Strecke Paderborn - Brilon/Wald ist jedoch wie die seit 1900 bestehende Nebenstrecke Geseke - Büren inzwischen stillgelegt worden. Die Funktion der Kreishauptstadt hat Büren mit der kommunalen Gebietsreform, d.h. mit der Zusammenlegung der Altkreise Büren und Paderborn, im Jahre 1975 an Paderborn abtreten müssen. Zentrale Dienstleistungsaufgaben erfüllt Büren heute neben der Stadtverwaltung vor allem hinsichtlich des Schulangebots: Mauritiusgymnasium, Liebfrauengymnasium, Westfälische Sonderschule für Gehörlose, Berufs- und Berufsfachschulen, Realschule, Haupt- und Grundschule sowie eine Sonderschule für Lernbehinderte. Eine weitere zentrale Einrichtung ist das modern ausgebaute Krankenhaus. Durch die Ausweisung von mehreren Gewerbegebieten und die folgende Ansiedlung von neuen Betrieben hat Büren den befürchteten wirtschaftlichen Aderlaß nach Abzug der Kreisverwaltung abwenden können.

Eickhoff 107 E. (1996), 4 qkm, 297 m ü. NN

Gut 4 km westlich Büren finden sich auf der Paderborner Hochfläche die stattlichen Höfe des Weilers Eickhoff. Der Ort besitzt eine mäßig ausgeprägte Ursprungsmuldenlage nördlich unterhalb

Altarraum der Jesuitenkirche in Büren
(Foto: Verkehrsamt Büren)

der alten Hochflächenstraße des "Kleinen Hellweg". Das hier beginnende Tälchen, das im Ortsbereich bisweilen noch Oberflächenwasser aufweist, führt zum Talzug der Wester-Schledde, die an Geseke vorbei der Lippe zufließt. Mittelalterliche Siedlungsnachrichten sind bisher nicht bekannt. Es ist anzunehmen, daß der Ort eine neuzeitliche Anlage darstellt, die sich vermutlich aus einem frühneuzeitlichen Einzelhof (Eichenhof) entwickelt hat. Kirchlich gehört Eickhoff zur Pfarrei Steinhausen, die eigene Dorfkapelle stammt aus dem Jahre 1909. Die den Ort ausmachenden gutsähnlichen Gehöfte, die mit dem hellgrauen Kalkbruchstein der Paderborner Hochfläche erbaut sind, werden von älteren Baumbeständen eingerahmt. Da auch die gesamte einsehbare Flur keinerlei nichtlandwirtschaftliche Nutzung aufweist, ergibt sich fast der Eindruck einer reinen Agrarsiedlung aus vergangenen Zeiten. In seiner agraren Siedlungs- und Wirtschaftsstruktur ist Eickhoff dem 6 km südöstlich gelegenen Barkhausen sehr ähnlich.

Harth 1.002 E. (1996), 18 qkm, 349 m ü. NN

Das Haufendorf Harth besitzt die typische Spornlage einer hoch- bzw. spätmittelalterlichen Gründung, die einen idealen strategischen Schutz gegen Angreifer bot (Parallelen: Büren, Weiberg, Leiberg, Wünnenberg, Fürstenberg). Es liegt im Talwinkel von Almetal und Mummental, hart am Rande der Hochfläche, etwa 100 m über dem Almebett. Die mittelalterliche Besiedlung des Raumes Harth beginnt mit der Errichtung der Burg Ringelstein auf der Spitze des Sporns, auf dem sich weiter oberhalb das heutige Harth ausdehnt. Ringelstein, das im Jahre 1399 zum ersten Male genannt wird, ist eine Gründung der Edelherren von Büren. Die strategisch günstige Anlage hatte während der unruhigen Zeiten des Spätmittelalters sicherlich besondere Wehr- und Schutzfunktionen zu erfüllen, später diente sie den Bürener Edelherren als Jagdschloß. Im 17. und 18. Jh. bestand hier eine Gerichtsstätte der Herrschaft Büren mit entsprechenden Kerker- und Folteranlagen. Der Schwerpunkt der Gerichtsbarkeit lag vor allem im 17. Jh. bei den sog. Hexenverfolgungen, deren traurige Ereignisse mit der Burg Ringelstein aufs engste verknüpft sind. Beispielsweise sind vom 17.3. bis 15.4. 1631 allein 50 Personen auf Ringelstein als Hexen verurteilt und verbrannt worden. Die Gesamtzahl der Menschen, die hier dem Hexenwahn zum Opfer fielen, soll nach bisher nicht belegten Angaben weit über 1.000 hinausgehen! Nach Übernahme der Gerichtsbarkeit durch den preußischen Staat im Zuge der Säkularisation 1802/03 verlor Ringelstein an Bedeutung und verfiel. Heute sind von der ehemaligen Burg nur noch - inzwischen restaurierte - Ruinen vorhanden, die aber wegen ihrer markanten Lage immer noch landschaftsprägenden Charakter besitzen. Die Dorfsiedlung Harth entstand durch eine allmähliche Erweiterung der Burg- und Gutsanlagen Ringelsteins auf die anschließenden Hänge, die zur Hochfläche führen. Die westlich gelegenen Häuser bei der jetzigen Schützenhalle stehen teilweise auf den Fundamenten der früheren Ringelsteiner Gutsgebäude. Mit Sicherheit ist Harth als frühneuzeitliche Gründung des 15./16. Jh.s anzusprechen.

Etwa 2,5 km südöstlich von Harth liegt im Almetal der sog. Mulhäupter Hammer. Im Jahre 1657 wurde hier durch Initiative des Moritz von Büren ein Stabeisenhammer errichtet, der auf der Basis des lokalen Holzreichtums und ständig nutzbarer Wasserkraft Roheisen fremder Hütten verarbeitete. Bereits vor dem 30jährigen Krieg hatten die Edelherren von Büren unterhalb ihrer Burg Ringelstein einen ersten Eisenhammer errichtet. Beide Hämmer fielen dem 7jährigen Krieg (1756-63) zum Opfer. Zu Beginn des 19. Jhs. kam es zu einer kurzfristigen Wiederaufnahme der beiden Betriebe. Auch die 1859 gegründete Ringelsteiner Drahtstiftefabrik hat inzwischen ihre Produktion eingestellt. Auf eine frühgeschichtliche Besiedlung des Raumes weist eine Gruppe von 23 bronzezeitlichen Hügelgräbern hin, die etwa 2 km südlich des Ortes im Ringelsteiner Wald zu finden sind.

Nach dem Zweiten Weltkrieg hat sich in Harth - auf der Basis der großen Waldungen im Süden der Gemarkung - das Fremdenverkehrsgewerbe entwickelt. Als besonders wertvolle Freizeit- und Erholungseinrichtung ist das beheizte Freibad an der Grenze zu Weiberg hervorzuheben. Von besonderem kulturellen Interesse und inzwischen überregional bekannt sind die Harther Winterfestspiele, die seit 1958 mit einer jeweils lokalen Laienspielschar alljährlich durchgeführt werden. Durch sein ansprechendes und gepflegtes Ortsbild ist Harth mehrfach Kreissieger im Wettbewerb "Unser Dorf soll schöner werden" geworden.

Hegensdorf 1.043 E. (1996), 15 qkm, 265 m ü. NN

Hegensdorf ist ein etwas auseinandergezogenes Haufendorf, das am Mittellauf der Afte an dessen rechtem Talrand liegt. Durch zwei Seitentälchen, die hier in das Aftetal einmünden, ist der sonst steilere Anstieg zur Hochfläche ziemlich abgeflacht, so daß gute sonnenseitige Bebauungsflächen gegeben sind. Das nördliche Seitental besitzt in seinem Oberlauf eine recht starke Quelle, deren Wasserlauf mitten durch das Dorf der Afte zufließt. Die mittelalterliche Überlieferung Hegensdorfs beginnt mit einer Nachricht (963-1037) des Klosters Corvey, das in Redensthorpe Besitz hatte. Die zuerst 1353 erwähnte Pfarrkirche hat das Patronat des hl. Vitus und kann als eine frühe Gründung Corveys angesprochen werden. Der Turm der heutigen Vituskirche, die in ihrer Gesamtheit dem 14. Jh. entstammen soll, wurde 1736 an Stelle eines älteren Bauteils errichtet. Seit etwa 1250 wird in Hegensdorf ein heiliges Kreuz verehrt, das von Hirtenkindern bei den "Drei Kreuzen" im Haarener Wald gefunden worden sein soll. Sowohl in der regionalen Literatur als auch im Volksmund existieren zahlreiche Berichte über Wunder und Gebetserhörungen, die diesem Kreuz zugeschrieben werden.

Etwa 2 km westlich Hegensdorf liegt unmittelbar an der Afte die Siedlung Keddinghausen, die im Jahre 1939 ihre gemeindliche Selbstständigkeit verlor und Hegensdorf zugewiesen wurde. Es handelt sich um einen Weiler, der in dem Gutshof "Haus Keddinghausen" seinen Kern besitzt. Keddinghausen erscheint zuerst im Jahre 1263 in der Überlieferung, eine Ministerialfamilie gleichen Namens besaß hier eine Burg. Vielleicht war dies auch der Sitz eines Freistuhls, der im Mittelalter für Keddinghausen bekannt ist. Neben Keddinghausen gab es während des Mittelalters in der heutigen Gemarkung Hegensdorf noch die Kleinsiedlungen Hundsberg, Givelsdorf, Niederandepen und Scharboken. Es handelt sich hier um Ortswüstungen des Spätmittelalters, die durch überlieferte Flurnamen einigermaßen zu lokalisieren sind. Nach dem starken Rückgang der land- und forstwirtschaftlichen Erwerbstätigkeit seit dem Zweiten Weltkrieg wird auch in Hegensdorf versucht, Alternativen im Fremdenverkehr zu entwickeln. Ein reizvolles Erholungsgebiet ist u.a. das in den 70er Jahren geschaffene Rückhaltebecken des Keddinghauser Sees mit einer Dauerstaufläche von ca. 7 ha. 1961 und 1963 war Hegensdorf - vor allem durch seine Bemühungen als "Rosendorf" - jeweils Kreissieger im Wettbewerb "Unser Dorf soll schöner werden".

Siddinghausen 1.077 E. (1996), 10 qkm, 303 m ü. NN

Das Haufendorf Siddinghausen liegt am Oberlauf der Alme; es besitzt eine ausgeprägte Steilhanglage zwischen der bebauungsfreien Talaue und Hochfläche. Wegen der Steilheit des Geländes war der Bau von Straßen und Häusern nur durch erhebliche Böschungs- und Mauerbauten möglich, die dem Dorfbild ein unverwechselbares Gepräge geben. Die Wasserverhältnisse sind ausgezeichnet durch mehrere ergiebige Quellen im unmittelbaren Ortsbereich. Siddinghausen gehört zu den ältesten Pfarrorten des Paderborner Bistums. Nach Überlieferungen der Ortsliteratur, die jedoch nicht durch Quellen belegt sind, baute der Adlige Sidag um 800 auf seinem Erbgut eine hölzerne Kirche. Dessen Nachfolger errichtete dann eine Steinkirche, die von Bischof Liuthard (862-67) eingeweiht wurde. Die jetzige Pfarrkirche, deren Westturm den einzigen Rest einer romanischen Kirche des 12. Jh.s darstellt, stammt aus dem Ende des 17. Jh.s. Der Pfarrsprengel war ursprünglich sehr groß, nach einem Verzeichnis von 1741 gehörten zu ihm die Orte Weine (bis heute), Barkhausen, Weiberg, Harth, Ringelstein und Vollbrexen. Um die frühmittelalterliche Kirche rankt sich eine Ortssage: Die erste Christenkirche soll einen von den Franken zerstörten heidnischen Tempel ersetzt haben, der etwa 15 Minuten vom Dorf entfernt an der Kneblinghauser Straße im Bereich der heutigen Hagellinde gestanden hat. Ein Rest dieses Tempels, ein sog. "Spiggestein", soll um 1900 noch am Kircheingang bestanden haben, auf den jeder Kirchgänger zu spucken (spiggen) hatte. Nach dem Zweiten Weltkrieg hat sich in Siddinghausen - wie in anderen Orten des waldreichen Alme-Afte-Berglandes - das Fremdenverkehrsgewerbe entwickelt. In jüngerer Zeit hat sich Siddinghausen durch intensive Bemühungen der Ortsbildpflege - Restaurierung von Gebäuden und Mauern, Begrünungen - hervorgetan und einige Male im Wettbewerb "Unser Dorf soll schöner werden" den Kreissieger gestellt sowie auf Landesebene die Gold- und auf Bundesebene die Bronzeplakette errungen.

Steinhausen 3.584 E. (1996), 14 qkm, 240 m ü. NN

Das Großdorf Steinhausen erstreckt sich 4 km nordwestlich von Büren im Quellraum des Abelbaches (Osternschledde). Der ältere Ortsbereich, der zur Zeit des Urkatasters um 1830 im Norden dort endete, wo der Nadelweg von der Kreisstraße nach Geseke abzweigt, besaß den typischen Charakter eines Haufendorfes. Durch den seit 1850 beginnenden und bis heute anhaltenden Dorfausbau an der Straße nach Geseke und Eringerfeld erhielt Steinhausen nach und nach eine flächenhafte Ausdehnung nach Norden bzw. Nordwesten bis unmittelbar an die Gemarkungsgrenze. Die schriftliche Überlieferung des Ortes, der durch seine hausen-Endung als sächsische und damit frühmittelalterliche Gründung ausgewiesen sein könnte, beginnt am Ende des 12. Jh.s (Steinhus). Im Jahre 1243 ist zum erstenmal die Pfarrei erwähnt (parochie Stenenhus). Von der mittelalterlichen romanischen Pfarrkirche stecken noch Reste im heutigen Turmunterbau. Die jetzige Dorfkirche stammt von 1831, sie wurde im Jahre 1910 entscheidend erweitert. Im Mittelalter bestand in Steinhausen eine Burg, deren Inhaber wahrscheinlich der urkundlich belegte Ortsadel der Herren von Steinhausen war. Über Standort oder Relikte dieser Anlage ist bisher nichts bekannt.

Zur mittelalterlichen Gemarkung gehörten auch die Kleinsiedlungen Wichmodeberg, Nasthusen und Diderikeshusen (als Kirchort), die seit dem Spätmittelalter Ortswüstungen darstellten. Auf eine frühgeschichtliche Besiedlung weisen zwei bronzezeitliche Hügelgräbergruppen hin. Zehn Hügel liegen in dem Wäldchen "Obere Nadel" westlich des Dorfes, neun weitere in dem Waldbezirk "Schorn" am Kleinen Hellweg. Seit 1900 besaß Steinhausen einen Bahnhof an der Nebenstrecke Geseke - Büren, die jedoch in den 70er Jahren stillgelegt wurde. Dennoch nahm der Ort gerade nach dem Zweiten Weltkrieg eine stark wachsende Siedlungs- und Wirtschaftsentwicklung. Zwischen dem alten Orts- kern und den nördlich angrenzenden Neubaugebieten entstand an der Eringerfelder Straße ein modernes Gemeindezentrum mit Gemeindehalle, Grundschule, Kindergärten, Turnhalle und anderen Sportanlagen. Außerdem kann Steinhausen ein im Flächennutzungsplan verankertes Gewerbegebiet vorweisen. Steinhausen besitzt eine günstige Lage zu den benachbarten Hellwegstädten Geseke, Salzkotten und Paderborn. Zusätzliche Lagevorteile erhielt der Ort durch den Anschluß zur Autobahn A 44 Ruhrgebiet - Kassel am unmittelbaren Dorfrand.

Weiberg 678 E. (1996), 5 qkm, 350 m ü. NN

Das Dorf Weiberg liegt 5 km südsüdöstlich von Büren auf einer Geländespitze der Paderborner Hochfläche - etwa 100 m über dem Almetal. Der Geländesporn wird gebildet vom oberen Mummental und einem namenlosen Seitental, die beide zum Almetal hinführen. Die Wasserlage dieses hochgelegenen Ortes ist ausgesprochen ungünstig. Erst um 1500 wurde Weiberg von den Edelherren von Büren begründet. Es handelt sich damit um eine der in diesem Raum häufigen spätmittelalterlich-frühneuzeitlichen Neusiedlungen in der für die Zeit typischen Spornlage am oberen Rand der Hochfläche (Parallelen sind die Nachbarorte Harth und Leiberg). Vor der Begründung des Dorfes war die heutige Gemarkung keineswegs unbesiedelt. An der südlichen Gemarkungsgrenze lag im Quellraum des Frankenbaches die Siedlung Heperne, ein für die Umgebung recht bedeutender mittelalterlicher Pfarrort, der im Spätmittelalter den Wüstungsvorgängen auf Dauer zum Opfer fiel. Der Flurname "Heperner Kirche" an der Straße von Vollbrexen nach Harth sowie wiederholte Geländefunde deuten noch auf die ehemalige Kirchenstelle hin. Die zweite mittelalterliche Siedlung im Raum Weiberg war Vollbrexen. Ihr Nachfolger wurde der neuzeitliche Gutshof Vollbrexen, der zunächst zum Besitz der Edelherren von Büren und anschließend auch der Bürener Jesuiten gehörte. Teile des heutigen Gutshofes stammen noch aus dem frühen 17. Jh.. Was Weiberg heute vor den meisten Orten des Kreises Paderborn auszeichnet, ist das Dorfbild mit einer überraschenden Ursprünglichkeit und Aussagekraft. Kernstück ist die Hauptstraße, eine mit alten Linden bestandene und mit Natursteinen gepflasterte Sackstraße (endet beim letzten Hof), an der neben der Dorfkirche und einer Agathe-Statue, der Schutzpatronin gegen Feuersbrunst, die Gehöfte giebelseitig aufgereiht sind.

Weine 568 E. (1996), 7 qkm, 228 m ü. NN

Das kleine Haufendorf Weine befindet sich etwa 3 km südwestlich der Stadt Büren. Es liegt im Mündungsbereich der bei Hemmern entspringenden Gosse mit der Alme. Durch diesen Seitenbach ist der Talhang der Alme hier stark abgeflacht, so daß Weine im Gegensatz zum Nachbardorf Siddinghausen durch eine flache bis mäßig ansteigende Talrandlage charakterisiert ist. Die urkundliche Überlieferung beginnt im frühen 11. Jh. (Weni in pago Almunga = Weine im Almegau). Mehrfach ist in den mittelalterlichen Urkunden von einer Mühle in Weine die Rede. Im Jahre 1382 wird ein Freistuhl (Gerichtsstätte) urkundlich erwähnt. Kirchlich untersteht Weine seit dem Mittelalter der Pfarrei Siddinghausen. An der westlichen Grenze der Gemarkung am Mittellauf der Gosse gab es während des Mittelalters noch die Siedlung Dalhusen, die im Spätmittelalter wüstfiel. Etwas oberhalb in der Waldflur "Horn" ist eine kleine Gruppe bronzezeitlicher Hügelgräber (vier Hügel) erhalten. In der Umgebung Weines gibt es mehrere Sandsteinbrüche, in denen früher u.a. Bausteine für die Jesuitenkirche und das Kolleggebäude in Büren gebrochen wurden. Der Abbau dieser Sandsteine für Bauzwecke ist inzwischen eingestellt. Nach dem Zweiten Weltkrieg erfuhr Weine eine Ortserweiterung durch eine Neubausiedlung auf dem rechten Almeufer - gegenüber dem alten Dorfbereich.

Wewelsburg 2.150 E. (1996), 27 qkm, 219 m ü. NN

Etwa 9 km nordöstlich von Büren erstreckt sich am rechten Almeufer das Großdorf Wewelsburg. Der Ort hat seinen Namen von der viel älteren imposanten Burg Wewelsburg, einem Wahrzeichen und Anziehungspunkt des Kreises Paderborn. Die Burg wurde in markanter Spornlage oberhalb eines Prallhangs der Alme etwa 50 m über dem Flußbett errichtet. Unmittelbar an die Burg schließt sich zur Hochfläche hin der alte Dorfkern an, der eine typische Haufendorfstruktur aufweist. Die Anfänge der Wewelsburg liegen noch im Dunkeln. Die erste sichere Nennung der Burganlage (castrum Wifelesburch) stammt aus dem früheren 12. Jh.. Anstelle mehrerer mittelalterlicher Vorgängerbauten wurde die Burg 1604 - 1607 vom Paderborner Fürstbischof in großzügiger Weise zu dem heutigen Schloß ausgebaut, in Anpassung an die natürliche Spornlage mit dem seltenen Dreiecksgrundriß. Im Dritten Reich war die Wewelsburg Kultstätte der SS, heute dient sie als Jugendherberge und "Historisches Museum des Hochstifts Paderborn". Das neu konzipierte und nach dreijährigen Modernisierungs- und Umbauarbeiten 1996 wiedereröffnete Museum gliedert sich in vier Abteilungen: 1. "Zugänge" zu einigen historischen Grundthemen, z.B. Justiz im Mittelalter und in der frühen Neuzeit oder Zeiterfahrungen in der vorindustriellen Zeit, 2. Geschichte der Wewelsburg, 3. Geschichte des Paderborner Landes von der Steinzeit bis zum Ende des Fürstbistums Paderborn 1803, 4. Sozial-, Wirtschafts- und Kunstgeschichte des Hochstifts. Außerdem befindet sich im benachbarten ehemaligen Wachgebäude eine Dokumentation über die Geschichte der Burg als SS-Kult- und Terrorstätte im Nationalsozialismus.

Die Anfänge des Dorfes Wewelsburg entwickelten sich in unmittelbarer Burgnähe - durch das Entstehen von Burgmannschaften, die das Castrum zu verwalten und zu verteidigen hatten, sowie deren Versorgung durch Bauern und Handwerker - bereits in der ersten Hälfte des 14. Jh.s. Eine eigene Kirche erhielt das Dorf gegen Ende des 16. Jh.s, blieb jedoch pfarrmäßig eine Filiale des Klosters Böddeken. In der Gemarkung Wewelsburg bestanden während des Mittelalters folgende Kleinsiedlungen, die sämtlich im ausgehenden Mittelalter zu Wüstungen wurden: Kerkberg - die Mauerreste der mittelalterlichen Kirche sind im Gelände noch gut erkennbar -, Altenböddeken, Tedekenlo, Holthusen, Högeringhusen, Graffeln und Borglere. Lediglich die Wüstungsplätze von Graffeln und Altenböddeken können gleichnamige Siedlungsnachfolger aufweisen. Gut 100 m nördlich des Bahnhofs Wewelsburg liegt an der Alme noch die Graffelner Mühle. Die mittelalterliche Ortsstelle Altenböddekens 4 km südsüdöstlich Wewelsburg wurde zu Beginn des 19. Jh.s wiederbesiedelt durch eine Glasfabrik, die jedoch bereits 1882 die Produktion einstellte. Heute besteht der abgelegene Weiler Altenböddeken aus einer Hofgruppe und einem Forsthaus. Aus frühgeschichtlicher Zeit verdienen das Steinkistengrab von Wewelsburg, das am südöstlichen Dorfrand lokalisiert ist, sowie eine Gruppe von bronzezeitlichen Hügelgräbern in der Waldflur "Ziegenberg" am östlichen Gemarkungsrand eine besondere Erwähnung.

Im Osten der Gemarkung etwa 2 km südöstlich der Burg findet sich eine zweite siedlungsgeschichtliche Anlage von überlokaler Bedeutung. Dort liegen in einem Wald-Wiesen-Tal die Gebäude und Kirchenruinen des ehemaligen Klosters *Böddeken*. Die Gründung Böddekens erfolgte um 836, als der begüterte Adlige Meinolf hier mit einer großzügigen Schenkung das Damenstift Böddeken errichtete. Dieses Stift zählt zu den ältesten in Sachsen und war lange Zeit das einzige im Bistum Paderborn. Nach der Zerstörung um 1390 wurde das Nonnenkloster Anfang des 15. Jh.s in ein Augustinerchorherrenkloster umgewandelt. Böddeken wurde jetzt zu einem blühenden Kloster- und Gutsbetrieb und vor allem durch die hier gepflegte Buch- und Schreibkunst berühmt. Der frühneuzeitliche Gebäudekomplex ist - trotz der Klosterauflösung im Jahre 1803 - relativ gut erhalten. Von der Klosterkirche, die nach der Säkularisation abgebrochen wurde, sind noch der romanische Westturm mit Anbauten aus der 1. Hälfte des 13. Jh.s und der hohe dreijochige Chor aus der 1. Hälfte des 15. Jh.s erhalten. Etwa 1 km südlich Böddeken steht neben einer sehr alten Linde (Meinolfuslinde) die neugotische Meinolfuskapelle aus dem Jahre 1857. Talaufwärts anschließend wurde nach dem Zweiten Weltkrieg ein Ehrenfriedhof "im Friedenstal" errichtet, auf dem über 300 Gefallene des letzten Krieges begraben liegen. Die Nachkriegsentwicklung von Wewelsburg ist durch mehrere größere Neubausiedlungen charakterisiert, die das ehemals geschlossene Dorfbild sehr auseinandergezogen haben. Für die lokale Wirtschaft wurde im Flächennutzungsplan ein Gewerbegebiet ausgewiesen. Zu einer erfreulichen völkerverbindenden Tradition sind inzwischen die Internationalen Jugendfestwochen geworden, die alle zwei Jahre im Sommer stattfinden.

II. Gefüge und Ausstattung

Bis in die Mitte des 20. Jh.s war der Raum Büren ökonomisch, sozial und kulturell von der Land- und Forstwirtschaft geprägt. Nur in der Stadt Büren hatte sich der Übergang vom agraren zum sekundären und tertiären Wirtschaftsbereich bereits im 19. Jh. vollzogen. Nach dem Zweiten Weltkrieg gab es in der Großgemeinde Büren zwei dominante Entwicklungen. In den Dörfern führte der Schrumpfungsprozeß in Land-, Forstwirtschaft und Handwerk dazu, daß ein Großteil der lokalen Arbeitsplätze verlorenging. Für die Stadt Büren, dessen regionale Zentralität in diesem Raum zumindest seit dem frühen 19. Jh. unbestritten ist, brachte die Abgabe des Kreissitzes durch die kommunale Gebietsreform im Jahre 1975 zunächst erhebliche wirtschaftliche und infrastrukturelle Verluste mit sich. Während die Arbeitsplatzrückgänge in den Dörfern überwiegend mit Auspendlerströmen in die benachbarten Zentren kompensiert wurden, gelang es der Stadt Büren, durch ein konsequent betriebenes Gewerbeansiedlungsprogramm die Arbeitsplatzverluste der Kreisverwaltung annähernd auszugleichen.

Von den Erwerbstätigen leben derzeit (1994) lediglich noch 5,7% von der Land- und Forstwirtschaft. Die Anteile des Produzierenden Gewerbes und der Dienstleistungen liegen mit 44,5 und 49,8%

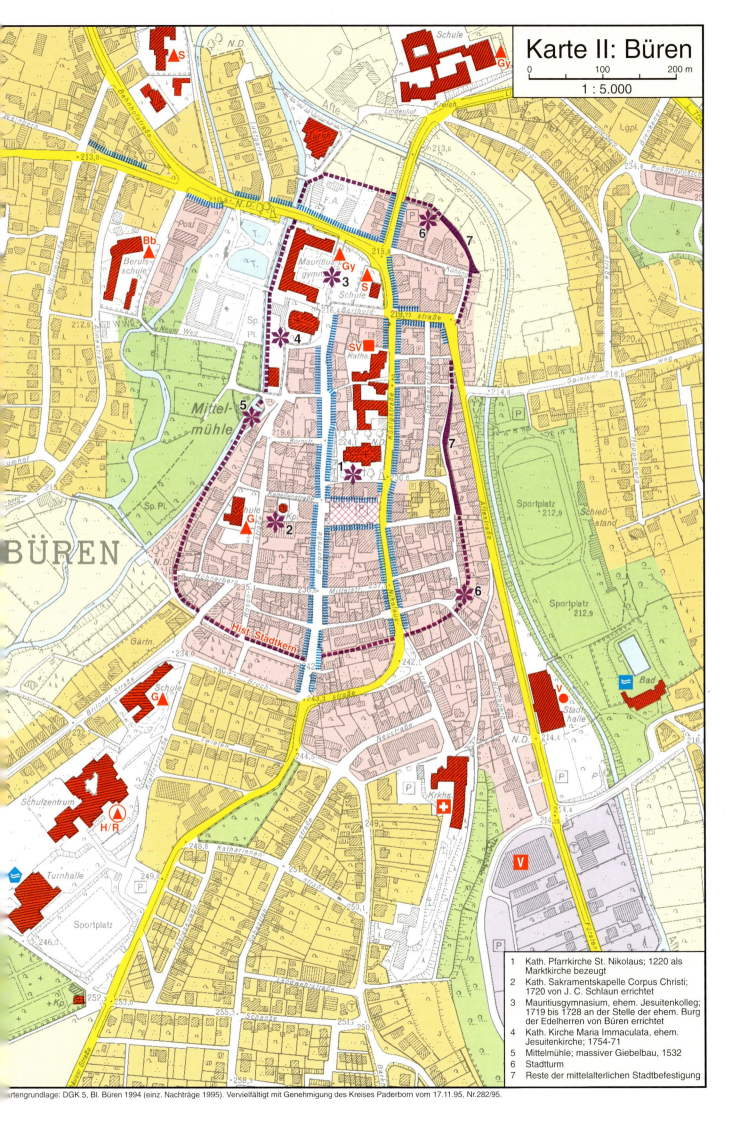

fast gleichauf. Im Vergleich zu den ähnlich strukturierten Nachbargemeinden Wünnenberg und Lichtenau weist Büren eine deutlich höhere Einzelhandelszentralität auf. Nach einer Arbeitsmarkt- und Wirtschaftsanalyse des RP in Detmold von 1990 flossen von 6.874 DM Kaufkraft je Einwohner der Gemeinde Büren lediglich 2.037 oder 29,64% in die benachbarten höherrangigen Zentren ab (Abflüsse in Wünnenberg 61,02%, in Lichtenau 78,35%). Hinsichtlich der Größenordnung sind alle Wirtschaftsbetriebe der Stadt dem gewerblichen Mittelstand zuzuordnen, kein Betrieb hat mehr als 320 Beschäftigte. Zentrale Gewerbegebiete sind in Büren (mehrere) sowie jeweils in Steinhausen und Ahden ausgewiesen.

Einen nicht zu unterschätzenden Wirtschaftsfaktor bildeten die seit 1961 in Büren ansässigen NATO-Einheiten im Kwartier Cortemarck im Stadtforst Büren, die aus belgischen und amerikanischen Streitkräften bestanden. Nach Abzug der Natoverbände wird der ehemalige Militärkomplex seit 1995 als eine zentrale Abschiebehaftanstalt des Landes NRW genutzt.

Die Stadt Büren pflegt Partnerschaften mit der belgischen Stadt Kortemark (Flandern), der französischen Stadt Charenton-le-Pont, einer Vorstadt von Paris am Zusammenfluß von Seine und Marne, und der Marktgemeinde Mittersill im österreichischen Pinzgau (Land Salzburg).

Besondere Anstrengungen wurden in den letzten Jahrzehnten für eine Entwicklung des Fremdenverkehrs unternommen. Im Stadtgebiet Büren werden in rd. 60 Hotels, Gasthöfe, Pensionen und Ferienwohnungen Übernachtungsmöglichkeiten angeboten. Dazu kommen die Jugendherberge Wewelsburg mit 210 Betten und das Jugendwaldheim Ringelstein mit 28 Betten. 11 Betriebe, die 1995 mehr als 9 Gästebetten hatten und damit statistisch erfaßt werden, besitzen insgesamt 405 Betten und weisen rd. 50.000 Übernachtungen auf. Neben dem städtischen Verkehrsamt existieren Verkehrsvereine in der Kernstadt Büren sowie den Ortsteilen Brenken, Harth, Hegensdorf, Siddinghausen, Weiberg und Wewelsburg. Spezifische Freizeiteinrichtungen wie Wander- und Radwanderwege, Schutzhütten, Bänke und Kneippanlagen im Freien sind vielerorts geschaffen worden. Durch sein naturräumliches Kapital, die reliefreiche und vielfach gegliederte Landschaft mit hohem Waldanteil, ist die Gemeinde Büren fast flächendeckend für Erholungszwecke geeignet. Die südliche Hälfte des Stadtgebietes liegt im Zweckverbandsbereich des staatlich anerkannten Erholungsgebietes Büren/Wünnenberg. Zu den besonderen kulturellen Fremdenverkehrsmagneten des Raumes zählen - neben den interessanten Stadt- und Dorfbildern mit den z.T. sehr bedeutenden Kirchenbauten - das ehemalige Jesuitenkolleg, die Wewelsburg, die historischen Klosteranlagen Böddeken und Holthausen, das Schloß Erpernburg, die Burgruine Ringelstein sowie das Schulmuseum und das Funkmuseum in Büren.

Die schulische Versorgung kann trotz deutlicher Zentralisierungstendenzen als relativ ortsnah bezeichnet werden. Grundschulen bestehen in Brenken, Büren, Harth/Weiberg, Siddinghausen, Steinhausen und Wewelsburg/Ahden. Ein Schulzentrum mit Hauptschule und Realschule befindet sich in Büren. Ebenfalls in Büren existieren zwei Berufsschulen, eine Sonderschule für Gehörlose sowie zwei private, staatlich anerkannte Gymnasien für Jungen und Mädchen, denen ein Internat angeschlossen ist. Ein städtisches Hallenbad besteht in Büren, Freibäder bieten Büren und Harth/Weiberg an. An speziellen Sportanlagen kann das Stadtgebiet (1992) folgendes aufweisen: 1 Sportzentrum, 11 Turnhallen, 4 Gymnastikhallen, 15 Sportplätze, 16 Tennisplätze, 1 Tennishalle, 1 Reithalle mit Reit-, Spring- und Dressurplatz, 1 Segelflugplatz und 1 Schießsportanlage.

Die Wasserversorgung der Gemeindeorte erfolgt inzwischen weitgehend durch die in der Nachbargemeinde Wünnenberg liegende Aabach-Talsperre. Hinsichtlich der Energieversorgung ist die Stadt an das Erdgasnetz der Westfälischen Ferngas-AG Dortmund angeschlossen; die Stromversorgung erfolgt durch die Vereinigten Elektrizitätswerke Westfalen AG.

III. Perspektiven und Planung

Die Stadt Büren besitzt seit 1980 einen genehmigten Flächennutzungsplan mit Entwicklungsplan sowie land- und forstwirtschaftlichem Begleitplan. Für Gewerbeansiedlungen und Wohnbebauung enthält dieser Plan derzeit noch hinreichend ausgewiesene Flächen. Die kommunale Wirtschaftsförderung sieht ihre wichtigste Aufgabe gegenwärtig darin, den Bestand an lokalen Arbeitsplätzen und Infrastruktureinrichtungen zu sichern und in Teilbereichen - u.a. Fremdenverkehr und Sportstättenbau - zu verbessern. Mit Maßnahmen der Stadterneuerung sind seit den 80er Jahren zunächst in Büren wichtige Straßenzüge, Plätze, Gebäude und Hofbereiche im Bereich de Altstadt neu gestaltet worden; flächenintensive Geschäftsbereiche wurden verstärkt an der Fürstenberger Straße angesiedelt, so z.B. Bau- und Supermärkte, Werkstätten und Verkaufslager. Nach dem Bürener Vorbild wurden danach die Kernbereiche der Dörfer Hegensdorf, Steinhausen und Weiberg durch Maßnahmen der Dorferneuerung entwickelt; als nächster Ort steht Wewelsburg vor einer entsprechenden Landesförderung. Zu einem besonderen Anliegen der Kommunalpolitik gehört auch der weitere Ausbau des Kreismuseums in der Wewelsburg. Der seit 1996 rechtskräftige Landschaftsplan für das Gemeindegebiet, mit dem vor allem der Freiraum- und Naturschutz verbessert werden soll, umfaßt im wesentlichen die Talbereiche von Afte und Alme im südlichen Stadtgebiet. Der Gebietsentwicklungsplan "Teilabschnitt Oberbereich Paderborn" wurde in den letzten Jahren von der Bezirksregierung in Detmold in Abstimmung mit den kommunalen Gebietskörperschaften überarbeitet und 1995 rechtskräftig. In der Hierarchie der kommunalpolitischen Ziele stehen an größeren Projekten ganz vorn der weitere Ausbau eines Gewerbeparks neben dem Regionalflughafen Paderborn/Lippstadt in Ahden, die großflächige Erweiterung des Industriegebietes Büren-West, der Neubau einer Grundschule in Büren, die erhebliche Erweiterung einer Gemeinschaftskläranlage für die Orte Büren, Hegensdorf, Weine, Siddinghausen, Barkhausen, Harth und Weiberg in Büren sowie die Fortführung der Dorferneuerungsmaßnahmen.

Literatur

Bauer, H. u. **G. Henkel** (1984): Der Kreis Paderborn. Paderborn

Die Bau- und Kunstdenkmäler von Westfalen (1926): Der Kreis Büren. Bearb. J. Körner. Münster

Feige, W. (1961): Talentwicklung und Verkarstung im Kreidegebiet der Alme. Spieker, Landeskundliche Beiträge und Berichte 11. Münster

Führer zu vor- und frühgeschichtlichen Denkmälern (1971): Paderborner Hochfläche - Paderborn - Büren - Salzkotten, Band 20. Mainz

Haase, C. (1976^3): Die Entstehung der westfälischen Städte. Münster

Handbuch der naturräumlichen Gliederung Deutschlands. 4.-6. Lief. Remagen 1957 und 1959

Henkel, G. (1974): Geschichte und Geographie des Kreises Büren. Paderborn

Maasjost, L. (1973): Südöstliches Westfalen. Sammlung Geographischer Führer, Bd. 9. Berlin - Stuttgart

Müller-Wille, W. (1966): Bodenplastik und Naturräume Westfalens. Spieker, Landeskundliche Beiträge und Berichte 14. Münster

Müller-Wille, W. (1981^2): Westfalen. Landschaftliche Ordnung und Bindung eines Landes. Münster

Oberschelp, R. (1963): Die Edelherren von Büren bis zum Ende des 14. Jahrhunderts. Veröffentlichungen der Historischen Kommission Westfalens XXII. Geschichtliche Arbeiten zur westfälischen Landesforschung, 6. Münster

Oberschelp, R. (1968): Beiträge zur Geschichte des Kanonissenstiftes Böddeken (837-1408). In: Westfälische Zeitschrift 118,2. Münster, S. 157-187

Rüthing, H. (1988): Mittelalterliches Klosterleben im Paderborner und Corveyer Land. Hg. Volksbank Paderborn, Heimatkundliche Schriftenreihe, H. 19. Paderborn

Willeke, M. (1989): Die Wüstungen in den Gemarkungen von Steinhausen und Eickhoff. Paderborn

Delbrück, Stadt

von Friedhelm Pelzer

Delbrück aus südlicher Richtung
(Foto: Stadt Delbrück)

I. Lage und Entwicklung

Das Stadtgebiet von Delbrück deckt sich weitgehend mit der Landschaft unter der gängigen Bezeichnung Delbrücker Land, das aber geschichtlich gesehen das alte Amt Delbrück und die Pfarrei Hövelhof umfaßte und naturräumlich das Sennevorland und den Delbrücker Rücken zwischen den Oberlaufabschnitten von Lippe und Ems einschließt.

Die Stadt greift im Norden etwas über die Ems hinaus, im Süden gehört ein größerer Teil der Lippeniederung mit den Altgemeinden Bentfeld, Anreppen und Boke zu Delbrück. Der zwar nur 10-20 m über den Niederungsgebieten (77-95 m ü. NN) sich erhebende, im Gelände jedoch auffallende Delbrück-Ostenländer Rücken (im Osten 111,1 m, am Ortskern von Delbrück bis 114,2 m hoch) baut sich über wasserstauenden Emschermergeln aus Schluffen, Grobsanden und Schottern des Elster-Saale-Interglazials auf; darüber liegen Vorschüttsande und saaleeiszeitliche Moränen (Geschiebemergel). Der wellige Rücken öffnet sich nach Westen und wird durch den Grubebach, ein Nebengewässer der Ems, entwässert. Im Süden wird er vom Haustenbach begleitet; südlich davon durchziehen der Boker Kanal, der Delbrück-Cappeler Graben und der Hauptvorfluter, die Lippe, mit der Gunne die breite von Flugsandfeldern bestimmte, im Osten schwach wellige Niederungszone. Über den Rücken verläuft die Ems-Rhein-Wasserscheide. Fast der gesamte Bereich südlich und südöstlich des Haustenbaches ist als Wasserschutzgebiet vorgesehen und schon durch zahlreiche Wassergewinnungsanlagen, aber auch Aussandungsflächen mit Baggerseen gekennzeichnet.

Das Bodenmosaik spiegelt die morphologisch und hydrologisch bedingte Feingliederung in terrestrische und semiterrestrische Böden wider. Der Kern des Delbrücker Rückens wird von Pseudogleyen aus Geschiebelehm bestimmt, flankiert von Braunerden sowie Podsolböden, die auf dem Ostenländer Rücken dominieren und dort mehrfach 40-70 cm mächtige humose Plaggenauflagen aufweisen, aber auch in den Niederungen (stellenweise) als Gley-Podsol verbreitet sind. Gley, Anmoorgley

Einwohner: 27.700
Fläche: 157,05 km²

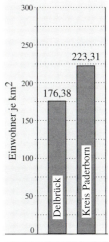

(LDS NRW, Stand: 31.12.95)

Delbrück

Mittelzentrum in einem Gebiet mit überwiegend ländlicher Raumstruktur

(LEP NRW 1995, Teil A)

Am 1.1.1975 aus der Stadt Delbrück und den Ortschaften Anreppen, Bentfeld, Boke, Hagen, Westerloh, Ostenland (teilweise) und Westenholz gebildet

und Niedermoore treten nördlich des Rückens auf. Die Ertragsfähigkeit der Böden ist gering und mäßig bis mittel, wobei mittlere Werte bei den Grünlandböden von Boke und Bentfeld sowie bei den Ackerböden um den Kernort Delbrück auftreten.

Mit knapp 8 qkm Waldfläche (4,9% des gesamten Stadtgebietes) ist Delbrück ausgesprochen waldarm. Doch die zahlreichen kleinen Restwaldflächen, so die Rixel als Reste ehemals natürlicher Bruchwälder, die Hofgehölze und die Wallhecken, die sich im Laufe des 18. Jh.s gegen Flechtzäune durchsetzten, ergänzt um die Straßen- und Grabenbegleitbäume und vereinzelte Feldgehölze, vermitteln vielerorts ein abwechlungsreiches Bild der Vegetation.

Große Teile des Delbrücker Landes sind als Landschaftsschutzgebiete ausgewiesen. Dazu gehören fast der gesamte südliche Teil jenseits des Delbrück-Cappeler Grabens einschließlich der Boker Heide und Teilgebiete zwischen Westenholz und Delbrück einerseits sowie Delbrück und Ostenland andererseits. Ein Naturschutzgebiet östlich von Boke, ein Naturdenkmal nördlich von Ostenland und zwei ökologisch wertvolle Waldbestände sind darin eingeschlossen. Einige kleinere Waldflächen, die Gewerbeflächen benachbart sind, dienen dem Immissionsschutz.

Als Mittelzentrum gemäß LEP auf der Entwicklungsachse 2. Ordnung, die von Paderborn über Delbrück nach Rietberg und weiter nach Rheda-Wiedenbrück verläuft, ausgewiesen, erweist sich Delbrück hinsichtlich seiner Verkehrslage als mäßig bis durchaus gut erreichbar. Die 1902 eröffnete Bahnstrecke Rheda-Wiedenbrück-Rietberg-Delbrück-Sennelager ("Kükenexpress", Einstellung des Personenverkehrs 1958) ist inzwischen komplett stillgelegt und zu einem Fahrradweg umgestaltet worden. Um das Intercitynetz der Bahn AG nutzen zu können, muß man bis Bielefeld fahren.

Für den Straßenverkehr bildet die west-östlich verlaufende B 64 (Münster-Paderborn) die Hauptleitlinie. Die Landstraße 822 von Lippstadt über Delbrück und über die L 836 bis Hövelhof bindet nicht nur die Ortschaften Ostenland und Hagen an, sondern erschließt auch die zentralen Gewerbegebiete. Die L 751 schneidet das Stadtgebiet diametral von Norden aus Richtung Schloß Holte kommend über die Ortschaften Steinhorst und Lippling über den Kernort und Boke nach Salzkotten. Den südlichen Teil durchläuft die L 815 (Lippstadt-Schloß Neuhaus) nur randlich, ähnlich wie die L 836 im Norden (Hövelhof-Rietberg). Die L 586 geht vom Zentralort Delbrück aus und verläuft über Westenholz westwärts auf Wadersloh zu. Von ihr zweigt die L 749 südwärts ab. Auch die L 813 ist nur eine abzweigende Straße von Ostenland nach Paderborn. Zahlreiche Kreisstraßen vernetzen das Straßengefüge, das jedoch dominant von den auf den Zentralort ausgerichteten Straßen bestimmt ist. Die B 64 umläuft die Stadt südlich als Ortsumgehung. Die Zuständigkeit für das Straßennetz liegt in Paderborn für den Nordteil des Stadtgebietes und in Salzkotten für den Südteil. Die Autobahnen A 2, A 33 und A 44 verlaufen ca. 3 bis 15 km außerhalb des Stadtgebietes und sind dabei über mehrere Anschlußstellen zwischen 10 und 26 km vom Zentrum aus allgemein gut erreichbar. Der Regionalflughafen Paderborn-Lippstadt bei Ahden, südlich Salzkotten, ist nur 20 km entfernt.

Zwar deuten einige steinzeitliche Funde (Knochenfragmente, Hirschgeweihaxt, Mikrolithen und Knochenspitzen) auf die frühe Besiedlung des Delbrücker Landes hin, doch erst mit den bronzezeitlichen Funden aus den Hügelgräbern in der Dorfbauerschaft (Oster-Rellerhof) und Steinhorst (Mondscheinknapp) liegt reicheres Material vor (Messer, Nadeln, Pinzetten, Beile, Schwerter und Figuren), während dann aus der folgenden Eisenzeit (Eisenschwert, Scherben) die Funde wieder spärlicher werden.

Das unmittelbar an der Lippe gelegene, 1968 entdeckte und seither untersuchte Römerlager bei Anreppen ist das östlichste der Lagerkette, die von Xanten über Holsterhausen, Haltern und Oberraden bis hierher reicht. Die Gründung ist für die Zeit um Christi Geburt anzusetzen. Auf einer Fläche von 23 ha bot das Lager Platz für eine Legion mit rd. 5.000 Soldaten und weiteren Hilfstruppen. Heute ist dieses Gelände Teil der touristischen Römerroute (RR) von Xanten zum Hermannsdenkmal.

Die Geschichte des Delbrücker Landes ist seit dem frühen Mittelalter eng mit der Geschichte Paderborns verknüpft. 799 wird im Zusammenhang mit der großen Reichsversammlung Paderborn zum Bischofssitz. In die Frühzeit der Bistumsgeschichte gehören die Reliquientranslationen, darunter auch die des Hl. Landolinus von Crispin (Cambrai) 836 nach Boke. Die archäologischen Grabungsergebnisse weisen darauf hin, daß die sehr alte Tochterkirche von Kirchboke (Probegrabungen 1977) mit den Reliquien ausgestattet wurde. Urkundlich erwähnt wird die Boker Kirche erst 1101. Die Delbrücker Pfarrkirche St. Johannes Baptist gehört zu den alten Taufkirchen des Bistums. Ihr Baubeginn ist um 1180 anzusetzen. Vermutlich stand hier vorher eine ältere Fachwerkkirche.

Wie Anreppen und Bentfeld kam auch Boke erst 1975 nach der Auflösung des Kreises Büren zu Delbrück und damit zum Kreis Paderborn. Hagen hat sich aus der alten Waldhufensiedlung Nordhagen der Grundherren von Rietberg (um 1200) und dem paderbornischen Sudhagen entwickelt. Ostenland entstand im 13. Jh. unter dem Ortsnamen Thomehope. Häufiger erscheint aber die Bezeichnung Osterbauerschaft. In der Mitte des 17. Jh.s wird bereits eine Kapelle erwähnt. 1958 mußte Ostenland einen beträchtlichen Teil seiner Gemarkung an Hövelhof abgeben.

Durch die kommunale Neugliederung zum Jahreswechsel 1974/75 entstand die Stadt Delbrück, die sich heute gerne als "Delbrück: zehn Orte - eine Stadt" vorstellt.

Die Entwicklung bis zu diesem Gemeinwesen ist wechselvoll. Im Mittelalter war das Delbrücker Land von einer Landwehr umschlossen und besaß mit dem Delbrücker Landrecht eine besondere Rechtsstellung innerhalb des Bistums und Fürstbistums Paderborn. Nach der politischen Umbruchzeit zwischen 1801 (Friede von Lunéville, 1803 Reichsdeputationshauptschluß, 1806-13 frz. Herrschaft im Königreich Westfalen) und 1815/16 entstand aus den Ortschaften Schöning, Lippling und Steinhorst die Gemeinde Westerloh innerhalb des Amtes Delbrück (vormals Kanton). 1975 wurde Westerloh eingemeindet; die ehemaligen Ortschaften bilden heute Stadtteile. Das Dorf Delbrück selbst wurde 1858 Titularstadt (Flecken), nachdem dem Ort bereits im Mittelalter einige Rechte zugesprochen worden waren, und ist umgeben von der z.T. schon aus fürstbischöflicher Zeit bestehenden Dorfbauerschaft, einem eigenständigen Gemeinwesen. 1895 wurde Hövelhof ausgegliedert und kam zum Amt Neuhaus. Die südlich gelegenen Dörfer Anreppen, Bentfeld und Boke zählten zum Amt Boke-Salzkotten, das mit der Kreiseinteilung von 1815 zum Kreis Büren kam. Erst in den 50er Jahren dieses Jahrhunderts traten neuerliche kommunalpolitische Veränderungen auf. 1958 fiel ein Teil der Gemeinde Ostenland an Hövelhof. Nachdem bereits vorher Zweckverbände zwischen Delbrück-Stadt und Delbrück-Dorfbauerschaft kommunale Aufgaben übernommen hatten, wurden 1964 beide Gemeinden zusammengefaßt. Zu diesem Zeitpunkt wohnten in Delbrück-Stadt 2.726 Einwohner, in der Bauerschaft 2.287.

Als am 1.1.1975 das Gesetz zur Neugliederung der Gemeinden und Kreise des Neugliederungsgebietes Sauerland/Paderborn in Kraft trat und durch Grenzveränderungen in Ostenland 1.094 Einwohner ausgegliedert wurden, in Westenholz aber 36 hinzukamen und ein starker Zuwachs von 3.697 Einwohnern durch die Eingemeindung von Anreppen, Bentfeld und Boke erzielt wurde, erreichte die neue Stadt Delbrück knapp 20.000 Einwohner. Seither ist die Einwohnerzahl stetig gewachsen.

Bevölkerungsentwicklung 1975 - 1996

Stadtteil	1975	1982	1987	1990	1996
Delbrück	6.470	7.160	7.758	8.139	10.479
Anreppen	961	1.132	1.192	1.165	1.237
Bentfeld	896	992	993	1.032	1.137
Boke	1.840	1.913	2.054	2.197	2.249
Hagen	1.739	1.935	2.017	2.112	2.246
Ostenland	2.269	2.450	2.573	2.686	2.759
Westenholz	2.729	2.852	3.002	3.167	3.601
Lippling	2.903*	1.350	1.608	1.815	2.007
Schöning		1.172	1.171	1.239	1.297
Steinhorst		606	646	650	695
Gesamt	19.807	21.508	23.014	24.202	27.707

* Bis 1975 bildeten die heutigen Stadtteile Lippling, Schöning und Steinhorst die Gemeinde Westerloh. Quelle: Angaben der Stadtverwaltung

Im 19. Jh. und bis zum Zweiten Weltkrieg wuchs die Bevölkerungszahl Delbrücks zwar stetig, aber nur langsam. 1818 lebten hier 962 Einwohner (mit der Dorfbauerschaft zusammen 1.903 E.). Bis 1939 hatte sich die Einwohnerzahl mit 1.633 in Delbrück und 3.171 incl. der Dorfbauerschaft noch nicht einmal verdoppelt. Erst durch die Zuwanderung von Flüchtlingen stieg die Einwohnerzahl in Delbrück 1946 auf 2.473, um aber bis 1950 wieder auf 2.365 zu fallen. In den umliegenden Dörfern verlief die Entwicklung ähnlich, z.T. noch schwächer (Anreppen, Bentfeld, Boke und Westenholz). In den 1950er Jahren mußten die Dörfer Anreppen, Bentfeld, Boke, Hagen, Ostenland (hier unter Gebietsabtretung), Westenholz und Westerloh Bevölkerungsverluste durch Abwanderung hinnehmen. Die jüngste Entwicklung nach der kommunalen Neuordnung zeigt, abgesehen von dem leichten Bevölkerungsschwund Anreppens zwischen 1987 und 1990, allgemein eine Zunahme, die in der positiven natürlichen Bevölkerungsentwicklung und dem Zuwanderungsgewinn begründet ist. 1995 weist Delbrück einen Geburtenüberschuß von insgesamt 202 auf. Mit einer Quote von 7,3 je 1.000 E. ist damit der höchste Wert im Kreis Paderborn zu verzeichnen. Bei 1.138 Fortzügen und 1.521 Zuzügen weist die Stadt einen Zuwanderungsgewinn von 383 Personen auf. Mit der Quote von 13,8 je 1.000 E. wird allerdings nur ein durchschnittlicher Wert erreicht.

II. Gefüge und Ausstattung

Der Flächennutzungsplan zeigt für den Hauptsiedlungsschwerpunkt (HSSP) Delbrück-Mitte ein

Einwohner in Stadtteilen:	
Delbrück	10.479
Westenholz	3.601
Ostenholz	2.759
Boke	2.249
Hagen	2.246
Lippling	2.007
Schöning	1.297
Anreppen	1.237
Bentfeld	1.137
Steinhorst	695

(Ang. d. Gem., Stand: 31.03.96)

Katasterfläche 1996: 157,05 km² davon	
80,7 %	Landwirtschaftsfläche
6,8 %	Gebäude- und Freifläche
4,9 %	Waldfläche
4,9 %	Verkehrsfläche
1,5 %	Wasserfläche
0,9 %	Betriebsfläche
0,2 %	Erholungsfläche
0,1 %	andere Nutzung

(Quelle: LDS NRW)

annähernd dreieckig erscheindendes Kerngebiet (MK), das sich längs der auf den Alten Markt zulaufenden Straßenzüge Oststraße-Thülecke und Lange Straße ("Neustadt"), fast halbkreisförmig von Osten über Norden nach Westen den Kirchbergring umgebend, ausdehnt (siehe Karte II). Der Kirchplatz wird durch kleinere Straßen und Gänge (Kirchstraße, Am Hagedorn) erreicht. Vom Alten Markt divergieren die Lipplinger Straße und die Graf-Sporck-Straße nordwärts und erschließen die nördlichen allgemeinen und reinen Wohngebiete am Pastorenbusch samt einem eingebundenen Mischgebiet. Die Siedlung Pastorenbusch im Nordosten von Delbrück-Mitte, Baubeginn 1955, war die erste geschlossene Siedlungsmaßnahme mit 36 Baugrundstücken in Erbbaurecht aus der Hand der katholischen Kirche, in der Wasserversorgung und Kanalisation zentral angelegt wurden.

Zwischen dem Kerngebiet und dem nördlichen Siedlungssaum liegt im NW ein Schulzentrum sowie im N das alte Bahnhofsviertel mit gemischter Nutzung wie Post, Zentralmolkerei und einigen Gewerbebetrieben sowie eingestreuter Wohnbebauung. Dem schließt sich als östliche Flanke das Sondergebiet des Kinder- und Jugenddorfes an, eine Einrichtung der Stiftung Pfarrgemeinde St. Baptist (40 Kinder und Jugendliche aus gestörten sozialen Verhältnissen). Weiter nach Osten folgen allgemeine Wohngebiete und kommunale Anlagen (Friedhof) und auch Verwaltungseinrichtungen (Amtsgericht, seit 1878).

Der Südsektor ist ein stark durchgrüntes lockeres Wohngebiet, das auf seiner Südseite, die Ortsumgehung der B 64 begleitend, von einem Gewerbegebiet mit der Feuerwehrzentralwache und der Polizeistation flankiert wird.

Der westliche Siedlungssektor ist umgeben von der neuen Umgehungsstraße und der ehem. Gleisanlage (heute Radweg), die von NW in die Stadt führt und dabei von einer breiten Grünschneise mit Hallenbad und Dreifachturnhalle begleitet wird. Die zentrale Rietberger Straße ist hier durch ein Mischgebiet mit kleineren Gewerbegebieten geprägt.

Die B 64 wie auch der südlich verlaufende Haustenbach trennen die Wohngebiete Mühlenbruch und Laumeskamp mit dem Sportzentrum vom Innenstadtbereich. Westlich davon im Winkel zwischen Haustenbach und B 64 ist ein weitläufiges 17,6 ha großes Gewerbegebiet mit bisher 24 Betrieben ausgewiesen, das durch die Lippstädter und die Westenholzer Straße an die Stadt und die Bundesstraße angeschlossen ist. Im NO, ca. 2 km außerhalb und über die L 822 zu erreichen, sind weitere größere Betriebe angesiedelt. Dieses Gewerbegebiet Ost umfaßt 13,6 ha Fläche. Die weiteren ausgewiesenen Gewerbegebiete (Westenholz 12 ha; Boke 15 ha und Schöning 4,5 ha) sind von ihren Ortsmitten abgesetzt und i.d.R. ohne Ortsdurchfahrt zu erreichen.

Die umliegenden Ortschaften weisen zumeist kleine dorfartige oder dorfähnliche Kerne auf. Ihnen sind jüngere Siedlungsteile aus den 60er bis 80er Jahren unmittelbar angegliedert oder benachbart, so Ostenland-Wittendorf, Anreppen-Lesterberg und Lipplinger Heide.

Von den rd. 9.000 Erwerbstätigen 1995 arbeiten 9,7% in der Land- und Forstwirtschaft. Dieser Anteil liegt deutlich über dem Kreisdurchschnitt von 3,3%, aber auch über den Werten vergleichbarer Städte im Kreisgebiet (Salzkotten 4,5% und Büren 5,7%). Mit 54,4% weist Delbrück den höchsten Anteil der Erwerbstätigen im produzierenden Gewerbe auf. Der Durchschnitt liegt hier bei 38,3%. Dem entsprechend besitzt Delbrück mit 35,9% den geringsten Dienstleistungsanteil im Kreisgebiet (Kreisdurchschnitt 58,4%; vgl. auch Statistische Übersicht auf S. 25). Bei 2.601 Einpendlern überschreiten täglich 5.323 Auspendler die Stadtgrenze, was zum höchsten Auspendlersaldo im Kreis Paderborn führt (- 2.722).

1976 gab es noch immerhin 1.325 landwirtschaftliche Betriebe mit vorwiegend familienangehörigen Arbeitskräften. Die Zahl schrumpfte jedoch bis 1989 auf 898 und bis 1995 auf 839, von denen über 60% nur noch im Nebenerwerb betrieben werden. Nach der Größenstruktur dominiert 1995 mit 357 Betrieben die Klasse der Betriebe zwischen 2 und 10 ha LF. 226 Betriebe (26,9%) haben 10-30 ha, 59 Betriebe (7,0%) 30-50 ha und 46 (5,5%) sogar 50 und mehr ha LF. Andererseits gibt es 151 Zwergbetriebe mit nur 1-2 ha LF. Die durchschnittliche Betriebsgröße liegt mit 13,8 ha je Betrieb deutlich unter dem Kreisdurchschnitt von 19,5 ha.

Im Delbrücker Land sind zahlreiche Geflügelwirtschaftsbetriebe beheimatet, die sich auf die Produktion und den Absatz von Eiern oder auf Geflügelzucht spezialisiert haben. Eine Chinchilla-Farm in Boke und ein Aalmastbetrieb (Aquafarm) in Delbrück-Mitte können in den Kreis der Spezialbetriebe eingereiht werden. Ein weiterer, allerdings nicht so bedeutender Spezialisierungssektor ist der Landschafts- und Gartenbau, wozu auch Gärtnereien und Gartencenter zählen. Betriebe mit Landhandel und Landmaschinen sowie landwirtschaftliche Lohnunternehmen ergänzen das Spektrum der breiten landwirtschaftlichen Gewerbetätigkeit.

Die Flurbereinigungsverfahren im Raum Delbrück gehen bis in die sechziger Jahre zurück. Seit 1963 wurden dadurch 13.500 ha erfaßt. Dabei wurden allenthalben Hecken und Feldgehölze beseitigt und damit der Charakter der Parklandschaft beeinträchtigt. Die offenen Sandböden wurden zudem verstärkter Windabtragung ausgesetzt, und durch die Kanalisierung der Bäche sind die hydrologischen Verhältnisse fast irreparabel schlecht geworden. Hier sind landespflegerische Maßnahmen zur Erhaltung und Wiederherstellung des Landschaftsbildes und des gesunden Naturhaushaltes dringend erforderlich. Mittlerweile sind Bepflanzungen im Außenbereich wieder vorgenommen und naturnahe Wasserflächen (Kleinbiotope) angelegt worden. Der landwirtschaftliche und forstbehördliche Fachbeitrag "Obere Lippeniederung" (1984) weist auf die Notwendigkeit hin, Baumreihen und Feldgehölze wieder anzulegen. 1990 wurden erstmalig durch eine "Hofeichenaktion" rd. 200 hochstämmige Eichen kostenlos von der Stadt an Bauernhöfe abgegeben.

Im breiten Spektrum des industriell-gewerblichen Sektors treten in Delbrück einige Branchen besonders hervor. Neben den auf die Landwirtschaft ausgerichteten Betrieben sind es hier die holzverarbeitende Industrie und die Möbelindustrie, die Erzeugung von Sanitäranlagen, die Baustoffwirtschaft und der Branchenkomplex Verpackungsindustrie. Die meisten Beschäftigten (VZ 1987: 1.328) sind in Betrieben der Größenklasse mit 20-49 Beschäftigten tätig. Fünf Betriebe haben sogar mehr als 100 Beschäftigte.

Die Fa. Gepade-Polstermöbel (Georg Pamme, Delbrück) kann auf eine über 100jährige Firmengeschichte als Familienunternehmen zurückblicken. Als Handwerksbetrieb 1887 auf der Neustadt gegründet, wurde der Betrieb 1947 an den heutigen Standort im Norden von Delbrück-Mitte verlegt (55.000 qm). Nach kräftigen Investitionen im Jahre 1990 werden in dem mit rd. 700 Beschäftigten größten Betrieb der Stadt täglich ca. 300 Polstermöbelgarnituren gefertigt. Bei einem Jahresumsatz von 125 Mio. DM (1990) gelten die Aussichten weiterhin als gut.

Die über 60jährige Fa. Nolte-Möbel umfaßt ca. 450 Beschäftigte (1990). Entstanden 1932 aus der Westenholzer wurde 1964 daraus die Nolte-Möbel KG Delbrück. 1976 bis 1982 wurden die Produktionsstätten im Ortsteil Hagen wiederholt beträchtlich erweitert.

Seit 1952 ist die Fa. Bette als Familienunternehmen im Gewerbegebiet Delbrück-Ost (ca. 225 Beschäftigte; 50.000 qm Werksgelände) angesiedelt. Der Betrieb hat sich auf die Herstellung von Bade- und Duschwannen aus Stahl und Email spezialisiert. Über 50% der Produktion wird weltweit exportiert.

Seit 1983 ist auch die Fa. Wellit GmbH, Wellpappenfabrik (1953 gegründet; über 100 Besch.; 63.000 qm), im Gewerbegebiet Ost beheimatet. Es werden vorwiegend Formatwaren und großformatige Verpackungen und Kartonagen produziert, die in einem Umkreis von 250 km abgesetzt werden.

Die Fa. Georg Hartmann Delbrück (GHD), ebenfalls im Gewerbegebiet Ost, ist 1933 aus einem Reparaturbetrieb mit Dreherei und als Zulieferer für das heimische Handwerk entstanden. Doch erst in den siebziger Jahren konnte mit der Entwicklung zunächst einer halbautomatischen, dann einer vollautomatischen Schnittbrot-Einbeutelmaschine die Spezialisierung auf Verpackungsautomaten und die Expansion des Betriebes in den achtziger Jahren ermöglicht werden.

Für die Baustoffindustrie sei die Fa. Bussemas in Boke (60-70 Besch.; 65.000 qm) erwähnt. Dieser 1949 in Verl gegründete Betrieb der Betonbranche siedelte 1972 nach Delbrück über und nahm die Produktion von Pflastersteinen auf; seit 1976 werden auch Stahlbeton-Fertigteile (Fertiggaragen, Fertigdecken u.a.) hergestellt. Die Rohstoffe werden aus der Lippeniederung (Sande), aus dem Bereich Geseke (Kalke) und Warstein (Splitt), aber auch aus dem Odenwald (Granit) herantransportiert. Das engere Absatzgebiet reicht ca. 50 km, das weitere 250 km, darüber hinaus aber auch bis Dortmund, Hannover und Kassel.

Das Wohnmilieu Delbrücks läßt sich als kleinstädtisch-dörflich charakterisieren. Dies resultiert aus der historisch gewachsenen Siedlungsstruktur im Übergang zwischen dem münsterländischen Streusiedlungsgebiet und der Dorfregion des Hellweges. Die Infrastruktur ist nur partiell zentralisiert. Wasserversorgung und Abwasserbeseitigung sind in städtischer Hand. Gas (WFG und Stadtwerke Paderborn) und Strom (PESAG) kommen von auswärts.

Die Dörfer haben z.T. eigene kommunale Einrichtungen. Alle Ortschaften verfügen über eigene Friedhöfe. Die Feuerwehr besitzt fünf Löschzüge, die in den Feuerwehrgerätehäusern in Delbrück-Mitte, Lippling, Ostenland, Bentfeld und Westenholz stationiert sind.

Kindergärten - 14 kommunale und 4 kirchliche - sind in allen Ortschaften zu finden, Grund-

Erwerbstätige 1987: 6.498

11,3%
34,3%
54,4%

Erwerbstätige 1994: 8.999

9,7%
35,9%
54,4%

■ Land- und Forstwirtschaft
▨ Produzierendes Gewerbe
▢ Dienstleistungen

(Quellen: Volkszählung 1987; Erwerbstätigenrechnung 1994)

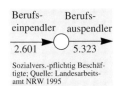

Berufseinpendler Berufsauspendler
2.601　　　　　5.323

Sozialvers.-pflichtig Beschäftigte; Quelle: Landesarbeitsamt NRW 1995

schulen jedoch nur in Delbrück-Mitte, Boke, Hagen, Lippling, Ostenland und Westenholz. Die drei Hauptschulen befinden sich in Delbrück-Mitte, Ostenland und Westenholz. Es gibt eine Realschule in Delbrück-Mitte und eine Sonderschule für Lernbehinderte in Lippling. Wer ein Gymnasium besuchen möchte, fährt entweder nach Paderborn oder nach Rietberg. Neben dem kirchlichen Bildungswerk e.V. gibt es eine Volkshochschule. Die acht öffentlichen Büchereien werden von der katholischen Kirche unterhalten. Träger des gemeinschaftlichen Lebens sind die Heimatvereine der Stadtteile, die zusammengefaßt sind im Heimathausverein Delbrück e.V.

Verschiedene Spiel- und Sportanlagen befinden sich in allen Stadtteilen, desgleichen auch Sporthallen, außer in Steinhorst, Schöning und Anreppen. Die zentrale Stadthalle an der Boker Straße wurde in der Regie und unter Eigenleistung der Bürgerschaft von den Delbrücker Vereinen errichtet.

Die katholische Pfarrgemeinde Boke umfaßt auch die Dörfer Bentfeld und Anreppen. Alle anderen Dörfer und Delbrück-Mitte bilden eigene Kirchengemeinden. Das Brauchtum des Delbrücker Landes ist stark katholisch geprägt. Dazu gehört auch die Kreuzesverehrung mit der Karfreitagsprozession im Kernort. Delbrück-Mitte ist Mittelpunkt der evangelischen Kirchengemeinde. Sämtliche Kirchengemeiden unterhalten Jugendfreizeiteinrichtungen sowie soziale Einrichtungen und Beratungsstellen. Die Stadt selbst ist Träger des Jugendtreffs in Delbrück-Mitte.

Im Gesundheitswesen sind zehn Ärzte für Allgemeinmedizin, neun Spezialisten (Chirurgie, Frauenkrankheiten und Geburtshilfe, Kinderheilhunde und innere Medizin) sowie zwölf Zahnärzte vertreten, die sich fast vollständig im Kernort konzentrieren. Für die Vieh- und Haustierhaltung stehen in Delbrück insgesamt sieben Tierärzte zur Verfügung. Fünf Apotheken befinden sich in Delbrück-Mitte, jeweils eine in Ostenland und in Westenholz.

Delbrück ist Sitz eines Amtsgerichtes und weist sieben Anwaltspraxen auf. Außer in Bentfeld ist in jedem Ortsteil mindestens auch eine Sparkassen- und Bankfiliale vertreten.

70 Restaurationsbetriebe bieten zumeist eine gutbürgerliche Küche oder Kleinimbisse, einige werben mit internationalen oder lokalen Spezialitäten (wie Senneheidschnuckenlämmer, Forellen oder Wildbret) oder gar Nouvelle Cuisine und präsentieren sich damit als beliebte Ausflugslokale. Fest- und Gesellschaftsräume für bis zu 350 Personen werden für gesellschaftliche, kulturelle, kommerzielle und familiäre Veranstaltungen bereitgehalten. Ein kleiner Tierpark in Schöning gehört neben den sehenswerten Kirchen von Boke und Delbrück-Mitte und dem Boker Kanal (Techn. Kulturdenkmal, erbaut 1853 zur Melioration (Bodenverbesserung) der Boker Heide) zu den touristischen Attraktionen. Zwar ist der Fremdenverkehr insgesamt bescheiden entwickelt, doch zeigt der Vergleich 1987 zu 1995 positive Ansätze: Bei gleicher Anzahl von fünf Betrieben mit mehr als neun

Die neue Stadthalle an der Boker Straße
(Foto: Stadt Delbrück)

Gästebetten, hat sich die Anzahl der Betten von 72 auf 95 erhöht. Die Zahl der Ankünfte hat sich von 2.044 auf 6.025 und die Zahl der Übernachtungen von 3.553 auf 9.422 fast verdreifacht. Die Bettenauslastung stieg von 1987 bis 1995 von 13,5% auf 32,0%. Verbesserungsbedürftig ist die durchschnittliche Aufenthaltsdauer von 1,7 Tagen.

Zwar sind auch in den Dörfern einige Einzelhandelsbetriebe zur Grundversorgung mit Waren für den täglichen Bedarf und gelegentlich auch Fachgeschäfte, z.B. für Textilien, vorhanden, dazu auch Handwerkseinzelhandel und -dienstleistungen, doch spezialisierte Fachgeschäfte zur mittelfristigen und z.T. landfristigen Bedarfsdeckung hat der Zentralort Delbrück an sich gezogen. Hier ist es der Straßenzug Lange Straße-Thülecke-Oststraße, der das Geschäftszentrum bildet, als Verkehrsstraße das Einkaufsvergnügen jedoch schmälert.

III. Perspektiven und Planung

1983 hat die Stadtverwaltung die "Stadtintegrierte Dorfentwicklungsplanung Delbrück" vorgestellt und dabei neben den generellen Leitbildern der Stadtentwicklung mit allgemeinen und sektoralen Oberzielen folgende Zielsetzungen konzipiert:
- Erhaltung der Funktionsvielfalt der Dörfer
- Erhaltung und Erneuerung der sozialen Kommunikationsmerkmale und des Gemeinsinns im Dorf
- Erhaltung und Erneuerung ortsbildprägender wie regionaltyischer Bausubstanz und Siedlungsstruktur
- Landschaftsgerechte Einbindung der Dörfer in die Umgebung
- Erleichterung des Erwerbs von Wohneigentum für Familien mit Kindern
- Bedarfsgerechte Einordnung des Fahrzeug- und Fußgängerverkehrs.

Durch das 1996 verabschiedete Stadtentwicklungskonzept "Delbrück 2010" wurden diese Ziele weiter ergänzt und den neuen Herausforderungen angepaßt.

Ein wichtiger Akzent wurde dadurch gesetzt, daß die Heimatvereine der Ortsteile, hier anstelle von Ortsvorstehern und Bezirksausschüssen, auch zu kommunalem Engagement ermuntert und ermächtigt werden und über pauschalisierte finanzielle Zuweisungen auch Handlungsspielraum erhalten.

Ohne ein Gymnasium zeigt die Stadt bei dieser Größe und der Einstufung als Mittelzentrum in der schulischen Versorgung Defizite. Das 1862 vom Kaufmann W. J. Valepape gestiftete Armen- und Krankenhaus St. Josephs-Hospital Delbrück, Lange Straße, wurde 1977 geschlossen und abgerissen. Angesichts der Veränderungen im Gesundheitswesen und der damit einhergehenden Schließung zahlreicher Krankenhäuser im Land konnte die Stadt bis heute keinen Krankenhausneubau realisieren. Im Bereich der Altenfürsorge wird noch 1997 mit dem Bau einer Altenpflege mit Kurzzeitpflegeplätzen und einer Sozialstation begonnen. Dadurch wird der Engpaß im Bereich der Altenfürsorge beseitigt werden.

Literatur

Amt Delbrück (Hg.) (1970): Delbrücker Land. Delbrück

Bertelsmeier, E. (1942): Bäuerliche Siedlungen und Wirtschaft im Delbrücker Land. In: Siedlung und Landschaft 14. Münster (Nachdruck 1982)

Bertelsmeier, E. (1977): Die Siedlungsräume des Delbrücker Landes. Grundlegung und Erschließung. In: Spieker 27, S. 137-143

Bezirksregierung Detmold (Hg.) (1995): Gebietsentwicklungsplan Regierungsbezirk Detmold, Teilabschnitt Oberbereich Paderborn. Detmold

Heimatverein Ostenland (Hg.) (1989): 700 Jahre Ostenland. Thomehope. Unsere Heimatgeschichte 1289-1989. Paderborn

Landwirtschaftskammer Westfalen-Lippe und Höhere Forstbehörde (Hg.) (1984): Die Struktur der Land- und Forstwirtschaft und deren Entwicklungsmöglichkeiten im Bereich des Landschaftsplanes Obere Lippeniederung, Kr. Paderborn. Landwirtschaftl. u. forstbehördliche Fachbeiträge 178. Münster

Müller, G. (1980): Eingriffe in die Landschaftssubstanz durch Stadtplanung, Straßenbau und Flurbereinigung, dargestellt an Beispielen aus dem Raum Paderborn. In: Siedlung und Landschaft im Wandel. Eingriffe und Gefahren. Schriftenreihe des Westf. Heimatbundes 6, S. 48-116. Münster

Neomedia GmbH (Hg.) (1988): Delbrück. Heimat- und Luftbildatlas. Reken

Pollmann, A. (1990): Geschichte des Delbrücker Landes. Horb

Stadt Delbrück - Der Stadtdirektor (Hg.) (1983): Stadtintegrierte Dorfentwicklungsplanung Delbrück. Delbrück

Stadt Delbrück - Der Stadtdirektor (Hg.) (1991): Verwaltungsbericht der Stadt Delbrück für das Jahr 1990. Delbrück

Stadtverwaltung Delbrück (Hg.) (1996): Delbrück 2010. Stadtentwicklungskonzept. Delbrück

Tiborski, K. (1986): Der Boker-Heide-Kanal. In: Techn. Kulturdenkmale in Westfalen 6. Münster

Winnemöller, B. (1985): Wirtschaft und Kommune sitzen in einem Boot. In: Kommunalpolitische Blätter 8, S. 649-654

Winnemöller, B. (1987): Die Stadt Delbrück: Beispiel kommunaler Förderung. In: Ostwestfälische Wirtschaft 4, S. 14-15

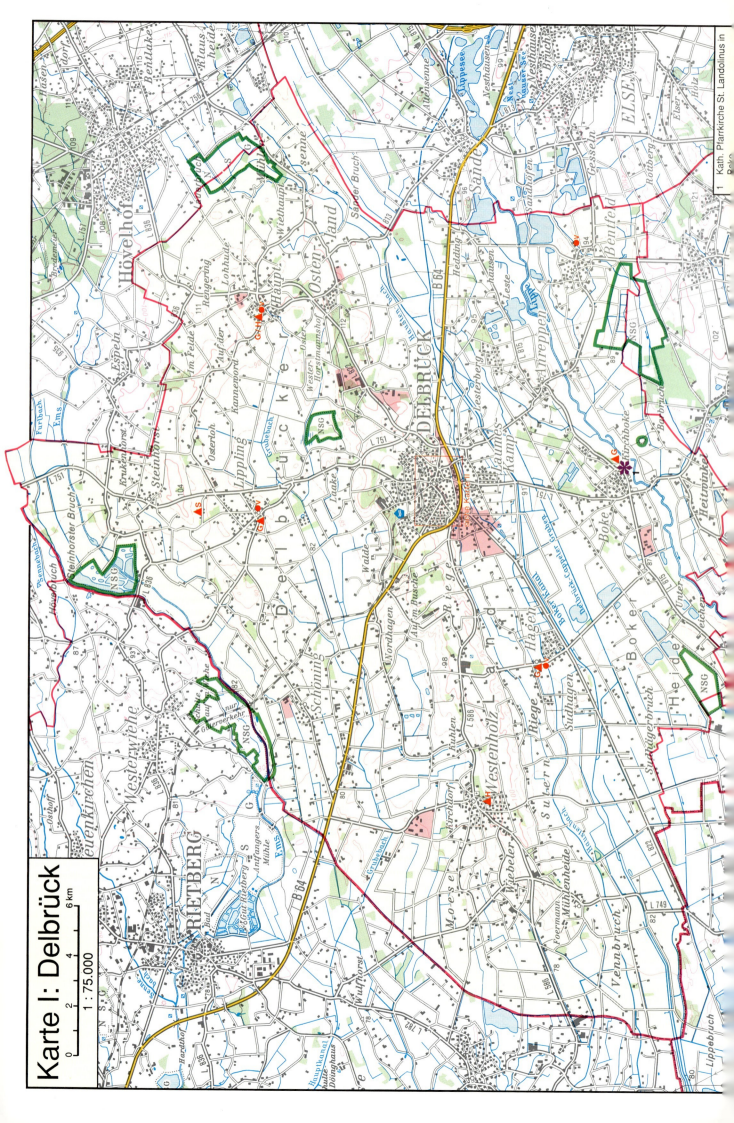

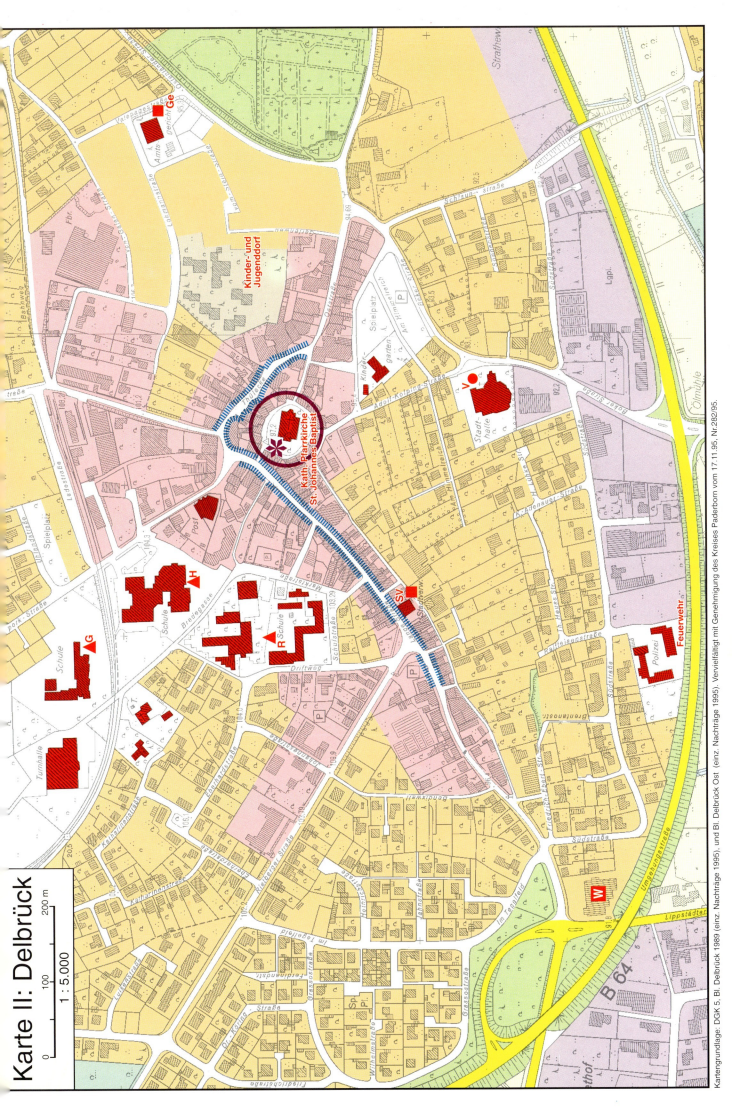

Hövelhof

von Ernst Theodor Seraphim

Hövelhof von Südwesten

(Foto: ColorScan Ellerbrok, Hövelhof)

I. Lage und Entwicklung

Die Gemeinde Hövelhof liegt in einer vom Fuße des Teutoburger Waldes nach SW einfallenden Sandebene, die als Senne bezeichnet wird. Die vom Schmelzwasser saaleeiszeitlicher Gletscher sedimentierten Sande wurden später durch Bodenfließen, Gewässer und Wind wiederholt umgelagert. Dies geschah in Zeitabschnitten geringer Vegetationsbedeckung, d.h. in erster Linie während der weichseleiszeitlichen Kälteperioden, aber auch wieder seit der Nutzung des Bodens von der Frühgeschichte bis in die Neuzeit (Hude, Wanderfeldbau, Plaggenhieb).

Unter den zahlreichen Fließgewässern der Senne haben in der Gemeinde Hövelhof der Furlbach, der Krollbach, die Ems, der Knochenbach und der Haustenbach in ihrem Oberlauf tiefe, landschaftsprägende Erosionstäler in den Sand geschnitten, die von z.T. bereits späteiszeitlich angelegten Dünenfeldern gequert oder begleitet werden. Entsprechend der Verringerung ihres Gefälles und damit der Transportkraft haben diese Bäche in ihrem Unterlauf den mitgeführten Sand in ausgedehnten flachen Schwemmfächern sedimentiert, zwischen denen sich in der Unteren Senne Niedermoore bildeten.

Die Besiedelung der Hövelhofer Senne hat, abgesehen von dem Nachweis weniger Rastplätze mittelsteinzeitlicher Jägerkulturen auf trockenem Gelände am Rande der oberen Bachtäler sowie von Einzelfunden jungsteinzeitlichen Geräts und von bronzezeitlichen Bestattungsresten am Rande des Delbrücker Rückens im Ortsteil Espeln, wegen der von Natur aus geringen Eignung des Bodens für die landwirtschaftliche Nutzung erst spät, nämlich im 16 Jh., begonnen. Sie nahm im frühbesiedelten Delbrücker Land südwestlich von Hövelhof ihren Anfang und folgte den Sennebächen aufwärts.

Der Ortsname Hövelhof geht auf den im Jahre 1584 in einer Dienstgeldaufzeichnung des Bischofs von Paderborn erstmals genannten Hof Hevel zurück, der am nördlichen Rand des Krollbach-Schwemmfächers im heutigen Ortszentrum an der Wichmann-Allee lag. Für die Entwicklung des Or-

Einwohner: 15.167

Fläche: 70,64 km²

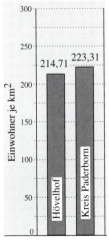

(LDS NRW, Stand: 31.12.95)

HÖVELHOF

Grundzentrum in einem Gebiet mit überwiegend ländlicher Raumstruktur

(LEP NRW 1995, Teil A)

Am 1.1.1975 wurden Teile der Ortschaft Ostenland eingemeindet

tes Hövelhof war maßgeblich, daß der Hevelhof nach dem 30jährigen Krieg an den Landesherren fiel, den Fürstbischof von Paderborn, der im Jahre 1661 neben der Hofstätte ein Jagdschloß erbauen ließ. Das heute als Pastorat genutzte Fachwerkgebäude steht unter Kulturdenkmalschutz. Mit der Genehmigung einer eigenen Kapelle im Jahre 1706 und dem Bau der ersten Pfarrkirche 1782 unmittelbar östlich des fürstbischöflichen Besitzes bildete sich für die junge Siedlung, die zunächst Niendorp (Neudorf) hieß, ein Kern heraus, auf den sich auch die Straßen und Wege richteten.

Die benachbarten Orte mit geistlicher oder weltlicher Zuständigkeit für Hövelhof waren das im Südosten gelegene Paderborn und im Südwesten Delbrück und Ostenland. Die Verbindung nach Paderborn wurde später zur B 68, jene zu den beiden kleineren Nachbarorten zur L 836 und L 822 ausgebaut. Die dritte Speiche des Straßenkreuzes, an dem sich das Kirchdorf Hövelhof weiter entwickelte, führte nach Osten den Krollbach hinauf zu den dort gegründeten Höfen. Sie verliert sich heute als unbedeutende Kreisstraße in der stets dünn besiedelten, sandigen trockenen Hövelsenne, die seit 1936 zum Truppenübungsplatz Senne gehört. Im Zuge der Truppenübungsplatzerweiterung mußte das ehem. Dorf Hövelsenne, incl. der Schule aus dem Jahre 1800, aufgegeben werden. Rd. 800 Menschen mußten ihre angestammte Heimat verlassen. Nur ein Teil von ihnen fand innerhalb der Gemeinde neuen Wohnraum.

Das ganze nördliche Hinterland des Dorfes war noch zu Beginn des 19. Jh.s, mit Ausnahme eines zur Ems führenden Mühlenweges, weitgehend unerschlossen. Es wurde von einem ausgedehnten Wald, den sog. Hövelhofer Fichten, eingenommen. Dieser Wald, in dem damals wie heute nicht Fichten, sondern Waldkiefern - neben Bruchwald aus Schwarzerlen und Moorbirken in den nassen Senken und längs der zahlreichen kleinen Wasserläufe - die bestimmende Baumart waren, ist der Vorläufer des mit 332,7 ha ansehnlichen heutigen Gemeindeforstes (ohne Truppenübungsplatzgelände), zu dem in der Gemeinde noch mehr als 500 ha privateigenen Waldes hinzukommen. Das Waldgebiet wird von der nach Norden führenden vierten Speiche des Hövelhofer Straßenkreuzes durchschnitten, d.h. der über Schloß Holte-Stukenbrock in Richtung Bielefeld verlaufenden L 756 (frühere B 68) und der über Kaunitz und Verl in den Raum Gütersloh hinüberziehenden L 757. Beide Straßen sowie die zum Gemeindeteil Riege führende, aber nicht ausgebaute Junkernallee gehen auf breite Schneisen zurück, die der bekannte Paderborner Arzt Dr. Joseph Hermann Schmidt um das Jahr 1830 in die Sumpfwälder schlagen ließ, um "Luftzugöffnungen" zu schaffen, die er für notwendig hielt, um das in Hövelhof verbreitete "Sumpffieber" zu bekämpfen. Diesem Sumpffieber erlagen im Jahre 1828 allein in der Gemeinde Hövelhof 125 Menschen.

Angesichts der naturgegebenen Schwierigkeiten und der damit verbundenen zögerlichen Entwicklung der Besiedlung der Senne zwischen Furlbach und Haustenbach wurde die politische Gemeinde Hövelhof erst im Jahre 1807, und zwar aus dem östlichen Teil der Gemeinde Ostenland, gebildet. Sie gehörte verwaltungsmäßig noch bis 1895 zum Amtsverband Delbrück und danach zum Amtsverband Neuhaus (später Schloß Neuhaus), denen die Abwicklung der gesamten Verwaltungsgeschäfte (obrigkeitsstaatliche Zuständigkeiten und Maßnahmen der Daseinsvorsorge) und damit wesentlicher zentralörtlicher Funktionen oblagen. Die volle Selbständigkeit in allen Gemeindeangelegenheiten wurde Hövelhof erst im Zuge der kommunalen Neugliederung am 1.1.1975 übertragen; das zuständige Amtsgericht befindet sich jedoch weiter in Delbrück. Mit der kommunalen Neugliederung wurden der Gemeinde der Ortsteil Espeln und die sog. Klausheider Siedlung aus der aufgelösten Gemeinde Ostenland zugeschlagen, so daß Hövelhof seitdem aus der Kernsiedlung um das Kirchdorf am Hövelhofer Straßenkreuz und aus den Gemeindeteilen Espeln, Riege, Hövelriege, Klausheide und Staumühle besteht. Espeln, Riege und Hövelriege verfügen je über ein kleines Gebiet überwiegend geschlossener Bebauung.

Die bisherige Entwicklung der Einwohnerzahl weist eine kontinuierliche Zunahme auf, die sich auch dann ergibt, wenn man die Gebietsveränderungen berücksichtigt. Nach den vorliegenden Zahlen hat sich die Bevölkerung in der Gemeinde zwischen 1816 (1.624 E.) und 1933 (3.281 E.), d.h. im

Ehem. Jagdschloß in Hövelhof
(Foto: ColorScan Ellerbrok, Hövelhof)

Verlauf von etwa vier Generationen, ungefähr verdoppelt. Dieser zunächst sehr langsamen Entwicklung steht eine wesentlich schnellere in der jüngeren Vergangenheit gegenüber. Hier stieg die Einwohnerzahl zwischen 1955 (6.007 E.), 1987 (12.599 E.) und 1995 (15.167 E.) auf gut das 2,5-fache an.

Diese Entwicklung in neuerer Zeit steht in enger Beziehung zur Lage der Gemeinde zwischen den Oberzentren Paderborn und Bielefeld (gemäß LEP eine Entwicklungsachse 2. Ordnung) und der verkehrsmäßigen Anbindung sowohl an die zwei Eisenbahnstrecken Paderborn-Bielefeld und Hövelhof-Gütersloh als auch an die B 68 Paderborn-Osnabrück und neuerdings an die Autobahnspange A 33, durch die eine Verbindung zwischen der A 2 Bielefeld-Ruhrgebiet und der A 44 Kassel-Ruhrgebiet hergestellt wird. Die verkehrsgünstige Lage spiegelt sich in der Ansiedlung einer Reihe leistungsfähiger Betriebe in den Industrie- und Gewerbegebieten, in der Zunahme der Arbeitsplätze vor Ort und in dem Ausbau einer geschlossenen Wohnbesiedlung im Kernbereich der Gemeinde wider.

II. Gefüge und Ausstattung

Das Landschaftsbild der Gemeinde wird - vor allem in den Gemeindeteilen Espeln, Riege und Hövelriege - in erster Linie durch zahlreiche unregelmäßig gestreute oder in Reihen (Riegen) längs der Bäche angeordnete, von Eichen umgebene Bauernhöfe bestimmt, die in wegbegleitende Hecken, kleine Gehölze, Äcker und Feuchtwiesen eingebettet sind. Der fortgeschriebene Flächennutzungsplan aus dem Jahre 1977 betont, daß die Entwicklung von Industrie und Gewerbe, Misch- und Wohngebieten sowie kommunalen Einrichtungen sich auf die Kernsiedlung Hövelhof konzentrieren soll und in anderen Siedlungsansätzen der Gemeinde nur bereits vorhandene Baugebiete abgerundet werden sollen. Im folgenden werden nur diejenigen Teile als "Kernbereich" der Gemeinde aufgefaßt und näher beschrieben, deren Ausstattung bereits der Funktion als Grundzentrum entspricht. Der so definierte Kernbereich - etwa 200 ha - umfaßt in erster Linie gemischte Bauflächen (Mischgebiete) und Wohnflächen; die ausgewiesenen Gewerbe- und Industriegebiete sind zwar im Gemeindeteil Hövelhof konzentriert, nicht jedoch im Kernbereich enthalten.

Die Mischgebiete, in denen neben der Wohnbevölkerung zahlreiche Geschäfte, Büros und Kleingewerbebetriebe zu finden sind, erstrecken sich in erster Linie auf die Grundstücke im Bereich des alten Straßenkreuzes, aber auch auf einige Neben- und Stichstraßen im Umfeld dieses Ortszentrums sowie auf einen kurzen Abschnitt der Ausfallstraßen L 756 und L 757. Im Kreuzungswinkel Allee/Paderborner Straße ist eine Fußgängerzone ausgewiesen, hinter der katholischen Hauptkirche befindet sich eine als Marktplatz gestaltete zentrale Innenfläche des Kernbereichs, der sog. Hövelmarkt. Ebenfalls innerhalb des Mischgebietes im Ortskern liegen die Gebäude und Einrichtungen der administrativen (Rathaus) und der kirchlichen Repräsentanz (Pfarramt u.a.). Eine Grundschule im Westen des Kernbereiches und ein Schulzentrum mit Hauptschule, Realschule, Turn- und Sporthalle und Hallenbad sowie das Haus der Jugend im Osten sind von Grünanlagen oder Wohngebäuden umgeben. Neben einer Nebenstelle der Hauptschule in Espeln gibt es noch die dreigeteilte Senne-Grundschule mit Standorten im Osten Hövelhofs, in Hövelriege und in Klausheide. In einem Neubaugebiet in nordöstlicher Randlage des Kernbereiches besteht seit 1957 eine evangelische Kirche. War Hövelhof vor dem Zweiten Weltkrieg eine fast rein katholische Gemeinde, so kamen später auch zahlreiche evangelische Familien hinzu, die zur VZ 1987 mit 2.033 Personen 16,1% der Bevölkerung stellten; der Anteil der katholischen Bevölkerung betrug mit 9.844 Personen 78,1%. Besonders hoch war der Anteil der Katholiken im Ortsteil Espeln mit 97,1%, während der geringste Wert in Staumühle mit 56,6% ermittelt wurde.

Von den sieben Kindergärten in der Gesamtgemeinde befinden sich fünf in der Ortslage Hövelhof. Trägerin für drei Kindergärten ist die katholische Kirchengemeinde (Hövelhof, Riege), während die anderen vier Kindergärten kommunale Einrichtungen sind. Für die medizinische Versorgung haben sich sechs Ärzte und vier Zahnärzte niedergelassen, ferner drei Apotheken, die wie die Arztpraxen im Kernbereich des Ortes liegen. Als kulturelle Einrichtungen seien die Öffentliche Bücherei (mit Zweigstelle in Riege) und das Volksbildungswerk e.V. Hövelhof (VBW) genannt. Darüber hinaus kümmern sich um Kultur und Geselligkeit 12 Sport-, 10 Musik-, 4 Heimat-, 10 landwirtschaftliche, 8 kirchliche und 6 sonstige Vereine und Gruppen.

Unmittelbar an den Kernbereich lehnen sich im Norden und Süden zwei geschlossene, fast vollständig bebaute Gewerbe- und Industriegebiete an. Das sich im Norden erstreckende, mit Bahnanschluß versehene Gewerbe- und Industriegebiet Nord umfaßt rd. 63 ha mit über 1.600 Arbeitsplätzen. Das im Süden an der L 756 gelegene Gewerbegebiet Süd ist mit 20 ha kleiner und vorwiegend für Betriebe vorgesehen, von denen nur geringe Störungen zu erwarten sind. Durch die Bereitstellung von Flächen für das Kleingewerbe ist

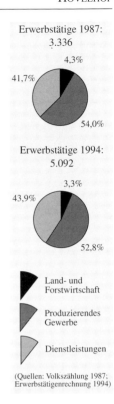

Erwerbstätige 1987: 3.336

- 4,3%
- 41,7%
- 54,0%

Erwerbstätige 1994: 5.092

- 3,3%
- 43,9%
- 52,8%

■ Land- und Forstwirtschaft
▨ Produzierendes Gewerbe
▥ Dienstleistungen

(Quellen: Volkszählung 1987; Erwerbstätigenrechnung 1994)

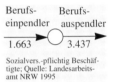

Berufseinpendler 1.663 — Berufsauspendler 3.437

Sozialvers.-pflichtig Beschäftigte; Quelle: Landesarbeitsamt NRW 1995

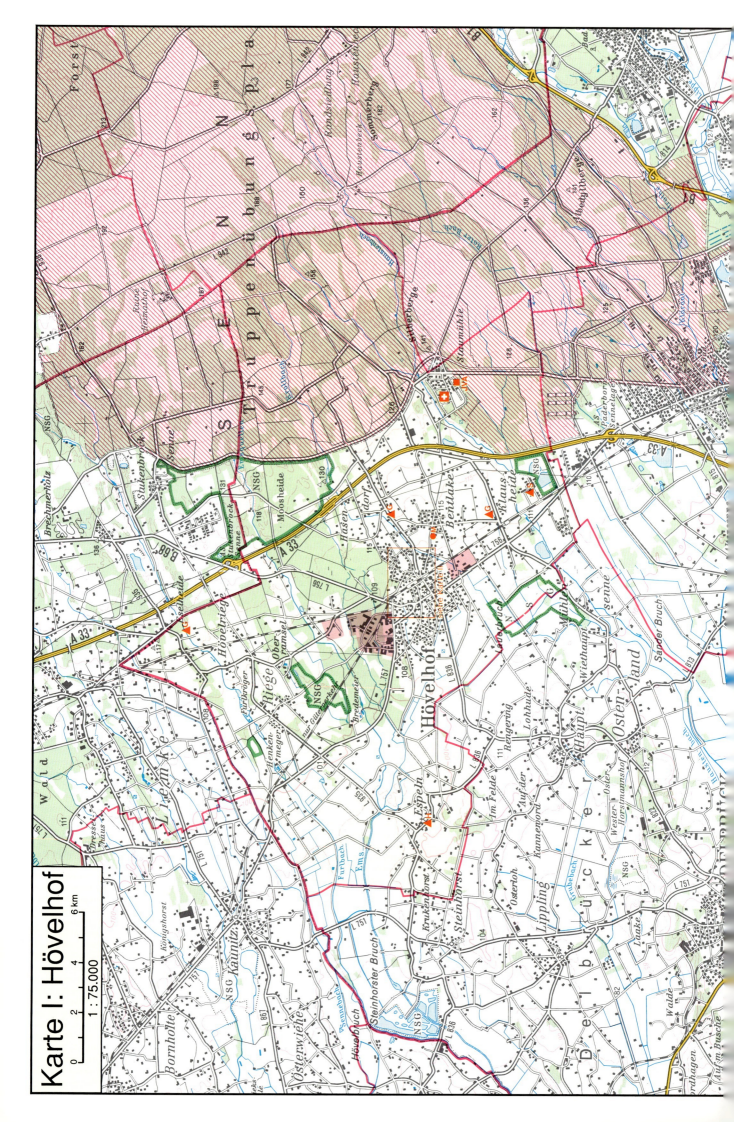

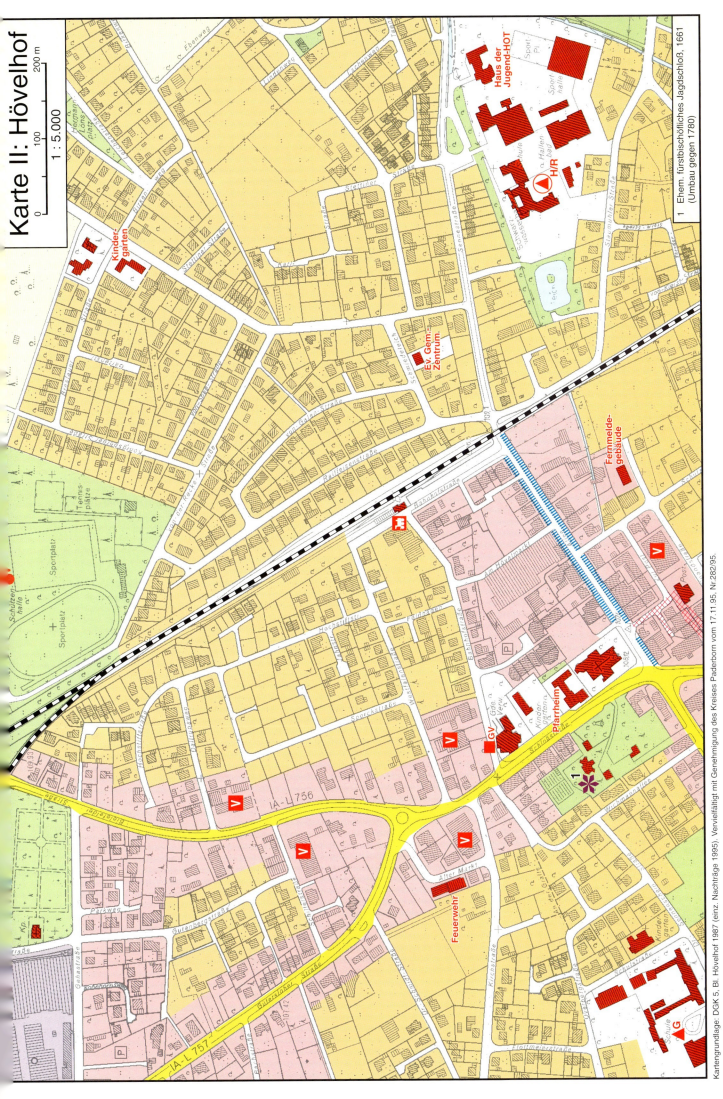

Einwohner in Ortsteilen:	
Hövelhof	11.459
Riege	1.313
Hövelriege	814
Klausheide	658
Espeln	607
Staumühle	292

(Ang. d. Gem., Stand: 31.03.96)

Katasterfläche 1996: 70,64 km^2
davon
- 44,4 % Landwirtschaftsfläche
- 26,1 % andere Nutzung
- 14,7 % Waldfläche
- 8,3 % Gebäude- und Freifläche
- 5,1 % Verkehrsfläche
- 0,8 % Wasserfläche
- 0,3 % Erholungsfläche
- 0,3 % Betriebsfläche

(Quelle: LDS NRW)

hier Betrieben auch die Möglichkeit zur Aussiedlung aus den Mischgebieten im Kernbereich geboten worden. Hier finden über 150 Menschen eine Beschäftigung.

Die Gesamtzahl der Erwerbstätigen 1994 betrug 5.092 Personen. Dies bedeutet gegenüber dem Jahre 1987 eine Zunahme von 1.756 Erwerbstätigen oder rd. 53%. Der Anteil der in der Land- und Forstwirtschaft Beschäftigten betrug 1994 3,3%, er lag im Jahre 1987 noch bei 4,3%. Der Anteil der im Produzierenden Gewerbe Beschäftigten ist von 54,0% auf 52,8% gesunken. Ein leichter Anstieg hat sich im Dienstleistungssektor vollzogen, nämlich von 41,7% auf 43,9%. Im Vergleich zum gesamten Kreis Paderborn erweisen sich diese Veränderungen von 1987 auf 1994 als relativ gering, denn im Kreisgebiet hat sich der Anteil des Produzierenden Gewerbes um rd. 8% verringert, während der Dienstleistungsbereich um rd. 8% zulegte.

Eine weitergehende Differenzierung des sekundären Sektors zeigt im Verarbeitenden Gewerbe 2.254 Beschäftigte (= 44% aller Beschäftigten), das damit eine dominierende Stellung einnimmt. Der größte Betrieb sind die Geha-Werke der holzverarbeitenden Industrie im Gewerbe- und Industriegebiet Nord mit rd. 400 Beschäftigten, gefolgt von einer Wellpappen- und einer Maschinenbau-Fabrik. Der Schwerpunkt im Bereich der verarbeitenden Betriebe liegt im Holz-, Papier- und Druckgewerbe; hergestellt werden u.a. Küchenmöbel, Türen und Holzfurniere sowie Produkte der Verpackungsindustrie. Aus dem reichhaltigen Spektrum verschiedener anderer Branchen können hier stellvertretend nur wenige genannt werden, so die Herstellung von Kunststoffen, der Stahl-, Maschinen- und Fahrzeugbau, schließlich die Sparte Elektrotechnik, Feinmechanik und Optik. Produkte dieser Betriebe sind u.a. verschiedene Maschinen, Möbelbeschläge, Markisen und Rolladen.

Gemäß den Festsetzungen des im Jahre 1989 rechtskräftig gewordenen Landschaftsplanes "Sennelandschaft" des Kreises Paderborn wurde das Waldgebiet nördlich des Kernbereichs Hövelhof unter Landschaftsschutz gestellt, in seinen ökologisch wertvollsten Teilen im Ramselbruch (Privatwald) unter Naturschutz. In dem NSG "Moosheide", das zusammen mit einem Teilgebiet in der Nachbargemeinde Schloß Holte-Stukenbrock ca. 440 ha umfaßt und sich im Osten an den Truppenübungsplatz Senne anlehnt, sollen zwischen Heide, Kiefern und Dünen auch einige Sennehöfe an Ems und Krollbach künftig noch einen Eindruck von der historischen Kulturlandschaft der Hövelhofer Senne vermitteln. Die landschaftlich besonders reizvollen Kastentäler u.a. des Furlbachs, der Ems und des Haustenbachs erhielten in dem Landschaftsplan als sog. geschützte Landschaftsbestandteile ebenfalls einen hohen Schutzstatus. Wirtschaftlich verständlich, ökologisch jedoch problematisch (Massentierhaltung, Futterreste, Kot) sind die an Furlbach und Ems gelegenen Forellenzuchten mit ihren Stauteichanlagen. Größere Teile der Unteren Senne, so die Lauerwiesen, das Lauerbruch und die Rengeringswiesen, wurden als traditionelle Dauergrünlandflächen in das Feuchtwiesenprogramm des Landes Nordrhein-Westfalen aufgenommen, mit dessen Hilfe sie, zum Teil in Landeseigentum überführt, kommenden Generationen in ihrem ökologischen Wert erhalten bleiben sollen. Durch eine besonders große Anzahl vom Aussterben bedrohter Pflanzen- und Tierarten zeichnet sich der südlich von Staumühle gelegene, zu Hövelhof gehörende Teil des Truppenübungsplatzes Senne aus, in dem seit mehr als 100 Jahren weder Entwässerungsmaßnahmen durchgeführt noch Düngemittel oder Herbizide und Insektizide angewendet wurden.

Die Bedeutung der naturnahen Ausstattung der Gemeinde für die Erholung in der freien Landschaft findet sichtbaren Ausdruck nicht nur in der Anlage zahlreicher markierter Wander-, Reit- und Radfahrwege, sondern auch in der Existenz mehrerer Hotels, Gasthöfe, Pensionen, Restaurants und Bauernhofpensionen. Der statistische Vergleich der Beherbergungskapazitäten 1987 und 1995 zeigt die positive Entwicklung. Die Anzahl der Betten in 5 Betrieben mit 9 und mehr Betten ist in diesem Zeitraum von 91 auf 121 angestiegen. 1995 konnten bei 5.681 Ankünften 11.123 Übernachtungen gezählt werden, d.h. mehr als das Dreifache gegenüber 1987 (1.654 Ankünfte, 3.495 Übernachtungen). Die Bettenauslastung stieg von 11,6% auf 27,5%. Das Interesse der Bevölkerung an Natur und Landschaft zu fördern und aktiv an der Erhaltung der naturnahen Lebensräume mitzuwirken sind Ziele der Biologischen Station Senne, die ihren Sitz in Hövelhof-Riege hat.

Der Offenheit der Gemeinde für Begegnung und den Austausch von Anregungen entspricht die seit 1971 bestehende enge Verbindung mit der etwa gleich großen französischen Partnergemeinde Verrières le Buisson bei Paris.

Im Rahmen dieser Darstellung bedürfen zwei Einrichtungen neben anderen, die nicht berücksichtigt werden können, noch der Erwähnung. Es sind dies die als Sonderbaugebiete ausgewiesenen Flächen des Salvator-Kollegs und der Justiz-Vollzugsanstalt (JVA) Hövelhof im Osten der Gemeinde. Das seit 1915 im Ortsteil Klausheide bestehende Salvator-Kolleg ist eine Einrichtung der katholischen Kirche, die gefährdeten jungen Menschen über Schulbildung und Erziehung einen neuen Start ins Leben ermöglichen will. Unterrichtet wird in einer Sonderschule für Erziehungshilfe nach dem Lehrplan der Hauptschule und - als erster Schulversuch dieser Art für das Land Nordrhein-Westfalen - nach dem Lehrplan des Berufsvorbereitungs- und des Berufsgrundschuljahres. Auf dem Gelände der JVA Hövelhof befand sich seit 1915 zunächst ein Militärlager, nach dem Ersten Weltkrieg dann ein Kinderdorf, das 1925-1931 von Richard Schirrmann, dem Gründer des Weltjugendherbergswerks, geleitet wurde. Im Jahre 1948 übernahm das Justizministerium des Landes NRW das Lager und richtete dort die JVA für junge Strafgefangene ein. Der Anstalt, die am Rande des Truppenübungsplatzes Senne liegt, ist ein Tuberkulose-Krankenhaus angegliedert.

III. Perspektiven und Planung

Die künftige Entwicklung der Gemeinde wird einerseits von der Lage im Spannungsfeld übergeordneter Ballungsräume, Wirtschaftszentren und Leitlinien des Verkehrs, andererseits von den Zielsetzungen und der Kraft der Gemeinde abhängig sein, diese Ziele zu realisieren. Dabei ist jedoch nicht an Wachstum um jeden Preis, jedenfalls nicht um den der Qualität des Lebensraumes, gedacht; die im ganzen dörfliche bis landstädtische Struktur bei gleichzeitiger weiterer Verdichtung und Entmischung des Kernbereichs (etwa 75% der Bevölkerung leben hier bereits) soll nach Möglichkeit beibehalten werden.

Hövelhof ist hinsichtlich der Altersstruktur (1995) eine junge Gemeinde: 24% der Bevölkerung haben noch nicht das 18. Lebensjahr, nur 10,4% bereits das 65. Lebensjahr vollendet. Deshalb werden Maßnahmen der Daseinsvorsorge auch künftig eine wichtige Rolle spielen. Dazu gehören sowohl die Sicherung von Arbeits- und Ausbildungsplätzen durch eine breite Fächerung von Industrie und Gewerbe wie auch Maßnahmen, die zum Entsorgungsbedarf gerechnet werden (1992 Errichtung eines neuen modernen Klärwerks), aber auch die formale und funktionale sowie optische Herabstufung der ehem. B 68 (jetzt L 756), deren Verkehrsfluß durch den Ortskern nach dem Bau der A 33 um mehr als 40% reduziert werden konnte. Auch an die Einbeziehung weiterer Wohngebiete in die bereits vorhandenen Zonen mit Verkehrsberuhigung ist gedacht.

Außerhalb der überbauten Flächen sollen je nach wirtschaftlicher Zumutbarkeit nach und nach die Festsetzungen des LP "Sennelandschaft" wirksam werden. In diesen sind auch die Festlegungen des Landesentwicklungsplanes und des GEP, Teilabschnitt "Oberbereich Paderborn", eingegangen. Sorge wird künftig mit Sicherheit die Nachfrage in der Region nach Trinkwasser aus den quartären Sanden der Senne und dem Karstgestein im tieferen Untergrund bereiten, ebenso aber auch der laufende Bedarf an Sand, dessen Abbau gleichfalls zur Absenkung des Grundwasserspiegels und damit zu Nachteilen für die Land- und Forstwirtschaft wie auch für die ökologische Vielfalt des Raumes und schließlich für das Landschaftsbild führt.

Darüber hinaus gilt die Sorge der Gemeinde den im Truppenübungsplatz Senne gelegenen Flächen (1.840 ha), die der eigenen Planung entzogen sind und für den Fall der Aufgabe des Übungsplatzes in einem dann vom Lande NRW vorgesehenen großflächigen Schutzgebiet für Natur und Landschaft aufgehen sollen.

Literatur

Arbeitsgruppe für Stadtplanung und Kommunalbau (1974): Gemeinde Hövelhof, Entwicklungsplan. Überarb. Fassung, Juni 1974. Berlin

Buschmeier, J. (1978): Der Sedimentationsfächer des Kroll-Baches in Hövelhof. In: Beiträge zur Ökologie der Senne. Teil 1, S.25-32. Bielefeld (=Ber. Nat. Ver. Bielefeld u. Umgeb., Sonderheft)

Hövelhof (1984 a): Gemeinde Hövelhof, Verkehrsplan. Erarb.v. Ing. Büro für Stadt- u. Verkehrsplanung H. Harnisch. Bielefeld

Hövelhof (1984 b): Verwaltungsbericht der Gemeindeverwaltung Hövelhof für die Jahre 1981-1983. Erstellt v. Amt I (Hauptamt) d. Gemeinde Hövelhof

Hövelhof (1986): Gemeinde Hövelhof, Schulentwicklungsplan 1985

Hövelhof - die Sennegemeinde (o.J.): Broschüre. Hg. v. ColorScan Ellerbrok. Hövelhof

Landesentwicklungsplan NRW (1995): Hg.v. Ministerpräsident des Landes Nordrhein-Westfalen. Düsseldorf

Bezirksregierung Detmold (1995): Gebietsentwicklungsplan für den Reg.-Bezirk Detmold, Teilabschnitt Oberbereich Paderborn. Detmold

Kreisplanungsamt Paderborn (1977): Gemeinde Hövelhof, Erläuterungsbericht zum Flächennutzungsplan. Paderborn

Sallads, H. (1984): Hövelhof am Sennerand. Zur Geschichte und Entwicklung einer Gemeinde. In: Die Warte. Nr.43, S.3-6. Paderborn

Seraphim, E. Th. (1978): Erdgeschichte, Landschaftsformen und geomorphologische Gliederung der Senne. In: Beiträge zur Ökologie der Senne. Teil 1, S.7-24. Bielefeld (= Ber. Nat. Ver. Bielefeld u. Umgeb., Sonderheft)

Lichtenau, Stadt

von Gerhard Henkel

Lichtenau von Süden
(Foto: Landesbildstelle Westfalen; Schwabenflug)

I. Lage und Entwicklung

Die geologische Entstehung des Raumes Lichtenau beginnt in der Kreidezeit vor etwa 130 Mio. Jahren und damit im Erdmittelalter. Die ursprünglich horizontal abgelagerten Sedimente des Meeres der Kreidezeit wurden im Tertiär (Erdneuzeit, vor etwa 70 Mio. Jahren) durch Gebirgsbewegungen an den südlichen und östlichen Rändern leicht mitgehoben. Dadurch bildete sich die nach innen geneigte Münsterländer Kreidemulde. Im Stadtgebiet Lichtenau stehen die kreidezeitlichen Ablagerungen oberflächlich an, während sie in den benachbarten Landschaftsräumen Hellweg, Lippeniederung und Senne von eiszeitlichen und nacheiszeitlichen Sedimenten überdeckt worden sind.

Nach Gestein, Relief und Höhenlage sind in der Flächengemeinde Lichtenau zwei Landschaften zu unterscheiden: im westlichen Teil die P a d e r b o r n e r H o c h f l ä c h e - deren südöstlicher Bereich hier als Soratfeld bezeichnet wird - und im östlichen und südöstlichen Teil das E g g e g e b i r g e . Der Grenzsaum zwischen Soratfeld und Egge verläuft von Herbram über Asseln, Hakenberg, Bülheim, Holtheim bis nach Dalheim.

Die Paderborner Hochfläche, die innerhalb der Gemeinde von Westen nach Osten leicht ansteigt - von ca. 270 m ü. NN bei Henglarn bis ca. 370 m ü. NN östlich Lichtenau - , ist im wesentlichen aus Kalksteinen und Mergeln aufgebaut (weitere Ausführungen zu den Gesteinen und Karsterscheinungen siehe unter Grundsteinheim). Wie das benachbarte Sintfeld gilt das Lichtenauer Soratfeld seit historischer Zeit als eine fruchtbare Ackerlandschaft.

Die Egge ist ein schmales Kammgebirge, das in nordsüdlicher Erstreckung verläuft, sich jedoch im Raum Kleinenberg-Holtheim in südwestlicher Richtung ausweitet. Die Höhen steigen östlich von Kleinenberg bis über 420 m ü. NN an. Geologisch bildet die Egge die östliche Randstufe der Münsterländer Kreidemulde. Die hier anstehenden bzw. ausstreichenden Schichten der Unteren Kreide, aber auch des Jura und der Trias, bestehen im Gegen-

Einwohner: 10.461

Fläche: 192,17 km²

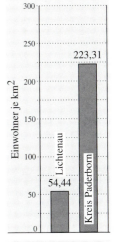

(LDS NRW, Stand: 31.12.95)

LICHTENAU

Grundzentrum in einem Gebiet mit überwiegend ländlicher Raumstruktur

(LEP NRW 1995, Teil A)

Am 1.1.1975 gebildet aus den Städten Lichtenau und Kleinenberg sowie den Ortschaften Asseln, Atteln, Blankenrode, Dalheim (teilweise), Ebbinghausen, Grundsteinheim, Hakenberg, Henglarn, Herbram, Holtheim, Husen und Iggenhausen im ehemaligen Kreis Büren

satz zu den Kalken der Paderborner Hochfläche überwiegend aus Sandsteinen. Der früher abgebaute braune bis rote Eggesandstein prägt bis heute das Ortsbild der eggenahen Dörfer und Kleinstädte. Ehemalige Sandsteinbrüche der Egge, z.B. in Herbram und Kleinenberg, sind als Naturdenkmale ausgewiesen, um den geologischen Aufbau und die Wirtschaftsgeschichte der Egge zu dokumentieren. Da die Sandsteine in der Regel von weicheren Tonen und Mergeln unterlagert werden, bilden die harten Sandsteinbänke nach Osten hin Klippen und Steilhänge, so daß der landschaftsprägende Stufencharakter des Gebirges an seinem Ostrand deutlich zum Ausdruck kommt. Die Westabdachung der Egge, die überwiegend mit der Schichtenlagerung der Gesteine übereinstimmt, ist wesentlich flacher ausgebildet; sie endet an der Basis der Schichtstufe der Paderborner Hochfläche. Komplizierter aufgebaut ist die südliche Egge zwischen Kleinenberg und Blankenrode/Meerhof. Mehrere Verwerfungslinien, die als Staffelbrüche bei der Heraushebung des Sauerlandes entstanden, durchsetzen hier den Gebirgsblock.

Die Böden der Egge sind durch eine oft auf engem Raum wechselnde Vielfalt geprägt, wozu neben dem unterschiedlichen Ausgangsgestein (Sandstein, Mergel, Ton, Kalkstein) vor allem das lebhafte Relief beigetragen hat. Geschlossene Bodendecken sind nur in den erosionssicheren Geländelagen anzutreffen. In erosionsanfälligen Lagen des Ost- und Südhanges sind die anstehenden Gesteine vielfach freigelegt und als Felsgrate, Klippen, Blockmeere und Steilhänge ausgebildet. Der Kamm der Egge, der die fast gleichbleibende Höhe von 400 m ü. NN besitzt, markiert die Wasserscheide zwischen Rhein und Weser.

Die Niederschläge im Bereich der Egge sind infolge des Auftriebs der Luftmassen höher als in der benachbarten Hochfläche: Sie betragen am Gebirgskamm etwa 1.000 mm/Jahr. Der Südteil der Egge steht jedoch in Leelage zum Sauerland. So hat Blankenrode nur noch 852 mm Jahresniederschlag.

Infolge der ungünstigen Boden-, Relief- und Klimaverhältnisse wird die Egge überwiegend forstwirtschaftlich genutzt. Dominanter Waldbaum ist heute die Fichte, die den ursprünglichen Eichen-Buchen-Wald fast vollständig verdrängt hat. Wahrscheinlich infolge der exponierten Kammlage nach Westen und auch nach Osten gehören die Baumbestände derzeit zu den am meisten von Schäden betroffenen Regionen in NRW. Zwischen Kleinenberg und Lichtenau sind noch einige Heideflächen, Reste der ehemaligen Waldweide, und Bruchgebiete erhalten, die als Naturschutzgebiete

ausgewiesen sind. In der gesamten Egge wurden früher verschiedene Erze abgebaut. Auf den schwermetallhaltigen Böden der ehemaligen Bleikuhlen von Blankenrode findet man das bei Wissenschaftlern und Naturschützern berühmte, für Mitteleuropa einmalige Galmeiveilchen. Diese Pflanzengesellschaft ist an das Vorkommen von Schwermetallen gebunden. Aufgrund der hohen Schwermetallkonzentration im Boden fehlen hier Bäume und Sträucher. Wegen der wissenschaftlichen Besonderheit wurde sogar die Trasse der A 44 in südlicher Richtung verschoben.

Der Raum Lichtenau ist insgesamt durch eine randliche Verkehrslage geprägt. So gibt es in dem flächengroßen Stadtgebiet keine Eisenbahnstrecke. Lediglich die Linie Paderborn-Altenbeken-Warburg-Kassel tangiert die nordöstliche Stadtgrenze. Mitten durch das Stadtgebiet verläuft - von Nordwesten nach Südosten - die Bundesstraße 68, die neue Autobahn A 44 Dortmund-Kassel passiert die Stadt auf 1 km Länge im Süden bei Blankenrode; durch drei Auffahrten in Haaren, Meerhof/Dalheim und Diemelstadt bestehen jedoch für die meisten Orte der Großgemeinde relativ günstige Fernverkehrsanschlüsse. Der öffentliche Personennahverkehr erfolgt durch Buslinien, die das Stadtgebiet mit den benachbarten Zentren Paderborn, Höxter, Scherfede und Warburg verbinden.

Das Stadtgebiet gehört zu den ältestbesiedelten Räumen Westfalens. Bis in die Jungsteinzeit, etwa das 3. Jahrtausend vor Chr., reichen hier die ersten Spuren von Ackerbauern mit festen Siedlungen. Bedeutendste Zeugen dieser Besiedlung sind die sog. Steinkisten- oder Steinkammergräber, von denen vier im Altenautal bei Atteln und Henglarn bekanntgeworden sind. Die aus mächtigen Steinplatten gefügten Steinkisten sind als große Grüfte anzusehen, in denen eine Siedlergemeinschaft mehrere Generationen hindurch ihre Toten bestattete. Die Kammern waren in der Regel 2-3 m breit, 1,6-1,7 m hoch und 14-22 m lang. Für den Besucher geöffnet und zugänglich gemacht ist ein Steinkistengrab etwa 1 km östlich von Atteln. Aus der Bronzezeit (ca. 1700 - 700 v. Chr.) sind bisher 68 Grabhügel registriert worden.

Auch im Mittelalter war der Raum sehr dicht besiedelt: ca. 40 Siedlungen sind bis zum Hochmittelalter nachgewiesen. Im hohen Mittelalter kommt es zu den Stadtgründungen von Kleinenberg (1249), Blankenrode (1298) und Lichtenau (1326, jeweils urkundliche Erstnennung als Stadt). Das späte Mittelalter (ca. 1380-1450) war für den Raum Lichtenau - wie für ganz Mitteleuropa - eine Phase starker Siedlungsdepression. Die meisten Siedlungen wurden von ihren Bewohnern verlas-

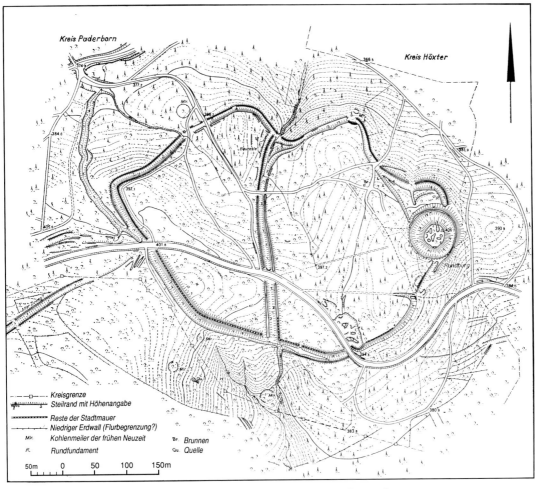

Abb. 1: Plan der Stadtwüstung Blankenrode
(nach Führer zu vor- und frühgeschichtlichen Denkmälern, Bd. 20: Paderborner Hochfläche, 1971)

sen und fielen wüst: Mehr als die Hälfte der Siedlungen im Stadtgebiet wurde zur Dauerwüstung, darunter auch die Stadt Blankenrode, die als eine der wenigen Stadtwüstungen Deutschlands zu einem bekannten Forschungs- und Exkursionsobjekt von Archäologen, Historikern und Geographen geworden ist (Abb.1).

Bei der frühneuzeitlichen Wiederbesiedlung des Raumes spielten die Städte Kleinenberg und Lichtenau sowie das Augustiner-Chorherren-Kloster in Dalheim eine herausragende Rolle. Die übrigen Orte entwickelten sich zu kleinen bis mittelgroßen Haufendörfern. Tragende ökonomische Basis war für den ganzen Raum bis zum 20. Jh. die Land- und Forstwirtschaft. Die Glashütten der Egge, die vor allem im 19. Jh. in Sieserkamp und Marschallshagen sowie bei Herbram betrieben wurden, sind längst aufgegeben; gleiches gilt für den frühneuzeitlichen Erzabbau bei Blankenrode.

Die Bevölkerungskurve Lichtenaus zeigt im 19. und 20. Jh. einen wechselvollen Verlauf. Im Jahre 1852 lebten hier bereits 8.369 Menschen. Die folgenden Jahrzehnte waren durch starke Abwanderung in die neuen Industriegebiete an Rhein und Ruhr sowie nach Übersee gekennzeichnet; die Einwohnerzahl sank bis zum Jahre 1905 auf 6.611. Die folgende Stagnation in der 1. Hälfte des 20. Jh.s wurde erst beendet durch den Zustrom an Heimatvertriebenen nach 1944/45; doch alsbald setzte eine neue Abwanderungswelle in die Industriegebiete ein. Etwa seit 1960 ist jedoch ein leichter, aber stetiger Bevölkerungsanstieg zu beobachten; der Stand von 1852 konnte zu Beginn der 1970er Jahre wieder erreicht werden. Durch intensive Bautätigkeit sind in den letzten Jahrzehnten neben den alten Dorfkernen z.T. ausgedehnte Neusiedlungen entstanden.

Die heutige Stadtgemeinde wurde am 1.1.1975 im Rahmen der kommunalen Gebietsreform aus den Altgemeinden Asseln, Atteln, Blankenrode, Dalheim, Ebbinghausen, Grundsteinheim, Hakenberg, Henglarn, Herbram, Holtheim, Husen, Iggenhausen, Kleinenberg und Lichtenau im ehemaligen Kreis Büren gebildet. Atteln, Blankenrode, Dalheim, Henglarn und Husen gehörten bis zum 31.12.1974 zum Amt Atteln, Asseln, Ebbinghausen, Grundsteinheim, Hakenberg, Herbram, Holt-

Einwohner in Stadtteilen:

Lichtenau	2.131
Atteln	1.418
Kleinenberg	1.277
Husen	1.035
Henglarn	995
Herbram	875
Holtheim	871
Asseln	458
Grundsteinheim	428
Hakenberg	221
Iggenhausen	200
Ebbinghausen	192
Blankenrode	178
Herbram-Wald	139
Dalheim	119

(Ang. d. Gem., Stand: 31.03.96)

Katasterfläche 1996:
192,17 km²
davon

51,2 %	Landwirtschaftsfläche
41,8 %	Waldfläche
3,5 %	Verkehrsfläche
2,2 %	Gebäude- und Freifläche
0,8 %	Wasserfläche
0,3 %	andere Nutzung
0,2 %	Erholungsfläche
0,0 %	Betriebsfläche

(Quelle: LDS NRW)

Spieker (sog. Voigthaus) in Atteln, 1588

(Foto: Stadt Lichtenau)

heim, Iggenhausen, Kleinenberg und Lichtenau zum Amt Lichtenau (siehe Abb. 10, S. 17).

Asseln 458 E. (1996), 11 qkm, 328 m ü. NN

Das kleine Haufendorf Asseln liegt - wie der Nachbarort Hakenberg - unmittelbar am Ostrand der Paderborner Hochfläche bzw. der Cenoman-Schichten (Oberkreide), die hier direkt zu den Sandstein-Schichten der Egge hinüberführen (Unterkreide). Daß die Außenstufe der Paderborner Hochfläche zugleich eine Quellenlinie darstellt, an der eine ganze Siedlungsreihe angelegt ist, wird in Asseln besonders deutlich. Mitten im Dorf entspringen mehrere Quellen, die zum Glasewasser bzw. Schmittwasser fließen. Die urkundliche Überlieferung beginnt im frühen 11. Jh.. Mehrfach genannt wird im hohen Mittelalter ein lokales Adelsgeschlecht der Herren von Asseln. In seiner Siedlungs- und Wirtschaftsstruktur ist Asseln nach wie vor - trotz stark rückläufiger Tendenz - agrar geprägt. Die Anzahl der nichtlandwirtschaftlichen Arbeitsplätze im Ort ist unbedeutend, die Zahl der beruflichen Auspendler dementsprechend hoch. Die Bevölkerungskurve zeigt ein merkwürdiges Phänomen: trotz leichten Anstiegs seit etwa 15 Jahren konnte der Höchststand des 19. Jh.s - 1852 waren es 527 E. - noch nicht wieder erreicht werden. Im Raum Asseln konzentriert sich derzeit die Anlage von Windparks zur Energiegewinnung.

Atteln 1.418 E. (1996), 16 qkm, 196 m ü. NN

Atteln, seit jeher der Zentralort des Altenautales, liegt an der mittleren Altenau. Kurz oberhalb des großen Haufendorfes münden die meist wasserlosen Bäche Sauer und Rein-Graben in die Altenau, die ebenfalls meist ihr eigenes Wasser in den vor Atteln auftretenden Bachschwinden verliert. Atteln gehört zu den ältesten Siedlungen des Paderborner Landes. Bereits im 9. Jh. soll hier eine Kirche bestanden haben; zum mittelalterlichen Kirchspiel zählten auch die benachbarten Altenausiedlungen Henglarn und Husen. Die damalige Bedeutung Attelns wird unterstrichen durch die Tatsache, daß sich dort ein Freistuhl (Gerichtsstätte) befand. Für das 13. Jh. ist die lokale Adelsfamilie der Herren von Atteln bezeugt. An eine ehemalige Attelner "Burg" erinnern noch Gebäude- und Straßenbezeichnungen. Unter den historischen Bauwerken ragt der Spieker, ein Speichergebäude, von 1588 hervor. Über dem Unterbau aus Bruchsteinmauerwerk erhebt sich ein Fachwerkgeschoß, dem ein Satteldach mit zweigeschossigen Giebeln aufsitzt. Die gesamten Holzteile des Baues zeigen reichhaltige Schnitzereien, die auf ein wohlhabendes Ackerbürgertum bereits zu Beginn der Neuzeit schließen lassen. Bedeutende Bodendenkmale in der Flur sind zwei Steinkammergräber aus der Jungsteinzeit, oberhalb des Ortes im linken Talraum der Altenau unmittelbar an der Flußaue gelegen. Eine Steinkammer ist geöffnet und für Besucher zugänglich gemacht worden. In seiner gegenwärtigen Wirtschaftsstruktur besitzt Atteln gegenüber den Nachbarorten nach wie vor eine Reihe zentralörtlicher Einrichtungen, z.B. Freibad, Tennisplätze, Apotheke sowie ein gutes Angebot an Einzelhandels- und Handwerksbetrieben. Doch hat der Verlust der kommunalen Autonomie und des Amtssitzes durch die Gebietsreform 1975 dem traditionellen Zentralort des Altenautales sehr geschadet.

Blankenrode 178 E. (1996), 10 qkm, 369 m ü. NN

Am Quellenbereich der Altenau befindet sich in der südlichen Egge auf der einzigen Rodungsinsel innerhalb des großen zusammenhängenden Forstgebietes des Hardehausener und Dalheimer Waldes der Weiler Blankenrode. Trotz der geringen Einwohnerzahl zählt dieser Ort gleichwohl zu den bekanntesten der Großgemeinde. Das hat historische, geologisch-wirtschaftliche und botanische Gründe. Etwa 1,5 km östlich des heutigen Ortes lag die mittelalterliche Stadt Blankenrode, deren Anfänge in der ersten Hälfte des 13. Jh.s vermutet werden. Archivalisch bezeugt sind Stadt und Burg jedoch erst im Jahre 1298. Die Jahrzehnte bis etwa 1350 waren offenbar der Höhepunkt in der kurzen Geschichte der Stadt. In den letzten Jahren des 14. Jh.s fällt Blankenrode bereits für immer den Wüstungsvorgängen zum Opfer. Damit gehört der Ort zu den wenigen in Mitteleuropa bekannten Stadtwüstungen des Spätmittelalters. Im Gelände ist die von Hochwald bestandene Wüstung durch einen ovalen Graben-Wall-Ring markiert, der die 17 ha große Stadtfläche einschloß (Abb.1). Der noch bis zu 5 m aufragende Stadtwall, der in seinem Innern einen Mauerkern besitzt, wird fast lückenlos von einem Außengraben begleitet. Am östlichen Rand der Stadtwüstung sind noch eindrucksvolle Reste einer Turmburg, der Residenz der Stadtherren, zu erkennen. Wie Blankenrode waren auch die beiden älteren Siedlungen dieses Raumes, Sirexen und Snefede, im Spätmittelalter wüst gefallen. In der Neukolonisationsphase zu Beginn der Neuzeit fand dann eine überraschend anmutende Ortswahl durch die damaligen Siedler statt: Nicht die Stadt Blankenrode wurde zum Ausgangspunkt der Wiederbesiedlung gemacht, sondern das ältere, aber kleinere und unbedeutendere Snefede 1,5 km westlich der Stadt, dessen neubesiedelte Ortsstelle dann den Namen der wüst gefallenen Stadt Blankenrode erhielt.

Der neuzeitliche Weiler Blankenrode ist durch seine unmittelbare Quellenlage in einem witterungsgeschützten Gelände, der Ursprungsmulde der Altenau, ausgezeichnet. Außerdem besteht eine direkte Nachbarschaft zu den sog. Bleikuhlen, wo nachweisbar seit der frühen Neuzeit bis zum 19. Jh. Zink- und Bleierzabbau betrieben worden ist. Auf den schwermetallhaltigen Böden der abgebauten Bleierze findet sich das Galmei-Veilchen in einer für Mitteleuropa einmaligen Abart, weswegen Blankenrode auch in Botanikerkreisen internationale Beachtung gefunden hat. In der Gemarkung bestanden im 18. und 19. Jh. zwei Glasfabriken. Nach dem Zweiten Weltkrieg hat Blankenrode - es war von 1952 bis 1975 eine politisch selbständige Gemeinde - einen völligen Wandel der Siedlungs- und Wirtschaftsstruktur erfahren. Das Ortsbild des dicht bebauten reinen Bauerndorfes wurde durch eine Sanierung 1965-73 verändert. Das Fremdenverkehrsgewerbe nahm eine beachtliche Entwicklung. In lockerer Bebauung stehen heute Pensionen und Fremdenheime neben den sanierten und z.T. an den Ortsrand verlegten Bauernhöfen.

Dalheim 119 E. (1996), 13 qkm, 274 m ü. NN

Der kleine Ort Dalheim, dessen Name durch das ehemalige Kloster weit über die Grenzen der Stadt und des Kreises hinaus bekannt ist, liegt am nordöstlichen Rande des Sintfeldes, des südlichen Teils der Paderborner Hochfläche. Durch ihre landschaftliche Grenzlage hat die Gemarkung Anteil sowohl an den offenen Ackerflächen der Paderborner Hochfläche als auch den großen zusammenhängenden Forsten des Dalheimer und Hardehauser Waldes. Die Geschichte Dalheims steht seit Beginn in engstem Zusammenhang mit der

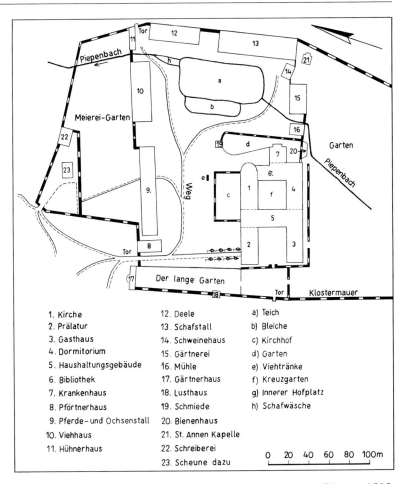

Abb. 2: Lageplan des Klosters Dalheim zur Zeit der Auflösung 1803
(nach Henkel, G., 1974)

Klostergeschichte. Wenngleich infolge der heim-Endung eine frühmittelalterliche Gründungszeit angenommen wird, beginnt die sichere Überlieferung des Ortes erst im Jahre 1244. 1264 ist das Nonnenkloster Dalheim erstmalig genannt. Am Ende des 14. Jh.s wird Dalheim geplündert und zerstört, vom Kloster und Ort bleiben nur Ruinen zurück, und für einige Jahrzehnte ist der Siedlungsplatz unbewohnt. Angesichts einer menschenleeren und verwüsteten Landschaft gab es dann im Jahre 1429 den entscheidenden Neuansatz: An der Stelle des ehemaligen Nonnenkloster wurde ein Augustinerchorherrenkloster gegründet und sogleich mit Schenkungen von wüsten Höfen, Äckern usw. überschüttet, da für den Fremdadel der entfernte Sintfeldbesitz zu verwildern und zu verwalden drohte und damit wertlos geworden war. Die Augustiner nutzten diese Situation und gewannen in kurzer Zeit einen umfangreichen Flächenbesitz. Bis zum Jahre 1518 hatte man einen Grundbesitz von 12 Wüstungsgemarkungen - Dalheim, Bodene, Versede, Boclon, Kircheilern, Osteilern, Hattepe, Nutlon, Amerungen, Sirexen, Snevelde, Hasselborn - erwerben können. Parallel zur landwirtschaftlichen Kolonisation der Umgebung erfolgten die großen Baumaßnahmen des

Klosters. Von 1460 bis 1475 entstand der bis heute vorhandene viereckige Plan mit Kirche und Wohngebäuden (Abb. 2). Dalheim war über Jahrhunderte aber nicht nur ein geistliches und kulturelles, sondern auch ein wirtschaftliches Zentrum des südlichen Paderborner Landes. Bei der Auflösung des Klosters Dalheim 1803 im Rahmen der preußischen Säkularisation war folgender Besitzstand gegeben: Der Klosterhof bewirtschaftete selbst 1.000 Morgen Ackerland, 185 Morgen Wiesen, 24 Morgen Gärten, 10 Morgen Fischteiche und 8.500 Morgen Waldungen. Daneben wurden Mühlen, Brennereien und nahezu alle Handwerke betrieben. Der ganze, überwiegend verpachtete Grundbesitz hatte eine Größe von etwa 27.000 Morgen (67,5 qkm). Der landwirtschaftliche Klosterbetrieb wurde mit der Aufhebung des Klosters in eine staatliche Domäne umgewandelt, später privatisiert und in mehrere Teile aufgelöst. Die gotische Klosterkirche von 1470, die nach der Säkularisation als Heuboden - man hatte eine Decke eingezogen - und Pferdestall diente, wurde jüngst restauriert und in ein Gipsabgußmuseum westfälischer Meisterwerke umgewandelt und zwar in Trägerschaft des Landschaftsverbandes Westfalen-Lippe. Auch der größte Teil des Kreuzgangs wurde wiederhergestellt; die ehemalige Klosterpforte wurde zu einem attraktiven Cafe-Restaurant ausgebaut. In unmittelbarer Nähe der Klosteranlage ist in den 70er Jahren das Feriendorf "Grüne Freizeit" mit 35 Häusern, Kinderspielplatz und Gondelteich errichtet worden. Über die langfristige Nutzung der weitläufigen Kloster- und Gutsgebäude, die gegenwärtig Stück für Stück restauriert werden, ist noch nicht entschieden worden.

Ebbinghausen 192 E. (1996), 4 qkm, 207 m ü. NN

Am Unterlauf der hier schon meist trockenen Sauer liegt etwa 4 km westlich Lichtenau das kleine Dorf Ebbinghausen. Der durch eine ausgesprochene Tallage charakterisierte Ort hat eine landschaftlich reizvolle Umgebung. Die schriftliche Überlieferung beginnt im Jahre 1212, als das Marienstift auf dem Berge bei Herford hier Besitz hatte. Ebbinghausen gehört zu den - meist etwas abgelegenen - Orten des Raumes Lichtenau, die in den letzten 200 Jahren eine weitgehend konstante bzw. stagnierende Bevölkerungsentwicklung zu verzeichnen haben. Die gegenwärtige Siedlungs- und Wirtschaftsstruktur wird noch deutlich von der Landwirtschaft geprägt. Allerdings hat sich Ebbinghausen in den letzten Jahrzehnten auch zu einem Fremdenverkehrsort entwickelt und durch eine gewisse Vielfalt seiner freizeitspezifischen Betriebe (von Pensionen bis zum Seniorenheim) einen überlokalen Namen erworben.

Grundsteinheim 428 E. (1996), 10 qkm, 240 m ü. NN

Im engen Talbett bzw. am rechten Steilhang der mittleren Sauer befindet sich das kleine Haufendorf Grundsteinheim. Im Norden, Westen und Süden des Ortes verläuft die Schichtstufe des Turon, so daß auch die nähere Umgebung starke Reliefunterschiede aufweist. Der mittelalterliche Vorfahre der heutigen Siedlung trug lediglich den Namen Steinheim ohne die Vorsilbe Grund-. Der Ursprung dieser heim-Siedlung kann im 8./9. Jh. angenommen werden (s.u. Lichtenau). Die gegenwärtige Wirtschaftsstruktur des Dorfes wird noch deutlich von der Landwirtschaft bestimmt. Nichtlandwirtschaftliche Arbeitsplätze sind so gut wie nicht vorhanden, so daß der Großteil der berufstätigen Wohnbevölkerung zum Auspendeln gezwungen ist. Nicht zuletzt wegen seiner reizvollen Lage und der gepflegten Altbausubstanz hat Grundsteinheim in dem Wettbewerb "Unser Dorf soll schöner werden" mehrfach erste Plätze belegt. Die Umgebung des Ortes bietet vielfältige und aufschlußreiche Einblicke in die Boden- und Wasserverhältnisse der Paderborner Hochfläche, so daß Grundsteinheim schon seit Jahrzehnten zum beliebten Ziel von Geographen und Geologen geworden ist. Etwa 300 m bachaufwärts von der Sauerbrücke am Ortsausgang nach Iggenhausen versickert die Sauer in vertikalen Klüften, den sog. Bachschwinden oder Schwalglöchern. Während der Sommermonate kann man hier durch das trockene Bachbett gehen und die größten Schwalglöcher gut erkennen. Ein gutes Beispiel für die unterirdische Wasserführung bietet sich ganz in der Nähe: Etwa 50 m westlich der Bachschwinden befindet sich 10 m über dem Flußbett eine 12 m große Kluft. Es handelt sich um den Einstieg zur Flußhöhle von Grundsteinheim, im Volksmund auch Wiäweshüöle genannt. Diese Höhle stellt ein altes unterirdisches Bachbett dar, das trockengefallen ist, nachdem die Wasserführung sich auf eine tiefere Ebene verlagerte. In der Gemarkung befinden sich außerdem östlich des Ortes ein als Naturdenkmal ausgewiesener ehemaliger Kalksteinbruch und im Norden ein ausgedehntes Dolinenfeld.

Hakenberg 221 E. (1996), 8 qkm, 363 m ü. NN

Das Kleindorf Hakenberg besitzt eine ausgesprochene Hanglage auf der östlichen Randstufe (Cenoman-Stufe) der Paderborner Hochfläche. Die west-ost-gerichtete Gemarkung hat etwa zur Hälfte Anteil am ackerbaulich genutzten Soratfeld (Kalksteinuntergrund) und am waldbestandenen Eggegebirge (Sandsteinuntergrund). Hakenberg ist neben Kleinenberg und Lichtenau die dritte Neugründung des hohen bzw. späten Mittelalters im Raum des Soratfeldes. Der ursprüngliche Name

Havixburg macht es wahrscheinlich, daß der an einem Steilhang liegende Ort als Burgsiedlung angelegt wurde, wenngleich bis jetzt sowohl genauere Quellenangaben als auch entsprechende Geländehinweise fehlen. Die Bevölkerungsentwicklung ist in den letzten 200 Jahren durch geringe Schwankungen bzw. eine Stagnation gekennzeichnet; der Höchststand von 1852 (281 E.) konnte noch nicht wieder erreicht werden. Die meisten Beschäftigten des Ortes sind in der lokalen Land- und Forstwirtschaft tätig. Wegen fehlender örtlicher Arbeitsplätze außerhalb der Land- und Forstwirtschaft gehört der Großteil der Erwerbstätigen zur Gruppe der Auspendler.

Henglarn 995 E. (1996), 11 qkm, 179 m ü. NN

Das Haufendorf Henglarn liegt wie die benachbarten "Grunddörfer" Husen, Atteln und Etteln im Tal der Altenau zu beiden Seiten des Flusses. Das Bild des alten Dorfkernes wird noch stark geprägt durch massive Bauten aus den hellgrauen Kalkbruchsteinen der Paderborner Hochfläche. Die urkundliche Überlieferung beginnt im frühen 11. Jh. (Hengilari). 1237 wird ein Rittergeschlecht der Herren von Henglarn erwähnt. In seiner gegenwärtigen Wirtschaftsentwicklung zeigt das ehemalige Bauerndorf deutliche Parallelen zu den benachbarten Orten. Landwirtschaftliche Arbeitsplätze nehmen ab, außerlandwirtschaftliche stagnieren, so daß der Großteil der Erwerbstätigen zur Gruppe der beruflichen Auspendler zählt. Der alte Dorfbereich hat in den letzten Jahrzehnten eine wesentliche Erweiterung erfahren. Südöstlich des Ortes entwickelte sich an dem hier mäßig ansteigenden Talhang eine große Neubausiedlung, die inzwischen den Anschluß an das neue Siedlungsgebiet westlich von Atteln erreicht hat. An dieser Nahtstelle Henglarn/Atteln ist ein Schul-, Sport- und Freizeitzentrum entstanden. In der Gemarkung finden sich archäologische Denkmäler von überlokaler Bedeutung. Nordwestlich des Ortes sind im Bereich der Talaue der Altenau zwei Steinkammergräber der Jungsteinzeit bekannt. Etwa 1,2 km west-nordwestlich der Kirche liegt 40 m über dem Talbett der Altenau die Vienenburg, eine kleine, fast quadratische Graben-Wall-Anlage mit 24 x 24 m Innenfläche. Nach der urkundlichen Überlieferung stammt sie aus dem Spätmittelalter (nach 1384).

Herbram 875 E. und Herbram-Wald 139 E. (1996), 17 qkm, 277 m ü. NN

Das Haufendorf Herbram liegt im nördlichen Zipfel des Stadtgebietes im Talbereich des Eggebaches Schmittwasser. Geologisch befindet sich der Ort am Übergang der Kalksteinschichten der Paderborner Hochfläche zu den Sandsteinschichten der Egge. Die schriftliche Überlieferung Herbrams beginnt erst im ausgedehnten 13. Jh. Das bisher bekannte mittelalterliche Quellenmaterial ist jedoch ausgesprochen dürftig. Nach den spätmittelalterlichen Wüstungsvorgängen wurden im Jahre 1443 die Herren von Westphalen die wichtigsten Grundeigentümer; sie besitzen noch heute große Ländereien und Waldgebiete mit einem dazugehörigen Gutsbetrieb und einer Försterei. Flurnamen, Geländebefunde und mündliche Überlieferung ergeben konkrete Hinweise auf eine frühere Glasproduktion sowie Eisenverhüttung im Raum Herbram. Im Dorfkern von Herbram sind noch viele historische Gebäude erhalten. Neben den älteren Fachwerkhäusern dominiert der vor etwa 100 Jahren als Baustein aufgekommene Plänerkalk, der in der westlichen Gemarkung abgebaut wurde. Zum südöstlichen Ortsrand wird der rote Eggesandstein zum beherrschenden Baustein der älteren Gebäude. Dieser rote Eggestein wurde in dem Sandsteinbruch an der Straße nach Asseln gebrochen, der inzwischen als Naturdenkmal ausgewiesen ist. Die heutige Wirtschaftsstruktur Herbrams wird durch einen sehr hohen Anteil beruflicher Auspendler geprägt.

Zur Altgemeinde gehörte bis zur Kommunalreform auch der Ortsteil Herbram-Wald, in einer Waldrodungsinsel 3 km östlich des Dorfes an der Gemarkungs- und Kreisgrenze auf dem Kamm der Egge gelegen. Er wird seit 1975 als eigener Stadtteil Lichtenaus ausgewiesen und hat sich in den letzten Jahrzehnten zu einem der führenden Fremdenverkehrsorte im Kreise Paderborn entwickelt.

Holtheim 871 E. (1996), 16 qkm, 336 m ü. NN

Das Haufendorf Holtheim findet sich am südöstlichen Rande der Paderborner Hochfläche unmittelbar auf der Cenomanstufe, die hier zum Sandsteingebiet des Eggegebirges überleitet. Der Ort liegt in einer Ursprungsmulde. Die im Dorfbereich entspringenden Bäche entwässern nach Westen und münden bei der Ameruger Kapelle in die Altenau. Etwa zwei Drittel der Gemarkung sind bewaldet. In der Wirtschaftsgeschichte Holtheims spielt deshalb seit Beginn die unmittelbare Randlage zu dem großen zusammenhängenden Waldgebiet im Süden eine entscheidende Rolle. Die erste urkundliche Nachricht fällt in das frühe 11. Jh.. Es ist jedoch anzunehmen, daß der Ort mit den übrigen heim-Siedlungen des Soratfeldes während der fränkischen Ausbauphase des 8./9. Jh.s entstanden ist. Im südlichen und westlichen Bereich der Gemarkung bestanden im Mittelalter drei weitere Kleinsiedlungen: Marschallshagen, Rodenbredengudt und Sewardessen, die aber den Sturm der spätmittelalterlichen Wüstungsvorgänge nicht überlebten. Aus dem ehemaligen Waldarbeiter- und Kleinbauerndorf Holtheim hat sich nach dem letzten Weltkrieg eine Pendler-Wohngemeinde entwickelt: Mehr als die Hälfte der Erwerbstätigen sind Auspendler. Die Zahl der lokalen Arbeitsplätze außerhalb der Land- und Forstwirtschaft ist gering. Vor allem am südlichen Ortsrand sind in den letzten Jahrzehnten größere Neubausiedlungen entstanden.

Husen 1.035 E. (1996), 14 qkm, 213 m ü. NN

Das mittelgroße Haufendorf Husen besitzt eine ausgesprochene Tallage am Oberlauf der Altenau. Während sich der alte Ortsbereich zu beiden Seiten der Altenau auf flachem bis mäßig ansteigendem Gelände befindet, greift die jüngere Bebauung auf die steileren Talhänge über. Durch seine ausgedehnte Gemarkung hat Husen randlichen Anteil an den großen Ackerflächen des Soratfeldes sowie des Sintfeldes. Die urkundliche Überlieferung (Husin in Patherga = Padergau) beginnt im Jahre 1043, als das Kloster Corvey seine Zehntrechte der St. Magnus-Kirche in Niedermarsberg überließ. Am Ende des Mittelalters war der Ort für mehrere Jahrzehnte eine verwüstete und von Einwohnern verlassene Stätte. In der zweiten Hälfte des 15. Jh.s errichteten dann die Herren von Calenberg in Husen ein Rittergut und wurden somit zu (Wieder-)Begründern der neuzeitlichen Siedlung. Das im Volksmund noch als "Burg" bezeichnete Gebäude am nördlichen Ortsrand entstand im Jahre 1712. Wenige Kilometer oberhalb im Talbereich der Altenau bestanden im Mittelalter drei weitere Siedlungen: Gulse, Amerungen und Elversen, die aber allesamt im späten 14. Jh. wüst fielen. Am bedeutendsten war sicherlich Amerungen, das neben einer Kirche auch eine Gerichtsstätte, einen sog. Freistuhl, besaß. Es lag am Zusammenfluß des Holtheimer Baches mit der Altenau. Die hier stehende Kapelle, alljährlich am Annentag das Ziel großer Prozessionen, wurde im Jahre 1669 vom Paderborner Bischof errichtet. Hinsichtlich seiner gegenwärtigen Siedlungs- und Wirtschaftsstruktur ist Husen als Pendler-Wohngemeinde anzusprechen, zumal die ehemals dominierende Land- und Forstwirtschaft immer mehr Erwerbstätige verliert. Seit Jahren zählt Husen zu den führenden Fremdenverkehrsorten des Kreises. Besonderen Anteil daran hat das Europa-Feriendorf, das mit 54 vermietbaren Bungalow-Appartements und verschiedenen Freizeiteinrichtungen am rechten Steilhang der Altenau nördlich des Dorfes angelegt ist.

Iggenhausen 200 E. (1996), 5 qkm, 270 m ü. NN

Das kleine Haufendorf Iggenhausen liegt am nördlichen Rand des Soratfeldes - etwa fünf km nördlich Lichtenau - im Talbett des Schmittwasserbaches. Die bebaute Ortsfläche besitzt fast eine Kreisform, deren Umrandung an drei Seiten von dem gewundenen Verlauf des Schmittwassers gebildet wird. Die schriftliche Überlieferung beginnt im frühen 12. Jh.. Der Ort besitzt eine Pfarrkirche, die 1239 zum erstenmal genannt wird. Zur Pfarrei gehören seit dem Mittelalter auch die benachbarten, erheblich größeren Orte Herbram und Grundsteinheim. Iggenhausen ist bis in die Gegenwart durch eine bäuerliche Wirtschafts- und Siedlungsstruktur gekennzeichnet, zumal in den letzten Jahrzehnten nur wenige Neusiedlungshäuser entstanden sind. Die Entwicklung des kleinen Bauerndorfes spiegelt sich in den Bevölkerungszahlen, die seit dem frühen 19. Jh. stagnieren (1818: 193 E.).

Kleinenberg 1.277 E. (1996), 24 qkm, 335 m ü. NN

Im äußersten Südosten der Flächengemeinde und des Kreises liegt, umgeben von den Waldungen des Eggegebirges, die Titularstadt Kleinenberg. Von seiner Verkehrslage her ist Kleinenberg als Paßfußort - vor Überquerung des Eggekammes - an der alten Landstraße Paderborn-Warburg-Kassel (heute B 68) anzusprechen. Hinsichtlich der topographischen Geländesituation ist der Ortskern auf einem Sporn plaziert, der im Mündungswinkel zwischen dem vom Winzenberg kommenden Mühlengraben und dem Mühlenbach - beide münden 3 km unterhalb in die Sauer - ausgeprägt ist. Die urkundliche Überlieferung beginnt im Jahre 1220 (Clenenberga). Der durch eine Stadtmauer befestigte Ort gehört zu den ältesten Städten des Paderborner Landes. Wann die Stadtrechte verliehen worden sind, ist bisher nicht bekannt; die erste überlieferte Stadtnennung fällt in das Jahr 1249. Der Mauergürtel rings um die Stadt läßt sich in seinem Verlauf noch genau verfolgen. Die Halbkreisform wird im Süden durch eine 350 m lange, gerade Strecke abgeschlossen. Es wird angenommen, daß eine ursprünglich runde Stadtanlage bis zur Niedermühle reichte, später aber um gut 100 m gekappt und auf eine gerade Linie zurückgenommen wurde. Der ehemalige Mauerbereich zeigt sich heute als 1-2 m hoher Wall, der fast durchgehend mit einer Hecke bestanden und zum Stadtinneren hin als schmale Ringstraße ausgebaut ist. Im Ortszentrum liegt auf der höchsten Stelle des Talsporns der Kirchplatz mit der Cyriacus-Kirche, von der Teile aus dem 13. Jh. stammen (s. Karte II, Ziffer 1). An dessen Rand sollen auch Burg und Rathaus der mittelalterlichen Stadt gestanden haben.

Kleinenberg war wie das benachbarte Lichtenau über Jahrhunderte eine recht wohlhabende und ansehnliche Ackerbürgerstadt, wobei die Forst- und

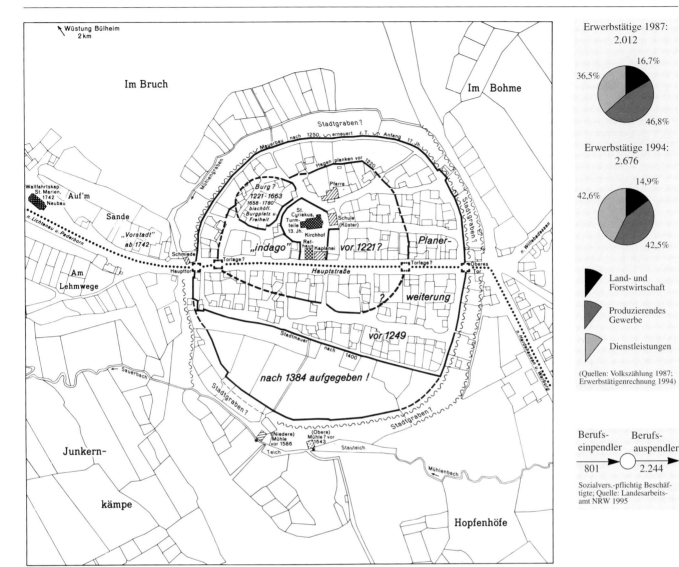

Abb. 3: Kleinenberg, Plan von 1831 f. (Urkataster), mit Wachstumsphasen seit dem Mittelalter
(nach Schoppmeyer 1981, in: Westf. Städteatlas)

Holzwirtschaft immer eine besondere Rolle spielten. In der Wirtschafts- und Bevölkerungsentwicklung der letzten 200 Jahre fällt eine bemerkenswerte Stagnation auf (1849: 1.238 E.). Die Zahl der lokalen Arbeitsplätze ist gegenwärtig in Kleinenberg relativ hoch durch einen holz- und einen metallverarbeitenden Industriebetrieb. Das ältere Ortsbild wird einerseits durch den früher hier abgebauten rötlich-braunen Eggesandstein, andererseits durch Ziegel geprägt, die in einer lokalen Ziegelei hergestellt worden sind. Am nordwestlichen Stadtrand wurde in den Jahren 1742-1757 eine Marien-Wallfahrtskapelle errichtet (Karte II, Ziffer 2), in der eine gotische Madonna aus Eichenholz als Helferin vom kleinen Berge verehrt wird. Nicht zuletzt durch seinen Charakter als Wallfahrtsort ist Kleinenberg überregional bekannt. Ein kultureller Dorfmittelpunkt ist seit einigen Jahren die mit großem lokalen Engagement restaurierte alte Küsterschule am Kirchplatz (Karte II, Ziffer 4). In der Gemarkung ist die Bülheimer Heide mit ihren unter Naturschutz stehenden Feuchtgebieten besonders erwähnenswert; außerdem sind hier insgesamt 42 bronzezeitliche Hügelgräber gezählt worden.

Lichtenau 2.131 E. (1996), 33 qkm, 305 m ü. NN

Im Zentrum der großen waldfreien Flächen des Soratfeldes liegt die Titularstadt Lichtenau; seit dem Spätmittelalter unbestrittener Mittelpunkt dieser Siedlungslandschaft. Der Ort besitzt eine typische Spornlage im Mündungsbereich des Odenheimer Baches in die Sauer. Wenige hundert Meter unterhalb versickert die Sauer im Kalkuntergrund, so daß die Wasserlage Lichtenaus noch als günstig anzusprechen ist. Das Stadtbild wird immer noch geprägt durch den hier anstehenden hellgrauen Kalkbruchstein, der bis nach dem Zweiten Weltkrieg für Haus- und Mauerbau verwendet wurde. Kirche und Burg sind aus dem braunroten Sandstein des nahen Eggegebirges errichtet. Das innere Soratfeld um Lichtenau ist seit dem frühen Mittelalter von sieben -heim-Orten besetzt: Steinheim, Nordheim, Masenheim, Odenheim, Sudheim, Bülheim und Holtheim, deren Entstehung mit großer Sicherheit in die Zeit des 8./9. Jh.s zu datieren ist, als die Franken unter Karl dem Großen hier im Sachsenland ihre Machtpositionen begründeten und ausbauten. Im Zentrum der sieben -heim-Orte befand sich - genau auf einer Linie zwischen Nordheim und Sudheim - das sog. Königsgut am nördlichen Rand des heutigen Lichtenau. Königsgüter waren reichsunmittelbare Wirtschaftsbetriebe, deren Anlage gerade für die Karolingerzeit typisch ist. In enger Beziehung zum Königsgut lag, kaum 1 km nördlich davon, die Kirchsiedlung Kerkdorp. Da den Franken beim Aufbau ihres Reiches die Begründung und Organisation von Pfarreien besonders wichtig war, erscheint die Errichtung des Kirchortes Kerkdorp im Zentrum der -heim-Siedlungen als Schlußstein einer fast modellartigen Landnahme des frühen Mittelalters.

Der ersten planvollen Siedlungsmaßnahme des Frühmittelalters folgt 500 Jahre später eine ebenso gezielte Neugründung, mit der die mittelalterliche Siedlungslandschaft gänzlich verändert, ja beseitigt wird. Der Paderborner Bischof und Landesherr veranlaßt zu Beginn des 14. Jh.s im Zentrum des Soratfeldes, ganz in der Nähe der mittelalterlichen Zentren Kerkdorp und Königsgut, die Stadtgründung Lichtenaus (Erstnennung 1326). Zu Bürgern der neuen Stadt wurden vornehmlich die Bewohner des inneren Soratfeldes, die aus den schutzlosen Kleinsiedlungen in die mit Mauern befestigte Stadt umzogen. Während die verlassenen Orte wüst fielen, wurden ihre Gemarkungen vom neuen Standort Lichtenau aus weiterbewirtschaftet, so daß Lichtenau zu den flächengrößten Altgemeinden der Region wurde. Die neue Stadt erhielt bald Stadtmauern, von denen einzelne Reste erhalten sind, und zwar eine viergeschossige Turmburg und eine gotische Pfarrkirche (beide 14. Jh.), die beide bis heute die Stadtsilhouette bestimmen. Das Kirchenpatrozinium des Hl. Kilian wurde von Kerkdorp übernommen. Der Bereich um Burg und Kirche zeigt bis heute in seiner ungeregelten Grundrißgestaltung noch mittelalterliches Gepräge. Deutlich davon unterschieden hebt sich der nördlich angrenzende Stadtteil ab: die sog. Unterstadt. Sie wurde im Schachbrettmuster - wahrscheinlich nach dem Brand der Oberstadt im Jahre 1721 - im Talbereich des Odenheimer Baches angelegt. War Lichtenau in der frühen Neuzeit eine der prosperierenden Ackerbürgerstädte des Paderborner Landes, so scheint die Entwicklung des Ortes seit dem 19. Jh. jedoch zu stagnieren (1852: 1.583 E.). Gleichwohl besitzt Lichtenau heute - nicht zuletzt durch die politische Anordnung der Gebietsreform - deutliche zentrale Funktionen eines Grundzentrums: u.a. Stadtverwaltung, Schulzentrum mit Haupt- und Realschule, Freibad; dazu kommen einige Geschäfte und andere private Dienstleistungen, die vornehmlich an der Lange Straße plaziert sind. Durch diese zentralörtliche Bedeutung hat Lichtenau eine vergleichsweise niedrige Auspendlerquote. Eine rege Bautätigkeit hat nach dem Zweiten Weltkrieg am Ortsrande mehrere Neubausiedlungen geschaffen.

II. Gefüge und Ausstattung

Mit 192 qkm ist Lichtenau die flächengrößte Gemeinde im Kreis. Die Einwohnerdichte beträgt 54 E./qkm; damit hat Lichtenau die geringste Dichte im Kreisgebiet (Kreisdurchschnitt 223 E./qkm).

Hinsichtlich der Bevölkerungszahl (10.461 E.) steht Lichtenau unter den zehn Kreisgemeinden gegenwärtig an vorletzter Stelle; im Jahre 1852 war es nach Paderborn und Delbrück noch an 3. Stelle plaziert. Die Großgemeinde hat somit seit dem 19. Jh. eine im Kreisvergleich stagnierende bzw. rückläufige Entwicklung zu verzeichnen. Die eindeutige ökonomische, soziale und kulturelle Dominanz der Land- und Forstwirtschaft währte bis weit in die letzte Nachkriegszeit. Der dann einsetzende rapide Strukturwandel, der vor allem zu Schrumpfungsprozessen in der Land- und Forstwirtschaft sowie im Handwerk führte, hat einen Großteil der dörflichen Arbeitsplätze beseitigt. Etwa 56% der hier wohnenden Erwerbstätigen haben nach dem Ergebnis der VZ 1987 ihren Arbeitsplatz im eigenen Stadtgebiet; ca. 44% sind Auspendler, von denen die Mehrheit auf das benachbarte Oberzentrum Paderborn ausgerichtet ist.

Von den Erwerbstätigen am Wohnort lebten 1994 14,9% von der Land- und Forstwirtschaft. Damit liegt Lichtenau deutlich über dem entsprechenden Wert im Kreis (3,3%). Im Bereich der Dienstleistungen waren die Erwerbstätigen mit 42,6% vertreten und damit sehr stark unterrepräsentiert im Vergleich zu Kreis (58,4%). Dem Kreisdurchschnitt (38,3%) am nächsten kommt der Anteil des Produzierenden Gewerbes mit 42,5%. Hier wird eine für den Kreis Paderborn untypische Ausgewogenheit zwischen 2. und 3. Wirtschaftssektor deutlich. Während in Lichtenau die Anteile des Produzierenden Gewerbes und des Dienstleistungsgewerbes mit 42,5% bzw. 42,6% identisch sind, beträgt die Differenz der Kreiswerte (38,3% bzw. 58,4%) mehr als 20 Prozentpunkte (siehe auch Statistische Übersicht auf S. 25).

Nach einer Arbeitsmarkt- und Wirtschaftsanalyse der Bezirksregierung in Detmold vom Februar 1990 weist die Einzelhandelszentralität Lichtenaus erhebliche Defizite auf. Von 6.625 DM Kaufkraft je Einwohner der Gemeinde im Einzelhandel fließen 5.191 DM oder 78,35% in die benachbarten höherrangigen Zentren ab. Hinsichtlich der Größenordnung sind alle Wirtschaftsbetriebe der Stadt dem gewerblichen Mittelstand zuzuordnen, nur ein Betrieb in Kleinenberg hat mehr als 250 Beschäftigte. Zentrale Gewerbegiete der Stadt sind in Atteln/Husen, Kleinenberg und Lichtenau ausgewiesen.

Besondere Anstrengungen wurden in den letzten Jahrzehnten für die Entwicklung des Fremdenverkehrs unternommen. 1995 existierten im Stadtgebiet 15 Beherbergungsbetriebe (nur Betriebe mit 9 und mehr Betten) mit insgesamt 580 Betten. 1995 konnten rund 9.000 Ankünfte mit 35.000 Übernachtungen registriert werden. Dazu kamen die zwei Feriendörfer in Dalheim und Husen mit etwa 80 Ferienhauswohnungen. In fast allen Orten des Stadtgebietes sind spezifische Freizeiteinrichtungen wie Wanderwege, Schutzhütten und Kneippanlagen im freien geschaffen worden. Eine besondere Freizeitattraktion stellt das reizvoll gelegene - zunächst dem Hochwasserschutz dienende - Rückhaltebecken mit Dauerstau zwischen Dalheim und Husen dar, das aus ökologischer Sicht allerdings umstritten ist.

Durch sein naturräumliches Kapital, die reich gegliederte Landschaft mit hohem Waldanteil (42% der Stadtfläche), ist die Gemeinde nahezu flächendeckend für Erholungszwecke ausgewiesen: Große zusammenhängende Bereiche im Osten der Gemarkung - von Iggenhausen über Herbram, Asseln, Hakenberg, Lichtenau, Kleinenberg, Holtheim, Blankenrode bis Dalheim - gehören zum Naturpark "Eggegebirge-südlicher Teutoburger Wald". Die restlichen Orte im Westen der Flächengemeinde - Grundsteinheim, Ebbinghausen, Husen, Atteln und Henglarn - liegen im Zweckverbandsbereich des staatlich anerkannten Erholungsgebietes Altenautal. Zu den besonderen kulturellen Fremdenverkehrsmagneten des Raumes zählen - neben den interessanten Dorf- und Stadtbildern - die historische Klosteranlage Dalheim, die Stadtwüstung Blankenrode und die Wallfahrtsstätten in Kleinenberg.

Die schulische Versorgung der Flächengemeinde ist weniger durch Ortsnähe als durch zentrale Standorte gekennzeichnet. Grundschulen bestehen lediglich in Henglarn, Herbram und Lichtenau; ein Schulzentrum mit Hauptschule und Realschule befindet sich in Lichtenau. Zu den nächstgelegenen Gymnasien in Büren, Paderborn, Neuenheerse und Warburg existieren gute Busverbindungen. Kindergärten gibt es in Atteln, Henglarn, Herbram, Holtheim, Husen, Kleinenberg und Lichtenau. Sportplätze mit entsprechenden Anlagen bestehen in Atteln, Henglarn, Herbram, Holtheim, Husen, Kleinenberg und Lichtenau, Turnhallen in Lichtenau und Kleinenberg, erwärmte Freibäder in Atteln und Lichtenau, Tennisplätze in Atteln, Kleinenberg und Lichtenau; in Atteln ist 1989 eine große, für Turniere ausgelegte Reithalle eröffnet worden.

Die Wasserversorgung der Gemeindeorte erfolgt dezentral durch vier selbständige Verbundnetze. Darüber hinaus wird Dalheim durch die Aabachtalsperre und Herbram-Wald durch das Wasserwerk Neuenheerse (Bad Driburg) versorgt. Hinsichtlich der Energieversorgung ist die Stadt an das Netz der VEW angeschlossen. Ein Anschluß an das Erdgasnetz der Stadtwerke Paderborn besteht für Lichtenau, Kleinenberg, Atteln, Henglarn und Husen.

III. Perspektiven und Planung

Die Stadt besitzt seit 1976 einen genehmigten Flächennutzungsplan mit Entwicklungsplan sowie land- und forstwirtschaftlichem Begleitplan. Für Gewerbeansiedlungen und Wohnbebauung enthält dieser Plan derzeit noch hinreichend ausgewiesene Flächen. Die über den lokalen Eigenbedarf hinausgehende Neubautätigkeit soll nach den Vorgaben der Gebietsentwicklungsplanung möglichst auf die Orte Atteln, Henglarn, Herbram, Kleinenberg und Lichtenau konzentriert werden. Die kommunale Wirtschaftsförderung sieht ihre wichtigste Aufgabe derzeit darin, den Bestand an lokalen Arbeitsplätzen und Infrastruktureinrichtungen zu sichern (Gewerbegebiete in Atteln und Lichtenau) und in Teilbereichen (z.B. Fremdenverkehr und Sportstätten) zu verbessern.

Auf den waldfreien und windbegünstigten Hochflächen des Soratfeldes im Raum Asseln entsteht derzeit Europas größter Windpark. Bis Ende 1997 werden hier 20 Rotoren aufgestellt. Später folgen weitere 38 Windräder. Im Endausbau werden dann jährlich 65 Mio. Kilowattstunden Strom erzeugt, was der Versorgung von rd. 50.000 Personen entspricht. Die Gesamtinvestition des Windparks beläuft sich auf 60 Mio. DM. Damit werden nicht nur dezentrale und erneuerbare Energieressourcen im ländlichen Raum genutzt, sondern auch lokale Arbeitsplätze geschaffen, was die Neuansiedlung eines Betriebes für Rotorenproduktion aus Berlin zeigt.

Mit Maßnahmen der Dorferneuerung bzw. Städtebauförderung sind z.B. in Husen, Atteln und Lichtenau wichtige Straßenzüge, Plätze, Gebäude und

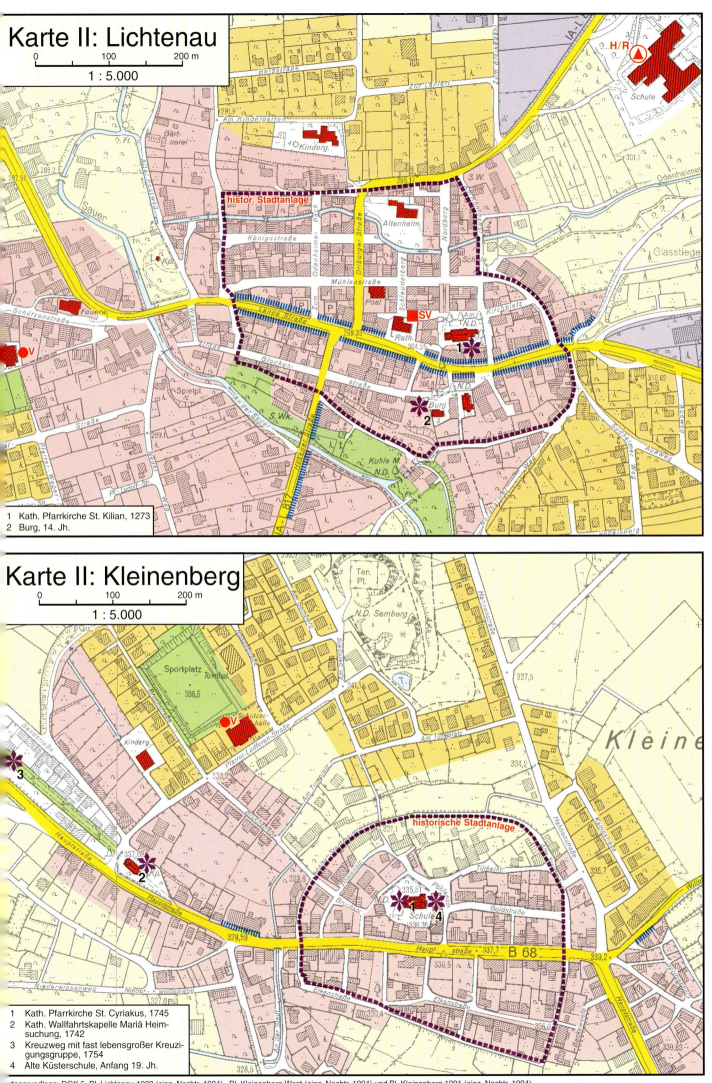

Hofbereiche neu gestaltet worden; nach diesem Vorbild sollen demnächst in allen übrigen Dörfern vergleichbare Maßnahmen durchgeführt werden. In Kleinenberg und Lichtenau sind in alten Schulgebäuden lokale Begegnungsstätten eingerichtet worden. Große Anstrengungen hatte die Stadt zuletzt im Abwasserbereich zu leisten. So wurden die Orte Asseln, Hakenberg und Ebbinghausen ganz kanalisiert, neue zentrale Kläranlagen in Henglarn und Grundsteinheim (Erweiterung) errichtet. Der vom Kreis zu erstellende Landschaftsplan für das Gemeindegebiet, mit dem der Freiraum- und Naturschutz verbessert werden sollen, steht noch in den Anfängen. Jedoch liegen bereits grundlegende Vorarbeiten durch die landschaftspflegerischen Begleitpläne vor, die für den Naturpark Eggegebirge und das bevorzugte Erholungsgebiet Altenautal erstellt worden sind. In der Hierarchie der komunalpolitischen Wünsche stehen derzeit an größeren Projekten ganz vorn die Dorferneuerung und Neugestaltung der Ortsdurchfahrt (B 68) in Kleinenberg sowie die Errichtung einer neuen Turnhalle in Husen zur Förderung des Freizeit- und Breitensports.

Am 24.3.1997 erhielt Kleinenberg den Titel "Kultur-Musterdorf Ostwestfalen-Lippe"; damit werden nicht zuletzt erhebliche Finanzförderungen durch das Land NRW für die nächsten vier Jahre in Aussicht gestellt.

Literatur

Bauer, H. u. **G. Henkel** (1984): Der Kreis Paderborn. Paderborn

Die Bau- und Kunstdenkmäler von Westfalen. Der Kreis Büren. Bearb. J. Körner. Münster 1926

Führer zu vor- und frühgeschichtlichen Denkmälern. Bd. 20: Paderborner Hochfläche - Paderborn - Büren - Salzkotten. Mainz 1971

Haase, C. (1976): Die Entstehung der westfälischen Städte. 3. Aufl. Münster

Handbuch der naturräumlichen Gliederung Deutschlands. 4.-6. Lief. Remagen 1957 und 1959

Henkel, G. (1974): Geschichte und Geographie des Kreises Büren. Paderborn

Landschaftsrahmenplan Naturpark Eggegebirge und südlicher Teutoburger Wald. Lippstadt 1973

Lippert, W. (1980): Das Eggegebirge und sein Vorland. Hg. Eggegebirgsverein. 2. Aufl. Paderborn

Maasjost, L. (1973): Südöstliches Westfalen. Sammlung Geographischer Führer, Bd. 9. Berlin-Stuttgart

Müller-Wille, W. (1966): Bodenplastik und Naturräume Westfalens. Spieker, Landeskundliche Beiträge und Berichte 14. Münster

Müller-Wille, W. (1981): Westfalen. Landschaftliche Ordnung und Bindung eines Landes. 2. Aufl. Münster

Segin, W. (1935): Kloster Dalheim im Sintfelde bei Paderborn. In: Westfälische Zeitschrift 91,2. Münster, S. 130-205

Stadt Lichtenau (Hg.) (1976): Lichtenau 1326 - 1976. Lichtenau

Voss, A. (1948): Geschichte des alten Kirchspiels Atteln. Münster

Westfälischer Städteatlas (1981): Hg. v. H. Stoob. Veröffentl. d. Histor. Kommission f. Westfalen, Münster. Kleinenberg: Lieferung II, Nr. 7. Lichtenau: Lieferung II, Nr. 9. Bearbeiter H. Schoppmeyer

Wöhlke, W. (1957): Die Kulturlandschaft des Hardehauser und Dalheimer Waldes im Mittelalter. Landeskundliche Karten und Hefte der Geographischen Kommission für Westfalen. Reihe: Siedlung und Landschaft in Westfalen, 2. Münster

Paderborn, Stadt

von Manfred Hofmann

Kernstadt Paderborns von Westen

(Foto: Stadtarchiv Paderborn - Stuttgarter Luftbild Elsäßer GmbH)

I. Lage und Entwicklung

Paderborn liegt im Südosten der Westfälischen Bucht am Übergang vom Norddeutschen Tiefland zum Berg- und Hügelland des mittleren Deutschlands. Vier Kleinlandschaften differenzieren das Stadtgebiet: im Westen die Hellwegbörden, im Süden und Osten die Paderborner Hochfläche, im Norden die Senne. Zwischen die Senne im Norden und die Paderborner Hochfläche und die Hellwegbörden im Süden schiebt sich die Lippeniederung, die man in den Quellbereich und das obere Flußgebiet differenzieren kann.

Die Paderborner Hochfläche, ein nach Süden, Südosten und Osten allmählich ansteigendes Gebiet, zeichnet sich durch an der Oberfläche anstehende Kalkgesteine der Oberen Kreide aus. Durch Verwitterung sowie andere geomorphologische und pedologische Prozesse konnte sich nur eine dünne Bodenkrume bilden, die häufig von Kalksteinscherben durchsetzt ist. Trotzdem wurden die ursprünglichen Buchenwälder dieses Gebietes weitgehend gerodet, so daß eine großflächig offene Landschaft mit großen Ackerschlägen entstanden ist. Nach Westen hin geht die Paderborner Hochfläche in die Hellwegbörden über, die sich hauptsächlich durch die einheitlichere Abdachung, geringere Zertalung und stärkere Feinmaterialüberdeckung aus Löß oder glazigenen Substanzen von ersterer unterscheiden. Demgegenüber zeichnet sich die Senne durch Sande fluvioglazialen Ursprungs aus, die z.T. äolisch umgelagert und zu Flugsanddecken und Dünen umgebildet wurden. Die die Lippe begleitenden Niederungsgebiete schließlich lassen sich durch Ablagerungen der einmündenden Flüsse kennzeichnen. Es dominieren Schotter, z.T. findet man auch Fließerden und Moränenmaterial.

Die oft nur wenige Meter mächtigen jungen (quartären) Ablagerungen der Lippeniederung und der Senne werden von Gesteinen der Oberen Kreide unterlagert, die vom Teutoburger Wald, vom Eggegebirge und vom Nordrand des Sauerlandes aus zum Zentrum der Münsterschen Bucht einfallen. Durch die Schrägstellung dieser Kreideschichten gelangen nach außen hin immer tiefere (ältere) Gesteine an die Oberfläche.

Oberzentrum in einem solitären Verdichtungsgebiet

(LEP NRW 1995, Teil A)

Am 1.1.1969 wurden Marienloh, am 1.7.1969 Wewer und am 1.1.1975 Benhausen, Dahl, Elsen, Neuenbeken, Sande und Schloß Neuhaus eingemeindet.

Da sich die im Stadtgebiet von Paderborn ausstreichenden Gesteinsschichten materialmäßig und hinsichtlich ihrer Wasserdurchlässigkeit erheblich unterscheiden - die weiter im Süden bzw. im Osten auftretenden Gesteine besitzen höhere Kalkgehalte, die aufliegenden, weiter nördlich auftretenden dagegen höhere Tongehalte -, kommt es im Stadtgebiet zu stark divergierenden hydrogeologischen Bedingungen.

Die Trennlinie zwischen beiden Gesteinsarten verläuft mitten durch Paderborn, etwa am "Geländeknick", an dem sich die weitgehend ebenen Flächen des Norddeutschen Tieflandes und die schwach geneigten Hänge des Berglandes begegnen. Für das südlich und südöstlich von Paderborn im klüftigen Kalkgestein versickernde Wasser bilden die auflagernden stärker tonigen Gesteinsschichten - früher zusammenfassend als "Emschermergel" bezeichnet - eine wenig durchlässige Abdeckung, so daß das eingedrungene Wasser nur vor dieser Barriere, also im Grenzbereich beider Schichten, zutage treten kann (vgl. Abb. 1).

An dieser Nahtstelle beobachtet man daher zahlreihe Quellen. Allein innerhalb der Paderborner Altstadt wird das in vielen Einzelquellen emporsprudelnde Wasser in sechs größeren Quellbecken gesammelt, aus deren Ablauf die Pader mit einem mittleren Abfluß von ca. 5 m³/s hervorgeht. Wassermenge und Gefälle reichen aus, um noch innerhalb der Altstadt Mühlen zu betreiben.

Durch ein radiales Straßensystem wird Paderborn - über den skizzierten Nahbereich hinausgreifend - mit unterschiedlichen Wirtschaftsräumen verbunden: durch die B 68 mit Bielefeld-Herford und Warburg-Kassel, durch die B 64 mit Wiedenbrück-Münster und Brakel-Höxter, durch die B 1 mit den Hellwegstädten bzw. dem Ruhrgebiet und Hameln-Hildesheim bzw. Hannover und schließlich durch die B 480 mit dem östlichen Sauerland bzw. dem Raum Marburg-Frankfurt. Die Autobahnspange Haaren-Sennestadt (A 33), die die Kernstadt im Westen tangiert, bindet Paderborn günstig in das überregionale Autobahnnetz ein. Umgehungsstraßen leiten den Durchgangsverkehr an den Siedlungsbereichen vorbei.

Mit der Eisenbahn kann Paderborn über die Hauptlinie Dortmund/Hamm-Altenbeken-Hannover/Kassel und über die Nebenlinie Bielefeld-Hövelhof erreicht werden. Erstere soll nach Um- bzw. Ausbau der jetzigen Trasse und Verknotung mit den N-S-gerichteten Hochgeschwindigkeits- bzw. IC-Strecken, die durch Kassel und das Rhein-Ruhr-Gebiet führen, noch raschere Verbindungen zu den großen Wirtschaftszentren Europas ermöglichen. Die einstigen Nebenstrecken nach Bad Lippspringe, nach Borchen-Büren-Brilon und nach Delbrück-Rietberg wurden aufgegeben oder dienen lediglich in Teilstücken noch dem Güterverkehr.

In jüngster Zeit gelang es Paderborn, auch an das Luftverkehrsnetz Anschluß zu erhalten: Etwa 20 km westlich der Kernstadt wurde der Regionalflughafen Paderborn-Lippstadt angelegt, der für den Geschäfts- und Charterverkehr zunehmend an Bedeutung gewinnt, zumal ähnliche Vorhaben an anderen Standorten Ostwestfalens scheiterten. 1996 konnte der Flughafen 533.000 Fluggäste verbuchen, davon rd. 380.000 Pauschaltouristen.

Durch die historisch gewachsene Verbundenheit der Stadt Paderborn mit einem weiten ländlichen Umland und die starke Ausrichtung dieses Umlandes auf das Zentrum wird die wirtschaftliche, funktionalräumliche und zentralörtliche Stellung Paderborns erheblich gestärkt. Ausdruck dieser Verbundenheit sind u.a. Regionalbezeichnungen wie "Paderborner Land" oder "Hochstift Paderborn", die nicht nur in historischen und landeskundlichen Publikationen Verwendung finden, sondern ebenso in Gebietsentwicklungsplänen oder bei der Festlegung und Benennung der Zuständigkeitsbereiche diverser in Paderborn konzentrierter öffentlicher und privater Dienste, etwa im Titel von Instanzen der Arbeits-, Finanz-, Zollverwaltung, des Gewerbeaufsichts-, Landesstraßenbau- und Staatshochbauamtes oder des Gerichts-, Banken-, Versicherungs-, Kammern-, Innungs- und Genossenschaftswesens sowie der Kirchen-, Gewerkschafts- und Parteienorganisation.

Die Großstadt Paderborn umschließt gegenwärtig neben der Kernstadt noch eine Anzahl zum Teil deutlich davon abgesetzter Stadtteile, nämlich Schloß Neuhaus, Elsen, Sande, Marienloh, Ben-

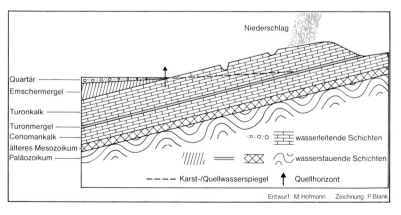

Abb.1: Hydrogeologische Situation im Südosten der Westfälischen Bucht, schematischer Querschnitt
[aus Hofmann 1993, S. 28, Abb. 3]

hausen, Neuenbeken, Dahl und Wewer. Bei ihnen handelt es sich um ehemals selbständige Gemeinden, die mit Ausnahme von Marienloh und Wewer, welche sich bereits 1969 an Paderborn angeschlossen hatten, erst 1975 im Zuge der Kommunalen Neugliederung des Landes zu Paderborn kamen. Eine denkbare Eingemeindung der Nachbargemeinden Bad Lippspringe und Borchen, in denen viele in Paderborn Beschäftigte wohnen und mit denen auch anderweitig enge Verknüpfungen bestehen, konnte dagegen nicht realisiert werden, so daß das stark wachsende Verflechtungsgebiet Paderborn unterschiedlichen Administrationen angehört, was eine wirksame Steuerung der Verdichtungsprozesse zumindest erschwert.

Die Geschichte Paderborns läßt sich sehr weit zurückverfolgen. Bereits aus sächsischer Zeit konnten ländliche Siedlungselemente im heutigen Stadtgebiet nachgewiesen werden. Die eigentliche städtische Entwicklung begann jedoch mit Karl dem Großen im Zuge seiner Eroberung des Sachsenlandes. Angeregt durch die relativ große Siedlungsdichte, die vorzügliche Verkehrsgunst und strategische Lage sowie durch hervorstechende landschaftliche Merkmale ließ Karl im Jahre 776 oberhalb der östlichen Paderquellarme eine Befestigungsanlage mit Königspfalz errichten, die sog. Karlsburg. Diese umschloß in etwa den heutigen Dombereich und wurde vom Hellweg gequert (vgl. Abb. 2). 799 traf Karl hier mit Papst Leo III. zusammen, und ab 806 diente dieser befestigte Bereich zugleich den Bischöfen des neu geschaffenen Paderborner Bistums als Residenzplatz. In rascher Folge wurden nun innerhalb dieses Areals Bischofspalast, Domkirche und Domkloster gebaut. Weiter westlich, außerhalb der damaligen Befestigungsanlage, konzentrierten sich erste Elemente einer Marktsiedlung. Zur Stützung der Sachsenmission wurden 836 die Gebeine des Hl. Liborius feierlich von Le Mans/ Frankreich in die inzwischen vollendete Bischofskirche übertragen. Die mit dieser Reliquienübertragung entstandene Beziehung zwischen Le Mans und Paderborn ist noch heute sowohl auf kirchlicher als auch auf bürgerlicher Ebene lebendig und äußert sich z.B. in einer intensiven Städtepartnerschaft.

"Im 11. Jh. spielte Paderborn wohl die führende Rolle unter den westfälischen Bischofssitzen. Dies und der neue Rang als Festtagspfalz Heinrichs II. und Konrads II. fand seinen Ausdruck in einem ehrgeizigen Bauprogramm des Paderborner Bischofs Meinwerk" (Balzer, M. 1987, S.146): Er ließ die Mauern der Befestigungsanlage erneuern, auf den Fundamenten der durch Brand stark beschädigten Bischofskirche eine neue Kathedrale errichten, westlich dieser einen neuen Bischofspalast und nördlich eine neue Königspfalz mit zwei Kapellen, darunter die berühmte Bartholomäuskapelle mit byzantinischen Stilelementen. Nach Süden hin verstärkten Domherrenkurien und Ministerialensitze den herrschaftlichen Charakter der Anlage. Im westlichen Suburbium gründete Meinwerk das Benediktinerkloster Abdinghof und im Osten der Domburg - ebenfalls noch außerhalb der damaligen Civitas - das Kanonikerstift Busdorf, in der Absicht, den Dom in den Mittelpunkt eines Kreuzes zu stellen, dessen W-O-Balken durch Abdinghof und Busdorf und dessen N-S-Balken durch weitere Kirchen markiert werden sollten.

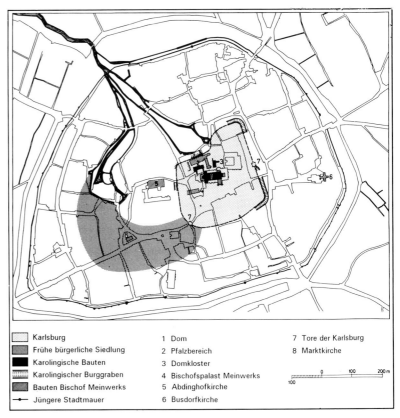

Abb.2: Frühe Stadien der Stadtentwicklung
[aus Hofmann 1993, S. 34, Abb. 5]

In der zweiten Hälfte des 12. Jh.s erhielt Paderborn eine neue Stadtmauer mit 5 Toren (Neuhäuser-, Heiers-[=Detmolder-], Giers-, Springs-[=Kasseler-] und Westerntor) und dem Paderdurchlaß. Sie umschloß die inzwischen entstandenen Siedlungsbereiche und bildete bis in die zweiten Hälfte des 19. Jh.s im wesentlichen die Siedlungsgrenze. Ihr Verlauf ist - im Gegensatz zur Befestigung der einstigen Domburg - durch Mauer- und Turmreste, Straßenführungen und Grundstückzuschnitte noch gut zu erkennen. Im Vorfeld gelegene Siedlungen wurden aufgegeben und die Flächen von der Stadt aus bewirtschaftet, so daß ein weitgehend siedlungsfreier Ring entstand, in den sich die Stadt heute ausdehnen kann.

Seit dem 14. Jh. sicherte die Stadt zusätzlich ihre Gemarkungsgrenze 3-5 km vor der Stadtmauer durch ein Landwehrsystem mit Warttürmen. Diese äußere Schutzanlage verlief über die "Warthe" an der heutigen B 1 zwischen Paderborn und Salzkotten, über den Ziegenberg östlich von Wewer, den Buchenhof, den Querturm an der Südost-Flanke des Haxterberges, weiter über die Haxter Warte am Lichtenturmweg (rekonstruiert), die Pamelsche Warte südlich der heutigen Driburger Straße (Ruine) und den Piepenturm zwischen Paderborn und Benhausen zum Heidturm in der Nähe der Straße nach Lippspringe.

Mit Erstarken des Bürgertums kam es zu Spannungen zwischen dem Bischof und der Bürgerschaft. In der zweiten Hälfte des 13. Jh.s verlegte der Bischof seine Residenz nach Neuhaus, wo er in ausgezeichneter Schutzlage, am Zusammenfluß von Lippe, Pader und Alme ca. 4 km nordwestlich der Stadt, eine Burg hatte errichten lassen. Auch die bischöflichen Vögte und viele Ministerialen verließen die Stadt. Herr der Domburg, die sich zur Domimmunität entwickelt hatte, wurde das Domkapitel, dessen Mitglieder sich in diesem Bereich Kurienhöfe einrichteten. Daraus resultiert noch heute die lockere, villenartige Bebauung rings um den Dom. Die W-O-verlaufende Handelsstraße, der Hellweg, der ursprünglich die Domimmunität querte, wurde im Bogen um diese herumgeführt - über den Kamp und die untere Kasseler Straße -, und an der westlichen Wurzel dieses Bogens, vor dem Zugang zur Domimmunität, dem Schildern, wurde das Rathaus erbaut.

Paderborn war Mitglied der Hanse; doch lagen die Schwerpunkte der Handels- und Gewerbeaktivitäten der Stadt bei der Versorgung des Nahbereiches. Getreide, Bier, Brot und Wolle waren die wichtigsten Handelsgüter. Ausdruck eines gewissen Wohlstandes war neben Rathaus, Sakralbauten und stattlichen Bürgerhäusern die "Wasserkunst", eine öffentliche Wasserversorgung, die seit 1523 bis zum Bau des modernen Wasserleitungsnetzes im Jahre 1888 in Betrieb blieb: Aus der Börnepader wurde Wasser in die höher gelegenen Stadtteile gepumpt und in große steinerne Behälter, sog. Kümpe, geleitet, denen es entnommen werden konnte. Einige dieser Kümpe sind noch erhalten, z.B. der Liboriuskump am Kamp/Ecke Liboristraße, der Brunnen vor dem Rathaus oder der Kump in der Westernstraße vor dem Franziskanerkloster.

Bedeutende Weichenstellungen erfolgten im 16. und frühen 17. Jh.: Obwohl Lehre und Ideen der Reformationszeit in Paderborn großen Anklang fanden, gelang es Fürstbischof Dietrich von Fürstenberg, die Kräfte der Gegenreformation zu stärken und die Stadt wieder seinem Einflußbereich einzuordnen. Für die Stadt bedeutete das einen Verlust an Autonomie und die Eingliederung in die Verwaltungsstrukturen des Hochstiftes. Die Jesuiten, schon vor dem fürstbischöflichen Sieg über die Stadt (1604) nach Paderborn gerufen, übernahmen die Leitung des Gymnasiums (1585) und später auch jene der 1614 vom Landesherrn gegründeten Universität. Beide Bildungseinrichtungen erlangten rasch Ansehen und gewannen überregionale Bedeutung, da vergleichbare Institutionen in weitem Umfeld fehlten, - die Universität Münster wurde beispielsweise erst 1780 eröffnet.

Auf Anordnung des Landesherrn erfolgten 1613-1620 der Bau eines neuen Rathauses im Stil der Weserrenaissance (Karte II, Ziffer 18), das heute vornehmlich zu Repräsentationszwecken genutzt wird, und die Verlegung des Marktes auf den Domplatz, wo er noch heute abgehalten wird. Vor allem nach dem 30jährigen Krieg entwickelte sich Paderborn, obgleich Neuhaus bis 1802 Residenz- und Behördenort des Fürstbischofs blieb, zur Territorialhauptstadt des Hochstifts mit zentralörtli-

Rathaus in Paderborn
(Foto: Stadtarchiv Paderborn)

chen Aufgaben in Handel und Gewerbe bzw. im Finanz-, Gerichts-, Gesundheits- und Bildungswesen. Begüterte Klöster und Adelsfamilien des ländlichen Umlandes errichteten in Paderborn Stadtquartiere, z.B. den Dalheimer Hof am Kamp/Ecke Kasseler Straße 1718 (Karte II, Ziffer 14), den Westphalenhof in der Giersstraße/Ecke Heierstraße (1746) oder den Hardehausener Hof nahe der Busdorfkirche (Ziffer 16). Als Stiftung des Landesherren oder anderer Institutionen entstanden das Franziskanerkloster in der Westernstraße (1663-72; Ziffer 5), die Jesuitenkirche (1682/92) am Kamp (Ziffer 6), die Domdechanei im östlichen Paderquellgebiet (1678, später Amtsgericht, heute Stadtbibliothek; Ziffer 13), das Kapuzinerkloster in der östlichen Altstadt (1674-77; Ziffer 7) oder die Kirche des Michaelsklosters (1694-98; Ziffer 10) auf dem Bergsporn zwischen Börne- und Rothobornpader; z.T. erfolgten auch nur Umgestaltungen der bereits vorhandenen Bausubstanz, etwa der Gau- (1746-49) oder der Busdorfkirche (Ziffer 4 bzw. 3). Durch diese Baumaßnahmen des Adels und der Kirche erhielt Paderborn die heute im Stadtbild hervortretenden Barockelemente. Die Bürger bedienten sich dagegen hauptsächlich der Fachwerkbauweise.

Im Jahre 1802 endete die Herrschaft der bischöflichen Landesherren. Paderborn kam zu Preußen. Es wurde Kreisstadt innerhalb der Provinz Westfalen, Sitz eines Oberlandesgerichts (1816) und neben Neuhaus Garnisonsstandort. Zwar wurde die Universität 1818 formell aufgehoben, der Beschluß jedoch erst 1844 in Kraft gesetzt. Da aber gleichzeitig gestattet wurde, philosophisch-theologische Kurse im Rahmen der Priesterausbildung weiterzuführen, handelte es sich eigentlich nur um die Umwandlung in eine philosophisch-theologische Fakultät, die keinen so tiefgreifenden Einschnitt bedeutete, zumal die Theologenausbildung auch schon vorher im Mittelpunkt gestanden hatte.

Mauer und Graben der Befestigungsanlagen rings um die Altstadt wurden in der ersten Häfte des 19. Jh.s in Straßen und Grünanlagen umgestaltet. Erhebliche Veränderungen bewirkte ferner der Eisenbahnanschluß: 1850 wurde die Bahnlinie Hamm-Paderborn, bald danach auch die Linie Paderborn-Altenbeken mit Anschlußmöglichkeiten nach Warburg-Kassel, später auch nach Holzminden, Hannover oder Detmold in Betrieb genommen. Zwischen Hauptbahnhof und Wollmarktstraße entstand (1858) eine Eisenbahnhauptwerkstätte zur Wartung und Reparatur von Lokomotiven; 1913 kam im Norden der Stadt - vorwiegend zur Instandsetzung von Personen- und Güterwagen - ein weiteres Ausbesserungswerk hinzu. Beide Werke zusammen beschäftigten in Hochkonjunkturzeiten mehr als 3.500 Personen, so daß sie bis Mitte dieses Jh.s die größten Arbeitgeber Paderborns waren, die die demographische und ökonomische Entwicklung der Stadt erheblich beeinflußten. Darüber hinaus gab es andere Bahn-Einrichtungen (u.a. Betriebsamt, Bahnmeisterei), die weiteren Einwohnern Paderborns und des Umlandes Arbeit boten. Infolge der Strukturveränderungen im Eisenbahnverkehr mußte das Werk am Hauptbahnhof 1960 geschlossen werden, und auch das Werk in der Nordstadt verlor Arbeitsplätze. 1988 waren dort etwa 1.400 Personen beschäftigt.

Durch die Entscheidung, den Bahnhof westlich der Altstadt anzulegen, verlagerte sich die bauliche Entwicklung der Stadt nun bevorzugt nach Westen. Gründerzeitliche Gebäudezeilen mit hohen, geschlossenen Baufronten entstanden zwischen Bahnhofstraße und Neuhäuser Straße (Riemekeviertel) sowie zwischen Eisenbahntrasse und Karl- bzw. Widukindstraße. Andererseits bedeuteten die an der südlichen Altstadtperipherie entlangführenden Gleise der Strecke Paderborn-Altenbeken für die Verknüpfung der Altstadt mit den sich weiter südlich entwickelnden neuen Stadtteilen (Südstadt) erhebliche Behinderungen.

Als Garnisonsorte wurden Paderborn und Schloß Neuhaus Standorte von Infanterie- und Reiterregimentern. Unterkunft boten in Paderborn u.a. das Abdinghofkloster und in Neuhaus die ehemalige bischöfliche Residenz, das Schloß (Karte I, Ziffer 1). Exerzier- und Schießplätze lagen in Paderborn im Norden, in der Stadtheide (heute mit Wohngebäuden bebaut oder in Park- bzw. Tennisanlagen umgewandelt), in Neuhaus am Diebesweg/Mastbruch und in Elsen "Auf dem Ringelsbruch". Später entstanden im Nordwesten Paderborns im Bereich Elsener-/Erzberger-/Rathenaustraße neue Kasernen (bezogen 1898 und 1904).

Schloß Neuhaus
(Foto: Stadtarchiv Paderborn)

Gegen Ende des letzten Jh.s (1891/92) kam es zusätzlich zur Einrichtung eines großen Truppenübungsplatzes in der Senne. Er beanspruchte Areale von mehreren Gemeinden und wurde damals als willkommener Wirtschaftsfaktor in der wirtschaftlich schwach entwickelten Region begrüßt. Im Zuge des Ausbaus dieses Truppenübungsgeländes entwickelte sich innerhalb der damals noch selbständigen Gemeinde Neuhaus ein separater "militärischer Ortsteil", nämlich Sennelager, mit vielfältigen vom Militär geschaffenen oder für das Militär gedachten Einrichtungen. Noch heute weist dieser Ortsteil mit seinen militärischen Anlagen, seinen Kneipen und Amüsierbetrieben dicht am Kasernentor (Bielefelder Straße) einen besonderen Charakter auf, obgleich durch Siedlungserweiterung inzwischen neue Aspekte hinzugekommen sind.

In der Aufrüstungsphase vor dem Zweiten Weltkrieg wurden in Neuhaus, im Bereich Husarenstraße, weitere Kasernen und südlich des Bahnhofs Sennelager das Heeresverpflegungsamt mit großen Magazinbauten errichtet. In Paderborn kam die Panzerkaserne an der Driburger Straße mit zugehörigem Übungsgelände im Südosten der Stadt hinzu; im Südwesten (Mönkeloh) wurde der schon aus dem Ersten Weltkrieg stammende Fliegerhorst reaktiviert und erheblich vergrößert.

Derzeit werden die Kasernen und Truppenübungsplätze von der Britischen Rheinarmee genutzt. Daher leben schätzungsweise 13.000-15.000 Personen britischer Staatsangehörigkeit in der Gesamtstadt. [Sie unterliegen nicht den deutschen Meldebestimmungen und werden bei statistischen Erhebungen der Kommune oder des Landes nicht erfaßt]. Sie wohnen teils in separaten im Stadtgebiet verteilten Wohnkomplexen mit eigenen Versorgungseinrichtungen, teils in individuell angemieteten Wohnungen und stellen eine im Straßenverkehr und in den Supermärkten deutlich präsente, aber nur wenig integrierte Bevölkerungsgruppe dar.

Gegen Ende des Zweiten Weltkrieges wurde die alte Bausubstanz der Stadt im wesentlichen durch drei Bombenangriffe (17.1./ 22.3./ 27.3.1945) zu rund 85% zerstört oder schwer beschädigt. Da beim Wiederaufbau durch zügig beschlossene Fluchtlinienpläne, Umlegungsverfahren und Bebauungsauflagen versucht wurde, die Zersplitterung des Grundbesitzes in zahlreiche Klein- und Kleinstparzellen zu beseitigen und das Stadtbild moderneren Vorstellungen anzupassen, ergaben sich einschneidende Veränderungen: Beispielsweise wurden die - in ihren historischen Führungen beibehaltenen - Hauptstraßen der Innenstadt (Westernstraße westlich der Liliengasse, Kamp, Kasseler Straße, Heiersstraße und Kisau) im Durchschnitt um 4 m, z.T. sogar um 8 m, und bei neugeschaffenen Plätzen (Kamp, An der Alten Synagoge) um bis zu 18 m verbreitert. Zwischen Heiers- und Mühlenstraße wurde ein Straßendurchbruch vorgenommen, um die Verkehrsführung zwischen Detmolder und Neuhäuser Tor direkter zu gestalten; in der Nähe der Quellbecken und an anderen Stellen wurde die ehemalige kleinteilige Bebauung zugunsten von Freiflächen aufgegeben. Im Westen des Abdinghofbereiches erhielt die Stadtverwaltung neue Gebäude, und der Übergang zur Börnepader wurde durch Freitreppen und Grünanlagen völlig neugestaltet. Es gelang sogar, den neugeschaffenen Freiraum im westlichen Paderquellbereich über einen Durchlaß zum Binnenhof des neuen Verwaltungskomplexes und einen ebenfalls neueingerichteten Treppenaufgang bis zum Rathaus fortzuführen. Einen Teil der damaligen städtebaulichen Fortschritte versucht man gegenwärtig durch Verkehrssperrung, Straßenverengung, Bepflanzung u.a. Maßnahmen wieder zurückzunehmen.

Der in der frühen Nachkriegszeit infolge großer Wohnungsnot eilig vorgenommene Wiederaufbau prägt durch die - bedingt durch die Mittel der damaligen Zeit - meist sehr einfach und aus heutiger Sicht mangelhaft ausgestatteten und gestalteten Gebäude und Baukomplexe z.T. noch heute das Bild der Altstadt und der altstadtnahen Bereiche (Riemeke, untere Südstadt). Da die Behebung dieser Mängel nur mit hohem Aufwand und bei der Vielzahl der Besitzer und deren diversen Interessen nur langsam voranschreitet, werden klare langfristige Vorgaben seitens der Stadtverwaltung benötigt.

Verstärkt bemühte man sich nach dem Kriege um Ansiedlung von Industrie- und Gewerbebetrieben. Förderungsmittel des Landes und des Bundes halfen bei dieser Umorientierung. Inzwischen hat sich eine beachtliche Anzahl größerer Betriebe unterschiedlicher Branchenzugehörigkeit in Paderborn etabliert: Eisenschaffende und -verarbeitende Industrie (Benteler-Gruppe), Metall- (Hella) und Kunststoffverarbeitung (Hanning), Maschinen-/Fahrzeugbau (Lödige, Claas, Peitz, Eisenbahnausbesserungswerk), Elektronik (ehemals Nixdorf, jetzt Siemens Nixdorf Informationssysteme), Textil- (Forbo-Teppichböden, Penn-Elastic), Möbel- (Welle, Femira-Matratzen), Nahrungs- (Stute) und Genußmittelindustrien (Brauerei), Großbäckereien, Betriebe der Zement- und Baustoffherstellung, d.h. Zementwerke mit großen Steinbrüchen im SW des Stadtgebietes sowie Sand- und Kiesgewinnungsanlagen im NW und N, schließlich, obwohl in jüngster Zeit nicht mehr aktiv,

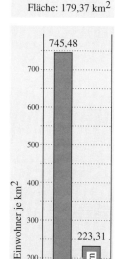

Einwohner: 133.717
Fläche: 179,37 km^2

Paderborn: 745,48
Kreis Paderborn: 223,31

Einwohner je km^2

(LDS NRW, Stand: 31.12.95)

Tab.: 1 Bevölkerungsentwicklung 1871 - 1996

Stadtteil	01.12. 1871	16.06. 1925	17.05. 1939	29.10. 1946	13.09. 1950	06.06. 1961	27.05. 1970	30.11. 1989	31.03. 1997
Kernstadt	13.750	33.719	42.490	29.092	40.270	53.984	61.825	67.658	77.379
Benhausen	592	664	737	1.056	1.049	905	1.107	1.811	2.145
Dahl	740	679	687	1.014	979	885	1.072	1.787	2.399
Elsen	1.467	2.953	3.538	4.893	4.825	4.895	6.314	12.075	14.538
Marienloh	408	490	515	881	854	936	1.554	2.835	3.078
Neuenbeken	762	765	969	1.423	1.426	1.428	1.552	1.883	2.232
Sande	1.087	1.135	1.451	2.203	2.147	2.032	2.288	3.462	4.355
Schloß Neuhaus	2.024	4.496	7.948	8.041	10.107	10.538	13.606	19.608	22.013
Wewer	890	1.367	1.639	2.222	2.265	2.477	3.450	5.192	6.119
Insgesamt	21.720	46.268	59.974	50.825	63.922	78.080	92.768	116.311	134.258

Quellen: Für 1871-1961: Gemeindestatistik des Landes Nordrhein-Westfalen. Bevölkerungsentwicklung 1871-1961. Sonderreihe Volkszählung 1961, H.3c, S.512-517, Düsseldorf 1964; für 1970, 1989 und 1996: Angaben der Stadt Paderborn, Einwohnermeldeamt, Statistik-Dienststelle

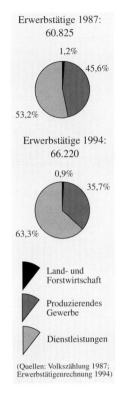

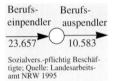

Lehm- und Tongruben im W des Stadtgebietes. Basis für die Ziegel-, Kalksandstein- und Fertigbeton- sowie Bauelementeproduktion bildeten bzw. bilden die anstehenden Rohstoffe. Vervollständigt wird die Baustoffbranche durch eine Bauchemikalienproduktion. Lange Tradition haben ferner Betriebe des Druck- und Verlagsgewerbes (Schöningh, Westfalia Druck, Bonifatius).

Größter Betrieb im gewerblichen Sektor ist die Firma Siemens Nixdorf Informationsteme (SNI) mit etwa 5.400 Beschäftigten am Standort Paderborn. Ihr folgt die Benteler-Gruppe mit ca. 4.500 Beschäftigten. Beide zusammen repräsentieren bereits etwas mehr als 40 % aller Beschäftigten im sekundären Wirtschaftssektor, was die bedeutende Stellung dieser Unternehmen innerhalb der Stadt verdeutlicht, aber auch auf ein nicht unerhebliches Problempotential verweist.

Trotz des enormen Aufschwungs im industriell-gewerblichen Wirtschaftssektor ist weit mehr als die Hälfte aller Beschäftigten (1994: 63,3%) im tertiären Sektor tätig. Ihr Anteil hat in jüngster Zeit sogar noch zugenommen (1987: 53,2%), was zeigt, daß sich auch hier beachtliche Veränderungen abspielten. Von großer Bedeutung waren der Ausbau der vielfältigen Bildungseinrichtungen in staatlicher, kommunaler, betrieblicher und kirchlicher Trägerschaft (Universität, Philosophisch-Theologische Fakultät, Katholische Fachhochschule, Fachhochschule der Wirtschaft, Zweigstelle der Fernuniversität Hagen, Volkshochschule, Berufs-, Techniker-, EDV-orientierte Fachschulen, Westfalen-Kolleg und Allgemeinbildende Schulen, darunter 6 mit gymnasialer Oberstufe) sowie die Angebotserweiterungen im Bereich des Groß- und Einzelhandels, der Banken/ Sparkassen, des Versicherungswesens, der örtlichen und regionalen Verwaltung (der Stadt und des Kreises, Arbeitsamt, Finanzamt, Gewerbeaufsichtsamt, Eichamt, Einrichtungen der Post, der Bahn, des Fernmeldewesens, Dienststellen des Zolls, der Justiz usw.) sowie des Gesundheitswesens (Ausbau und Erweiterung der Krankenhäuser, Eröffnung zahlreicher neuer Facharztpraxen), kurzum, das Hineinwachsen in großstädtische Funktionen.

Parallel zur positiven Wirtschaftsentwicklung erfolgten ein starkes Bevölkerungswachstum (vgl. Tab.1) und große Siedlungsausweitungen: Seit den 50er Jahren haben sich die Bevölkerung der Gesamtstadt anzahlmäßig verdoppelt und die bebaute Fläche erheblich vergrößert. Während zunächst hauptsächlich die Kernstadt vom Bevölkerungswachstum und von der Bautätigkeit profitierte, haben seit Mitte der 60er Jahre auch die Siedlungen rings um die Kernstadt zunehmend an dieser Entwicklung Anteil, vor allem deshalb, weil zahlreiche der in der Kernstadt Beschäftigten dort Wohnung fanden oder selber Wohngebäude errichteten. Am stärksten zugenommen haben die Stadtteile Schloß Neuhaus, Elsen und Wewer sowie unter den Nachbargemeinden Bad Lippspringe und Borchen, die der Kernstadt Paderborn am nächsten liegen. Ihren meist relativ kleinen dörflichen Kernen wurden immer neue, im allgemeinen locker bebaute Wohngebiete angeschlossen.

In der Kernstadt stieg die Wohnbevölkerung dagegen seit Mitte der 70er Jahre verhältnismäßig schwächer an, obgleich auch hier rege Bautätigkeit herrschte und neue Siedlungsgebiete erschlossen wurden. Doch der Zugang an Wohnfläche vermochte in der Summe vornehmlich die gestiegenen Ansprüche an Wohnungsgröße und Wohn-

Einwohner in Stadtteilen:

Paderborn-Kernstadt	77.379
Schloß Neuhaus	22.013
Elsen	14.538
Wewer	6.119
Sande	4.355
Marienloh	3.078
Dahl	2.399
Benhausen	2.145
Neuenbeken	2.232

(Ang. d. Gem., Stand: 31.03.97)

Katasterfläche 1996: 179,37 km²
davon
- 50,2 % Landwirtschaftsfläche
- 18,2 % Gebäude- und Freifläche
- 14,3 % Waldfläche
- 8,3 % Verkehrsfläche
- 4,3 % andere Nutzung
- 1,7 % Wasserfläche
- 1,6 % Erholungsfläche
- 1,3 % Betriebsfläche

(Quelle: LDS NRW)

qualität zu kompensieren. In vielen Altbaugebieten verringerte sich die Einwohnerzahl sogar merklich aufgrund der gestiegenen Anforderungen, aber auch infolge Verdrängung durch neue Nutzungen (Büro-, Geschäfts- oder Praxisräume), so etwa in der Innenstadt, im Riemekeviertel oder in der unteren Südstadt. Außerdem diente ein großer Teil der Bautätigkeit in der Kernstadt seit Mitte der 60er Jahre der Um- bzw. Neuansiedlung von Gewerbe- oder Industriebetrieben, der Neuschaffung oder Erweiterung von Ausbildungsstätten und anderen Einrichtungen des tertiären Sektors sowie der Verbesserung der Verkehrssituation.

Durch diese Baumaßnahmen in der Kernstadt und in den benachbarten Siedlungen entstand inzwischen ein großes, weitgehend zusammenhängendes Siedlungsgebiet, das "Verflechtungsgebiet Paderborn". Die fortschreitende Erweiterung und Verdichtung dieses Verflechtungsgebietes wird verstärkt durch Realisierung neuer Freizeit- und Erholungsmöglichkeiten, etwa durch Schaffung großzügiger Sport- und Trimmanlagen, Camping- und Mobilheimsiedlungen an ehemaligen Baggerseen, Kleingartenanlagen, Vereinshäuser, durch Fertigstellung moderner Ver- und Entsorgungseinrichtungen (Kläranlagen, Deponien, Regenrückhaltebecken, Leitungsnetze) sowie durch eine Vielzahl örtlicher und überörtlicher Verkehrsbauten (Autobahn, mehrspurige Umgehungsstraßen). Flächenmäßig greift dieses Verflechtungsgebiet über die Stadtgrenzen hinaus: nach NW dehnt es sich in Richtung Hövelhof aus, nach NO in Richtung Bad Lippspringe-Schlangen und im S in Richtung Borchen. Insgesamt wohnen gegenwärtig innerhalb dieses Verflechtungsgebietes etwa 170.000 - 180.000 Einwohner, und dessen Wachstum hält flächen- wie bevölkerungsmäßig weiterhin an.

Mit der Erschließung neuer Bebauungsgebiete an der südlichen und östlichen Peripherie der Kernstadt konnte zwischenzeitlich einer überproportionalen Siedlungsausweitung der Gesamtstadt in westlicher und nördlicher Richtung begegnet werden. Neuerdings scheint sich aber der West- bzw. Nordwesttrend der Siedlungsausdehnung durch rege Bautätigkeit in Schloß Neuhaus, Sande, Elsen und Wewer wieder zu verstärken.

II. Gefüge und Ausstattung

Räumlich und strukturell lassen sich innerhalb der Gesamtstadt drei Bereiche leicht voneinander abheben: das birnenförmige Altstadtgebiet innerhalb der ehemaligen Stadtmauer, heute durch die innere Ringstraße begrenzt, daran anschließend die jüngeren Ausbaugebiete und noch weiter außen,

meist durch Grünzüge und landwirtschaftliche Nutzflächen von ersteren abgesetzt, die in jüngster Zeit durch Eingemeindung zu Paderborn gekommenen Orte.

Die genannten Bereiche heben sich auch nach funktionalen Gesichtspunkten voneinander ab: In der Altstadt dominieren Funktionen des tertiären Wirtschaftssektors, in den angrenzenden Bereichen Wohnen sowie Arbeiten im sekundären Sektor, in den umliegenden Ortsteilen schließlich Wohnen, Erholung und Arbeiten im primären Sektor, da die meisten der erst vor wenigen Jahren eingemeindeten Orte noch deutlich ländliche Strukturen aufweisen, vor allem Dahl, Benhausen, Neuenbeken und Sande, abgeschwächt auch Marienloh und Wewer sowie Elsen. Lediglich Schloß Neuhaus verfügt über ein eigenes städtisches Zentrum und größere Industrie- bzw. Gewerbeflächen. Damit sind die Aktivitäten im sekundären und tertiären Wirtschaftssektor bislang vornehmlich auf die Kernstadt und auf Schloß Neuhaus beschränkt.

Die Gewerbe-/Industriegebiete nehmen sowohl in der Kernstadt wie in Schloß Neuhaus, bedingt durch ihre späte Einrichtung, vorwiegend periphere Bereiche ein. In Schloß Neuhaus liegen sie einmal östlich des Zentrums in der Lippeaue (zwischen dem Schloß und der B 1-neu), zum anderen innerhalb der nach NW gerichteten Siedlungsachse entlang der B 68 (Paderborn-Bielefeld), vorwiegend jedoch im nördlichen Abschnitt dieser Achse. Die dort ursprünglich geplante große Industrie-/Gewerbegebietserweiterung (Dreihausen) hat sehr viel Widerstand hervorgerufen und wird sich, vor allem aufgrund ökologischer Bedenken, wohl kaum in der einst vorgesehenen Ausdehnung realisieren lassen. In der Kernstadt erfahren die Industrie-/Gewerbestandorte deutliche Konzentrationen im Westen und Südwesten (Industriegebiet am Hauptbahnhof, Industriepark Alme, Gewerbegebiet Frankfurter Weg und Industriegebiet Mönkeloh) sowie im Osten (Gewerbegebiet Dören, Gewerbegebiet Benhauser Feld). Durch sukzessive Erschließung der Bereiche beiderseits der B 1 und später auch des Barkhauser Feldes (südöstlich der nach Wewer führenden Straße) sollen die gegenwärtig noch getrennten Areale zu einem großen Industrie-/Gewerbegebiet zusammenwachsen. Zwischen den Gebieten am Hauptbahnhof und am Frankfurter Weg bestehen bereits enge räumliche Verknüpfungen.

Kleinere Gewerbegebiete findet man in disperser Verteilung an vielen Stellen der Kernstadt und stärker konzentriert in zwei vom Stadtzentrum ausgehenden Achsen, von denen die eine nach Norden über das Bundesbahnausbesserungswerk zum Gewerbegebiet "Talle" verläuft, während die andere in nordöstlicher Richtung der Detmolder Straße folgt. Unter den dispers verteilten Gewerbegebieten sind - aus heutiger Sicht - insbesondere jene an der Driburger, Warburger und Elsener Straße Ausdruck weniger geglückter Standortentscheidungen, da sie mit den Funktionen der benachbarten Gebiete wenig harmonieren. Vergleichbare Gewerbeanlagen am Fürstenweg und nahe der Pontanusstraße wurden inzwischen aufgegeben und in Verwaltungs-, Hochschul- oder Museumseinrichtungen umgewandelt. Im Süden der Stadt ist in Universitätsnähe ein neues Technologiezentrum entstanden.

Als flächenhafte Komplexe heben sich ferner im Westen und Osten der Kernstadt Kasernen und im Süden die Universität mit zugehörigen Sportstätten und potentiellen Erweiterungsflächen heraus. Kleinere Areale werden vom Priesterseminar, der Blindenanstalt und dem Mutterhaus der Schwestern der christlichen Liebe sowie von Schulen, Sporteinrichtungen und Krankenhäusern eingenommen.

Die Wohngebiete der Kernstadt liegen vorwiegend zwischen dem Altstadtring und den peripheren Gewerbegebieten. Sie reichen nur an wenigen Stellen unmittelbar bis an die Siedlungsperipherie und werden durch radial und ringförmig verlaufende Straßenzüge oder Bahnlinien, aber auch durch Grünzüge und eingeschobene flächige Komplexe (Bildungs-, Sporteinrichtungen, Krankenhäuser, Kasernen) in kleinere Quartiere untergliedert, die sich oftmals auch durch ihr Baualter, ihre Physiognomie und soziale Differenzierung als separate Einheiten charakterisieren lassen.

Die jüngst erschlossenen Wohngebiete nehmen Areale außerhalb des mittleren Straßenringes ein, insbesondere den Sektor zwischen Warburger Straße und der Eisenbahntrasse nach Altenbeken, mit den Baugebieten Lichtenfeld, Lieth und Kaukenberg. Hier herrschen ein- bis anderthalbgeschossige freistehende oder versetzt aneinandergebaute Einfamilienhäuser vor, die um Mehrfamilienhäuser, Versorgungs- und Gemeinschaftseinrichtungen gruppiert wurden.

Grundsätzlich ähnlich konzipierte, jedoch stärker verdichtete und mit strafferen Gestaltungsauflagen ausgestattete und dadurch einheitlicher wirkende Wohnviertel (kubische Bauweise, Flachdach, Vorgaben bei Farb- und Materialwahl der Außenwände, bei Anlage von Grenzmauern, Zäunen etc.) stammen aus den frühen 70er Jahren. Man begegnet ihnen z.B. im Norden der Kernstadt in der sog. Stadtheide.

Die Wohngebiete der 60er und der späten 50er Jahre zeichnen sich dagegen vorwiegend durch freistehende Einfamilienhäuser auf relativ großen Grundstücken in zentralerer Lage aus. Beispiele für diesen Typus findet man in der oberen Südstadt sowie östlich des Stadtkerns zwischen Detmolder und Driburger Straße, der Eisenbahntrasse und dem mittleren Ring sowie im Dreieck zwischen dem Eisenbahnausbesserungswerk und der Bahnlinie nach Bielefeld.

Freistehende Einzelhäuser auf sehr großen schmalen Grundstücken, jedoch in Materialwahl und Gestaltung deutlich schlichter und in Größe und Form einheitlicher, stammen aus den späten 40er und frühen 50er Jahren. Areale beiderseits der Damaschkestraße, der Löherstraße oder des Kiefernweges gelten dafür als Beispiele. In der gleichen Periode wurden aber auch, meist gefördert durch Mittel sozialer Wohnungsbauprogramme, größere Wohnkomplexe errichtet, etwa zwischen Abtsbrede und Borchener Straße (Sidhardstraße, Zur Schmiede), z.T. auch östlich der Borchener Straße oder im Bereich Wilhelmshöhe westlich der Neuhäuser Straße an der Kernstadtperipherie.

In der unteren Südstadt und im Riemekeviertel zwischen Bahnhofstraße und Neuhäuser Straße herrschen dagegen mehrstöckige Gebäude in blockartiger Bauweise vor. Sie stammen aus der Vorkriegsperiode oder aus der frühen Nachkriegszeit, falls die ursprüngliche Bausubstanz nach Zerstörung durch Bombenangriffe wieder aufgebaut werden mußte. Hier herrschen gegenwärtig Mietwohnungen vor, deren Eigentümer oft in anderen Stadtteilen wohnen. Vielfach erfordern diese älteren Baugebiete heute erhebliche Sanierungsaufwendungen. Allerdings werden mit den Sanierungen in der Regel auch die Mieten kräftig angehoben, so daß die Umgestaltungen nicht selten mit einem Wechsel der Mieter, der Besitzer und der Sozialstruktur verbunden sind.

Besonders geschätzte Wohnlagen befinden sich südöstlich und östlich sowie nordwestlich bis nördlich des Zentrums in der Nähe des inneren Ringes. Dort herrschen in ruhiger Lage villen- und bungalowartige Bebauungen auf großen bis sehr großen Grundstücken vor.

Bei den Wohnbereichen der eingemeindeten Dörfer handelt es sich vielfach um flächenaufwendige Neubaugebiete, die die alten Siedlungskerne umgeben. Ihre Anbindung an die Dorfkerne bzw. an das Stadtzentrum sowie ihre gegenseitige

Verknüpfung oder ihre Integration in die umgebende Landschaft lassen z.T. erhebliche Mängel erkennen, da die Entwicklung oftmals bestimmt wurde durch sich gerade bietenden Landverkäufe, durch Initiativen Bauwilliger oder die Interessen lokaler Entscheidungsträger. Durch die fortschreitende Siedlungsverdichtung im Innenbereich und fortgesetze periphere Ausweitung der Bauaktivitäten kommt es zu einer Verdrängung der landwirtschaftlichen Betriebe.

Die öffentlichen und privaten Dienstleistungseinrichtungen konzentrieren sich, wie oben angedeutet, vorwiegend innerhalb des Altstadtringes, greifen aber zunehmend über diesen Bereich hinaus, so daß sich konzentrisch um die Innenstadt ein weiterer Dienstleistungsbereich andeutet. Er beinhaltet neben Schulen, Krankenhäusern, Altenheimen und Pflegeeinrichtungen, die sich als flächenintensive Komplexe abheben, eine große Anzahl von Büro-, Praxis- und Beratungsniederlassungen, die oft zunächst nur Teile der ehemaligen Wohngebäude in Anspruch nehmen. Geschäfte und Handelsniederlassungen findet man in diesem Entwicklungsring hauptsächlich entlang wichtiger Radialstraßen, so in der Kilianstraße, Borchener, Detmolder und Neuhäuser Straße sowie in einem größeren Segment beiderseits der Bahnhofstraße. In letzterem weitet sich der Hauptgeschäftsbereich der Innenstadt besonders stark aus. Hauptbahnhof, Busterminal für viele örtliche und überörtliche Linien am Bahnhofsvorplatz und das inzwischen entstandene Behördenzentrum mit Arbeitsamt, Finanzamt, Hauptzollamt und Kreisverwaltung nördlich des Hauptbahnhofs fördern einerseits diesen Prozeß, während ihn andererseits die vom inneren Ring und vom Westerntorplatz, der zentralen Drehscheibe für den Kraftfahrzeugverkehr am Rande der Innenstadt, ausgehenden Trennwirkungen hemmen, weil die dort sich bündelnden Verkehrsströme ein Überwechseln sehr erschweren.

Der zentrale Abschnitt des Hauptgeschäftsbereiches liegt innerhalb des Altstadtringes. Er nimmt in etwa das Gebiet zwischen Westerntor und historischem Rathaus ein sowie die der Westernstraße zugewandten Teilstücke der Seitenstraßen und den Königsplatz, der erst im Zuge eines umfangreichen Sanierungsprojektes neu geschaffen wurde und zur völligen Umgestaltung des Areals zwischen Western- und Marienstraße (mit mehreren Fußgänger- und Einkaufsebenen, Busbahnhof und großer Tiefgarage) führte. Umgeben wird dieser Bereich von einer schwächer entwickelten Zone, die aber - korrespondierend zur Vergrößerung und zentralörtlichen Bedeutungssteigerung der Stadt - rasch an Wert gewinnt. Bezieht man letztere mit ein, so umschließt der Hauptgeschäftsbereich im weiteren Sinne etwa das Gebiet zwischen Hauptbahnhof und Grube, Eisenbahntrasse und westlichem Paderquellgebiet. Mit der Fertigstellung der Libori-Galerie östlich der Liboristraße ist der Hauptgeschäftsbereich in östlicher Richtung verlängert worden.

Benachbart zum Hauptgeschäftsbereich und fast in der Mitte der Altstadt liegt die Stadtverwaltung. Ihr schließen sich nach NW bis NO ruhige Areale an, die als Erholungs-, Wohn- oder Schulstandorte dienen. Erst wieder in Kisau-, Mühlen-, Hathumar- und Heiersstraße hat sich durch Häufung von Kneipen, Bistros, Restaurants, Diskotheken und Cafés in jüngster Zeit ein sehr lebendiger Bereich herausgebildet, der vor allem abends größere Aktivitäten aufweist. Benachbarte Einrichtungen und Anlagen begünstigen diese Entwicklung, so z.B. Paderhalle, HOT, Städtische Musikschule, Museum für Stadtgeschichte im Adam-und-Eva-Haus, Stadtbibliothek in der ehemaligen Domdechanei und die sehr ansprechend wieder hergestellten Bauten im Bereich der einstige Kaiserpfalz (mit Festsaal und Museum). Zusammen bilden sie eine Nord-Süd-gerichtete "Kulturachse", die in ein ansprechendes Umfeld eingebettet wird. Hervorzuheben sind das angrenzende Dielenviertel mit seiner interessanten Bausubstanz und seinen Lokalen, der Sagenbrunnen an der Kreuzung Hathumar-/Mühlenstraße sowie die Grünanlagen zwischen den Quellbecken und -armen der Pader.

Das mittlere und östliche Altstadtgebiet wird hauptsächlich von großen "stillen Blöcken" eingenommen: von der ehemaligen Domimmunität mit verschiedenen kirchlichen Einrichtungen (Dom, Generalvikariat, Diözesanmuseum) sowie von Kirchen und Klöstern, von Krankenhäusern, Bildungsstätten und Wohnheimen in kirchlicher Regie, vom Altenheim Westphalenhof, von Schulen und vom Justizkomplex. "Mehr als 1/3 der Grundstücke im Innenstadtbereich befindet sich in kirchlichem Eigentum. ... Ein breiter Riegel kirchlicher Grundstücke durchzieht die Altstadt von SO nach NW. Die betreffenden Grundstücke werden zum Teil extensiv genutzt und sind der Allgemeinheit nicht immer zugänglich" (Kron, D. u.a. 1989, S. 24).

Zwischen diesen "stillen Blöcken", die selbst noch auf das Hauptgeschäftszentrum übergreifen und sich auch jenseits des inneren Ringes fortsetzen, vor allem im Süden und Osten, findet man im allgemeinen nur kleine und zudem meist sanierungsbedürftige Wohninseln. Zur Situation paßt, daß sich - sieht man von der 1995 eröffneten Libori-Galerie ab - in der östlichen Altstadt bislang kein Geschäftsviertel herausbilden konnte, obgleich hier mehrere überregionale Verkehrsadern einmünden (Detmolder, Benhauser, Driburger, Warburger Straße).

Neben dem Hauptgeschäftsbereich in der Altstadt existieren vor allem in den neuen Wohngebieten der Kernstadt und in den Ortsteilen Subzentren zur Versorgung der dortigen Bevölkerung mit Gütern des täglichen Bedarfs und mit Dienstleistungen der Grundkategorie (Kindergarten, Schule, Kirche, Arztpraxen, Apotheke, Zweigstellen der Geldinstitute, Supermärkte, Bäcker, Metzger, Gaststätten, Friseur, Reinigung u.a.), etwa in der Stadtheide (Bayernweg/Schwabenweg oder am Dr.-Rörig-Damm in Nähe der Bonifatiuskirche), am Berliner Ring in der Nähe der Stephanuskirche, ebenso in den Neubaugebieten Lieth, Im Lichtenfelde, Kaukenberg im Südosten der Stadt. In den älteren Wohnvierteln sind die entsprechenden Versorgungseinrichtungen durchweg stärker dispers angeordnet, da sie nicht von vornherein als Zentren geplant wurden und sich erst allmählich entwickelten, z.B. in den Bereichen "Schöne Aussicht", "Abtsbrede", "Westliches Riemekegebiet" oder zwischen Neuhäuser und Elsener Straße.

Außerhalb der Altstadt und der subzentralen Bereiche haben sich größere "Einkaufscenter" und Fachmärkte entwickelt. Sie entstanden z.T. am Rande der Stadt ("auf der grünen Wiese"), immer jedoch in verkehrsgünstiger Lage und mit großem Parkraumangebot. Im Süden der Stadt befindet sich am mittleren Ring das Südring-Center, im Osten (Nähe Steubenstraße, Gewerbegebiet Dören) der SB-Markt und in der Nachbarschaft große Hobby-/Baumärkte, Blumen-/Gartencenter, Elektro-, Textil- und Möbeldiscounter. Eine Fortsetzung findet dieses Gebiet und diese Entwicklung im angrenzenden jüngeren Gewerbegebiet Benhauser Feld. An der Peripherie von Schloß Neuhaus werden an der Marienloher Straße "Famila", Baumarkt/Gartencenter und Auto-Firmen, im Grenzbereich zwischen Elsen und Schloß Neuhaus in der Nähe der Autobahnauffahrt "Praktiker-Markt" und "Finke-Wohnwelt". Kleinere, in der Tendenz jedoch ähnliche Verkaufseinrichtungen findet man beinahe an allen wichtigen Zubringerstraßen, in der Kernstadt an der Bahnhof-, Riemeke-, Elsener, Neuhäuser, Detmolder und Warburger Straße oder am Frankfurter Weg, im Stadtteil Schloß Neuhaus vor allem an der Bielefelder und Dubelohstraße. Ihr Angebot reicht von Lebensmitteln, Textilien, Schuhen, Elektro-, Rundfunk-, Fernsehartikeln, Lampen, Möbeln, Blumen bis zu Baumarktprodukten, Fahrrädern, Kraftfahrzeugen und Kfz-Zubehör.

In den eingemeindeten Orten rings um die Kernstadt befinden sich die subzentralen Versorgungseinrichtungen in der Regel in den alten Dorfkernen, in Schloß Neuhaus beiderseits der Residenz- bzw. Bielefelder Straße in der Nähe des Schlosses. Mit Übernahme der neuen Funktionen erfolgten jedoch vielfach tiefgreifende Wandlungen der bisherigen Strukturen: Materialien und Gestaltungselemente hielten Einzug, die zur jeweiligen Planungszeit gerade Mode waren, auch wenn sie nur wenig mit der Umgebung harmonierten. Für Parkplätze, einfachere Verkehrsführungen oder leichter nutzbare Zweckbauten wurde alte Bausubstanz abgerissen. In jüngster Zeit erfolgen derartige Umgestaltungen zweifellos behutsamer, trotzdem hält der Trend zur Verstädterung und Uniformierung der ehemaligen Dorfkerne (Suburbanisation) an.

Grünflächen ziehen sich von Schloß Neuhaus paderaufwärts bis ins Stadtzentrum. Eingebettet in diesen sehr wertvollen zentralen Grünzug liegt der Padersee, ein als Hochwasserrückhaltebecken konzipierter künstlicher See mit uferbegleitenden Wegen und parkartigen Anlagen, die von Erholungssuchenden stark frequentiert werden. Von der Paderaue zweigen andere Grünzüge ab: in Höhe des Padersees das sehr beliebte Fischteiche-Gebiet mit Trimm- und vielfältigen Spieleinrichtungen und Spazierwegen im Wald, näher zum Zentrum die Grünflächen des Rothe- und Springbach-Sytems und am städtischen Innenring schließlich jene schmalen Grünstreifen, die aus Wall und Graben der ehemaligen Stadtbefestigung hervorgegangen sind. Letztere umgeben die Altstadt fast vollständig und gestatten, wenn auch mit kürzeren Unterbrechungen, ein Überwechseln zu den Grünflächen im Süden und Südosten der Kernstadt, d.h. im Bereich Mönkeloh, Haxtergrund oder Krumme Grund.

Die die Pader, Alme und Lippe begleitenden Grünzüge konvergieren in Schloß Neuhaus, werden dort aber infolge starker Siedlungsausweitung unterbrochen. Lippeabwärts läßt sich das Grünflächensystem erst wieder nordwestlich von Schloß Neuhaus antreffen, wo schwach besiedelte, landwirtschaftlich genutzte Flächen und zahlreiche von der Sand- und Kiesgewinnung herrührende Baggerseen vorliegen, z.B. der Lippesee, der Nesthauser See oder der Mühlensee. Gerade infolge dieser Seen mit ihren vielfältigen Freizeitangeboten auf oder am Wasser (Segeln, Surfen, Wasserski, Angeln, Freizeitwohnen, Spazierengehen u.a.) wird dieses Gebiet zu einem wertvollen Naherholungsraum, der zusätzliche Impulse erfahren hat durch die Landesgartenschau 1994, bei der die Paderaue unterhalb des Padersees sowie das Almemündungsgebiet und der Schloßgarten zu Präsentationsflächen wurden und richtungsweisende Umgestaltungen erfahren haben.

Auch östlich von Schloß Neuhaus findet man mehrere Baggerseen, den Habichtsee in einem siedlungsnahen Erholunggebiet mit sehr hoher Besucherfrequenz, den Waldsee mit angrenzendem Camping-/Caravaningplatz und die Talleseen als vereinsgebundene Angelseen. Das Gebiet zwischen den genannten Seen hat sich aufgrund seiner kleinteiligen Parzellierung und abwechslungsreichen Bodennutzung ebenfalls zu einem beliebten Naherholungsgebiet entwickelt. Zahlreiche Fuß-, Rad- und Reitwege, Pferdeeinstell- und Reitplätze, Hundeübungsareale, Freizeitwohnsitze, Kleingartenanlagen und Vereinshäuser sind bereits vorhanden. Bei großräumiger Betrachtung erweist sich dieser Bereich als ein beliebtes Naherholungsgebiet innerhalb eines großen potentiellen Grünzuges; dieser reicht vom Truppenübungsplatz Senne über den Bereich Vüllersheide mit dem erst vor wenigen Jahren großzügig angelegten Reitsportzentrum, den Seskerbruch und die Lothewiesen, einem Feuchtgebiet mit zahlreichen Quellen und kleinen Wasserläufen, über den ebenfalls erst vor wenigen Jahren neu eingerichteten Friedhof am Dören und den Standortübungsplatz im Südosten der Stadt bis hin zu den Waldungen südlich von Dahl.

Weitere wichtige Naherholunggebiete liegen im Süden des Stadtgebietes. Hervorzuheben sind vor allem der Weweraner Forst, Haxtergrund und Krumme Grund. Alle drei verfügen über günstige Anbindungen an die Siedlungsbereiche und bieten durch ihr landschaftliches Potential und ihre Einrichtungen vielfältigen Erholungswünschen Raum.

Lediglich am westlichen Kernstadtrand sind Grünflächen bislang nur schwach vertreten. Hier eröffnet die Almeaue, die von Gewerbe- bzw. Industrieansiedlungen und der Autobahn bedrängt wird und eines stärkeren Schutzes bedarf, gute Voraussetzungen, zumal ihr flußaufwärts, etwa bereits im Ortsteil Wewer und in den Nachbargemeinden Borchen, Salzkotten und Büren, große Beachtung zuteil wird. Anzustreben wäre die Fortführung jenes den Fluß dort begleitenden Grünzuges bis in das Mündungsgebiet bei Schloß Neuhaus.

Stärker noch als die vorhandenen oder geplanten Grünzüge, die das Stadtgebiet vornehmlich untergliedern, bestimmen die flächigen militärischen Einrichtungen, Kasernen, Truppenübungsgelände und Waffendepots im Norden und Südosten der Kernstadt sowie der Flugplatz am Haxterberg sowohl über die von ihnen unmittelbar beanspruchten großen Areale als auch über Abstandsvorschriften die Richtung der künftigen Siedlungsentwicklung.

III. Perspektiven und Planung

Paderborn ist eine seit Jahrzehnten durch Zuwanderung und Geburtenüberschuß stetig wachsende Stadt mit einer relativ jungen Wohn- und Erwerbsbevölkerung. Dieses Wachstum erfordert neben der Schaffung von Arbeitsplätzen und Wohnraum hohe Aufwendungen für die Anpassung der Infrastruktur (Ver-/Entsorgungseinrichtungen, Leitungsnetze, Straßen, Schulen etc.).

Auch die Zahl der Arbeitsplätze ist seit Jahren kräftig angestiegen; daran hatte u.a. die Firma Nixdorf-Computer, inzwischen Siemens Nixdorf Informationssysteme, überproportional Anteil. Um die Abhängigkeit und die damit verbundenen Risiken (Siemens Nixdorf baute in den letzten Jahren mehr als 2.000 Arbeitsplätze ab) von wenigen Großbetrieben zu reduzieren, verstärkt die Stadt die Bestrebungen zur Diversifizierung der Arbeitsplatzangebote, insbesondere durch Bemühung um kleine und mittlere Unternehmen mit hohen Zukunftschancen. Die Einrichtung eines Technologiezentrums ist in diesem Zusammenhang eine der zu begrüßenden Maßnahmen.

In der Innenstadt gilt es, die Auflösung und/oder gezielte Umstrukturierung einzelner "stiller Blöcke" in Angriff nehmen, z.B. durch Herausnahme von Schulen, Verwaltungs- oder Krankenhauseinrichtungen. Die Auslagerung der Bonifatius-Druckerei, die die Voraussetzung für die Umgestaltung des Viertels zwischen Kamp, Libori- und Kasseler Straße und die Einrichtung der Libori-Galerie bot, kann Anregungen bieten. Die Verwirklichung einiger größerer Bauvorhaben mit Geschäftspassagen im Altstadtkern, etwa zwischen dem Rathausplatz und der Jühengasse, erscheinen in diesem Zusammenhang vorteilhaft.

Für die Sanierung und Umgestaltung der vorhandenen Bausubstanz in der Altstadt und für die Schaffung von architektonischen Anziehungspunkten im Hauptgeschäftsbereich könnten von der Stadt Rahmenkonzepte entwickelt und Gestaltungssatzungen vorgegeben werden, an denen private Investoren sich ausrichten können. Allein durch eine abgestimmte Fassadengestaltung, Reklameanordnung und Farbgebung sowie durch Vorgaben bei der Pavillon-, Straßenstand- oder Schaufensteranordnung, der Möblierung der Straßen und Plätze oder bei der Bepflanzung ließe sich unter bewußter Einbeziehung der vorhandenen wertvollen landschaftlichen, historisch-genetischen und kunsthistorischen Potentiale die Attraktivität der Altstadt steigern. Zusätzlich sollten Konzepte zur Schaffung von Passagen und platzartigen Arealen in der Nähe der Westernstraße entwickelt werden, die primär für die Ansiedlung kleinerer, stärker spezialisierter Handels- und Gastronomiebetriebe, Galerien, Kunst- und Kultureinrichtungen vorzusehen sind. Realisieren lassen sich derartige Passagen und platzartige Erweiterungen durch planmäßige Aufschließung rückwärtiger Areale beiderseits der Westernstraße, insbesondere aber im Bereich zwischen Westernstraße und dem südlichen Teilstück des inneren Ringes.

Durch die zusätzlichen Verkaufs- und Dienstleistungsflächen in unmittelbarer Nachbarschaft zur Westernstraße - der heutigen Hauptgeschäftsstraße - ließen sich die Angebotsvielfalt steigern und die Erlebnismöglichkeiten bei einem Citybesuch erhöhen. Restriktive Maßnahmen gegen die Dominanz von Filialniederlassungen größerer Ketten, Schnellgaststätten, Bistros, Back-Shops oder Spielläden mit ihrem in vielen Städten weitgehend gleichartigen Angebot, die heute die attraktiven Geschäftslagen zunehmend besetzen, weil sie in der Lage sind, die hohen Mietpreise aufzubringen, könnten dann entfallen. Diese Betriebe könnten an ihren jetzigen Standorten verbleiben, würden aber durch Einrichtungen ergänzt, die der Angebotsnivellierung entgegenwirken, so daß die Innenstadt als Ganzes durch ihre Spannbreite, die auch Exklusivität und Extravaganzen einschließt, sowie durch ihre vielfältigen gastronomischen, kulturellen und künstlerischen Angebote "städtisches Leben" vermittelte und hohe Anziehungskraft erlangte.

Voraussetzung für alle Innenstadtplanungen ist jedoch die Lösung der drängenden Verkehrsprobleme, insbesondere auch hinsichtlich der Erreichbarkeit der Innenstadt. Gegenwärtig kann man zwar über die speichenförmig auf die Altstadt zuführenden Straßen aus dem Umland rasch an die Peripherie Paderborns gelangen; zahlreiche Ringstraßen, Tangenten und Spangen ermöglichen auch ein zügiges Umfahren der Stadt, ein Besuch der Innenstadt aber ist beschwerlich.

Als Oberzentrum muß sich Paderborn für ein weites Umland öffnen und die Besucher ins Zentrum leiten, ebenso als eine für Touristen aufgeschlossene Stadt. Rückbaumaßnahmen und andere verkehrliche Maßnahmen auf den Hauptzubringerstraßen und am inneren Ring bedürfen daher alternativer Angebote, um sich nicht kontraproduktiv auszuwirken.

Die praktizierte Freihaltung kleiner, verstreut liegender Parkkontingente für den Publikumsverkehr durch Parkuhren erzeugt einen hohen ineffektiven und belastenden Parksuchverkehr. Deshalb sollten weitere Parkmöglichkeiten in Nähe des Hauptgeschäftsbereiches, etwa am inneren Ring, mit hinreichender Kapazität und günstigen Zufahrtmöglichkeiten realisiert werden, so daß die Fahrzeuge dort abgestellt werden können und die Innenstadt möglichst weitgehend fußläufig wird. Auch die in der Innenstadt Beschäftigten, die derzeit noch größere Parkkontingente in der Nähe ihres Arbeitsplatzes in Anspruch nehmen, sollten dort Stellplätze erhalten, wenn ein Umsteigen auf Busse nicht möglich ist. Die zur Zeit in der Innenstadt vorhandenen Parkflächen könnten dann weitgehend anderweitig genutzt werden, und der umweltbelastende und zeitraubende Parksuchverkehr könnte entfallen.

Um Überlastungen auf dem inneren Ring und Rückstauungen an den Einmündungen zu minimieren, wäre nochmals zu überprüfen, den Verkehr auf dem Ring lediglich in einer Richtung zu gestatten und die Ein- bzw. Ausmündungsbereiche der Hauptzubringerstraßen in geeigneter Weise zu gestalten. Auch die öffentlichen Verkehrsmittel könnten über den Ring geführt und weitgehend aus dem Innenstadtbereich herausgehalten werden, da die Fußwege vom Ring zur City - bei geeigneter Führung über die oben empfohlenen passagenartigen Durchlässe und kleinen platzartigen Erweiterungen - kurz und zumutbar bleiben und bei interessanter Gestaltung bereits zum Erlebnis werden können. Für den Westerntorplatz und die benachbarten Teilstücke des inneren Ringes sollte nach Lösungen gesucht werden, die an dieser zentralen Stelle ohne große Behinderung des Kraftfahrzeugverkehrs Fußgängern das Überqueren ermöglichen.

Ohne Lösung der Verkehrsprobleme im Kernbereich wird ein großer Teil der potentiellen Käufer vermehrt zu Verbrauchermärkten und Warenhäusern in den Außenbereichen mit guter Verkehrsanbindung und ausreichendem Parkplatzangebot oder gar zu benachbarten Ober- und Mittelzentren "abwandern". Eine sich potenzierende Entleerung der City wäre die Folge und ein hoher Imageverlust der Gesamtstadt, der dann auch auf die Verbrauchermärkte am Stadtrand zurückschlagen könnte.

Notwendig werden ferner Wohnumfeldverbesserungen im Bereich der Innenstadt und in den angrenzenden Altbaugebieten durch Veränderung der Verkehrsführung, durch Sanierung der z.T. stark heruntergekommenen Bausubstanz sowie durch Entkernung und Begrünung der Innenhöfe. Gleiches gilt für die Altbaubereiche in den eingemeindeten Orten. Am dringendsten sind derartige Maßnahmen im Riemekeviertel, in der unteren Südstadt und in der östlichen Altstadt (Ükernbereich, Krä-

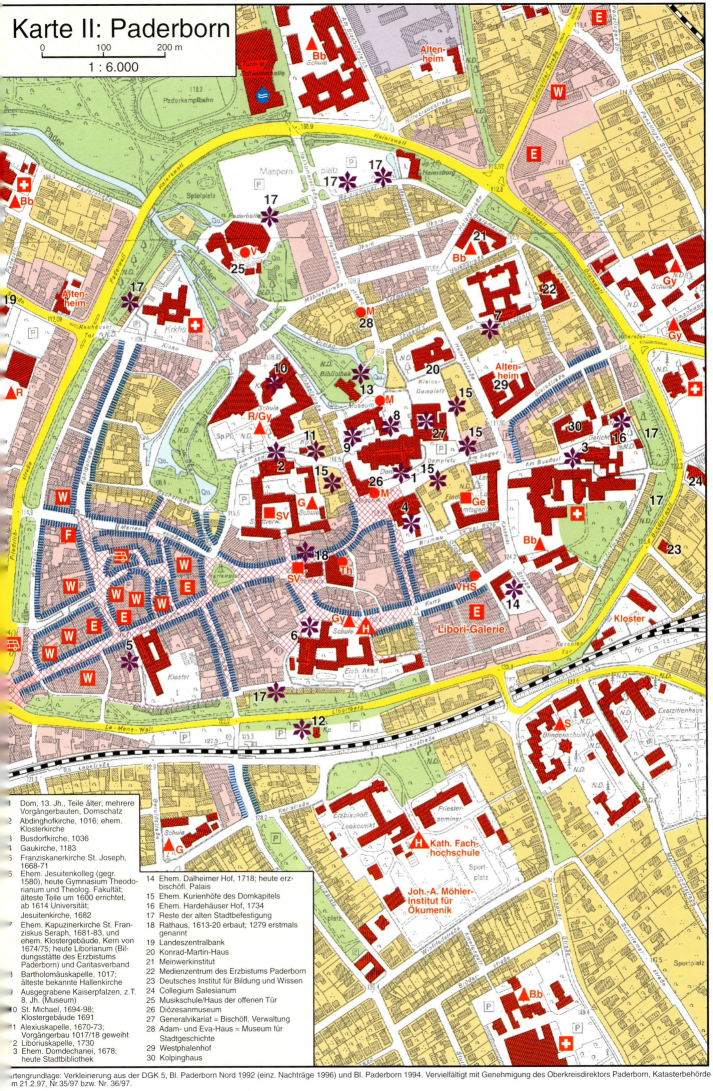

merstraße, Am Stadelhof, Giersstraße, Busdorfmauer/Kasseler Straße, um nur einige Bereiche zu nennen).

In den einzelnen Stadtvierteln der Kernstadt und in den eingemeindeten Orten wird eine zielstrebige Planung und Verwirklichung von Subzentren empfohlen. Günstig erreichbare Grundversorgungseinrichtungen, zu denen neben Geschäften, Kirche, Schule, Arzt, Apotheke, Post, Sportstätten auch ein Bürgerhaus und eine Ansprechstelle der Stadtverwaltung gehören, fördern die Identifizierung der Bevölkerung mit ihrem Viertel/Stadtteil und die Bereitschaft zur Übernahme von Zuständigkeiten und Verantwortung.

Für den Freizeit- und Erholungssektor wird die Erarbeitung eines auch bereits vom Bau- und Umweltausschuß der Stadt eingeforderten Gesamtkonzeptes notwendig, das die vielen abwechslungreichen Angebote integriert, eventuell durch den weiteren Ausbau des Radwegenetzes (z.Zt. 180 km) noch besser erschließt. Vor allem aber sollten die bedeutenden Grünzüge klar definiert und vor Zugriffen geschützt werden.

Besonderer Wert ist auf die Freihaltung von Frischluftschneisen zu legen, da sie für die Durchlüftung des immer größer werdenden bebauten Areals von elementarer Bedeutung sind. Die im vorliegenden Klimagutachten vorgetragenen Empfehlungen verdienen Beachtung, insbesondere in bezug auf die südlichen und südöstlichen Viertel der Kernstadt, wo die bestehenden Baukörper die von der Paderborner Hochfläche herabziehenden Frischluftbahnen bereits erheblich einengen. Hier gilt es, jede weitere Behinderung zu unterbinden.

Sehr wünschenswert wäre eine engere Zusammenarbeit mit den Nachbargemeinden, um eine sinnvolle Entwicklung des gesamten Verflechtungsgebietes und seines Umlandes zu erreichen. Zu den vordringlichen Beratungspunkten sollten gehören:
- gemeinsam konzipierte Maßnahmen zum Ausbau und zur Beruhigung der Verkehrswege nach übergeordneten Gesichtspunkten,
- gemeinsame Bemühungen zur sinnvollen Koordinierung der Planung und Einrichtung von Gewerbe-, Wohn-, Erholungsgebieten,
- gemeinsame Konzepte zur Regelung der Sand- und Kiesabgrabungen im Lippebereich und deren Folgenutzung sowie des Kalksteinabbaus am Rande der Paderborner Hochfläche und im östlichen Hellwegraum,
- gemeinsame Bemühungen zur wirksamen Außenvertretung und Imagepflege der Region (Erhöhung des Bekanntheitsgrades, Steigerung der Attraktivität für Unternehmen und Touristen, bessere Durchsetzung gemeinsamer Ziele bei übergeordneten politischen Instanzen),
- gemeinsame Anstrengungen zur Zusammenfassung der militärischen Einrichtungen zwecks Minimierung des Flächenbedarfs, der Lärmbelästigungen, Umweltschäden etc.,
- gemeinsame Bewältigung von Ver- und Entsorgungsaufgaben.

Ein verantwortungsvoll abgestimmtes Vorgehen des Oberzentrums und der umliegenden Kommunen sowie der Kreisbehörde fördert die Entwicklung der gesamten Region.

Literatur (Auswahl)

Allendorf, Otmar (1988): Zur Geschichte der Paderborner Friedhöfe ab 1809. Fakten und Materialien zum Lichtbildvortrag am 11. November 1988 für den Heimatverein Paderborn e.V. (1888-1988). Paderborn: Verfasser, Selbstverlag, 1988, 26 S. mit Abb., [als Manuskript vervielfältigt]

Arbeitsgemeinschaft der Vereine Neuenbeken (1986): 1100 Jahre Neuenbeken. Illustrationen u. Text von Rolf Mertens; Entwurf u. Realisation: Claus Detlef Königer. Neuenbeken: Arbeitsgemeinschaft, 1986, 56 S., vorw. Zeichn. von Bauwerken

Balzer, Manfred (1981): Paderborn. In: Westfälischer Städteatlas. Lfg.2, Nr.11, 5 Blatt; Dortmund: Größchen

Balzer, Manfred (1987): Die karolingische und die ottonisch-salische Königspfalz in Paderborn. Ein Führer durch das Museum in der Kaiserpfalz. 4., erweit. Auflage. Münster: Westfälisches Landesmuseum für Archäologie, Außenstelle Paderborn, 1987, 36 S., 14 Abb.

Balzer, Manfred (1987): Siedlungsgeschichte und topographische Entwicklung Paderborns im Früh- und Hochmittelalter. In: Stadtkernforschung. S.103-147, 5 Abb.; Köln; Wien: Böhlau, 1987; (=Städteforschung. Veröffentlichungen des Instituts für vergleichende Städtegeschichte in Münster. Reihe A: Darstellungen; Bd.27)

Bauer, Heinz u. **Hohmann, Friedrich Gerhard** (1975): Der Dom zu Paderborn. 3. Auflage. Paderborn: Bonifatius-Druckerei, 1975, 68 S. Text mit Abb. u. 95 Bild-Taf.

Bauer, Heinz u. **Hohmann, Friedrich Gerhard** (1987): Die Stadt Paderborn. 4., neubearb. Auflage. Paderborn: Bonifatius-Druckerei, 1987, 103 Bilder, davon 8 farb.; Text auf S.15-39

Becker, Walter (1970): Schloß Neuhaus: Das ehemalige Wohngebäude der Paderborner Bischöfe. Bild- und Textband. Paderborn: Schöningh, 1970, 127 S., 19 Abb., 28 Pläne

Benhausen (1983): 700 Jahre Benhausen: 1283-1983. Mit Beiträgen von H.-Ch. Klose, J. Koch, Th. Schäfers. Benhausen: Festausschuß zur Siebenhundertjahrfeier, 1983, 222 S, Abb.

Börste, Norbert (1986): Der Paderborner Dom des 13. Jahrhunderts. Eine baugeschichtliche Untersuchung. Münster: Univ. Münster, 1986, VI, 322 S., 2 Taf.; (= Dissertation)

Brandt, Hans Jürgen u. **Hengst, Karl (Hg.)** (1983): Die Gaukirche St. Ulrich in Paderborn 1183-1983. Zur Geschichte von Kirche, Kloster und Pfarrgemeinde bei der Feier des 800jährigen Jubiläums. Paderborn: Bonifatius-Druckerei, 1983, 223 S., Abb.

Brandt, Hans Jürgen u. **Hengst, Karl (Hg.)** (1986): Die

Busdorfkirche St. Petrus und Andreas in Paderborn. 1036-1986. Zur Geschichte von Kirche, Stift und Pfarrgemeinde bei der Feier des 950jährigen Jubiläums. Paderborn: Bonifatius-Druckerei, 1986, 262 S., 78 Abb.

Bundesbahn-Ausbesserungswerk Paderborn (1988): 75 Jahre Bundesbahn-Ausbesserungswerk Paderborn. 1913-1988. Redaktion Hermann Christians; Layout: Meinolf Lukei; Reproduktionen: Ralf Hanselle. Paderborn: Bonifatius-Druckerei, 1988, 192 S., zahlr. Abb.

Dahl (1986): 950 Jahre Dahl. 1036-1986. 2. Auflage. Paderborn-Dahl: St.-Hubertus-Schützenbruderschaft Dahl 1927, 1986, X, 196 S., zahlr. Abb.

Düsterloh, Diethelm (Hg.) (1991): Paderborn: Vom Werden und Wachsen unserer Stadt. (Materialien, Unterrichtsentwürfe, Arbeitsmittel). Bearbeitet von einem Team von Studentinnen und Studenten, Lehrerinnen und Lehrern Paderborns: Uni Paderborn, Fach Geographie, Selbstverlag, 1991, 161 S., Abb., Fotos, Tab.; Kopiervorlagen im Anh.; 3 Beil.; (=Paderborner Geographische Studien; Bd.3)

Franziskanerkloster Paderborn (1958): Festschrift zum 300jährigen Bestehen des Franziskanerklosters zu Paderborn 1658-1958. Werl: Dietrich-Coelde-Verlag, 1958, 339 S., 108 Abb.

Fritz, Gereon (1977): Paderborn-Le Mans: Geschichte einer Städtefreundschaft. Paderborn: Bonifatius-Druckerei, 1977, 142 S., Abb. im Text, Fotos im Anh.

Fuchs, Alois (1936): Der Dom zu Paderborn. Paderborn: Bonifatius-Druckerei, 1936, 56 S., 50 Abb., 48 Taf.

Fuchs, Alois (1976): Paderborn. Bearb.v.: Karl Josef Schmitz. Historische Einleitung von Alfred Cohausz. 2., bearb. u. erw. Auflage. München; Berlin: Deutscher Kunstverlag, 1976, 54 S. Text m. Abb.; 96 Bilder, 1 Farbbild, 1 Kt.; (=Westfälische Kunst)

Golücke, Friedhelm (Hg.) (1985): Paderborn wie es war: Lichtbilder aus der Zeit vor 1945 von Wilhelm Lange, Paul Michels u.a. Paderborn: Schöningh, 1985, 139 S., 104 Bilder

Hansmann, Wilfried (1966): Stadt Paderborn. In: Kunstwanderungen in Westfalen. Geleitwort von Prof. Dr. Heinrich Lützeler. S.151-171; Stuttgart: Belser, 1966

Heimat- und Verkehrsverein Elsen (1986): Elsen. Alte Gemeinde, junger Stadtteil. Gesamtredaktion: Josef Drewes. Paderborn: Heimat- u. Verkehrsverein Elsen, o.J.; (1986), 232 S., zahlr. Abb.

Hofmann, Manfred (1993): Quellen in Paderborn - Entstehung, Bedeutung, Schutz. In: Le Mans und Paderborn. Zwanzig Jahre Partnerschaft zwischen der Université du Maine und der Universität Paderborn. S. 25-41, 6 Abb.; Paderborn: Selbstverlag des Faches Geographie, Universität Paderborn, 1993; (= Paderborner Geographische Studien; Bd. 5)

Hohmann, Klaus (1990): Bauten des Historismus in Paderborn 1800-1920. Paderborn: Bonifatius-Druck, 1990, 359 S., zahlr. Abb.; (=Studien und Quellen zur Westfälischen Geschichte; Bd.28)

Honselmann, Klemens (1980): Paderborn 777. "Urbs karoli": Karlsburg. In: Westfälische Zeitschrift. Bd.130, 1980(1981), Abt.2, S.398-402

Honselmann, Klemens (Hg.) (1986): Liborius, Bischof und Schutzpatron. Eine Sammlung von Beiträgen zu Festen des Heiligen. Paderborn: Bonifatius-Druckerei, 1986, 183 S., zahlr. Abb.

Hoppe, Ursula (1975): Die Paderborner Domfreiheit. Untersuchungen zu Topographie, Besitzgeschichte und Funktion. München: Fink-Verlag, 1975, 243 S., 12 Abb., 3 Pläne im Anh.; (=Münstersche Mittelalter Schriften; Bd.23)

Institut Gewerbebetriebe im Städtebau (ingesta) (1966): Gutachten zum Bebauungsplan Nr.17 der Stadt Paderborn. Im Auftrage der Industrie- u. Handelskammer Ostwestfalen-Lippe u.a., der Handelskammer Bielefeld, des Einzelhandelsverbandes Ostwestfalen erstattet von ingesta. Köln: ingesta, 1966, III, 54 gez. Bl., Anl. in Anh.

Kiepke, Rudolf (1952): Paderborn: Schicksalschronik einer Stadt. 2. Auflage. Paderborn: Junfermann, 1952, 150 S.

Kindl, Harald (1965): Padaribrunno, ein Versuch zur Deutung des Ortsnamens von Paderborn. In: Westfälische Zeitschrift, Bd.115, 1965, Abt.2, S.283-394

Knickenberg, Manfred u. Reth, Anno von (1991): Strukturen und Entwicklungsperspektiven des Oberzentrums Paderborn. In: Südost-Westfalen. Potentiale und Planungsprobleme einer Wachstumsregion. Jahrestagung der Geographischen Kommission für Westfalen in Paderborn. S.259-276, 8 Abb., 3 Tab.; Münster: Geographische Kommission für Westfalen, 1991; (=Spieker: Landeskundliche Beiträge und Berichte; H.35)

Kron, Detlev; Mitarb.: Manfred Knickenberg, Karl Lips u.a. (1989): Rahmenplanung Innenstadt Paderborn. Ein städtebaulicher Rahmenplan zur Entwicklung des Zentrums von Paderborn. Paderborn: Stadt Paderborn, Amt f. Stadtplanung u. Stadtentwicklg., 1989, 172 S., zahlr. Abb., Ktn., Pläne

Landwehrmann, Friedrich u. Körbel, Jürgen (1980): Kleinräumige Mobilität. Empirische Untersuchung zum Nahwanderungsverhalten in den Städten Paderborn und Witten. Anlagen-Band. Dortmund: Inst. f. Landes- u. Stadtentwicklungsforschung NRW, 1980, 183 S., zahlr. Abb., Tab., Ktn.; [für Paderborn S.13-94]; (=Schriftenreihe Landes- u. Stadtentwicklungsforschung des Landes Nordrhein-Westfalen. Materialien; H.4.019)

Lippesee (1975): Erholungspark Lippesee. (Wochenend- und Ferienerholungsanlage gem. Nr. 6.12 NWP 75). 2. Auflage Paderborn: Sander-Lippe-See kommunale Gesellschaft, 1975, 28 S., Abb., Ktn., Tab., Anl. im Anh.

Lobbedey, Uwe (1986): Die Ausgrabungen im Dom zu Paderborn 1978/80 und 1983. Mit Beiträgen von Manfred Balzer, Hilde Claussen, Günter Goege u.a.; 3 Bde.; Bonn: Habelt, 1986; (=Denkmalpflege und Forschung in Westfalen: DFW; Bd.11,1-3)

Lobbedey, Uwe (1987): Anmerkungen zur archäologischen Stadtkernforschung in Paderborn. In: Stadtkernforschung. S.149-160, 11 Abb.; Köln; Wien: Böhlau, 1987; (=Städteforschung. Veröffentlichungen des Instituts für vergleichende Städtegeschichte in Münster. Reihe A: Darstellungen; Bd.27)

Lobbedey, Uwe (1990): Der Paderborner Dom. Vorgeschichte, Bau und Fortleben einer westfälischen Bischofskirche. München: Dt. Kunstverlag, 1990, 127 S., 126 teils farb. Abb.; (=Westfälische Kunst)

Ludorff, Albert (1899): Die Bau- und Kunstdenkmäler des Kreises Paderborn. Münster: Provinzial-Verband; Paderborn: Schöningh in Komm., 1899, VIII, III Taf.; 154 S., 118 Taf.; (=Die Bau- und Kunstdenkmäler von Westfalen; Bd.7)

Maasjost, Ludwig (1965): Paderborn. In: Berichte zur deutschen Landeskunde. Bd.34, 1965, H.2, S.250-252

Maasjost, Ludwig u. Müller, Gerhard (1977): Paderborn: Das Bild der Stadt und ihrer Umgebung. Paderborn: Schöningh, 1977, 255 S., 363 Abb. u. Ktn.

Maasjost, Ludwig u. Müller, Gerhard (1985): Paderborn heute: Geographie, Geschichte, Kultur und Wirtschaft. Paderborn: Schöningh, 1985, 151 S., Abb. u. Kt.

Michels, Paul (1931): Paderborn, Bad Lippspringe. 4. Auflage. Berlin-Halensee: Dari-Verlag, 1931, 96 S., 114 Abb., Firmenanzeigen mit Abb.; (= Deutschlands Städtebau)

Ortmann, Bernhard (1967): Die karolingischen Bauten unter der Abdinghofkirche zu Paderborn und das Kloster Bischof Meinwerks (1016-1031). Ratingen: Henn, 1967, 139 S. mit 77 Abb.

Ortmann, Bernhard (1977): Die ältesten Befestigungen innerhalb der Altstadt von Paderborn seit karolingischer Zeit. Zum Paderborner Jubiläum 777-1977. Felsberg: Selbstverlag, 1977, 124 S., 60 Abb.

Paderborn (1972): Sozioökononische Grundlagenuntersuchung. Auftraggeber: Stadt Paderborn. Erarb.v.: Metroplan GmbH. Heidelberg; Mitarb.: J. Müller-Trimbusch; F. Schillings; G. Schuler u.a.. Heidelberg: Metroplan, 1972, XIV, 260 gez. Bl., 8 Abb., 107 Tab., Anh.

Paderborn (1987): Paderborn 2000. Beiträge zur Zielfindung der zukünftigen Stadtentwicklung. Erstellt im Auftrage der Stadt Paderborn durch das Prisma Institut, Gesellschaft für Handels-, Stadt- und Regionalforschung mbH. Hamburg: Prisma Institut, 1987, 256 S., Abb., Tab.; (= Prisma Institut Studie; Nr.6111)

Paderborn (1988 a): Stadt Paderborn: Rahmenplan Riemekeviertel. Gestaltung des Wohnumfeldes. Erläuterungsbericht. Im Auftrage der Stadt Paderborn erstellt von DSK u. Aregplan; Bearb.: Ingo Wichmann u.a.. Hannover: Argeplan u. DSK, 1988, III, 45 S., Abb., Ktn., Anl.

Paderborn (1988 b): Stadt Paderborn: Rahmenplan Südstadt. Gestaltung des Wohnumfeldes. Erläuterungsbericht. Im Auftrage der Stadt Paderborn erstellt v. Argeplan u. DSK. Bearb.: Peter Erbstößer u.a.. Hannover: Argeplan u. DSK, 1988, II, 36 S., Abb., Ktn., Anl.

Paderborn: Luftbildatlas (1991): Paderborn im Überblick / Paderborn von A-Z. Öffentliche Einrichtungen, Sport-Freizeit, Vereine-Verbände, Handel-Handwerk-Industrie, Dienstleistungen, Hotels-Gaststätten. 1. Auflage. Reken: Neomedia, 1991, 68 S., Ill., Ktn., farb. Luftbildpläne; (=Neomedia Luftbildatlas)

Renger-Patzsch, Albert (1971): Paderborn. Bilder von Albert Renger-Patzsch. Mit einer Einführung von Reinhold Schneider und kunstgeschichtlichen Erläuterungen von Wilhelm Tack. 4. Auflage. Paderborn: Schöningh, 1971, 14 S. Text u. 80 ganzseit. Bilder u. 6 S. Bild-Erläut.

Richter, Wilhelm (1899/03): Geschichte der Stadt Paderborn. 2 Bde. Bd.1: Bis zum Ausgang des 16. Jh. Mit Urkunde und Statuten. Bearb.v.: Carl Spancken. Bd.2: Bis zum Ende des Dreissigjährigen Krieges. [Nachdr.: Junfermann, 1980]. Paderborn: Junfermann, 1899, Bd.1, XXIII, 192 S.; CLXV S. Anh.; 1903, Bd.2, XXVIII, 308 S.

Schoppe, Karl (1971): Beiträge zur Geschichte der Stadt Paderborn und des Paderborner Landes. Paderborn: Junfermann, 1971, 140 S., Abb.

Spörhase, Rolf (1972): Paderborn: Karten zur Entwicklung der Stadt. Das Werden des Stadtgrundrisses im Landschaftsraum. Unter Mitarbeit von Dietrich u. Ingeborg Wulff. Stuttgart; [u.a.]: Kohlhammer, 1972, 1 Textbl., 10 Ktn. auf 4 Taf.; (=Reihe: A I c 1)

Paderborn (1977): 1200 Jahre Paderborn 777-1977. Festprogramm und Veranstaltungskalender. 2. Auflage. Paderborn: Stadtverwaltung, Kulturamt, 1977, 132 S., Abb.

Stolz, Martin, Harder, Jürgen u. **Drewnowski, Walter** u.a. (1989): Generalverkehrsplan Paderborn. Erstellt im Auftrag der Stadt Paderborn durch die Ingenieurgemeinschaft Stolz (IGS). Kaarst: IGS, 1989, III, 145 S., 66 Abb., 19 Tab., 1 Anlage.

Wewer (1985): Wewer in Geschichte und Geschichten. 835-1985. 2. Auflage. Paderborn-Wewer: Heimatbund Wewer, Mitglied im Westf. Heimatbund, 1985, 272 S., zahlr. Abb.

Winkelmann, Wilhelm (1970): Die Königspfalz und die Bischofspfalz des 11. und 12. Jahrhunderts in Paderborn. In: Frühmittelalterliche Studien, Bd.4, 1970, S.398-415

Wolf, Hans (1977): Paderborn. Flächennutzungsplanungen und Veränderungen in der Landschafts- und Siedlungsstruktur. In: Paderborner Studien. Jg.1977, H.4, S.101-103

Salzkotten, Stadt

von Manfred Hofmann

Stadtmitte Salzkottens mit Pfarrkirche St. Johannes

(Foto: Anycom, Salzkotten)

I. Lage und Entwicklung

Das relativ große Areal der Gesamtstadt (109,4 km^2) hat trotz geringer Reliefgegensätze an mehreren naturräumlichen Einheiten Anteil, die sich hinsichtlich ihres landschaftlichen und ökologischen Potentials z.T. deutlich voneinander abheben. Der Norden gehört zur Oberen Lippeniederung, die Mitte zur Unteren Hellwegbörde und der Süden zur Oberen Hellwegbörde und zur Paderborner Hochfläche.

Bei der Oberen Lippeniederung handelt es sich um ein weitgehend ebenes Flußterrassengebiet, gegliedert in mehrere Niveaus und aufgebaut aus sandig-kiesigen Materialien, die von der Lippe und ihren Nebenflüssen sedimentiert und stellenweise vom Wind zu Dünen und Flugsanddecken umgelagert wurden. Solange im Bereich der tieferen Niveaus die Poren zwischen den relativ grobkörnigen Materialien bis nahe an die Oberfläche mit Grundwasser angefüllt waren, sammelte sich in allen Einschnitten Wasser an, und in Anpassung an die hohe Bodenfeuchtigkeit dominierte die Grünlandnutzung. Siedlungen, Ackerflächen oder kleine Waldsplitter blieben beschränkt auf Dünen und schwach gewölbte Flugsanddecken, die über die feuchteren Partien aufragten. Allein auf den höher gelegenen Terrassenniveaus bzw. lokalen Oberkreidedurchragungen, auf denen die Altgemeinden Scharmede und Thüle liegen, gab es bereits früher größere zusammenhängende Ackerflächen. Durch Entwässerung und Grundwasserabsenkung herrschen inzwischen aber in der gesamten Oberen Lippeniederung Ackerflächen vor.

In der schwach nach S ansteigenden Unteren Hellwegbörde, die den mittleren Teil des heutigen Stadtareals einnimmt, stehen oberflächennah feinkörnige Bodensubstrate an (Löß und glazigene Ablagerungen). Aufgrund ihrer natürlichen Beschaffenheit und Eignung tragen sie vorwiegend wertvolles Ackerland (= Börde); sie haben aber auch am stärksten die sich ständig ausweitenden Siedlungen und Verkehrswege zu verkraften. Wo die glazigenen Ablagerungen zu Staunässe neigen, wurden vielfach Drainagevorkehrungen getroffen, so daß die ursprünglichen hydrologischen Ver-

Einwohner: 22.211

Fläche: 109,46 km^2

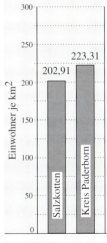

(LDS NRW, Stand: 31.12.95)

SALZKOTTEN

Grundzentrum in einem Gebiet mit überwiegend ländlicher Raumstruktur

(LEP NRW 1995, Teil A)

Am 1.1.1975 gebildet aus den Altgemeinden Mantinghausen, Niederntudorf, Oberntudorf, Salzkotten (Stadt), Scharmede, Schwelle, Thüle, Upsprunge, Verlar und Verne. Alle Altgemeinden gehörten zuvor zum Amt Salzkotten-Boke im Kreis Büren

hältnisse, ergänzt durch Veränderungen im Bereich der Quellen und Bäche, auch hier starke Abwandlungen erfahren haben.

Die Obere Hellwegbörde reicht südlich von Upsprunge und bei Oberntudorf als südwest-nordostverlaufender Streifen in das Stadtgebiet hinein. Jedoch gibt es über ihre nördliche wie südliche Abgrenzung verschiedene Auffassungen. Denn je nach Gewichtung der vorhandenen Merkmale bzw. Merkmalkombinationen kann man völlig berechtigt zu abweichenden Begrenzungen kommen. Betont man die Bodenmerkmale, die für die Feuchtigkeitsbedingungen des Bodens und die Anbausituation von großer Bedeutung sind, wird man die Obere Hellwegbörde weiter südlich beginnen lassen, d.h. am Wechsel von feinkörnigen glazigenen oder mächtigeren äolischen Ablagerungen (Löß) zu den flachgründigen Verwitterungsböden aus Kalkgestein; bedenkt man dagegen stärker das Relief und den tieferen Gesteinsuntergrund, kann man die Grenze bereits unmittelbar an den Südrand von Upsprunge verlegen, wo das Gelände im Vergleich zur Unteren Hellwegbörde deutlich stärker ansteigt und wo Karsterscheinungen mit Dolinen und Bachschwinden hervortreten, die für das Oberere Hellweggebiet charakteristisch sind. Im letzten Fall wird man der mächtigeren Bodendecke aus glazigenem Material und aus Löß weniger Beachtung schenken. Die Südgrenze der Oberen Hellwegbörde verläuft etwa an der orographischen Wasserscheide, dicht nordwestlich der Alme.

Damit gehört das Ortsgebiet von Niederntudorf zur Paderborner Hochfläche. Wie in der Oberen Hellwegbörde stehen auch in der Paderborner Hochfläche schwach nach S ansteigende Gesteinsschichten der Oberen Kreide an, aufgebaut aus stark kalkhaltigem, stellenweise auch mergeligem Material, über dem sich flachgründige, oft stark von Kalksteinscherben durchsetzte, lehmige Verwitterungsböden bildeten, die eine Ackernutzung im Vergleich zur Lippeniederung und zur Unteren Hellwegbörde wesentlich schwieriger gestalten. In der Paderborner Hochfläche kommt es zudem, bedingt durch die Täler, die sich tief in die schräggestellten Kalksteintafeln eingeschnitten haben, kleinräumig zu beachtlichen Reliefenergiewerten. Da Niederschläge und Oberflächenwässer im stark klüftigen Gesteinsuntergrund rasch versickern, sind die Bachläufe lange Zeit im Jahr trocken. Andererseits treten nach ergiebigen Niederschlägen, wenn viel Wasser in den Klüften zirkuliert und der Kluftwasserspiegel steigt, in den Tälern an mehreren Stellen Quellen zutage, die nur zeitweilig Wasser schütten: sog. "Quickspringe", etwa bei Niederntudorf zwischen dem rezenten Bachbett der Alme und dem südlichen Talhang.

Auch die dortigen "Quellschwemmkegel" lassen sich auf derartige Quellen zurückführen. Bei ihnen haben sich die im Quellwasser feinpartikular suspendierten Substanzen (Trübstoffe) rings um die Austrittstelle abgelagert, so daß schwach kegelförmige Gebilde mit zentralem Quelltrichter entstanden sind. An den steileren Talflanken, teils auch auf den nur schwach geneigten Kalksteinplatten stocken größere zusammenhängende Buchenwaldbestände, die sich als relativ naturnah charakterisieren lassen. Insgesamt erweist sich der Süden des Stadtgebietes als ein Bereich hoher landschaftlicher Vielfalt.

Quellen gibt es, neben jenen im Almetal, vor allem in Upsprunge und Salzkotten-Kernstadt. In Upsprunge (Name: up = auf; sprunge = springen, hervortreten) handelt es sich um Süßwasserquellen, aus denen die Heder entsteht. Diese Quellen fördern ganzjährig hinreichend Wasser, so daß früher bereits dicht unterhalb der Austrittsstellen Wassermühlen betrieben werden konnten.

In der Kernstadt treten zusätzlich zu den Süßwasserquellen solehaltige Wässer auf, ein Phänomen, das sich entlang der Westfälischen Quellenlinie Paderborn-Soest-Unna mehrfach beobachten läßt. Die markanteste Solequelle der Kernstadt war ehemals die Unitas-Quelle am heutigen Rathaus. Sie trat annähernd im Zentrum eines bis zu 4 m hohen Sinterhügels (=Kütfelsen) hervor, der sich im Laufe von Jahrtausenden durch fortwährende Ausfällung eines Teiles der im Wasser gelösten Substanzen gebildet hat: ein interessantes "Naturdenkmal, das in dieser Form in Westfalen einmalig ist" (Michel, G. 1985, S.75). Andere Solequellen befinden sich - teils als Folge künstlicher Bohrungen, teils als natürliche Austritte - zwischen der Stadthalle und der Heder, am Freibad oder im Bereich Sültsohle zwischen der Kernstadt und Upsprunge. In ihrer Umgebung kommen z.T. charakteristische Salzpflanzen vor.

Räumlich und siedlungsmäßig am engsten mit der Kernstadt verflochten sind die Altgemeinden Upsprunge und Verne, die mit ihr allmählich zu einem zusammenhängenden Siedlungskomplex verschmelzen. Besonders fortgeschritten ist dieser Prozeß zwischen Salzkotten und Upsprunge. Die anderen dörflichen Siedlungen besitzen allein schon aufgrund ihrer größeren räumlichen Distanz zur Kernstadt eine höhere Eigenständigkeit. Doch auch bei ihnen zeichnen sich Gruppierungen zwischen näher beieinander liegenden und enger miteinander verflochtenen Orten ab, etwa zwischen Obern- und Niederntudorf, Thüle/Scharmede oder Mantinghausen/Verlar/Schwelle, so daß sich eine überschaubare Anzahl von Siedlungskomplexen ergibt.

Verkehrsmäßig ist Salzkotten sehr gut angeschlossen: Die Kernstadt liegt an einer seit alters her bedeutenden W-O Verbindung, dem Hellweg, heute als B1 gut ausgebaut, und an der zweigleisigen Eisenbahnhauptstrecke Hamm-Paderborn-Altenbeken. Knapp südlich der Stadtgrenze verlaufen die A 44 als wichtige W-O-Autobahn und zwischen Salzkotten und Paderborn die A 33 als bedeutende Autobahnspange für die Anbindung an den N-S-Verkehr. Etwa 7 km südlich der Kernstadt, aber bereits in der Nachbargemeinde Büren-Ahden, befindet sich der Regionalflughafen Paderborn-Lippstadt, von dem aus regelmäßige Geschäfts- und zahlreiche Charterflüge möglich sind. Sein Ausbau und seine Frequentierung verzeichnen starke Zuwachsraten.

Unter den Nachbargemeinden Salzkottens tritt insbesondere Paderborn hervor. Nur etwa 11 km weiter östlich gelegen und über die B1 rasch erreichbar, übt diese Stadt als Oberzentrum vielfältigen Einfluß aus, vor allem in der Versorgung mit Gütern des nichtalltäglichen Bedarfs, was sich in der Angebotsstruktur widerspiegelt. Allerdings erwachsen Salzkotten aus der engen Nachbarschaft zu Paderborn auch Gunstfaktoren.

Zu den übrigen Kommunen, die an Salzkotten angrenzen - Geseke und Lippstadt im W, Delbrück im N, Büren, Wünnenberg und Borchen im S - bestehen weitaus geringere Beziehungen, obgleich der größte Teil der Schüler zu Gymnasien nach Geseke oder Büren fährt, da Salzkotten selbst über keine entsprechende Einrichtung verfügt. Ein geringerer Teil der Schüler orientiert sich nach Paderborn. Auch unterhalten die Städte Geseke und Salzkotten gemeinsam eine Sonderschule für Lernbehinderte in Verne, und auf der Ebene der Volkshochschule bestehen Kooperationsvereinbarungen mit den Städten Büren, Delbrück und Wünnenberg, doch sind die wechselseitigen Verflechtungen zwischen den genannten Gemeinden insgesamt wenig intensiv und teils erschwert durch konkurrierende Bemühungen um die Ansiedlung von Gewerbe- und Industriebetrieben.

Die älteste schriftliche Erwähnung Salzkottens datiert aus dem Jahre 1160. Sie steht bereits in Zusammenhang mit der Salzgewinnung. Mitte des 13. Jh.s drängt der Paderborner Bischof Simon I. die Bewohner aus sechs umliegenden kleinen Orten (Vielsen, Drewer, Haltinghausen, Habringhausen, Hohenrod und Ostinghausen) zur Umsiedlung an die wichtigen Salzquellen. Der bischöfliche Landesherr verleiht dem Ort 1247 Stadtrechte - Grund für die Stadt Salzkotten im Jahre 1997 ihr 750-jähriges Stadtjubiläum mit zahlreichen Veranstaltungen zu feiern - und läßt ihn noch vor 1255 durch eine Stadtmauer befestigen; bald werden auch eine Pfarrkirche gebaut und die Rechte der älteren Vielsener Pfarrei auf die neue übertragen. Ziel all dieser Maßnahmen ist die Sicherung des Paderborner Territoriums durch Errichtung eines Bollwerkes gegen die Bestrebungen der Kölner Bischöfe, die ihre Gebietsansprüche über Geseke hinaus nach Osten zu erkennen gaben. Nach langjährigen Streitigkeiten zwischen den genannten Territorialherren, in deren Folge Salzkotten zeitweilig von beiden verwaltet wurde und die Vielser Burg, etwa 900 m südlich der neuen Stadt gelegen, aufgegeben und geschleift werden mußte, kommt es schließlich gegen Ende des 13. Jh.s zur Interessenkonsolidierung: Geseke wird dem Kölner, Salzkotten dem Paderborner Bischof zugesprochen. Als Folge dieses Kompromisses verläuft die Kreis- und Regierungsbezirksgrenze (Kreis Paderborn, Regierungsbezirk Detmold, und Kreis Soest, Regierungsbezirk Arnsberg) noch heute zwischen Geseke und Salzkotten.

Die Wirtschaftskraft der kleinen Stadt Salzkotten basierte früher vor allem auf der Salzgewinnung. Zu diesem Zweck wurde die Sole der Unitasquelle in Salzhütten (= Salzkotten) eingedampft, zunächst unmittelbar an der Solequelle, nach Errichtung größerer Gradiervorkehrungen Mitte des 18. Jh.s westlich der Heder im Vorfeld der Stadt. Obgleich beispielsweise 1898 noch ca. 1.500 t Kochsalz gewonnen werden konnten, wurde diese Art der Salzproduktion in der 2. Hälfte des 19. Jh.s nicht zuletzt durch die Konkurrenz des Steinsalzes und die veränderte Energie-, Verkehrs- und Marktsituation unwirtschaftlich, so daß der Siedeprozeß 1908 endgültig eingestellt werden mußte.

1919-1921 wurde das zur Solekonzentration erbaute, über 300 m lange Gradierwerk westlich der Heder abgerissen; die Solequelle und das Brunnenhäuschen auf dem Kütfelsen blieben sich selbst überlassen, und auch die im Umfeld des Sinterhügels vorhandene Bausubstanz (Privatbesitz) erfuhr über Jahrzehnte wenig Zuwendung. Nachdem die Stadt das Eigentum daran erwerben konnte, wurde rechtzeitig zum Stadtjubiläum 1997 ein neues Gestaltungskonzept realisiert. Auch für den Salinenhof schuf man inzwischen neue Folgenutzungen: Einkaufsmärkte, Wohnungen, Arztpraxen und eine Apotheke. Die städtebauliche Ordnung des Gebietes ist nach einem aufgestellten Bebauungsplan abgeschlossen und wird jetzt noch ergänzt durch die Anlegung eines zentralen Busbahnhofes.

Trotz des Niedergangs der Soleverwertung hat Salzkotten in den letzten hundert Jahren eine enorme Aufwärtsentwicklung erfahren. Die Einwoh-

Erwerbstätige 1987: 5.086

9,0%
45,8%
45,2%

Erwerbstätige 1994: 10.759

4,5%
34,4%
61,1%

■ Land- und Forstwirtschaft
◢ Produzierendes Gewerbe
◸ Dienstleistungen

(Quellen: Volkszählung 1987; Erwerbstätigenrechnung 1994)

Berufs-einpendler   Berufs-auspendler
2.619   4.690

Sozialvers.-pflichtig Beschäftigte; Quelle: Landesarbeitsamt NRW 1995

Einwohner in Stadtteilen:

Salzkotten	8.387
Verne	2.460
Niederntudorf	2.372
Scharmede	2.043
Upsprunge	1.917
Thüle	1.608
Oberntudorf	1.244
Mantinghausen	959
Verlar	701
Schwelle	658

(Ang. d. Gem., Stand: 30.04.96)

Katasterfläche 1996: 109,46 km²

davon

73,3 %	Landwirtschaftsfläche
12,5 %	Waldfläche
7,2 %	Gebäude- und Freifläche
4,9 %	Verkehrsfläche
0,9 %	Wasserfläche
0,6 %	Erholungsfläche
0,4 %	Betriebsfläche
0,3 %	andere Nutzung

(Quelle: LDS NRW)

---

nerzahl der Kernstadt hat sich etwa vervierfacht, die Anzahl der Gebäude ist sprunghaft angewachsen, und viele Gewerbebetriebe konnten neu angesiedelt werden. Begünstigt wurde dieser Aufschwung durch die gute Verkehrsanbindung. Seit 1850 kam zur Hellweg-Straße die Hellweg-Eisenbahn hinzu.

Abgesehen von den aus Platzgründen bereits sehr früh ausgelagerten Einrichtungen zur Salzgewinnung (Gradierwerk, Salinenhof mit Siede- und Lagerhäusern, Werkstätten), übersprang die bauliche Entwicklung erst Anfang des 19. Jh.s die Stadtmauern. Erst danach entstanden villenartige Wohnhäuser jenseits der Stadtmauer, Bauernhöfe an der Wewelsburger, Thüler und Geseker Straße und 1850 unmittelbar nördlich des Salinenhofes auf einem von der Sälzergenossenschaft zur Verfügung gestellten Areal der Bahnhof. Da die Bahnhofsnähe nicht allein von der Saline, sondern auch von anderen Firmen als Standortvorteil angesehen wurde, kam es im Bahnhofsumfeld allmählich zur Ansiedlung weiterer Betriebe, wodurch der Grundstein für das große Gewerbegebiet gelegt wurde, das - sich nach außen keilförmig erweiternd - heute den W und NW des städtischen Siedlungsgebietes einnimmt (vgl. Karte I). Vor dem östlichen Stadttor erwarb (seit 1863) die Kongregation der Franziskanerinnen größere Areale beiderseits der Paderborner Straße. Sie errichteten dort ihr Mutterhaus, verschiedene Pflege- und Schulungseinrichtungen sowie ein Seniorenwohnheim, die die städtebauliche Entwicklung in diesem Bereich entscheidend prägen.

Uneinheitlicher und kleinschrittiger verlief die Entwicklung der Wohngebiete. Nach sehr lockerer Besiedlung der relativ trockenen Riedel zwischen Heder, Vielser Bach, Rothebach und Huchtgraben im Ostteil der Kernstadt scheiterte eine weitere Bebauungsverdichtung an den Besitzverhältnissen. Neue Wohnquartiere entstanden deshalb abseits dieser Bereiche. Zwischen 1925-1940 erfolgten die Erschließung damals noch relativ feuchter Geländeflächen westlich der Heder (Flomengraben/Sälzer-/Upsprunger-/Lange Brückenstraße) und die Bebauung kleiner Flächen an der nordöstlichen bzw. nördlichen Stadtperipherie (Vollmarstraße, Schwedenschanze). Kurz nach dem Zweiten Weltkrieg wurde - wiederum deutlich abgesetzt von den schon bestehenden Siedlungen - die Bebauung im Bereich Breslauer/Danziger/Königsberger Straße westlich der Upsprunger Straße in Angriff genommen. Dieser Siedlungsausweitung schlossen sich bis in die frühen 60er Jahre Bebauungen zwischen Lange Brückenstraße und Meinolphus Allee an, bis Mitte der 70er Jahre solche zwischen Ölweg und Turbinenbach, dann die Aufsiedlung der noch verbliebenen Freiflächen beiderseits der Upsprunger Straße nördlich bzw. südlich des bereits vorhandenen Baubestandes; dies führte zum siedlungsmäßigen Zusammenwachsen von Kernstadt und Upsprunge, weil auch nördlich des alten Dorfkerns von Upsprunge rege Bautätigkeit herrschte. Die unmittelbar an die Altstadt angrenzenden Areale zwischen Stadtgraben und Ölweg bzw. Wewelsburger Straße blieben aufgrund der Besitzverhältnisse dagegen sehr locker bebaut.

Da mittlerweile das Bauland zwischen Geseker Straße und Upsprunge, Eichfeld und der Heder parzelliert und vergeben worden ist, reifen nun Überlegungen zur Erschließung neuer Areale im SO und N der Altstadt. Östlich der Kernstadt ist im Zusammenhang mit dem Rahmenplan Salzkotten-Ost das Bebauungsgebiet Wewelsburger Straße (Papenbrede) mit ca. 10 ha mittlerweile erschlossen worden. Es wächst aber auch der Druck zur Schließung vorhandener Baulücken und zur Siedlungsverdichtung. Eine geplante Siedlungserweiterung über die Straße Eichfeld nach Westen hinaus wurde durch die Festlegung des "Gebietes für flächenintensive Großvorhaben" im Landesentwicklungsplan und den damit verbundenen Abstandsflächen unterbunden (s. Karte I).

Die Entwicklung von Siedlung und Wirtschaft in den eingemeindeten Orten stellt sich wie folgt dar (Stichworte):

Mantinghausen: Ersterwähnung in schriftlichen Quellen 1293, obwohl bereits frühmittelalterliche Entstehungszeit wahrscheinlich; Fehlen älterer Steinbauten wie in Verlar und Schwelle; im älteren Siedlungsbereich sehr lockerständige Anordnung von Gehöften und Dienstleistungseinrichtungen der Grundversorgung; an derzeitiger Siedlungsperipherie im N größere Möbelfabrik, im O Sand- und Kiesnaßabgrabung, die zur Freizeit- und Erholungsnutzung hergerichtet wird; dazwischen neue Wohngebiete; archäologisch bedeutsame Funde östlich des Ortes in den Dünen des Lippeuferwalles (Ende Jungsteinzeit bis Ältere Bronzezeit); Hinweis auf Römerlager im benachbarten Anreppen durch den das Gräberfeld querenden "Römerweg"; Versorgungs- und Arbeitsplatzausrichtung neben der Kernstadt auch nach Lippstadt und Delbrück.

Niederntudorf: Im mäandrierenden Almetal gelegen; episodisch schüttende Quellen, interessante Quellschwemmkegel; etwas jünger als Oberntudorf; gepflegtes Ortsbild (1996 Sieger im Kreiswettbewerb); Bauernhöfe im Kern; größere Neubaukomplexe peripher; zunehmend Probleme durch Lage in Einflugschneise des benachbarten Regionalflughafens Paderborn-Lippstadt; auf dem Gelände der früheren Maschinenfabrik Fristein, die sich spezialisiert hatte auf die Herstellung landwirtschaftlicher Fahrzeuge und Geräte, Aufbau eines kleinen Gewerbegebietes; noch aktiver Steinbruchbetrieb zur Gewinnung von Kreidekalkstein-Quadern (= landschaftstypischer Baustein der Paderborner Hochfläche), geologisch-geographisch interessanter Aufschluß; früher in größerem Umfang auch Gewinnung von hellgrauen Kalkpflastersteinen für Tennen, Gehwege und Plätze (= "Tudorfer Pflaster", bevorzugt im Paderborner Land verbreitet); Ansätze für Fremdenverkehr; als Rundweg angelegter Waldlehrpfad mit interessanten Stationen.

Oberntudorf: Älter als Niederntudorf, Erstnennung zusammen mit Niederntudorf 1127, Kirche im Basilikabaustil (Saalkirche) aus dem frühen 12. Jh.; durch Landwirtschaft geprägtes Haufendorf am "Kleinen Hellweg" (Rüthen-Paderborn); randlich lockere Neubaukomplexe; in Einflugschneise des Regionalflughafens; Lehmgruben für Ziegelproduktion; überörtlicher Verkehr durch kreuzungfrei angelegten Autobahnzubringer vom Ort ferngehalten; bessere Anbindung des Ortes an diese Straße erforderlich.

Scharmede: Ersterwähnung 1015 (Scharhem); Kern vorwiegend landwirtschaftlich geprägt; schöner Fachwerk-Kornspeicher am Schultenhof aus dem Jahre 1589; Sägewerk am Ortsrand; stärkere Neubautätigkeit durch Zuzug vorwiegend aus Paderborn; Pendler nach Paderborn und Salzkotten; Eisenbahnanschluß.

Schwelle: 1815 aus den Bauernschaften Holsen, Schwelle (Ersterwähnung 1256) und Winkhausen gebildet; landwirtschaftlich geprägte Streusiedlung; Gut Winkhausen und Gut Friedrich-Wilhelms-Au; Kirche in Holsen.

Thüle: Ersterwähnung 826; romanische Kirche aus dem 12. Jh., durch Anbauten erweitert und verändert, Westturm aus der frühen Bauphase (1010-1020); Adelssitz Haus Thüle nördlich der Kirche, von Wassergraben umgeben, heute Privatbesitz; lockere Bebauung; Golfplatz; Landmaschinenfabrik, Saatgutzucht, Backwarenfabrik; Bundes- und Landessieger 1995 ("Golddorf") im Wettbewerb "Unser Dorf soll schöner werden".

Upsprunge: Ersterwähnung 1216; zahlreiche Süßwasserquellen, Hederursprung; Bauernhöfe und zwei ehemalige Mühlen in Quellennähe, Buckenmühle jüngst restauriert; außerhalb des alten Dorfkerns zahlreiche Neubauten (dadurch starke Bevölkerungszunahme: 1961 = 750 E., 1997 = 1.950 E.; vgl. Tab. 1), mit Kerngemeinde zusammengewachsen; jetzige Kirche 1895/96 am Standort früherer Kapelle (von 1424) errichtet; Großbäckerei, Getränkegroßhandel, Gartenbaubetriebe, Baumschulen.

Verlar: Eine Urkunde aus dem Jahre 1389 belegt die Existenz von Verlar zumindest für das Spätmittelalter; in Kirchennähe lockere Anordnung der Hofstellen; räumlich distanziert vom alten Kernbereich neuere Wohnsiedlung im O beiderseits der Lippstädter Straße; weiter nördlich kleines Gewerbegebiet und neuer Schul- und Sportplatzkomplex mit Grundschule für Mantinghausen, Schwelle und Verlar.

Verne: 1036 Ersterwähnung (Vernethe oder Vernede); alte Kirche St. Bartholomäus (roman. Gewölbebasilika aus dem 12. Jh.), durch Erweiterungen umgestaltet, seit dem Hochmittelalter Verehrung eines Gnadenbildes, noch heute Wallfahrten aus der näheren und weiteren Umgebung; am überlieferten Ursprungsort des Gnadenbildes am Südostrand des Ortes "Brünneken Kapelle", durch Prozessionsweg mit Pfarrkirche verbunden; in der Hederaue nördlich des Ortes die Vernaburg, von Gräfte umgeben, alter Adelsitz, heute Ruine in Privatbesitz; landwirtschaftliche Betriebe hauptsächlich im alten Kern und in den Bauerschaften Enkhausen und Langenhagen; abgesetzt vom Kern jüngere Siedlungsbereiche: Bohmkesiedlung im O, Schul- und Sportzentrum sowie Friedhof und Wohnsiedlung "Heilgarten" im Süden.

Großräumig liegt Salzkotten im Übergangsbereich von dominanter Streu- zu vorherrschender Dorfsiedlung. In den Altgemeinden Mantinghausen, Verlar und Schwelle zeigen sich die für das nach N angrenzende Gebiet kennzeichnenden Streusiedlungsmerkmale am deutlichsten: Die Bauernhöfe liegen verstreut in der Flur, die alten Dorfkerne beinhalten Gemeinschafts- und Versorgungseinrichtungen, die in jüngerer Zeit zunehmend von Wohngebäuden durchsetzt werden. In den Orten Scharmede, Thüle und Verne werden die Abstände zwischen den Bauernhöfen wie auch die räumliche Distanz zwischen den Höfen und der Kirche und anderen Dienstleistungseinrichtungen auffallend geringer, und in den Ortskernen von Obern- und Niederntudorf schließlich begegnet man echten Haufendorfstrukturen, die sich durch ein enges Nebeneinander von Wohnen und Arbeiten in den verschiedenen Wirtschaftssektoren auszeichnen.

Die wirtschaftliche Situation der Gesamtstadt wird heute vor allem durch Firmen der Bereiche Elektrotechnik, Maschinenbau, Metall- und Kunst-

Tab. 1: Bevölkerungsentwicklung 1871 - 1996

Stadtteil	01.12. 1871	16.06. 1925	17.05. 1939	29.10. 1946	13.09. 1950	06.06. 1961	27.05. 1970	31.12. 1989	30.04. 1996
Salzkotten	2.017	2.996	3.984	5.902	5.911	5.774	5.909	7.430	8.387
Mantinghausen	286	380	366	495	521	416	555	946	959
Niederntudorf	720	936	1.120	1.656	1.596	1.575	1.670	2.130	2.372
Oberntudorf	433	553	607	888	899	803	871	1.068	1.244
Scharmede	489	816	996	1.519	1.506	1.595	1.818	1.900	2.043
Schwelle	502	550	536	783	733	567	550	628	658
Thüle	765	1.034	998	1.483	1.389	1.325	1.325	1.474	1.608
Upsprunge	454	635	583	852	857	752	858	1.536	1.917
Verlar	436	582	540	803	730	564	535	711	701
Verne	1.228	1.366	1.489	2.179	2.086	2.082	2.130	2.474	2.460
Insgesamt	7.330	9.848	11.219	16.560	16.228	15.453	16.221	20.297	22.349

Quellen: Für 1871-1961: Gemeindestatistik d. Landes Nordrhein-Westfalen. Bevölkerungsentwicklung 1871-1961. Sonderreihe Volkszählung 1961, H.3c, Düsseldorf 1964; für 1970, 1989 u. 1996 nach Angaben d. Stadt Salzkotten (Einwohnermeldeamt)

stoffverarbeitung und des Dienstleistungssektors getragen, von denen die meisten im Gewerbegebiet Berglar im W der Kernstadt angesiedelt sind. Zu den bedeutendsten Betrieben im sekundären Wirtschaftssektor gehören die Firmen Deutsche Gerätebau GmbH (explosionssichere Behälter, Tankanlagen), Franz Kleine (Landtechnik, Fahrzeugbau), Wego (Sicherheitsanlagen), Müller (Agrar-/Industrie-Elektronik), Bartscher (Gewächshausbau), Isola (Bauchemie), Westfälische Textilgesellschaft als Unternehmen der Klingenthal-Gruppe (Textilien-Groß- und Einzelhandel) sowie Betriebe der Holzverarbeitung, der Möbelfertigung, des Innenausbaus, des Baugewerbes und der Nahrungsmittelbranche (Brot-, Backwarengroßproduktion: Reineke, Hölter, Lange). Daneben existieren zahlreiche Handwerksbetriebe. Im tertiären Wirtschaftssektor sind neben Einzelhandelsgeschäften, Gaststätten, Versicherungs- und Kreditinstituten sowie den Verwaltungs- und Bildungseinrichtungen verschiedene Beratungsdienste der freien Berufe (mehrere Allgemein- und Facharztpraxen, Rechtsanwaltkanzleien, Unternehmensberatungen, größere Architekturbüros) und die Zentrale der überörtlich aktiven Minipreis-Handelskette hervorzuheben. Kennzeichnend für die heutige Wirtschaftsstruktur Salzkottens ist die relativ große Vielfalt der vorhandenen Betriebe, getragen von mittelständischen Unternehmen, die rasch auf veränderte Herausforderungen reagieren können.

Nach vorübergehender Wachstumsabschwächung vollzog sich, ausgelöst durch die Ansiedlung neuer Betriebe, seit 1985/86 eine starke Erhöhung der Erwerbstätigenzahl. Sie stieg von 5.086 (1987) auf 10.759 im Jahre 1994, was mehr als einer Verdopplung entspricht. Unter allen Gemeinden des Kreises Paderborn verfügt Salzkotten heute über das zweitgrößte Arbeitsplatzangebot, das nur von der Stadt Paderborn übertroffen wird.

Hinsichtlich der Bevölkerungsentwicklung (vgl. Tab. 1) läßt sich für die meisten der eingemeindeten Orte ein erster großer Wachstumsschub gegen Ende des Zweiten Weltkrieges verzeichnen, hervorgerufen durch Evakuierungen aus den bombengeschädigten Städten und durch Flüchtlingsströme aus den Ostgebieten. Bis in die frühen sechziger Jahre kommt es zu leichten Bevölkerungsverlusten durch Rück- bzw. Abwanderung, danach erneut zu beachtlichem Bevölkerungsgewinn. Anzahlmäßig erweist sich die Zunahme der Einwohner in der Kernstadt und in den ihr unmittelbar benachbarten Orten Upsprunge und Verne am stärksten; mit deutlichem Abstand folgen Mantinghausen, Niederntudorf und Scharmede, während Oberntudorf, Schwelle, Thüle und Verlar nur geringe Zunahmen zu verzeichnen haben. Korrespondierend zu den Einwohnerzahlen wuchsen auch die Anzahl der Wohngebäude und der Flächenverbrauch durch Siedlungstätigkeit, vor allem in der Kernstadt sowie in Upsprunge und Verne.

II. Gefüge und Ausstattung

Im Siedlungsbild der Kernstadt hebt sich die Altstadt deutlich von den jüngeren Erweiterungen ab, zum einen durch Reste des Befestigungssystems an der ehemaligen Peripherie (kleine, teils erneuerte Abschnitte der Stadtmauer, Bürgerturm, Hexenturm, Westerntor, kleine Grünflächen, die aus der früheren Wall-Graben-Anlage hervorgegangen sind) sowie durch Größe und Zuschnitt der Parzellen im Bereich der früheren Graben-Wall-Anlage, zum anderen durch die unterschiedliche Art, Dichte und

Orientierung der Gebäude und Straßen innerhalb bzw. außerhalb der einstigen Ummauerung und durch die heutige funktionale Differenzierung.

Die Altstadt läßt sich wiederum in vier Teilkomplexe gliedern: in die Gebiete um die Lange Straße, um die Kiffelstraße, um den Kütfelsen und um die Pfarrkirche.

Das Gebiet beiderseits der Langen Straße (Hellweg) beinhaltet seit altersher den Hauptgeschäftsbereich. Noch vor zwei Jahrzehnten beschränkten sich die Geschäftsflächen hauptsächlich auf die im Erdgeschoß liegenden Gebäudeteile an der Straßenfront. In jüngerer Zeit kam es zur Einbeziehung weiter zurückliegender Baukörper und Flächen, so daß der Geschäftsbereich heute nach S bis zur Klingelstraße und nach N bis zum Wallgraben reicht. Durch Eröffnung eines neuen Supermarktes mit angegliedertem großen Parkplatz nördlich des Wallgrabens und seiner geplanten Erweiterung ist eine allmähliche Ausweitung bis an die Eisenbahnlinie und an den Rothebach vorgezeichnet.

Mit der Verstärkung der geschäftlichen Aktivitäten vollzogen sich im Bereich Lange Straße tiefgreifende bauliche Veränderungen. Giebelständige Fachwerkhäuser beiderseits der Straße wurden vornehmlich in den 60er und 70er Jahren zum Teil durch Neubauten ersetzt, die nur wenig auf die historisch gewachsenen Strukturen Rücksicht nehmen; andere erlitten nachteilige Veränderungen durch unangepaßte Schaufenster- und/oder Reklameeinrichtungen, und einige Gebäude wurden ganz beseitigt, um Parkplätze zu schaffen. Besonders radikal waren die Eingriffe in den rückwärtigen Bereichen. Dort fiel die ehemals kleinteilige Bausubstanz weitgehend modernen Zweckbauten und asphaltierten Parkplatzhöfen zum Opfer.

Im Gebiet um die Kiffelstraße läßt sich noch das enge Nebeneinander von Wohnen und handwerklicher bzw. bäuerlicher Tätigkeit erahnen, das einst für den größten Teil der Innenstadt kennzeichnend war. In östlicher Richtung bezieht dieses Gebiet die Gebäude an der Vielser Straße ein, von denen einige unter Denkmalschutz stehen und schützenswerte Ensemble bilden. Einzelne wurden sehr ansprechend restauriert. Nach W reicht das Gebiet bis zur Hederaue.

Um die alte Pfarrkirche hat sich ein Kommunikations- und Gemeindezentrum mit Kindergarten, Gemeindehaus, Jugendtreff, Altenwohnheim, Gaststätten, hofartigen Freiräumen, Brunnen und Sitzgelegenheiten herausbildet. Durch rekonstruierte Teile der ehemaligen Stadtbefestigung (Mauer, Hexenturm) und kleine Grünflächen im Bereich des ehemaligen Stadtgrabens erfährt dieses Gebiet nach S hin eine sinnvolle Ergänzung.

Das Gebiet um den Kütfelsen schließlich, das durch den Sinterhügel, die Solequelle und die Salzgewinnung früher eine funktionale und strukturelle Einheit bildete, setzt sich zwar gegenwärtig noch vom übrigen Stadtgefüge ab, es erfuhr aber durch vielfältige Bau- und Gestaltungsmaßnahmen sowie durch die Ansiedlung von Geschäften und privaten Dienstleistungsbetrieben grundlegende Veränderungen: Aus dem einstigen "Ring" der giebelständig auf den Quellhügel ausgerichteten Fachwerkhäuser wurden einzelne herausgebrochen, andere verleugnen durch Umbau, Verputz oder Einsatz ungeeigneter Baumaterialien ihren ursprünglichen Charakter und ihre Ensemblezugehörigkeit; zudem wurde ein sehr großer Teil des Sinterhügels und des ihn umgebenden Freiraumes bebaut (Sparkasse, Neubau der Stadtverwaltung), aufgepflastert (Parkplatz) und begrünt, so daß sich die besondere natur- und kulturhistorische Situation dieses Gebietes nur noch mit Mühe erschließen läßt, obwohl das alte Brunnenhäuschen auf dem Sinterhügel, das lange Zeit in desolatem Zustand verharrte, inzwischen erneuert wurde und zeitweilig wieder Wasser über einen kleinen noch offen gelassenen Rest des Sinterfelsens herunterfließen kann. Die genannte Gestaltung dieses wertvollen Bereiches erscheint um so bedauerlicher, als die Stadt Salzkotten mit ihm ihren Namen und entscheidende Impulse ihrer kulturhistorischen und wirtschaftlichen

Unitas-Quelle inmitten des Kütfelsens, dahinter das Pumpenhäuschen

Entwicklung verbindet. Inzwischen konnte jedoch eine Verbesserung erreicht werden: Teile des Sinterfelsens wurden wieder freigelegt, und die Bausubstanz rund um den Kütfelsen wurde einem beschlossenem Gestaltungskonzept unterworfen.

Nach N und S fügen sich an die Altstadt unregelmäßig parzellierte Wohngebiete an, durchsetzt von größeren Baulücken. An vielen Gebäuden läßt sich ihre einstige landwirtschaftliche Funktion ablesen. Die wenigen zur Zeit hier noch aktiven landwirtschaftlichen oder gärtnerischen Betriebe werden sich auf Dauer kaum halten können. Westlich und östlich der Altstadt setzen sich die Geschäftsaktivitäten der Langen Straße fort. Man findet vor allem Filialen größerer Handelsketten und private Dienstleistungseinrichtungen. Unmittelbar westlich der Altstadt entstand ein kleines Beratungszentrum (Arztpraxen, Notariat, Architektur- und Steuerberatungsbüro) durch Umwidmung der dort an Heder und Wellebach gelegenen und von parkartigen Gärten umgebenen Villen. Auch entlang der stark frequentierten Upsprunger Straße haben sich verschiedene Versorgungseinrichtungen niedergelassen. Allerdings fällt es aufgrund der lockeren Reihung derzeit noch schwer, bereits jetzt von einem Subzentrum zu sprechen.

Gewerbe- und Industriegebiete entwickelten sich, ausgehend vom Salinenhof und Bahnhof, westlich der Altstadt. Daher liegen die älteren Gewerbeansiedlungen in der Nähe des Bahnhofs, die jüngeren weiter außen. Neben diesem großen zusammenhängenden Gewerbegebiet, das durch gemischt genutzte Gebiete beiderseits der Geseker Straße (B 1) ergänzt wird, existieren kleinere Gewerbe- und Mischgebiete an der Paderborner und Thüler Straße (Ewert; Breite Werl).

Kultur-, Sport- und andere öffentliche Dienstleistungseinrichtungen treten an verschiedenen Stellen im Stadtgebiet auf: An der Grenze zu Upsprunge befindet sich das größte Schul- und Sportzentrum der Stadt mit Haupt- und Realschule, verschiedenen Sportanlagen und Parkplätzen. Es füllt ein beachtliches Areal zwischen Upsprunger Straße und Heder und engt die Hederaue ein. Weitere schulische Einrichtungen trifft man Heder abwärts; dort liegen auch die evangelische Kirche und die Stadthalle, letztere umgeben von einer größeren Grünfläche und dem 1997 in 53 m Länge neu errichteten Gradierwerk. Den Abschluß dieser S-N-gerichteten Achse bildet nördlich der Eisenbahn eine weitere größere Sportanlage sowie eine Reithalle mit zugehörigen Übungsflächen. Das neue Krankenhaus mit sieben Fachabteilungen wurde östlich der Stadt erbaut, eingebettet in agrare Nutzflächen; ebenso nimmt das Freibad eine periphere Lage im O der Kernstadt ein.

Der Grünzug an der Heder steht seit einigen Jahren der Bevölkerung als Fuß- und Radweg zur Verfügung. Obgleich die Stadt über weitere hervorragende Möglichkeiten zur Anlage wertvoller und hinreichend breiter Grünzüge verfügt, beispielsweise entlang der Nebenbäche der Heder sowie im Bereich des ehemaligen Befestigungsringes, wurde diese Potential bislang erst zu einem kleinen Teil inwertgesetzt. An vielen Stellen unterbrechen Wohnhäuser, Privatgärten, gewerblich genutzte Abschnitte oder ungünstig gestaltete Verkehrswege die potentiellen Grünzüge und die freie Frischluftzirkulation. Einbinden in diese Grünzüge ließen sich auch die ausgewiesenen Naturschutzgebiete (Sultsoid, Hederwiesen bei Gut Wandschicht, Rabbruch, Thüler Moorkomplex, Thüler Wald mit Gunnewiesen) sowie die Sport- und Erholungsbereiche.

Im Gegensatz zur Kernstadt zeichnen sich die eingemeindeten Dörfer in ihren alten Kernen durch bäuerliche Prägung aus. Sie verfügen über eine große Fülle an charakteristischen Baukörpern und denkmalpflegerisch erhaltenswerten Ensembles. Aber auch hier kommt es durch Straßen-, Parkplatz-, Geschäftsneubauten und andere Eingriffe zur Beseitigung wertvoller Bausubstanz oder im Zuge des Funktionswandels (Aufgabe landwirtschaftlicher Betriebe) zu Um- bzw. Neugestaltungen, die den ursprünglichen Gesamtcharakter dieser Orte schwinden lassen. Randlich wurden den alten Kernen neue Wohnkomplexe, Schul- und Freizeitzentren, teils auch Gewerbebetriebe angefügt, deren Anbindung und Integration nicht in allen Fällen als gelungen gelten kann.

III. Perspektiven und Planung

Salzkotten verfügt im zentralen Geschäftsbereich über keine Fußgängerzone. Vielmehr konzentrieren sich in dem Gebiet, das diese Zone aufnehmen müßte, nämlich im Bereich der Hellweg-Achse, neben dem Geschäftsverkehr gleichzeitig der innerörtliche und der Durchgangsverkehr, so daß die Einkaufsbedingungen durch Lärm, Abgase, Trennwirkung und Unfallgefahr beeinträchtigt werden. Kurzfristig sollen Veränderungen der Verkehrsführung (Einbahnstraßenregelung) und Umgestaltungen des Straßenraumes (Verengung der Fahrbahn, Verbreiterung der Gehwege, Baumpflanzungen u.a.), langfristig die Realisierung einer seit Jahren diskutierten Umgehungsstraße Abhilfe schaffen.

Ob die ungünstige Verkehrssituation Hauptursache dafür ist, daß im Umfeld Lange Straße, also im Bereich zwischen Wallgraben und Klingelstraße, weniger als ein Drittel aller Einzelhandelsbetriebe und weniger als ein Drittel der Verkaufs- und Geschäftsflächen der Gesamtstadt lokalisiert sind, soll hier nicht untersucht werden. Es zeigt sich aber, daß auch außerhalb des angegebenen Gebietes die Geschäfts- und Handelseinrichtungen ausgesprochen dispers angeordnet sind, etwa in der Geseker und Paderborner Straße oder in der Marktstraße und in der unteren Vielser Straße, neuerdings auch in der Upsprunger Straße. Da alle Standorte infolge des geringen Konzentrationsgrades der Geschäfte einen Teil ihrer Attraktivität einbüßen, wird man durch geeignete Schritte gegensteuern müssen. Alle Geschäftsstandorte befinden sich zudem seit Ende der 80er Jahre in einem intensiven Umbruch. Während sich zwischen Wallgraben und Klingelstraße (= Bereich Lange Straße) vornehmlich qualitative Wandlungen vollziehen, erfolgen bei den übrigen Standorten mehr grundsätzliche (existenzielle) Weichenstellungen. Durch konzeptionelle Leitlinien seitens der kommunalen Gremien ließe sich die Neuorientierung beeinflussen.

Kaum noch Potential zur Ausweitung oder Neuansiedlung von Handelsniederlassungen gibt es an der Paderborner Straße. Denn dort ist aufgrund der baulichen Situation und der Flächenverteilung (Mutterhaus der Franziskanerinnen mit parkartigen Anlagen, angegliederten Schul- und Altenheimeinrichtungen, die eine längere Strecke der Straßenfront einnehmen) eine kontinuierliche Geschäftsfront nicht zu entwickeln. Größere Standortvorteile besitzt demgegenüber das Gebiet westlich der Altstadt beiderseits der B 1 (Geseker Straße), weil die relativ großen neuen Wohngebiete zwischen B 1 und Upsprunge sowie die einmündenden Straßen aus Richtung Büren, Upsprunge und Verne und die vorhandenen Baukörper und Grundstückszuschnitte dort eine Ansiedlung von Geschäften begünstigen. Ähnliche Vorzüge bietet der Bereich zwischen Wallgraben und Eisenbahn, dessen Erschließung mittlerweile beschlossen wurde. Doch bedeutet eine Stärkung der genannten Standorte zugleich eine Schwächung der anderen, die Lange Straße eingeschlossen.

Sehr empfindlich auf eine Stärkung der Geschäftsstandorte im Bereich Geseker Straße oder Am Wallgraben dürften die Geschäfte an der Markt- und Klingelstraße reagieren sowie jene in der unteren Vielser Straße. Andererseits könnten gerade die südlich der Langen Straße gelegenen Standorte sowohl durch Realisierung eines vom motorisierten Verkehr unabhängigen Fuß- und Fahrradwegenetzes im Bereich der Grünzüge entlang der Bäche als auch durch Siedlungsverdichtung bzw. -ausweitung im S und SO der Altstadt erhebliche Chancenverbesserungen erfahren. Da die dort vorhandene Bausubstanz einen interessanten Rahmen liefert, sollte - so befremdlich derartige Überlegungen im ersten Augenblick erscheinen mögen - eine Begünstigung der weiter südlich gelegenen Standorte ernsthaft diskutiert werden, zumal es selbst nach Realisierung einer Umgehungsstraße nur schwer gelingen wird, die Lange Straße vollständig fußläufig zu gestalten; letzteres gilt insbesondere bei Verwirklichung einer Trassenvariante, die an der nördlichen Peripherie des heutigen Gewerbegebietes entlangläuft. Bei Entwicklung eines attraktiven, fußläufigen Geschäftsbereiches südlich der Langen Straße könnte die Lange Straße weiterhin eine gewisse Verkehrsbelastung verkraften.

Wie bei den Geschäfts- und Handelsstandorten herrscht auch in den Gewerbe- und Wohngebieten der Gesamtstadt bislang im allgemeinen nur geringer Verdichtungsdruck: Sehr große Grundstücke im Wohn- und Gewerbebereich führen zu verhältnismäßig hohem Flächenverbrauch, im Streusiedlungsgebiet des nördlichen Stadtgebietes auch zur Zersiedlung. Verdichtung und Schließung von Baulücken erscheinen daher notwendig.

Die Kernstadt und die Altgemeinden erweisen sich als gut ausgestattet mit Einrichtungen der öffentlichen Grundversorgung (Kirche, Kindergarten, Grundschule, Sportplätze, Schützenplatz, Feuerwehr, Post, Friedhof etc.). Konzentrationen wären durchaus denkbar, z.B. durch Absprachen zwischen benachbarten Siedlungen, etwa zwischen Obern- und Niederntudorf, die sich in ihrer Bebauung bereits berühren, sowie zwischen den lippenahen Orten oder zwischen Verne, Upsprunge und der Kernstadt.

Die bisher ausgewiesenen Grünzüge bilden nur schmale Bänder. Sie werden zudem mehrfach durch Wohn-, Gewerbe-, Verkehrs- oder Sportflächen eingeengt oder gar unterbrochen. Stellenweise reichen die Grenzen der Privatgrundstücke, teils sogar die darauf errichteten Gebäude, bis an die Ufer der Fließgewässer (etwa am Welle- und Rothebach in der Kernstadt, am Bohmke Graben in Verne), so daß keine bachbegleitenden Fuß- und Radwege möglich sind. Größere Bachlaufstrecken wurden verrohrt und überbaut (Vielser Bach, Ölmühlenbach, Huchtgraben, Rüenbicke), andere Bäche fließen durch private Wohngärten (unterer Wellebach). Insbesondere sollte man die Heder-, Welle- und Rothebachaue von Besiedlung (Sportstätten, Freizeitanlagen, Reitsporteinrichtungen, Gewerbe- und Wohnnutzungen, Gartenlauben, Kläranlagen) freihalten und möglichst viele der begradigten und ausgebauten Fließgewässerstrecken zusammen mit

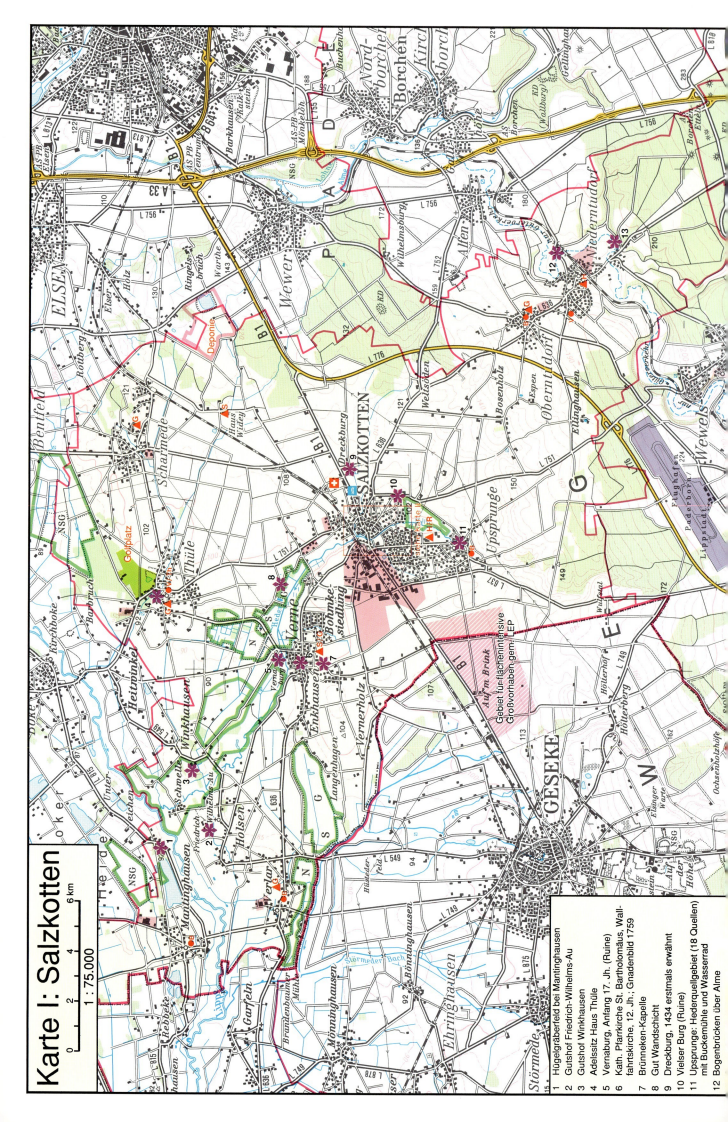

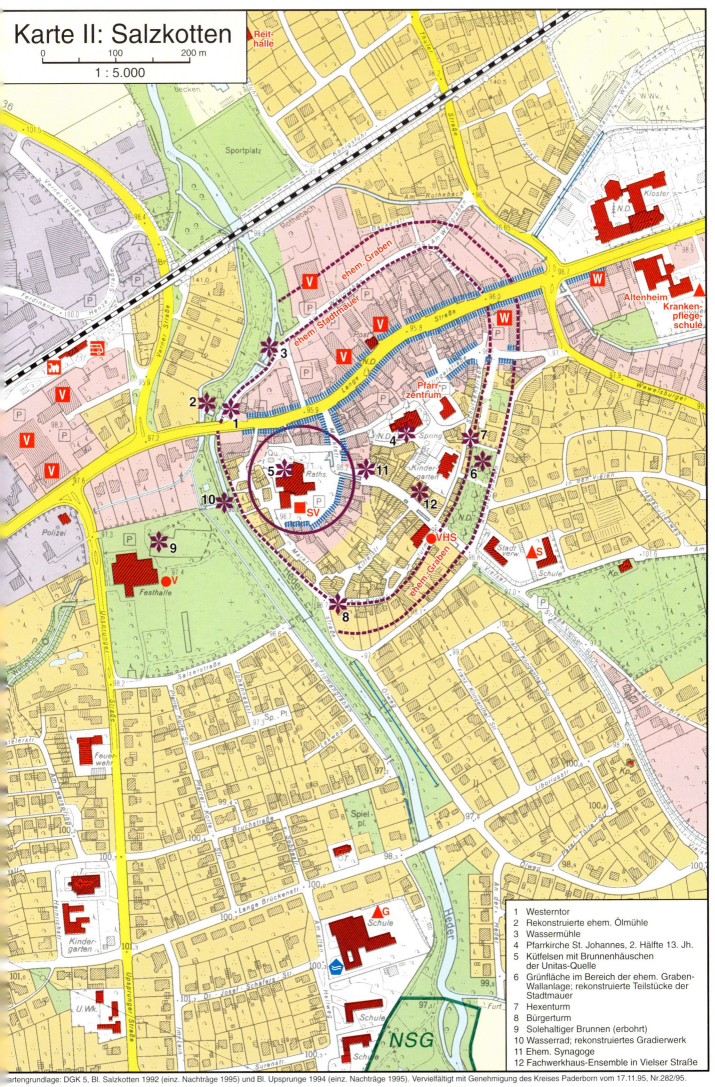

den zugehörigen Auebereiche renaturieren, unter dem Gesichtspunkt, daß sich die Lebensqualität der Stadt durch Realisierung der Ziele des Natur- und Landschaftsschutzes in hohem Maße verbessern läßt. Eine gezielte Entwicklung der Grünzüge würde gleichzeitig gestatten, elementaren Überlegungen zur Luftzirkulation, die mit fortschreitender Siedlungsausweitung an Bedeutung gewinnen, Rechnung zu tragen, die vorhandenen Schutzgebiete in ein geeignetes Umfeld einzubinden und sie untereinander zu vernetzen, um sie wirksam zu erhalten. Mittels einer derartigen Grünplanung ließen sich auch die Wohn-, Gewerbe- und Geschäftsbereiche sinnvoll gliedern und mit einem von Motorfahrzeugen getrennten Fuß- und Fahrradwegesystem untereinander verbinden.

Ein besonderes Problemfeld stellt die geplante Umgehungsstraße dar, die das Ortszentrum der Kernstadt entlasten soll. Bei Realisierung der großen Trassenvariante, die in der Nähe der Gemeindegrenzen zu Geseke bzw. zu Paderborn von der B 1 nördlich abzweigen und zwischen dem Gewerbegebiet Berglar und der Bohmke-Siedlung (vgl. Karte I) vorbeiführen soll, wird es kaum gelingen, die insgesamt sehr umfangreichen Verkehrsbewegungen zwischen den Hauptwohngebieten im W der Kernstadt (zwischen Geseker Straße und Upsprunge) und dem Oberzentrum Paderborn aus der Altstadt herauszuhalten. Leichter erreichen ließe sich dies durch jene Variante, die vorsieht, den Verkehr erst an der westlichen Peripherie der Altstadt abzuleiten, um ihn über die Verner Straße auf eine W-O gerichtete Spange zu führen. Eine mehrere Kilometer lange und auf einem Damm geführte Umgehungsstraße mit zweimaliger Querung der Eisenbahn, erneuter Barrierebildung quer zum Hedertal sowie größeren Brücken- und Rampenbauten bedeutet einen hohen Landverbrauch und vermehrte Emissionen. Auch bei einem denkbaren Ausbau des Wallgrabens zu einer leistungsfähigen Umgehungsstraße und bei Ableitung des gesamten Durchgangsverkehrs über diese Trasse - eine Variante der Verkehrsführung, die in vielen ehemals befestigten Städten praktiziert wird - ließe sich die Lange Straße als fußläufiger Geschäftsbereich entwickeln.

Literaturauswahl

Bergmann, Heinrich (1990): Scarhem - Scharmede. In: Die Warte. Nr.68, [=Jg.51, 1990, H.4], S.28-31, 4 Abb.

Bertelsmeier, Elisabeth (1965): Salzkotten. In: Berichte zur deutschen Landeskunde. Bd.34, 1965, H.2, S.267-268

Danneberg, H. (1988): Stadt Salzkotten: Einzelhandel, Zentrenplanung und Stadterneuerung. Erarbeitung von Markt- und Handlungsstragien. Vereinbarkeitsprüfung zu Ansiedlungsbegehren von Einzelhandelsgroßbetrieben mit den Zielen der Raumordnung, Zentrenplanung u. Bauleitplanung. Kurzfassung d. Zwischenberichtes vom August 1988. Düsseldorf: ISH; Salzkotten: Stadt Salzkotten, 1988, III, 26 gez. Bl., 24 Tab. im Anh.

Fischbach, Petra (1983): Karstwasserbewertung und Salzwasser/Süßwasser-Grenze am Haarstrang zwischen Soest und Salzkotten (SE-Westfalen, NW-Deutschland) in ihrer Bedeutung für die Trinkwassergewinnung. Münster: Uni Münster, Math.-Naturwiss. Fak., 1983, 132 S., 30 Abb., 8 Tab. im Text; 97 Wasseranalysen, 4 Taf. m. Ktn. im Anh.; (=Dissertation)

Freie Planungsgruppe Berlin (1980): Altstadtsanierung Salzkotten. Vorbereitende Untersuchungen nach Paragraph 4 STBAUFG für den Stadtkern in Salzkotten. Erstellt durch Freie Planungsgruppe Berlin GmBH. Mitarb.: Conradi, Bernhard; Haase, Gerhard; Saebetzki, Karin; Wieland, Werner. Berlin: Freie Planungsgruppe Berlin, 1980, II, 58 S., Abb.

Freie Planungsgruppe Berlin (1981): Altstadtsanierung Salzkotten. Vorbereitende Untersuchungen nach Paragraph 4 STBAUFG für den Stadtkern in Salzkotten. Erstellt durch Freie Planungsgruppe Berlin GmBH. Mitarb.: Braum, Michael; Conradi, Bernhard; Fürer, Doro; Gensel, Renate. Berlin: Freie Planungsgruppe Berlin, 1981, III, 56 S., Abb.

Freie Planungsgruppe Berlin (1990): Stadt Salzkotten: Aktualisierung der Rahmenplanung Ortsbildanalyse. Auftraggeber: Stadt Salzkotten. Auftragnehmer: Freie Planungsgruppe Berlin GmBH. Mitarb.: M. Braum; K. Bolechowski; S. Granzen; G. Klein; I. Könnekamp. Berlin: Freie Planungsgruppe Berlin, 1990, III, 12 S. (Aktualisierung); 12 S. (Gebäudetypologie); 35 S. (Gestalte1emente); 1 Kt. im Anh.

Gesellschaft für Landeskultur (1988): Stadt Salzkotten: Untersuchung zur Dorferneuerungsbedürftigkeit für 9 Ortslagen der Stadt Salzkotten, Kreis Paderborn. Erstellt v.: Gesellschaft für Landeskultur (GfL), Zweigniederlassung Mönchengladbach. Mitarb.: D. Boettcher; H. Lannott; R. Linden; K. Schneider. Auftraggeber: Landesamt für Agrarordnung NRW (Münster). Mönchengladbach: Gesellschaft für Landeskultur, 1988, 209 S., 161 Abb., Pläne, Beil.; (=GfL-Bericht)

Graebner, Paul (1956): Die Quellflora der Umgebung von Salzkotten. In: Natur und Heimat. Jg.16, 1956, H.2, S.41-45

Henkel, Gerhard (1974): Geschichte und Geographie des Kreises Büren. Mit einer Gesamtkarte der siedlungsgeschichtlichen Denkmälern. Paderborn: Schöningh, 1974, zahlr. Abb., Tab., Taf.

Honselmann, Wilhelm (1964): Zur Geschichte von Scharmede. In: Festschrift zum 300jährigen Jubiläum der St. Petrus und -Paulus-Schützenbruderschaft 1664 e.V. Scharmede. S.18-39; Paderborn: Bonifatius-Druckerei, 1964

Kohlenberg, Hans (Hg.) (1974 ff): Chronik der Stadt Salzkotten. Salzkotten: Heimatverein Salzkotten; [bisher Bd. 1-35 erschienen]

Kohlenberg, Hans (1979): (Salzkotten-)Scharmede. Salzkotten: Selbstverlag des Verfassers, 1979, 453 S., zahlr. Abb.

Kohlenberg, Hans (1984): Salzkotten innerhalb der Stadtmauern. Einst und jetzt. Salzkotten: Selbstverlag des Verfassers; Heimatverein Salzkotten, 1984, 279 S., zahlr. Abb.

Köhler, Ekkehard (1981): Zur Karsthydrologie des Raumes Salzkotten-Upsprunge. In: Dechenìana. Bd.134, 1981, S.317-322, 3 Abb.

Koppe, Fritz (1951): Die Pflanzenwelt im Quellsumpf an der Wandschicht bei Salzkotten. In: Naturschutz in Westfalen. Beiheft zu: Natur und Heimat, zu Jg. 11, 1951, S.112-117

Koppe, Fritz (1963): Die Halophytenflora der Solstellen von Salzkotten 1912 und 1962. In: Natur und Heimat. Jg.23, 1963, H.4, S.112-117

Körner, Johannes (1926): Kreis Büren. Im Auftrage des Provinzial-Verbandes der Provinz Westfalen bearb. v. J. Körner. Mit geschichtlichen Einleitungen von Heinrich Schotte. Münster: Stenderhoff, 1926; (=Die Bau- und Kunstdenkmäler von Westfalen; Bd.38)

Kran, Karl (1960): Größtes Hügelgräberfeld von Ostwestfalen-Lippe wird bei Mantinghausen freigelegt. In: Die Warte. Jg.21, 1960, H.10, S.187-188, 1 Abb.

Lakmann, Gerhard (1988): Zur Avifauna des Naturschutzgebietes "Rabbruch" (Salzkotten, Kr. Paderborn). In: Bericht des Naturwissenschaftlichen Vereins für Bielefeld und Umgebung. Bd.29, 1986/87(1988), S.121-175, 6 Abb., 5 Tab.

Lappe, Josef (1912): Die Bauernschaften und Huden der Stadt Salzkotten. In: Deutschrechtliche Beiträge. Bd.7, 1912, H.4, S.369-446

Michel, Gert (1985): Hydrogeologie. In: Erläuterungen zu Blatt 4317 Geseke. Bearb.v. Klaus Skupin. Mit Beiträgen von H. Dahm-Arens, Gert Michel u. Peter Weber; Krefeld: Geolog. Landesamt NRW, 1985, S.101-116, 3 Abb., 3 Tab.; (=Geologische Karte von Nordrhein-Westfalen 1:25.000)

Potthast, Helmut (1989): Salzkotten: Lebenswerte Stadt am Hellweg. In: Der Kreis Paderborn. Redaktion: Oberkreisdirektor Werner Henke. S.146-147, Abb.; Oldenburg: Verlag Kommunikation und Wirtschaft, 1989; (=Städte, Kreise, Regionen)

Salzkotten (1947): Salzkotten, die aufstrebende Stadt am Hellweg. Lippstadt: Vogel & Wirth, 1947, 76 S., Abb.

Salzkotten (1954): Salzkotten. In: Westfälisches Städtebuch. S.309-310; Stuttgart: Kohlhammer, 1954; (=Deutsches Städtebuch; Bd.3,2)

Salzkotten (1969): Kunstdenkmale. In: Westfalen. S.498; 502; 562; Berlin, München: Deutscher Kunstverlag, 1969; (=Dehio, G.: Handbuch der deutschen Kunstdenkmäler. Teil: Nordrhein-Westfalen; Bd.2)

Salzkotten (1970): Stadt und Amt Salzkotten. Hg.v.: Amt Salzkotten-Boke. Salzkotten: Amt Salzkotten-Boke, 1970, 743 S., zahlr. Abb., Tab., Ktn.; [zahlr. Einzelbeiträge]

Salzkotten (1975): Salzkotten. In: Paderborner Hochfläche, Paderborn, Büren, Salzkotten. Hg.v.: Römisch-Germanisches Zentralmuseum Mainz in Verbindung mit dem Nordwestdeutschen und dem West- und Süddeutschen Verband für Altertumsforschung; Mainz: Verlag Philipp von Zabern, 1975; (=Führer zu Vor- und Frühgeschichtlichen Denkmälern; Bd.20)

Salzkotten (1975-1989): Einzelberichte zur Denkmalpflege. In: Westfalen: Hefte für Geschichte, Kunst und Volkskunde. Bd.53, 1975, H.1-4, S.688; Bd.56, 1978, S.608-610; Bd.62, 1984, S.651-652; Bd.67, 1989, S.728-729;

Salzkotten (1983): Salzkotten. In: Östliches Westfalen. Vom Hellweg zur Weser. Kunst und Kultur zwischen Soest und Paderborn, Minden und Warburg.; Köln: DuMont, 1983; (=DuMont-Kunst-Reiseführer)

Salzkotten (1988): Verkehrsentwicklungsplan Salzkotten. Erstellt v.: Institut für Stadtbauwesen, RWTH Aachen, Prof. Dr.-Ing. Wilfried Ruske; Dipl.-Ing. Felix Huber. Mitarb.: W. Augenendt; F. Hausen; Ch. Wieacker u.a.. Aachen: TH Aachen, Inst. f. Stadtbauwesen, 1988, 189 S., Abb., Tab.

Salzkotten (1994): Die Namen der Straßen, Wege und Plätze in Salzkotten mit Erklärungen zur Orts- und Siedlungsgeschichte und zur Entwicklung des Straßennetzes. Salzkotten: Stadt Salzkotten, 1994, 264 S., Abb., Kt.; (= Beiträge zur Geschichte der Stadt Salzkotten, Bd.2)

Salzkotten (1994): Luftbildatlas: Salzkotten A-Z. Öffentliche Einrichtungen, Sport-Freizeit, Vereine-Verbände, Handel-Handwerk-Industrie, Dienstleistungen, Hotels-Gaststätten. Reken: Neomedia, 1994, 51 S., Ill., Ktn., farb. Luftbildpläne; (=Neomedia Luftbildatlas); 2., veränd. Auflage

Salzkotten (1996): 750 Jahre Stadt Salzkotten. Geschichte einer westfälischen Stadt. Hg. v. Stadt Salzkotten und Detlef Grothmann. 2 Teil-Bde. Paderborn: Bonifatius, 1996; Bd. 1: XV, S. 1-678; Bd.2: XV, S.679-1.270, zahlr. Abb., Tab., Farbbild-Taf.; (= Quellen und Studien zur westfälischen Geschichte, Bd.32)

Schulte, Norbert (1990): Upsprunge - ein Ort mit schwindendem dörflichen Gesicht. In: Die Warte. Nr.68, [=Jg.51, 1990, H.4], S.36-37, 4 Abb.

Segin, Wilhelm (1971): Zur Siedlungsgeschichte von Tudorf. In: Die Warte. Jg.32, 1971, H.9, S.129-132, 1 Abb., 1 Kt.

Sobbe, Eugen von (1877): Ausgegangene Ortschaften und Ansiedlungen in der Umgebung der Stadt Salzkotten. In: Zeitschrift für Vaterländische Geschichte und Altertumskunde. Bd.35, 1877, Abt.2, S.115-152

Tönsmeyer, Josef (1960): Zur Geschichte der Gemeinde Thüle. In: Die Warte. Jg.21, 1960, H.12, S.221-222

Tönsmeyer, Josef (1960/61): Zur Geschichte der Gemeinde Schwelle. In: Geseker Heimatblätter. Nr.90-101, [=Jg.18-19, 1960-61]

Tönsmeyer, Josef (1961): Mantinghausens jüngste Geschichte. In: Heimatblätter. Jg.42, 1961, Nr.18, S.70-71, 2 Abb. u. Nr.19, S.75

Tönsmeyer, Josef (1968): Das Lippeamt Boke. Hg.v.: Amt Salzkotten-Boke. Salzkotten: Amt Salzkotten-Boke, 1968, 524 S., zahlr. Abb., Taf.

Wünnenberg, Stadt

von Gerhard Henkel

Wünnenberg
(Foto: Das schöne Luftbild Ltd. Detmold)

I. Lage und Entwicklung

Geologisch und morphologisch liegt der Stadtraum im Übergangsbereich von zwei Großlandschaften, dem Nördlichen Sauerland und dem südöstlichen Winkel der Westfälischen Bucht. Der geologisch älteste Raum im Stadtgebiet ist das Alme-Afte-Bergland, ein Teil des Nördlichen Sauerlandes. Die absoluten Höhenzahlen steigen hier im Bereich des Totenkopf bei Fürstenberg bis knapp unter 500 m ü. NN an und erreichen damit die höchsten Werte im Regierungsbezirk Detmold. Durch das Alme-Afte-Bergland hat die Stadt Anteil am Deutschen Mittelgebirge, dem Rheinischen Schiefergebirge, mit Gesteinen aus dem Erdaltertum. Das hier anstehende Gestein besteht aus Tonschiefern und sandsteinartigen Grauwacken des Karbon sowie untergeordnet aus den devonischen Massenkalken bei Bleiwäsche. Im Gegensatz zu den flachlagernden Deckschichten der Westfälischen Bucht sind die Gesteinsschichten des Sauerlandes meist schräggestellt und gefaltet. Dieser gestörte Schichtenverlauf, der schon auf Erdbewegungen im Erdaltertum zurückzuführen ist, kann in vielen Aufschlüssen, Straßenböschungen und Steinbrüchen beobachtet werden. Im Raum Bleiwäsche finden sich nutzbare Lagerstätten. Stand früher der Abbau von Bleierzen (Ortsname!) im Mittelpunkt des Interesses, so wird derzeit im größten Steinbruchbetrieb des Kreises der devonische Massenkalk abgebaut, der vornehmlich im Straßenbau Verwendung findet.

Im Gegensatz zum alten Grundgebirge Sauerland bzw. Alme-Afte-Bergland gehört der übrige Teil des Stadtgebietes geologisch zum Deckgebirge der Westfälischen Bucht, hier ausgeprägt als Paderborner Hochfläche. Deren südliche Teillandschaft ist das Sintfeld (= großes Feld), das etwa zwei Drittel des Stadtgebietes umfaßt. Die Entstehung der Westfälischen Bucht am Nordrand des Rheinischen Schiefergebirges beginnt in der Kreidezeit vor etwa 130 Mio. Jahren und fällt damit in das Erdmittelalter. Die ursprünglich horizontal abgelagerten Sedimente des kreidezeitlichen Meeres der Kreidezeit wurden im Tertiär durch Gebirgsbewegungen an den südlichen und östlichen Rändern leicht gehoben. Dadurch bildete sich die

Einwohner: 11.670

Fläche: 161,03 km²

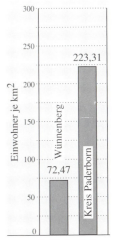

(LDS NRW, Stand: 31.12.95)

Grundzentrum in einem Gebiet mit überwiegend ländlicher Raumstruktur

(LEP NRW 1995, Teil A)

Am 1.1.1975 gebildet aus den Altgemeinden Bleiwäsche, Elisenhof, Fürstenberg, Haaren, Helmern, Leiberg und Wünnenberg des Kreises Büren

nach innen geneigte Münsterländer Kreidemulde, die als Westfälische Bucht bezeichnet wird. Im gesamten Bereich der Paderborner Hochfläche und damit auch des Sintfeldes stehen die kreidezeitlichen Ablagerungen, vor allem Kalksteine und Mergel sowie in geringerem Außmaß Sandsteine, oberflächlich an. Auf den Gesteinen finden sich vielfach - als fossile Zeugen des Kreidemeeres - Abdrücke von Muscheln, Seeigeln und oft tellergroßen Ammoniten. Der hellgraue Kalkbruchstein wurde bis in die Zeit nach dem Zweiten Weltkrieg in zahlreichen Steinbrüchen abgebaut und als regionaler Baustein sowie zur Kalkgewinnung verwendet. Noch heute wird das Bild der alten Dorf- und Stadtkerne von Fürstenberg bis Paderborn von der traditionellen Kalkbauweise geprägt. Durch das Vorherrschen von Kalkgesteinen ist auf der Paderborner Hochfläche eine Vielfalt von Karsterscheinungen entstanden. Die aus dem Eggegebirge und dem Sauerland einmündenden Wasserläufe sowie die Niederschläge versickern im klüftigen Kalkgestein der Hochfläche. Die Klüfte, die den Kalk senkrecht durchsetzen, sind in alten Steinbrüchen und sonstigen Aufschlüssen gut zu erkennen. Über den unterirdischen Kluftsystemen und Hohlräumen sind Einsturztrichter - auch Erdfälle oder Dolinen genannt - entstanden, die Durchmesser von 8 - 40 m und Tiefen bis zu 10 m haben können.

Die Böden des Sintfeldes sind wie das anstehende Grundgestein recht einheitlich. Es handelt sich im wesentlichen um flach- bis mittelgründige Braunerden aus Kalkverwitterungslehm (Bodenwertzahlen: 35 - 50). In Mulden und weitgespannten Senken finden sich jedoch auch Beimengungen oder Überdeckungen von Lößlehmen, womit der Nutzungswert für die Landwirtschaft deutlich ansteigt (Bodenwertzahlen: 45 - 70). Das Sintfeld gilt seit dem frühen Mittelalter als eine fruchtbare Ackerlandschaft. Mit Wald bestanden sind ca. 44% der Stadtfläche; große unzusammenhängende Waldungen finden sich besonders im südlichen Stadtgebiet.

Lange Zeit war der Raum Wünnenberg durch seine abseitige Verkehrslage geprägt. Erheblich verbessert wurde die Verkehrsanbindung erst in den 1970er Jahren durch die neue Autobahn Dortmund-Kassel (A 44), die das Stadtgebiet auf einer Länge von 12 km schneidet und durch zwei Auffahrten für alle Orte der Gemeinde günstige Anschlüsse anbietet. Die vom Autobahnkreuz Wünnenberg-Haaren ausgehende A 33 bis Bielefeld-Sennestadt hat die Verbindung zur Autobahn A 2 Oberhausen-Hannover hergestellt. Die Fortsetzung der A 33 nach Süden über das Kreuz Wünnenberg-Haaren hinaus erfolgt durch die Bundesstraße 480 in Richtung Brilon und Winterberg. Für den öffentlichen Personennahverkehr bestehen Buslinien der Deutschen Bundesbahn, die zu den benachbarten Zentren Marsberg, Büren und Paderborn führen.

Das Stadtgebiet Wünnenberg ist ein altbesiedelter Raum. Allein aus der Bronzezeit (1700 - 700 v. Chr.) sind bisher 186 Grabhügel (im Volksmund Hügelgräber) in der Gemarkung gezählt worden. Im Mittelalter war der Raum bereits sehr dicht besiedelt: insgesamt 27 Siedlungen sind bis zum Hochmittelalter nachgewiesen. Dominante Siedlungspunkte waren die Stadt Wünnenberg sowie die Burg und Freiheit Fürstenberg. Am Ende des Mittelalters geriet der Raum - wie weite Landstriche Europas - in eine schwere Depressionsphase (Abb. 1 und 2). Von den bekannten 27 Siedlungen fielen - urkundlich nachweisbar - 26 zumindest zeitweise wüst. Mit der Wiederbesiedlung im 15. Jh. trat ein umfassender Konzentrationsprozeß ein: es blieben schließlich nur 7 Siedlungen übrig; 20 Siedlungen waren auf Dauer zu Wüstungen geworden. Dies entspricht einem Wüstungsquotienten von 74% (der Wüstungsquotient zeigt den Anteil der wüstgefallenen Orte an den vorher bestehenden Orten). Damit gehört der Raum Wünnenberg zu den am stärksten von den spätmittelalterlichen Wüstungsvorgängen betroffenen Landschaften in Mitteleuropa. Die Intensität der Wüstungsvorgänge in dieser Region kommt auch darin zum Ausdruck, daß sogar fünf ehemals lokal bedeutende Kirchorte - Andepen, Edinghausen, Vesperthe, Dorslon und Kircheilern - zu den Dauererwüstungen gehören.

Die frühneuzeitlichen Dörfer verzeichneten schnell einen enormen Bevölkerungsanstieg. Es entstanden in kurzer Zeit die für diese Landschaft bis heute charakteristischen großen Haufendörfer neben den Großgütern des Adels und der Klöster. Das Sintfeld, das für einige Jahrzehnte zu verwildern bzw. zu verwalden drohte, wurde bald zu einer der fruchtbarsten Landschaften Westfalens. Um 1800 entstanden weitab der Dörfer die Vorwerke Wohlbedacht, Eilern, Friedrichsgrund und Elisenhof, aus denen sich in der Folgezeit weilerartige Siedlungen entwickelten (vgl. Abb. 3).

Einen großen Bevölkerungsschub erlebten die Siedlungen des Stadtgebietes durch die Folgen des Zweiten Weltkrieges. Mit der Aufnahme von Vertriebenen, Flüchtlingen und Evakuierten stieg die Wohnbevölkerung um etwa 50% an. In den 1950er Jahren folgte dann allerdings eine Welle von Abwanderungen in die Großstädte und Industriegebiete, vornehmlich an Rhein und Ruhr. Seit den 60er Jahren ist wieder eine leichte, aber kontinuierliche Aufwärtsbewegung zu beobachten. In allen größeren Orten des Stadtgebietes sind nach dem Zweiten Weltkrieg um die alten Dorfkerne herum zum Teil weitflächige Neubausiedlungen entstanden. Die Anzahl der nach 1945 gebauten Häuser übersteigt inzwischen die Zahl der zuvor errichteten Gebäude.

In den beengten Ortslagen kam es nach dem Zweiten Weltkrieg (50er bis 70er Jahre) zu Ortauflockerungen und Aussiedlungen von landwirtschaftlichen Betrieben in die Flur, so daß auch hierdurch ein neues Siedlungselement entstanden ist.

Die heutige Stadtgemeinde Wünnenberg besteht seit dem 1.1.1975. Sie wurde im Rahmen der kommunalen Gebietsreform aus den Altgemeinden Bleiwäsche, Elisenhof, Fürstenberg, Haaren, Helmern, Leiberg und Wünnenberg gebildet. Die Altgemeinden Bleiwäsche, Füstenberg, Leiberg und Wünnenberg gehörten bis zum 31.12.1974 zum Amt Wünnenberg zu Fürstenberg, die Altgemeinden Elisenhof, Haaren und Helmern zum Amt Atteln, alle Altgemeinden der Stadt bis zum 31.12.1974 zum Kreis Büren (siehe Abb. 10, S. 17).

Bleiwäsche 955 E. (1996), 9 qkm, 453 m ü. NN

Bleiwäsche ist der höchstgelegene Ort im Stadtgebiet, im Kreis sowie im Regierungsbezirk Detmold. Das Haufendorf liegt wie auf einer Insel innerhalb der großen zusammenhängenden Waldungen der Staatsforste Wünnenberg und Alme sowie des Fürstenberger Waldes. Geographisch-geologisch gehört Bleiwäsche bereits zum Sauerland, was für die wechselvolle Siedlungs- und Wirtschaftsgeschichte dieses Raumes von maßgebender Bedeutung ist. Der Ortsname Bleiwäsche taucht zuerst um die Mitte des 16. Jhs. in der Überlieferung auf. Die Herren von Westphalen in Fürstenberg gründeten hier eine Siedlung, um die lokalen Bleivorkommen abzubauen. An den Abbau, der nach wechselnden Erfolgen endgültig im 19. Jh. eingestellt wurde, erinnern noch zahlreiche Halden, Pingen (Schürflöcher) und Stollen in der westlichen und südlichen Umgebung des Ortes. Aus der Bergbausiedlung Bleiwäsche entwickelte sich schließlich ein Bauern- und Waldarbeiterdorf. Seit einigen Jahrzehnten werden in der Gemarkung in großen Steinbrüchen Gesteine des Devonischen Massenkalk gebrochen und zu Straßenschotter und Asphaltmasse verarbeitet. Nach dem Zweiten Weltkrieg hat sich Bleiwäsche außerdem - die Waldnähe und den Waldreichtum nutzend - zu einem der führenden Fremdenverkehrsorte des Kreises entwickelt.

Elisenhof 125 E. (1996), 4 qkm, 332 m ü. NN

Der kleinste Ort der Gemeinde liegt im östlichen Sintfeld unterhalb der Turon-Schichtstufe des

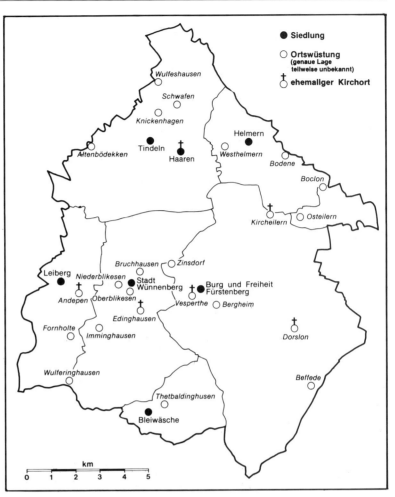

Abb. 1: Die Siedlungen und Wüstungen im Stadtgebiet Wünnenberg um 1550 (aus Henkel 1991, S. 186)

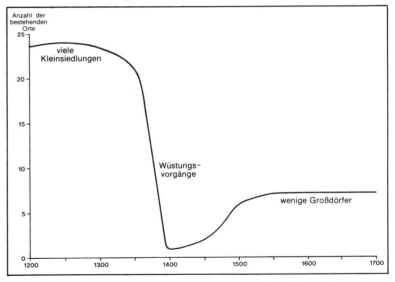

Abb. 2: Die Siedlungsentwicklung im Stadtgebiet Wünnenberg vom hohen Mittelalter bis zur frühen Neuzeit (aus Henkel 1991, S. 186)

Eilerberges. Elisenhof entstand im Jahre 1803 als Vorwerk der Staatlichen Domäne Dalheim, nachdem das dortige Kloster mit der Säkularisation aufgelöst worden war. 1922 wurde das Vorwerk, das noch den Kern des Ortes bildet, im Zuge einer Bo-

Einwohner in Stadtteilen:

Wünnenberg	3.305
Fürstenberg	2.822
Haaren	2.297
Leiberg	1.445
Bleiwäsche	955
Helmern	922
Elisenhof	125

(Ang. d. Gem., Stand: 30.04.96)

Katasterfläche 1996:
70,94 km²
davon
48,9 % Landwirtschaftsfläche
42,5 % Waldfläche
4,2 % Verkehrsfläche
2,8 % Gebäude- und Freifläche
1,2 % Wasserfläche
0,2 % Erholungsfläche
0,2 % andere Nutzung
0,2 % Betriebsfläche
(Quelle: LDS NRW)

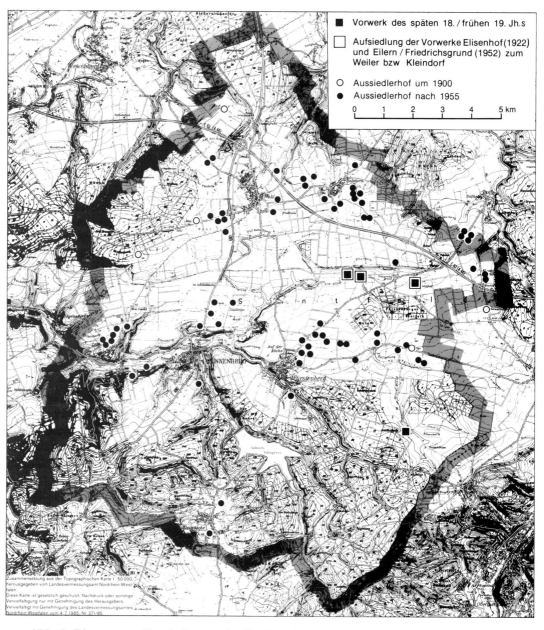

Abb. 3: Die agraren Neusiedlungen im Stadtgebiet Wünnenberg seit dem späten 18. Jh.
(aus Henkel 1991, S. 189)

denreform von der Domäne in Dalheim abgetrennt und an 17 Neusiedler verteilt. Damit entstand das Kleindorf Elisenhof, das zunächst der Gemeinde Dalheim zugehörte, 1952 aber eine selbständige politische Gemeinde wurde. Kirchlich wird der Ort, der in der Mitte eine Kapelle besitzt, von Fürstenberg versorgt. In seiner Siedlungs- und Wirtschaftsstruktur wird Elisenhof bis heute eindeutig von der Landwirtschaft geprägt, wenngleich die Zahl der Auspendler stark angestiegen ist. Es gibt im Ort keine außerlandwirtschaftlichen Arbeitsplätze.

Fürstenberg 2.822 E. (1996), 59 qkm, 345 m ü. NN

Als Mittelpunkt des Sintfeldes gilt seit Jahrhunderten das Großdorf Fürstenberg. Der Kern des Haufendorfes liegt auf dem Kalkplateau der Paderborner Hochfläche in unmittelbarem Anschluß an einen Steilhang des Karpketales. Die Besiedlung der heutigen Ortsstelle begann urkundlich nachweisbar gegen 1325, als der Paderborner Bischof und Landesfürst im Bereich des jetzigen Schlosses die Burg Fürstenberg errichten ließ. Die neue "Vorstenburg" wurde mit erheblichen Rechten und Funktionen für das südliche Paderborner Land ausgestattet. Als das Sintfeld im frühen 15. Jh. von Menschen weitgehend verlassen war und zu verwalden begann, initiierten die Herren von Westphalen die "Wiedergeburt" Fürstenbergs. Sie bauten die verfallene Burg wieder auf und unternahmen im Jahre 1449 den erfolgreichen Versuch, Menschen anzusiedeln. Sie setzten einen "Bundbrief" auf und begründeten damit die Freyheit tor Forstenberg. In diesem Bundbrief

Schloß und "Freiheit" Fürstenberg

(Foto: Das schöne Luftbild Ltd. Detmold)

werden außergewöhnlich großzügige Rechte und Verbindlichkeiten - eine Art Minderstadtrecht - für die Ansiedler festgelegt. Die "Freiheit Fürstenberg" verzeichnet schon bald einen enormen Bevölkerungszuwachs: 1554 zählte der Ort bereits etwa 1.000 Einwohner. Von 1776 bis 1783 wurde an der Stelle der alten Burg das bis heute von den Grafen von Westphalen bewohnte Schloß errichtet. Vom Stammgut der von Westphalen in Fürstenberg aus wurden am Ende des 18. Jh.s die Vorwerke Eilern und Wohlbedacht angelegt, die sich nach dem Zweiten Weltkrieg zu kleinen Weilern entwickelten. Bis zum Jahre 1849 war Fürstenberg Sitz eines adligen Patrimonialgerichtes, von 1879 bis 1932 bestand hier das preußische Amtsgericht. Seit 1844 war Fürstenberg Sitz der Verwaltung des Amtes Wünnenberg und ist auch nach der kommunalen Neugliederung Verwaltungssitz der neuen Großgemeinde Wünnenberg geblieben. Durch den Bau der evangelischen Kirche im Jahre 1854 wurde Fürstenberg zu einem regionalen Zentrum der evangelischen Christen. Mit der Gründung der Realschule im Jahre 1921 wurde Fürstenberg zu einem zentralen Schulort. Etwa 2 km südöstlich des Dorfes entstand in den 1970er Jahren ein Feriendorf mit etwa 250 Nur-Dach-Häusern.

Haaren 2.297 E. (1996), 33 qkm, 361 m ü. NN

Das Großdorf Haaren gehört zu den typischen Haufendörfern der Paderborner Hochfläche bzw. des Sintfeldes. Es liegt nördlich unterhalb der Turonstufe auf dem Speel im Bereich von zwei Talanfängen. Der Raum Haaren zählt zu den ältestbesiedelten des Paderborner Landes. Bereits im 9. Jh. sind neben Haaren auch die benachbarten Kleinsiedlungen Schwafen und Tindeln urkundlich belegt. Der seit dem frühen Mittelalter bekannte Frankfurter Weg verlief auf seinem Teilstück zwischen Marsberg und Paderborn durch Haaren, was die frühe und besondere Bedeutung dieses Sintfelddorfes unterstreicht. Ein wichtiges Relikt der Siedlungsgeschichte ist die Wüstung Knickenhagen 2 km nordwestlich Haaren, eine dreieckige bis ringförmige Graben-Wall-Anlage des späten Mittelalters. Der Strukturwandel nach dem Zweiten Weltkrieg erscheint im ehemals bäuerlichen Haaren durch mehrere Impulse besonders akzentuiert. Durch Flurbereinigung, Aussiedlung und ein städtebauliches Entwicklungskonzept sollten Flur und Ort seit Anfang der 70er Jahre den Erfordernissen der Moderne angepaßt werden. Wenige Jahre später wurde Haaren durch den Autobahnneubau, die Auffahrt und das Autobahnkreuz

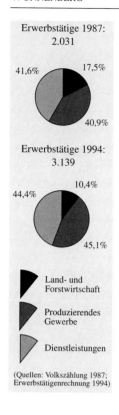

der A 44 und A 33 zu einem überregional bedeutenden Verkehrsknotenpunkt. Unmittelbar an der Autobahnauffahrt liegt das rund 20 ha große zentrale Gewerbegebiet der Stadt. Neben Ortssanierung und Gewerbeansiedlung verdient die intensive Neubautätigkeit in den letzten Jahrzehnten besondere Beachtung.

Helmern 922 E. (1996), 13 qkm, 362 m ü. NN

Helmern zählt neben Haaren, Elisenhof und Meerhof zu den "trockenen" Sintfelddörfern. Dennoch verdankt der Ort seine Entstehung einer ständig fließenden Quelle, die zu einer geologisch bedingten Quellenreihe gehört, nördlich der durch das Sintfeld ziehenden Turonstufe. Das Grundwort -meer des Ortsnamens (Hilimere) erscheint auch in weiteren Flurnamen und weist auf ehemals größere Flächen nassen Geländes in der heutigen Gemarkung hin. Die schriftliche Überlieferung beginnt im frühen 11. Jh.. Im Mittelalter bestanden zwei Helmern-Siedlungen nebeneinander: Osthelmern und Westhelmern, das manchmal auch als groten Helmern bezeichnet wird. Das heutige Haufendorf ist als Siedlungsnachfolger des mittelalterlichen Osthelmern anzusprechen. Dieses ehemalige Bauerndorf erlebte in den 1970er Jahren durch die neue Autobahn A 44, die die Gemarkung in der Mitte zerschneidet, einen sehr komplexen Wandel des Flur- und Ortsgefüges: Im Rahmen einer Flurbereinigung wurden 13 landwirtschaftliche Betriebe aus dem Dorfkern in die Feldflur ausgesiedelt. Die Altgehöfte wurden in der Regel abgerissen. Den neu gewonnenen Platz nutzte man mit Straßenbau, Parkplätzen, Kinderspielplätzen, Pflanzanlagen und Wohnungsneubauten. Im Wettbewerb "Unser Dorf soll schöner werden" wurde Helmern mehrfach auf den vordersten Rängen plaziert.

Leiberg 1.445 E. (1996), 16 qkm, 324 m ü. NN

Das Haufendorf Leiberg liegt am südwestlichen Rande des Sintfeldes. Wie in den benachbarten Orten Wünnenberg und Fürstenberg findet sich der ursprüngliche Dorfkern mit Kirche hoch über dem Aftetal am Rande der Hochfläche, während ein zweiter älterer Ortsteil unterhalb - an der Mündung des Empertales in das Aftetal - lokalisiert ist. Die Siedlungsgeschichte des Raumes Leiberg beginnt weit vor der Entstehung des heutigen Dorfes. Bereits im 9. Jh. ist der Ort Andepen erwähnt, dessen Kirchenstelle noch in Relikten zu erkennen ist: etwa 1 km südöstlich der heutigen Kirche am linken Afteufer ca. 25 m über dem Talniveau. Im Volksmund spricht man noch immer von der alten Andeper Kirche wie auch von der Andeper Mühle. Der Kern des heutigen Dorfes entstand erst im Jahre 1490, als am rechten Aftetalrand 60 m über dem Bachbett der "Leyberch" von den Herren von Westphalen aus Fürstenberg kultiviert und besiedelt wurde. Im Jahre 1635 wütete in Leiberg die Pest, 400 Einwohner starben. Bestattet wurden die Toten auf dem sog. Pestfriedhof, etwa 2,3 km südlich der heutigen Kirche, wo ein Sandsteinkreuz mit einer zeitgenössischen Inschrift von der Schreckenszeit kündet. Wie alle ehemaligen Bauerndörfer der Region hat auch Leiberg seit dem Zweiten Weltkrieg einen starken Strukturwandel erlebt. Durch eine rege Neubautätigkeit hat sich der Ort auf das linke Afteufer ausgedehnt. Hier befindet sich auch ein jüngeres Wochenendhausgebiet bzw. ein Landhauspark mit ca. 40 Häusern.

Wünnenberg 3.305 E. (1996), 27 qkm, 334 ü. m NN

Die ehemalige Titularstadt Wünnenberg nimmt in dem durch seine großen Haufendörfer charakterisierten Sintfeld seit dem Mittelalter eine Sonderstellung ein. Die topographische Lage des Ortes zeigt große Ähnlichkeit mit den Nachbarsiedlungen Leiberg und Fürstenberg: Zu dem älteren Ortsteil auf einem markanten Sporn hoch über dem Aftetal, der Oberstadt, gehört die unmittelbar darunter gelegene jüngere Talsiedlung, die Unterstadt. Die Besiedlung der Oberstadt fällt in die Jahre um 1300, als die Edelherren von Büren hier auf dem Talvorsprung zwischen Afte, Aa und Golmeke die Burg und Stadt Wünnenberg begründeten. Die neue Siedlung erhielt mit dem Stadtrecht Wall und Graben, Mauern und feste Tore, wovon noch Reste vorhanden sind. Nach einem Brand der Oberstadt im Jahre 1725 wurde nordöstlich davon im Bruch die jetzige Unterstadt angelegt. Die planmäßige im Schachbrettmuster durchgeführte Anlage prägt bis heute den Charakter dieses Ortsteils. Seit Beginn der Neuzeit war die Stadt innerhalb des Fürstbistums Paderborn Sitz des Amtes Wünnenberg, zu dem die Orte Leiberg, Bleiwäsche, Fürstenberg, Essentho und Wünnenberg gehörten. Zu den Aufgaben des fürstbischöflichen Amtes zählte die Einziehung des Zehnten; drei der ehemaligen Zehnthäuser aus dem 18. Jh. sind an der Bürener Straße noch erhalten. Das Amt Wünnenberg blieb nach der Auflösung des Fürstbistums Paderborn 1802 auch für den nachfolgenden Kreis Büren bis 1974 bestehen, wenn auch der Sitz der Amtsverwaltung (seit 1975 Stadtverwaltung) bereits seit 1844 im benachbarten Fürstenberg ist.

Nach dem Zweiten Weltkrieg hat Wünnenberg einen enormen Neubau- und Bevölkerungsboom zu verzeichnen. Von den Ortsrändern ausgehend haben sich in alle Richtungen Neubausiedlungen ausgebreitet. Modellartig verlief die Entwicklung Wünnenbergs zum Fremdenverkehr. 1972 wurde Wünnenberg als erste Gemeinde in NRW Luftkurort, 1980 staatlich anerkannter Kneipp-Kurort. Durch seine Fremdenverkehrsbetriebe und Frei-

Karte I: Wünnenberg

1 : 75.000

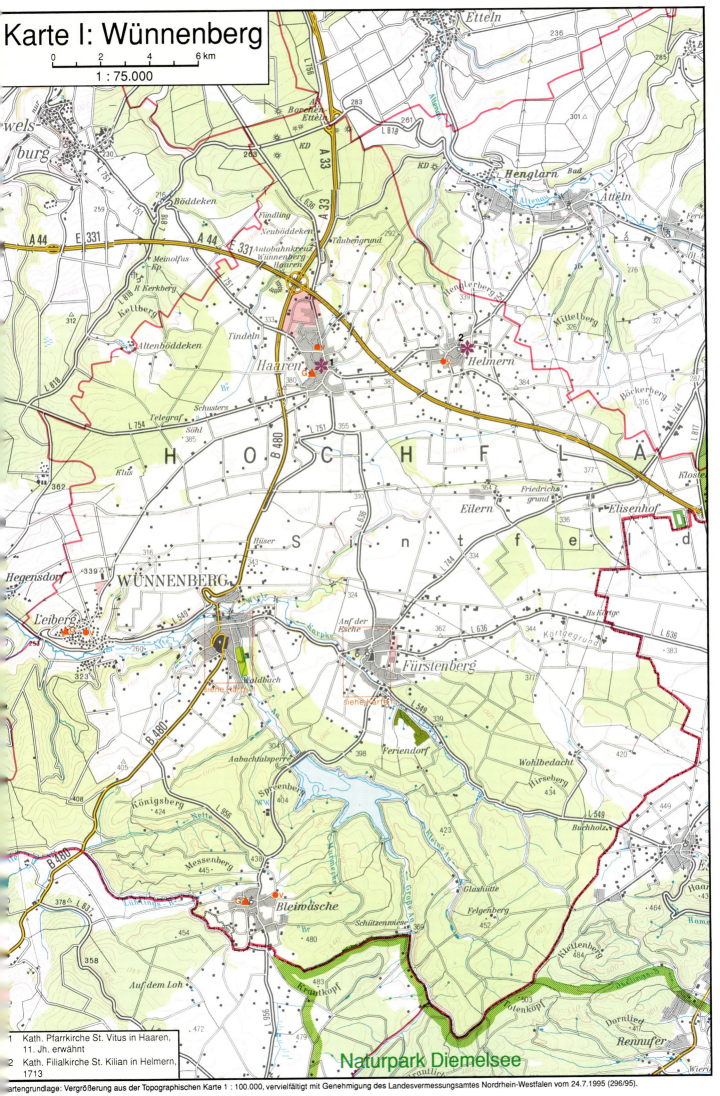

1 Kath. Pfarrkirche St. Vitus in Haaren, 11. Jh. erwähnt
2 Kath. Filialkirche St. Kilian in Helmern, 1713

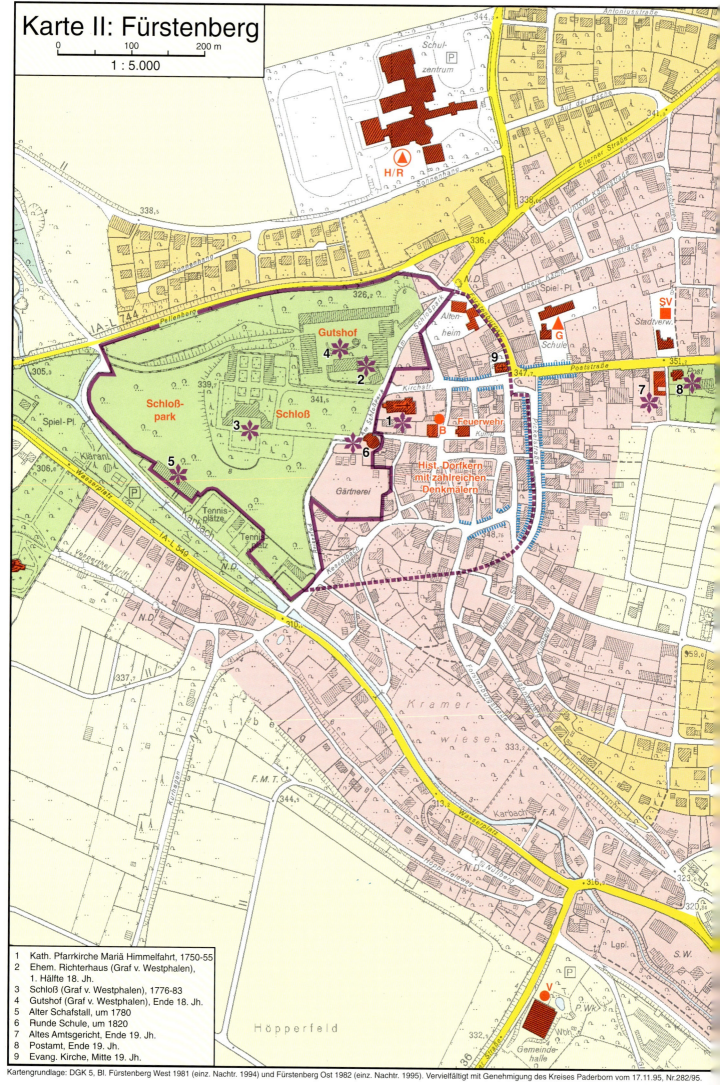

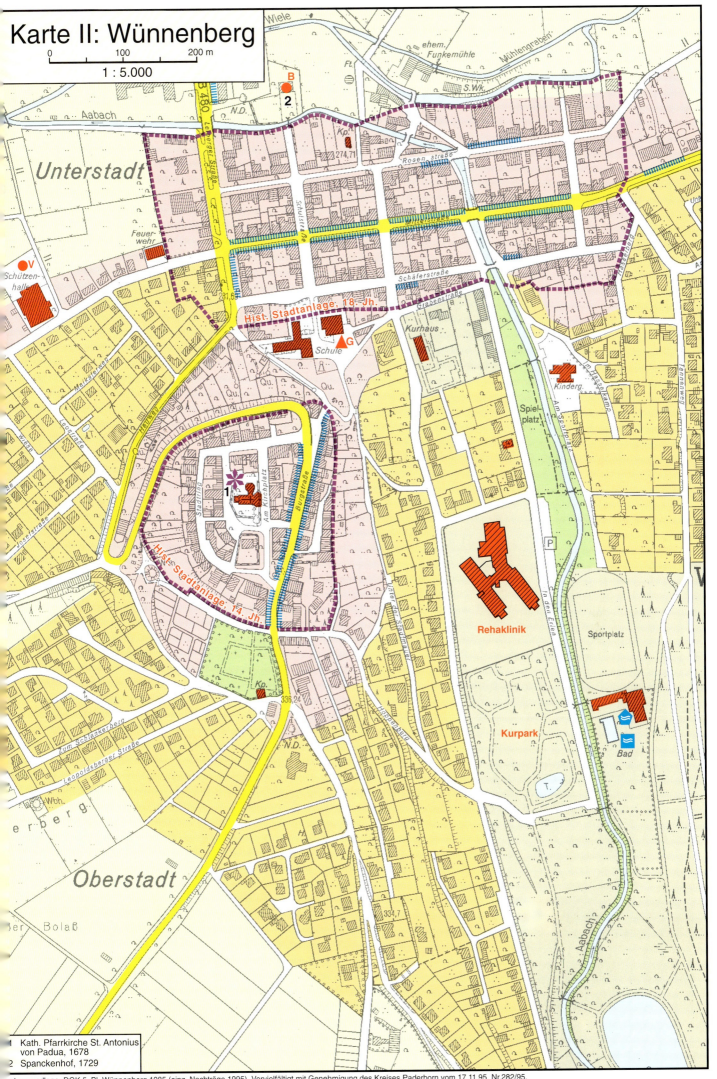

zeiteinrichtungen, darunter ein 10 ha großer Kurpark sowie ein reizvoll gelegenes Hallen- und Freibad, gehört Wünnenberg zu den führenden Fremdenverkehrsorten im Kreis. Ein Jahrhundertbauwerk für den Ort ist die 1996 eröffnete Rehaklinik für Neurologie mit Schwerpunkt Schlaganfallbehandlungen.

II. Gefüge und Ausstattung

Ökonomisch, sozial und kulturell war der Raum Wünnenberg bis in die 1950er Jahre von der Land- und Forstwirtschaft geprägt. Ein jahrzehntelanger Strukturwandel hat dann zu einem generellen Rückgang der bäuerlichen, aber auch der handwerklichen Erwerbstätigkeit geführt. Damit ging ein Großteil der dörflichen Arbeitsplätze verloren. Nur etwa 1/3 der Erwerbstätigen hat 1995 seinen Arbeitsplatz im eigenen Stadtgebiet, d.h. etwa 2/3 sind Auspendler in die benachbarten Zentren Büren, Marsberg und vor allem Paderborn. 1987 lebten noch 17,5% aller Erwerbstätigen von der Land- und Forstwirtschaft (Kreisdurchschnitt 3,9%). Bis 1994 hat sich der Anteil zwar auf 10,4% reduziert, doch liegt er immer noch weit über dem Durchschnitt des Kreises von 3,3%. Die meisten lokalen Arbeitsplätze befinden sich bereits im tertiären Wirtschaftssektor (44,4%), aber auch hier zeigt sich eine große Abweichung von den durchschnittlichen Quoten im Regierungsbezirk (56,9%) und im Land (62,3%). Auffallend ist die Tatsache, daß sich der Anteil der Erwerbstätigen im Produzierenden Gewerbe von 1987 bis 1994 von 40,9% auf 45,6% erhöht hat, während sich der Kreiswert, vergleichbar der allgemeinen Entwicklung, von 45,6% auf 38,3% reduzierte.

Nach einer Arbeitsmarkt- und Wirtschaftsanalyse der Bezirksregierung in Detmold vom Februar 1990 weist die Einzelhandelszentralität Wünnenbergs erhebliche Defizite auf. Von 6.489 DM Kaufkraft je Einwohner der Gemeinde im Einzelhandel fließen 3.960 DM oder rd. 61,0% in die benachbarten höherrangigen Zentren ab. Allerdings sind in den letzten sechs Jahren mehrere Filialen großer Marktketten errichtet worden. Hinsichtlich der Größenordnung sind alle Wirtschaftsbetriebe des Stadtgebietes dem Mittelstand zuzuordnen. Ein zentrales Gewerbegebiet der Gemeinde ist in Haaren ausgewiesen; dort stehen noch ausreichend Flächen für Ansiedlungen bzw. Erweiterungen zur Verfügung. Außerdem bestehen kleinere Gewerbegebiete in Fürstenberg, Leiberg und Wünnenberg. Auf den waldfreien und windbegünstigten Hochflächen des Sintfeldes sind in den letzten Jahren einige Windkraftanlagen errichtet worden. Weitere zusammenhängende Windparks sind in der Planung.

Zu den Wirtschaftssparten, die sich im Stadtgebiet während der letzten Jahrzehnte besonders entwickelt haben, gehört der Fremdenverkehr. 1992 existierten 80 Hotels, Gasthöfe, Cafes, Kurheime, Fremdenheime, Privatpensionen, Bauernhof-Pensionen und Ferienwohnungen mit insgesamt 1.050 Betten. Dazu kam das Feriendorf Fürstenberg mit etwa 100 Ferienhäusern und 600 Betten; 1991 wurden rund 160.000 Übernachtungen ermittelt (Angaben der Stadtverwaltung). Schwerpunktmäßig hat sich der Fremdenverkehr in Wünnenberg entwickelt. So konnte dort besonders im landschaftlich reizvollen Aatal eine Reihe attraktiver Kur- und Freizeiteinrichtungen - u.a. Kurpark, Freibad, Hallenbad, Paddelteich, Kneippanlagen im Freien - geschaffen werden. Im neuen Gebietsentwicklungsplan sind große Teile des Aatals sowie die Siedlungsbereiche der Ober- und Unterstadt als Kurgebiet ausgewiesen. Wünnenberg ist seit 1980 ein staatlich anerkannter Kneipp-Kurort. Im Landesentwicklungsplan wird es als ein Erholungsschwerpunkt des Landes ausgewiesen. Die Orte Bleiwäsche, Fürstenberg, Leiberg und Wünnenberg liegen im Zweckverbandsbereich des staatlich anerkannten Erholungsgebietes Büren/Wünnenberg. Das Landesamt für Datenverarbeitung und Statistik (LDS), welches allerdings nur Betriebe mit 9 und mehr Betten registriert, zählte 1995 20 Betriebe mit 779 Betten und 65.423 Übernachtungen. Dieses Ergebnis bedeutet einen deutlichen Rückgang zu 1987, wo in 30 Betrieben mit 1.514 Betten noch 163.416 Übernachtungen gezählt wurden. Die durchschnittliche Aufenthaltsdauer sank in dieser Zeit von 6,3 auf 3,4 Tage.

Die schulische Versorgung kann als relativ ortsnah bezeichnet werden. Grundschulen bestehen in Bleiwäsche, Fürstenberg, Haaren, Leiberg und Wünnenberg. Ein Schulzentrum mit Hauptschule

Neue Rehaklinik in Wünnenberg
(Foto: Stadt Wünnenberg)

und Realschule befindet sich in Fürstenberg. Zu den nächstgelegenen Gymnasien in Marsberg und Büren gibt es gute Busverbindungen. Kindergärten sind vorhanden in Bleiwäsche, Fürstenberg, Haaren, Helmern, Leiberg und Wünnenberg. Sportplätze mit entsprechenden Anlagen bestehen in allen Stadtteilen (außer Elisenhof), Turnhallen in Fürstenberg, Haaren und Wünnenberg, ein erwärmtes Freibad und ein Hallenbad in Wünnenberg, Tennisplätze in Fürstenberg, Haaren, Leiberg und Wünnenberg.

Die Wasserversorgung erfolgt seit 1983 durch die im Stadtgebiet liegende Aabach-Talsperre, die als Trinkwassersperre ein Fassungsvermögen von 20 Mill. cbm Wasser besitzt. Lediglich das oberhalb liegende Bleiwäsche bezieht sein Wasser vom Verband "Weiße Frau" in Brilon. In der Energieversorgung ist die Stadt an das Erdgasnetz der Stadtwerke Paderborn angeschlossen.

Hinsichtlich ihrer "Zentralitäten" ist die Stadt Wünnenberg seit Schaffung der Großgemeinde durch die kommunale Gebietsreform im Jahre 1975 als eine - durch einschlägige Ratsbeschlüsse und die Gebietsentwicklungsplanung bestätigte - dreipolige Gemeinde anzusprechen. Während in Wünnenberg eindeutig die kur-, fremdenverkehrs- und freizeitspezifischen Gewerbebetriebe und Infrastruktureinrichtungen konzentriert sind, Fürstenberg durch seine traditionellen Schul- und Verwaltungsfunktionen geprägt wird, ist Haaren - nicht zuletzt durch seine günstige Verkehrslage - als weiter auszubauender zentraler Gewerbestandort der Stadt etabliert.

III. Perspektiven und Planung

Die Stadt besitzt seit 1979 einen genehmigten Flächennutzungsplan mit Entwicklungsplan sowie land- und forstwirtschaftlichem Begleitplan. Für Gewerbeansiedlungen und Wohnbebauung enthält dieser Plan derzeit noch hinreichend ausgewiesene Flächen. Seit einigen Jahren versucht die Stadt sehr erfolgreich, ihre Gewerbeansiedlungspolitik - vor allem für das zentrale Gewerbegebiet Haaren - zu aktivieren. Mittel- und langfristig bestehen die wichtigsten Aufgaben der kommunalen Wirtschaftsförderung darin, den Bestand an lokalen Arbeitsplätzen und Infrastruktureinrichtungen zu sichern und in Teilbereichen - z.B. im Handwerk und Fremdenverkehr - zu verbessern. Durch Maßnahmen der Dorferneuerung wurden in den letzten Jahren in fast allen Orten wichtige Plätze und Straßenzüge neu gestaltet, d.h. in der Regel gepflastert und be-

pflanzt. Große Anstrengungen hatte die Stadt zuletzt im Abwasserbereich zu leisten. So wurden für insgesamt zehn Mill. DM zwei neue zentrale Kläranlagen in Haaren (für Haaren und Helmern) und Wünnenberg (für Wünnenberg und Fürstenberg) errichtet; in Leiberg werden derzeit umfangreiche Kanalbaumaßnahmen durchgeführt. In den zurückliegenden Jahren erfolgte eine Überarbeitung und Neufassung des aus dem Jahre 1974 stammenden Gebietsentwicklungsplanes "Hochstift Paderborn" durch die Bezirksregierung in Detmold in Abstimmung mit den kommunalen Gebietskörperschaften. Der neue Plan "Oberbereich Paderborn" wurde 1995 rechtskräftig. Seit 1996 ist der Landschaftsplan Büren-Wünnenberg, mit dem der Freiraum- und Naturschutz verbessert werden soll, in Kraft. Dieser Plan umfaßt im wesentlichen die Talbereiche von Karpke, Aa und Afte im südlichen Stadtgebiet. Auf der kommunalpolitischen Wunschliste ganz oben stehen gegenwärtig der Erhalt bzw. der Ausbau der kommunalen Infrastruktur, weitere Dorferneuerungsmaßnahmen sowie der Bau einer Umgehungsstraße der B 480 um Wünnenberg.

Literatur

Bauer, H. u. **G. Henkel** (1984): Der Kreis Paderborn. Paderborn

Die Bau- und Kunstdenkmäler von Westfalen. Der Kreis Büren. Bearb. J. Körner. Münster 1926

Feige, W. (1961): Talentwicklung und Verkarstung im Kreidegebiet der Alme. Münster (= Spieker, Landeskundliche Beiträge und Berichte 11)

Führer zu vor- und frühgeschichtlichen Denkmälern. Band 20: Paderborner Hochfläche - Paderborn - Büren - Salzkotten. Mainz 1971

Haase, C. (1976): Die Entstehung der westfälischen Städte. 3. Aufl. Münster

Handbuch der naturräumlichen Gliederung Deutschlands. 4.-6. Lief. Remagen 1957 und 1959

Heimatbuch der Stadt Wünnenberg (1987). Hg.: Stadt Wünnenberg. Wünnenberg

Henkel, G. (1973): Die Wüstungen des Sintfeldes. Eine historisch-geographische Untersuchung zur Genese einer alten westfälischen Kulturlandschaft. Studien und Quellen zur westfälischen Geschichte. Bd. 14. Paderborn

Henkel, G. (1974): Geschichte und Geographie des Kreises Büren. Paderborn

Henkel, G. (1991): Zur Verdichtung des dörflichen Siedlungsraumes der Paderborner Hochfläche vom 18. bis zum 20. Jahrhundert. In: Spieker, Landeskundliche Beiträge und Berichte 35. Münster, S. 183-200

Maasjost, L. (1973): Südöstliches Westfalen. Sammlung Geographischer Führer, Bd. 9. Berlin-Stuttgart

Müller-Wille, W. (1966): Bodenplastik und Naturräume Westfalens. Münster (= Spieker, Landeskundliche Beiträge und Berichte 14)

Müller-Wille, W. (1981): Westfalen. Landschaftliche Ordnung und Bindung eines Landes. 2. Aufl. Münster

Geographische Kommission für Westfalen

Landschaftsverband Westfalen-Lippe

Veröffentlichungen - Lieferbare Titel

WESTFÄLISCHE GEOGRAPHISCHE STUDIEN

25. **Oldenburg und der Nordwesten.** Deutscher Schulgeographentag 1970. Vorträge, Exkursionen, Berichte. 1971
15,00 DM
26. **Bahrenberg, G.**: Auftreten und Zugrichtung von Tiefdruckgebieten in Mitteleuropa. 1973
12,50 DM
33. **Festschrift für Wilhelm Müller-Wille**: Mensch und Erde. Mit 22 Beiträgen. 1976
20,00 DM
35. **Jäger, H.**: Zur Erforschung der mittelalterlichen Kulturlandschaft. **Müller-Wille, W.**: Gedanken zur Bonitierung und Tragfähigkeit der Erde. **Brand, Fr.**: Geosophische Aspekte und Perspektiven zum Thema Mensch - Erde - Kosmos. 1978
15,00 DM
36. **Quartärgeologie, Vorgeschichte und Verkehrswasserbau in Westfalen.** 46. Tagung der AG Nordwestdeutscher Geologen in Münster 1979. Mit 19 Beiträgen. 1980
17,50 DM
37. **Westfalen - Nordwestdeutschland - Nordseesektor.** W. Müller-Wille zum 75. Geburtstag. Mit 29 Beiträgen. 1981
20,00 DM
38. **Komp, Kl. U.**: Die Seehäfenstädte im Weser-Jade-Raum. 1982
9,00 DM
39. **Müller-Wille, W.**: Probleme und Ergebnisse geographischer Landesforschung und Länderkunde. Gesammelte Beiträge 1936 - 1979. Erster Teil. 1983
15,00 DM
40. **Müller-Wille, W.**: Probleme und Ergebnisse geographischer Landesforschung und Länderkunde. Gesammelte Beiträge 1936 - 1979. Zweiter Teil. 1983
15,00 DM
41. **Kundenverhalten im System konkurrierender Zentren.** Fallstudien aus dem Großraum Bremen, dem nördlichen Ruhrgebiet und Lipperland. Mit Beiträgen von **H. Heineberg, N. de Lange** und **W. Meschede**. 1985
25,00 DM
42. **Mayr, A., Kl. Temlitz** (Hg.): Erträge geographisch-landeskundlicher Forschung in Westfalen. Festschrift 50 Jahre Geographische Kommission für Westfalen. Mit 34 Beiträgen. 1986
48,00 DM
44. **Allnoch, N.**: Windkraftnutzung im nordwestdeutschen Binnenland - Ein System zur Standortbewertung für Windkraftanlagen. 1992
29,80 DM
45. **Brand, Fr.**: Lemgo. Alte Hansestadt und modernes Mittelzentrum: Entwicklung, Analysen, Perspektiven. 1992
38,00 DM
46. **Mayr, A., F.-C. Schultze-Rhonhof, Kl. Temlitz** (Hg.): Münster und seine Partnerstädte. York, Orléans, Kristiansand, Monastir, Rishon le Zion, Beaugency, Fresno, Rjasan, Lublin, Mühlhausen i. Thüringen. 2., erw. u. aktualisierte Auflage. 1993
49,80 DM

SPIEKER - LANDESKUNDLICHE BEITRÄGE UND BERICHTE

10. **Böttcher, G.**: Die agrargeographische Struktur Westfalens 1818 - 1950. 1959
6,00 DM
13. **Schäfer, P.**: Die wirtschaftsgeographische Struktur des Sintfeldes. **Engelhardt, H.G.S.**: Die Hecke im nordwestl. Südergebirge. 1964
7,00 DM
14. **Müller-Wille, W.**: Bodenplastik und Naturräume Westfalens. Textband und Kartenband. 1966
14,00 DM
17. **Poeschel, H.-Cl.**: Alte Fernstraßen in der mittleren Westfälischen Bucht. 1968
8,00 DM
18. **Ludwig, K.-H.**: Die Hellwegsiedlungen am Ostrande Dortmunds. 1970
6,50 DM
19. **Windhorst, H.-W.**: Der Stemweder Berg. 1971
6,50 DM
20. **Franke, G.**: Bewegung, Schichtung und Gefüge der Bevölkerung im Landkreis Minden. 1972
7,50 DM
21. **Hofmann, M.**: Ökotope und ihre Stellung in der Agrarlandschaft. **Werner, J.** und **J. Schweter**: Hydrogeographische Untersuchungen im Einzugsgebiet der Stever. 1973
12,50 DM
23. **Ittermann, R.**: Ländliche Versorgungsbereiche und zentrale Orte im hessisch-westfälischen Grenzgebiet. 1975
10,00 DM
25. **Westfalen und Niederdeutschland.** Festschrift 40 Jahre Geographische Kommission für Westfalen. 2 Bände mit zus. 28 Beiträgen. 1977
I: Beiträge zur speziellen Landesforschung 15,00 DM
II: Beiträge zur allgemeinen Landesforschung 15,00 DM
26. **Der Hochsauerlandkreis im Wandel der Ansprüche.** Jahrestagung der Geogr. Kommission in Meschede 1978. Mit 10 Beiträgen. 1979
12,50 DM
28. **Stadt und Dorf im Kreis Lippe in Landesforschung, Landespflege und Landesplanung.** Jahrestagung der Geogr. Kommission in Lemgo 1980. Mit 6 Beiträgen. 1981
10,00 DM
29. **Becks, Fr.**: Die räumliche Differenzierung der Landwirtschaft in der Westfälischen Bucht. 1983
10,00 DM
30. **Westmünsterland - Ostniederlande.** Entwicklung und Stellung eines Grenzraumes. Jahrestagung der Geogr. Kommission in Vreden 1983. Mit 6 Beiträgen. 1984
30,00 DM
31. **Westbeld, H.**: Kleinwasserkraftwerke im Gebiet der oberen Ems. Nutzung einer vernachlässigten Energiequelle. 1986
20,00 DM
32. **Der Raum Dortmund** - Entwicklung, Strukturen und Planung im östlichen Ruhrgebiet. Jahrestagung der Geogr. Kommission 1985. Mit 8 Beiträgen. 1988
28,00 DM
33. **Becker, G., A. Mayr, Kl. Temlitz** (Hg.): Sauerland - Siegerland - Wittgensteiner Land. Jahrestagung der Geogr. Kommission in Olpe 1989. Mit 24 Beiträgen. 1989
38,00 DM
34. **Mayr, A., Kl. Temlitz** (Hg.): Südoldenburg-Emsland - Ein ländlicher Raum im Strukturwandel. Jahrestagung der Geogr. Kommission in Vechta 1987. Mit 8 Beiträgen. 1991
22,00 DM
35. **Mayr, A., Kl. Temlitz** (Hg.): Südost-Westfalen - Potentiale und Planungsprobleme einer Wachstumsregion. Jahrestagung der Geographischen Kommission in Paderborn 1991. Mit 28 Beiträgen. 1991
45,00 DM
36. **Mayr, A., Kl. Temlitz** (Hg.): Münsterland und angrenzende Gebiete. Jahrestagung der Geographischen Kommission in Münster 1993. Mit 30 Beiträgen. 1993
45,00 DM
37. **Mayr, A., Kl. Temlitz** (Hg.): Bielefeld und Nordost-Westfalen - Entwicklung, Strukturen und Planungen im Unteren Weserbergland. Jahrestagung der Geographischen Kommission in Bielefeld 1995. Mit 33 Beiträgen. 1995
45,00 DM

SIEDLUNG UND LANDSCHAFT IN WESTFALEN

6. **Brand, Fr.**: Zur Genese der ländlich-agraren Siedlungen im lippischen Osning-Vorland. 1976
11,00 DM
8. **Burrichter, E.**: Die potentielle natürliche Vegetation in der Westfälischen Bucht. 1973. Nachdruck 1991, 2. Nachdruck 1993. Mit Kartenbeilage
35,00 DM
9. **Temlitz, Kl.**: Aaseestadt und Neu-Coerde. Bildstrukturen neuer Wohnsiedlungen und ihre Bewertung. 1975
12,50 DM
11. **Walter, H.-H.**: Padberg. Struktur und Stellung einer Bergsiedlung in Grenzlage. 1979
25,00 DM
12. **Flurbereinigung und Kulturlandschaftsentwicklung.** Tagung des Verbandes deutscher Hochschulgeographen. Mit 5 Beiträgen. 1979
8,50 DM
14. **Bertelsmeier, E.**: Bäuerliche Siedlung und Wirtschaft im Delbrücker Land. 1942. Nachdruck 1982
7,50 DM
15. **Nolting, M.**: Der öffentliche Personennahverkehr im nordwestdeutschen Küstenland. 1983
11,00 DM
16. **Steinberg, H. G.**: Das Ruhrgebiet im 19. und 20. Jahrhundert - Ein Verdichtungsraum im Wandel. 1985
30,00 DM
17. **Vegetationsgeographische Studien in Nordrhein-Westfalen.** Wald- und Siedlungsentwicklung - Bauerngärten - Spontane Flora. Von **R. Pott, A. Sternschulte, R. Wittig** u. **E. Rückert**. 1985
22,00 DM
18. **Siekmann, M.**: Die Struktur der Stadt Münster am Ausgang des 18. Jahrhunderts - Ein Beitrag zur historisch-topologischen Stadtforschung. 1989
48,00 DM
19. **Riepenhausen, H.**: Die bäuerliche Siedlung des Ravensberger Landes bis 1770. 1938. Mit einem Nachtrag von **A. Schüttler**: Das Ravensberger Land 1770 - 1986. Nachdruck 1986
24,00 DM
20. **Junk, H.-K., Kl. Temlitz** (Hg.): Beiträge zur Kartographie in Nordwestdeutschland - Die Karte als Arbeits- und Forschungsmittel in verschiedenen Berufsfeldern. 1991
42,00 DM

21. **Wiegelmann-Uhlig, E.**: Berufspendler in Westfalen 1930-1970. Ein Beitrag zur regionalen Mobilität. 1994
22. **Becks, Fr., L. Beyer, K. Engelhard, K.-H. Otto**: Westfalen im Geographieunterricht an Beispielen der Themenkreise Moor, Landwirtschaft und Naherholung aus dem Geographisch-landeskundlichen Atlas von Westfalen. Mit zahlreichen Arbeitstransparenten und Materialien. 1995   48,80 DM

DIE LANDKREISE IN WESTFALEN (1953 - 1969)

1. Der Landkreis **Paderborn**. Von G. v. Geldern-Chrispendorf. 1953   11,00 DM
2. Der Landkreis **Münster**. Von W. Müller-Wille, E. Bertelsmeier, H. Fr. Gorki, H. Müller. 1955   14,00 DM
3. Der Landkreis **Brilon**. Von A. Ringleb. 1957   14,00 DM
4. Der Landkreis **Altena**. Von E. Wagner. 1962   14,00 DM
5. Der Landkreis **Wiedenbrück**. Von W. Herbort, W. Lenz, I. Heiland, G. Willner. 1969   14,00 DM

STÄDTE UND GEMEINDEN IN WESTFALEN

1. **Der Kreis Steinfurt.** Mit Graphiken, Fotos und 2 thematischen Karten pro Stadt- bzw.Gemeindebeschreibung. Hg. von A. Mayr, D. Stonjek, Kl. Temlitz. 1994   49,80 DM
2. **Der Kreis Siegen-Wittgenstein.** Mit Graphiken, Fotos und 2 thematischen Karten pro Stadt- bzw.Gemeindebeschreibung. Hg. von H. Eichenauer, A. Mayr, Kl. Temlitz. 1995   44,80 DM
3. **Der Kreis Höxter.** Mit Graphiken, Fotos und 2 thematischen Karten pro Stadtbeschreibung. Hg. von A. Mayr, A. Schüttler, Kl. Temlitz. 1996   42,80 DM
4. **Der Kreis Paderborn.** Mit Graphiken, Fotos und 2 thematischen Karten pro Stadtbeschreibung. Hg. von H. Heineberg, G. Henkel, M. Hofmann u. Kl. Temlitz. 1997

GEOGRAPHISCH-LANDESKUNDLICHER ATLAS VON WESTFALEN (ab 1985)

Atlasredaktion/Wissenschaftliche und kartographische Betreuung: J. Werner, Kl. Temlitz, E. Bertelsmeier, B. Fistarol, H. Fr. Gorki, A. Mayr, H. Pape, H. Pohlmann, Cl. Schroer
Vorgesehen sind ca. 100 Doppelblätter aus 10 Themenbereichen mit Begleittexten. Je Doppelblatt: 5-8 Karten, z.T. erweitert um Farbbilder, Graphiken u.a.m.
Einzelpreis je Doppelblatt u. Begleittext 19,80 DM; für Seminare u. Schulklassen 5,00 DM (ab 7. Lieferung 24,00 DM bzw. 7,50 DM)

1. Lieferung 1985, 4 Doppelblätter u. Begleittexte: 46,40 DM
1. **Relief** (Themenbereich: Landesnatur). Von W. Müller-Wille (Entwurf) u. E. Th. Seraphim (Text)
2. **Spät- und nacheiszeitliche Ablagerungen/Vegetationsentwicklung** (Themenbereich: Landesnatur). Von E. Th. Seraphim u. E. Kramm (Entwurf u. Text)
3. **Florenelemente** (Themenbereich: Landesnatur). Von Fr. Runge (Entwurf u. Text)
4. **Fremdenverkehr - Angebotsstruktur** (Themenbereich: Fremdenverkehr u. Erholung). Von P. Schnell (Entwurf u. Text)

2. Lieferung 1986, 5 Doppelblätter u. Begleittexte: 58,00 DM
1. **Begriff und Raum** (Themenbereich: "Westfalen - Begriff und Raum"). Von W. Müller-Wille, Kl. Temlitz, W. Winkelmann u. G. Müller (Entwurf); W. Kohl u. G. Müller (Text)
2. **Niederschläge in raum-zeitlicher Verteilung** (Themenbereich: Landesnatur). Von E. Müller-Temme (Entwurf u. Text) u. W. Müller-Wille (Entwurf)
3. **Pflanzenwachstum und Klimafaktoren** (Themenbereich: Landesnatur). Von Fr. Ringleb u. J. Werner (Entwurf u. Text); P. Hofste (Entwurf)
4. **Verbreitung wildlebender Tierarten** (Themenbereich: Landesnatur). Von R. Feldmann, W. Stichmann u. M. Berger (Entwurf u. Text); W. Grooten (Entwurf)
5. **Fremdenverkehr - Nachfragestruktur** (Themenbereich: Fremdenverkehr u. Erholung). Von P. Schnell (Entwurf u. Text)
6. **Verwaltungsgrenzen** 1985 (Transparentfolie)

3. Lieferung 1987, 4 Doppelblätter u. Begleittexte: 46,40 DM
1. **Lagerstätten/Gesteinsarten/Karst** (Themenbereich: Landesnatur). Von H. Reiners, H. Furch, E. Th. Seraphim, W. Feige u. Kl. Temlitz (Entwurf u. Text)
2. **Waldverbreitung und Waldschäden** (Themenbereich: Landesnatur). Von W. Grooten (Entwurf u. Text)
3. **Elektrizität - Versorgung und Verbrauch** (Themenbereich: Gewerbliche Wirtschaft). Von D. Filthaut u. J. Werner (Entwurf u. Text)
4. **Wandern/Naherholung und Kurzzeittourismus** (Themenbereich: Fremdenverkehr u. Erholung). Von A. Freund (Entwurf u. Text)

4. Lieferung 1988/89, 4 Doppelblätter u. Begleittexte: 46,40 DM
1. **Potentielle natürliche Vegetation** (Themenbereich: Landesnatur). Von E. Burrichter, R. Pott u. H. Furch (Entwurf u. Text)
2. **Ländliche Bodenordnung I: Gemeinheitsteilungen und Zusammenlegungen 1820 - 1920** (Themenbereich: Land- und Forstwirtschaft). Von E. Weiß (Entwurf u. Text)
3. **Ländliche Bodenordnung II: Umlegungen und Flurbereinigungen 1920 - 1987** (Themenbereich: Land- und Forstwirtschaft). Von E. Weiß (Entwurf u. Text)
4. **Eisenbahnen - Netzentwicklung und Personenverkehr** (Themenbereich: Verkehr). Von H. Ditt, P. Schöller (Entwurf) u. H. Kreft-Kettermann (Entwurf u. Text)

5. Lieferung 1990, 5 Doppelblätter u. Begleittexte: 58,00 DM
1. **Bevölkerungsdichte der Gemeinden 1871 - 1987 und Veränderung 1818 - 1987** (Themenbereich: Bevölkerung). Von H. Fr. Gorki (Entwurf u. Text)
2. **Bevölkerungsdichte der Kreise 1871 - 1987 und Veränderung 1818 - 1987** (Themenbereich: Bevölkerung). Von H. Fr. Gorki (Entwurf u. Text)
3. **Staatliche und kommunale Verwaltungsgliederung** (Themenbereich: Administration und Planung). Von A. Mayr (Entwurf u. Text)
4. **Behörden und Zuständigkeitsbereiche I 1967 und 1990** (Themenbereich: Administration und Planung). Von H. Kreft-Kettermann (Entwurf u. Text)
5. **Behörden und Zuständigkeitsbereiche II 1967 und 1990** (Themenbereich: Administration und Planung). Von H. Kreft-Kettermann (Entwurf u. Text)

6. Lieferung 1991, 5 Doppelblätter u. Begleittexte: 58,00 DM
1. **Westfalen im Satellitenbild** (Themenbereich: Westfalen). Von Kl. U. Komp (Entwurf u. Text)
2. **Geologie und Paläogeographie** (Themenbereich: Landesnatur). Von Kl. Temlitz (Entwurf u. Text)
3. **Geomorphologie und Naturräume** (Themenbereich: Landesnatur). Von E. Th. Seraphim (Entwurf u. Text)
4. **Nahrungs- und Genußmittelindustrie** (Themenbereich: Gewerbliche Wirtschaft). Von A. Beierle (Entwurf) u. J. Niggemann (Entwurf u. Text)
5. **Abfallwirtschaft** (Themenbereich: Gewerbliche Wirtschaft). Von A. Wirth (Entwurf u. Text)

7. Lieferung 1993/94, 5 Doppelblätter u. Begleittexte:108,00 DM
1. **Fläche, Rechts- und Verwaltungsstellung der Städte im 19. u. 20. Jahrhundert** (Themenbereich: Siedlung). Von H. Fr. Gorki (Entwurf u. Text)
2. **Umweltbelastung und Umweltschutz in Städten** (Themenbereich: Siedlung). Von U. Peyrer (Entwurf u. Text)
3. **Agrarstruktur** (Themenbereich: Land- und Forstwirtschaft). Von Fr. Becks (Entwurf u. Text)
4. **Eisenbahnen II - Güterverkehr** (Themenbereich: Verkehr). Von H. Kreft-Kettermann u. C. Hübschen (Entwurf u. Text)
5. **Luftverkehr und Flugplätze** (Themenbereich: Verkehr). Von A. Mayr u. Fr. Buchenberger (Entwurf u. Text)
6. **Landschaftsverband Westfalen-Lippe: Regionale Repräsentanz und Raumwirksamkeit** (Themenbereich: Administration und Planung). Von A. Mayr u. J. Kleine-Schulte (Entwurf u. Text)

8. Lieferung 1996, 4 Doppelblätter u. Begleittexte: 72,00 DM
1. **Die niederdeutschen Mundarten** (Themenbereich: Kultur und Bildung). Von H. Taubken, R. Damme, J. Goossens u. G. Müller (Entwurf u. Text)
2. **Museen** (Themenbereich: Kultur und Bildung). Von M. Walz (Entwurf u. Text)
3. **Tageszeitungen und Rundfunk** (Themenbereich: Kultur und Bildung). Von B. Kringe (Entwurf u. Text)
4. **Baumarten, Waldbesitzer und Hochwild** (Themenbereich: Land- und Forstwirtschaft). Von K. Offenberg u. R. Köhne (Entwurf u. Text)

Bezug der Veröffentlichungen:
Im Buchhandel oder bei der Geographischen Kommission für Westfalen, Robert-Koch-Str. 26, 48149 Münster
Tel.: 0251/83-33929
Fax: 0251/83-38391

nde zu den Karten I und II

mtliche Karten sind eingenordet

Auszug aus der Legende der amtlichen Topographischen Karte 1 : 100 000

Grenzen

┼─┼─┼─┼─┼─	Staatsgrenze
┤┤┤┤┤┤┤┤┤┤	Landesgrenze
▪─▪─▪─▪─▪─	Regierungsbezirksgrenze
─ ─ ─ ─ ─	Landkreisgrenze, Grenze einer kreisfreien Stadt
── ── ──	Truppenübungsplatzgrenze, Standortübungsplatzgrenze
············	Naturschutzgebietsgrenze

Verkehr

A 3	Bundesautobahn
B 10	Bundesstraße
L 457	Landesstraße
═══	Nebenstraße
━━━	Hauptweg
───	Nebenweg
-------	Fußweg
╫╫╫□╫╫╫	Mehrgleisige Eisenbahn mit Bahnhof
─┼─┼─○─┼─	Eingleisige Eisenbahn mit Haltepunkt oder Haltestelle
╌╌╌╌╌╌╌	Anschlußgleis
┼┼┼┼┼┼┼	Schmalspurige Eisenbahn
⟞⟝ ⟝⟞	Brücke

Relief

────	100 m - Höhenlinie
────	20 m - Höhenlinie
────	10 m - Höhenlinie
----	5 m - Höhenlinie
·149	Höhenpunkt mit Höhenangabe
⊓⊓⊓⊓ ······	Böschung
⊥⊥⊥⊥⊥⊥⊥⊥	Befahrbarer Damm, Befahrbarer Deich

Sonstige Objekte

⛺	Zeltplatz, Campingplatz
⚒ ⚒	Bergwerk in Betrieb; außer Betrieb
⬬ ◌	Steinbruch, Grube
┼─┼─┼─┼	Mauer, Zaun
───▶	Hochspannungsleitung ab 100 kV
△ 307	Trigonometrischer Bodenpunkt mit Höhenangabe
♁ ♁ •	Trigonometrischer Hochpunkt: Kirche; Turm; Schornstein
✝	Feldkreuz, Bildstock, Gipfelkreuz
⚱	Denkmal
↥	Sendeturm, Fernmeldeturm
♂	Funkstelle, Umsetzer
⚜	Windmühle